证券投资学

（第三版）

曹凤岐 刘力 姚长辉 ◎ 编著

北京大学出版社
PEKING UNIVERSITY PRESS

图书在版编目(CIP)数据

证券投资学/曹凤岐,刘力,姚长辉编著.—3 版.—北京:北京大学出版社,2013.9
(光华书系·教材领航)
ISBN 978-7-301-22969-9

Ⅰ.①证… Ⅱ.①曹… ②刘… ③姚… Ⅲ.①证券投资–高等学校–教材 Ⅳ.①F830.91

中国版本图书馆 CIP 数据核字(2013)第 179659 号

书　　　名:	证券投资学(第三版)
著作责任者:	曹凤岐　刘　力　姚长辉　编著
责 任 编 辑:	贾米娜
标 准 书 号:	ISBN 978-7-301-22969-9
出 版 发 行:	北京大学出版社
地　　　址:	北京市海淀区成府路 205 号　100871
网　　　址:	http://www.pup.cn
电 子 信 箱:	em@pup.cn
新 浪 微 博:	@北京大学出版社　@北京大学出版社经管图书
电　　　话:	邮购部 62752015　发行部 62750672　编辑部 62752926　出版部 62754962
印　刷　者:	天津中印联印务有限公司
经　销　者:	新华书店
	730 毫米×1020 毫米　16 开本　25.25 印张　537 千字
	1995 年 9 月第 1 版　2000 年 8 月第 2 版
	2013 年 9 月第 3 版　2022 年 4 月第 7 次印刷
定　　　价:	46.00 元

未经许可,不得以任何方式复制或抄袭本书之部分或全部内容。
版权所有,侵权必究
举报电话:010-62752024　电子信箱:fd@pup.pku.edu.cn

丛书编委会

顾 问

厉以宁

主 编

蔡洪滨

编 委(以姓氏笔画排列)

王 辉	刘玉珍	刘 学	刘 俏	江明华
吴联生	张一弛	张志学	张 影	李 其
李 琦	陈丽华	陈松蹊	陆正飞	周长辉
周黎安	武常岐	冒大卫	龚六堂	彭泗清
		滕 飞		

丛书序言一

很高兴看到"光华书系"的出版问世,这将成为外界更加全面了解北京大学光华管理学院的一个重要窗口。北京大学光华管理学院从1985年北京大学经济管理系成立,到现在已经有26年了。这26年来,光华文化、光华精神一直体现在学院的方方面面,而这套"光华书系"则是学院各方面工作的集中展示。

多年来,北京大学光华管理学院始终处于中国经济改革研究与企业管理研究的前沿,致力于促进中国乃至全球管理研究的发展,培养与国际接轨的优秀学生和研究人员,帮助国有企业实现管理国际化,帮助民营企业实现管理现代化,同时,为跨国公司管理本地化提供咨询服务,从而做到"创造管理知识,培养商界领袖,推动社会进步"。北京大学光华管理学院的几届领导人都把这看作自己的使命。

作为经济管理学科的研究机构,北京大学光华管理学院的科研实力一直在国内处于领先位置。光华管理学院有一支优秀的教师队伍,这支队伍的学术影响在国内首屈一指,在国际上也发挥着越来越重要的作用,它推动着中国经济管理学科在国际前沿的研究和探索。与此同时,学院一直都在积极努力地将科研力量转变为推动社会进步的动力。从当年股份制的探索、证券市场的设计、《证券法》的起草,到现在贵州毕节实验区的扶贫开发和生态建设、教育经费在国民收入中的合理比例、自然资源定价体系、国家高新技术开发区的规划,等等,都体现着光华管理学院的教师团队对中国经济改革与发展的贡献。

作为商学教育机构,北京大学光华管理学院鼓励教师深入商业实践,熟悉企业管理,提升案例教学的质量和层次。多年来,学院积累了大量有价值的案例,经过深入研究、精心编写,这些商业案例可以成为商学教育中宝贵的教学资源。学院每年举办大量讲座,讲座嘉宾很多是政界、商界和学界的精英,讲座内容涉及社会发展的方方面面。通过这些讲座,学生们可以最直接地得到名家大师的授业解惑,优化和丰富知识结构。

作为管理精英的汇聚中心,北京大学光华管理学院历届毕业、结业的校友一直是我们最引以为荣的。历届的优秀同学,在各自的岗位上做出贡献,他们是光华管理学院最宝贵的财富。光华管理学院这个平台的最大优势,也正是能够吸引一届又一届优秀的人才的到来。世界一流商学院的发展很重要的一点就是靠它们强大的校友资源,这一点,也是与北京大学光华管理学院的努力目标完全一致的。

今天,"光华书系"的出版正是北京大学光华管理学院全体师生和全体校友共同努力的成果。通过这套丛书,读者不仅能够读到经典教材和前沿学术成果,更可以通过名师、校友、讲座等方面感受光华风采。希望这套丛书能够向社会展示光华文化和精神的全貌,并为中国管理学教育的发展提供宝贵的经验。

2011 年 12 月

丛书序言二

光华管理学院秉承"百年北大"悠久的人文传统、深邃的学术思想和深厚的文化底蕴,在过去的二十多年里,一直践行"创造管理知识,培养商界领袖,推动社会进步"的学院使命,目前已经发展成为国内最为优秀的商学院之一。

北京大学的传统对于光华管理学院,乃至中国商学教育都很重要,学院一直秉承北京大学的传统,真正要办大学气质的商学院。我们将光华教育的特质归纳为四个"I",即 Integrity——诚信和责任;International——商界领袖的国际化视野;Integration——整合学习,理论实践相结合;Innovation——自主创新。

Integrity:北京大学作为中国传统名校,传承百年历史文化,有一个非常鲜明的特点,就是拥有浓厚的人文底蕴、民主科学精神,以及对社会的使命感和责任感。北京大学光华管理学院作为北京大学的商学院,是专门从事管理研究和教育的机构,将持续发扬北京大学的历史传统、人文精神,以及社会责任感和使命感。

International:光华是全国最国际化的商学院,师资是最国际化的,教育体系是最早跟国际接轨的。北京大学光华管理学院的国际化是扎根于中国的国际化。我们一方面在国际先进的管理知识和管理理念方面有着最前沿的成果,另一方面也很好地结合了中国的管理实践和经济发展。光华的师资和国际研究都很好地做到了这两个方面。根据国际权威研究统计机构的统计,北京大学的经济和商学学科,已进入世界前1%的行列。对此光华起了最主要的作用,这也反映了光华在国际研究方面做出的贡献。

Integration:商学院需要解决好两个整合的问题,一是将理论和实践很好地结合起来,二是学科之间的整合。对于理论和实践的整合,光华正致力于推动管理学理论向商业实践成果的转化。对于学科的整合,光华正在做的不仅是不同学科之间的融合,还在加强不同教育项目之间的配合。我们致力于调动和整合北京大学综合性的师资资源,将管理与历史、哲学、艺术、数学乃至物理等学科相结合,全方面塑造管理者的整体人文和科学素养。各个教育项目之间的互动也经常碰撞出新的思想火花,帮助光华学子们拓宽思想,带来新的视角。

Innovation：中国要成为具备创造力的国家，在世界上建立一个品牌和形象，必须发展自主创新文化。光华管理学院立足于北京大学，在整个中关村科技园大的氛围之下，光华的教学科研的国际合作能够成为自主创新生态环境的一部分。光华管理学院最近刚刚成立了北京大学光华管理学院创新创业中心，以这个中心为平台，致力于整合院内院外、校内校外、国内国外创业方面的资源，进一步推动自主创新。

为进一步超越自我，向着建设世界一流商学院的目标而不懈努力，北京大学光华管理学院特策划"光华书系"系列丛书，以展现光华管理学院在理论研究、教学实践、学术交流等方面的优秀成果。我们更希望通过"光华书系"的出版让更多的读者通过光华理解经济、管理与社会。

"光华书系"作为一个开放的系列，涵盖理论研究、教学实践、学术交流等各个方面：

第一是领航学科的教材。光华管理学院的商学教育，拥有全国首屈一指的师资力量和最优秀的学生生源。在教学相长的过程中，很多经典讲义、教材应运而生。教材领航系列丛书要以"出教材精品，育商界英才"为宗旨，发挥优势，突出特色，重点建设涵盖基础学科的主干教材、填补学科空白的前沿教材、反映教学改革成果的新型教材，面向大教育，追求高品位，服务高等教育，传播先进文化。

第二是前沿的学术成果。光华管理学院始终处于中国经济发展与企业管理研究的前沿，学术琼林系列丛书以具有国内和国际影响力的管理学、经济学等相关学科的学术研究为支撑，运用国际规范的研究方法深入研究中国的经济和管理问题，体现更高的学术标准，展现学界领袖的优秀成果。

第三是丰富的实战案例。案例研究和教学作为一种不可替代的重要方法，有效解决了知识与实践转换的问题。在中国的相关政策不断改革的大背景下，各种有借鉴意义的素材越来越丰富。根据国外成熟的案例编写经验，开发和使用高水平的本土化案例，是一件意义深远的事。案例精粹系列丛书涵盖教学案例、研究案例、商业案例几大模块，体现本土化和原创性、理论主导性和典型性，将一般管理职能与行业、企业的特殊性相结合，既具有一定的理论深度，又具有相当程度的覆盖面和典型性。相信这些案例能够最有效地服务于教学要求、学术研究以及企业管理实践。

第四是卓越的教师风范。"善之本在教，教之本在师。"光华管理学院的优秀教师，秉承诲人不倦、育人为先的教学原则，以他们的学术实践最好地诠释了北京大学追求真理、追求卓越、培养人才、繁荣学术、服务人民、造福社会的办学理念，为北京大学赢得了崇高的学术声誉。名师风采系列丛书就是力图全面展现光华优秀教师精深的学术造诣、高尚的学术风范，让更多的人领略他们关爱学生、培养青年、提携后学的优秀品质，让"大师"精神得到继承和发扬。

第五是杰出的校友风采。光华管理学院的每一位校友,都是中国杰出的时代精英。他们凭借在各自工作岗位上的优异表现,为光华管理学院、为北京大学在海内外赢得了广泛赞誉。校友华章系列丛书就是深度记录校友在光华管理学院的学习经历以及卓著业绩,全面展现其对学识的孜孜追求、卓越才智以及不懈执着的品质,体现光华管理学院高质量的教学实践这一核心竞争力。

最后是精彩的讲座荟萃。在浮华之风日盛的今日社会,光华管理学院广泛开展的各种学术交流活动和讲座,兼容并蓄,展现思想的精粹、智慧的集锦。对所有"为国求学、努力自爱"的人们来说,其中传出的思想之声都是真正值得认真品味和用心领会的。讲座撷英系列丛书就是汇集专家、教授、知名学者、社会名流在光华管理学院的精彩演讲,展现其中引人深思的深厚学理以及催人奋进的人生智慧,将严肃的学术品格和通俗的阅读形式相结合,深度展现一流学府的思想之声,奉献最具时代精神的思想饕餮。

2011 年 12 月

第三版出版说明

本书自1995年出版以来即广受国内读者特别是高校师生的欢迎。有不少学校选用本书作为金融证券专业学生的基础教材。编者于2000年对本书第一版进行了修订，出版了《证券投资学》（第二版），加入了金融证券投资的一些新的研究成果。本书第二版被教育部评为"全国普通高等学校优秀教材"。从2000年到2013年，金融市场、证券投资的理论与实践又有了新的发展。为了适应金融投资理论和实践创新的需要，反映金融投资理论与实践的最新成果，满足高校师生和专业人士的需要，编者决定对第二版进行修订，出版《证券投资学》（第三版）。

第三版在第二版的基础上主要进行了以下几个方面的修订：

第一，增加了一些新内容。增加了对中国资本市场发展变化的分析，新的投资渠道、投资工具的分析介绍，以及风险防范的论述。例如在"投资基金"一章，增加了对私募股权基金的分析。

第二，对期权、期货、可转债等新的金融工具及与之相应的理论和方法进行了深入分析。

第三，为了使学生学以致用，每章最后都增加了习题。

第四，删除和简化了一些内容。如简化了股票投资技术分析的内容，将原来的两章合并为一章。

第五，进行了一些文字修订，纠正了一些错误和疏漏之处。

我们相信，本书经过新的修订后立意会更高，会更加理论联系实际，专业性、权威性和实用性方面会更具特色。

编者

2013年5月

目 录

绪论 ··· 1

第一章 证券 ·· 10
第一节 证券的概念及特征 ·· 10
第二节 股票 ·· 13
第三节 债券 ·· 19

第二章 证券市场 ·· 32
第一节 证券市场概述 ··· 32
第二节 证券发行市场 ··· 39
第三节 证券交易市场 ··· 52
第四节 股票价格指数 ··· 57

第三章 证券投资收益与风险 ··· 65
第一节 证券投资收益 ··· 65
第二节 证券投资风险 ··· 70
第三节 投资者的效用函数 ·· 73

第四章 资产组合理论 ·· 79
第一节 资产组合的收益与风险 ·· 79
第二节 资产组合的效率边界 ··· 83
第三节 投资组合的风险分散效应 ····································· 89

第五章 资本市场理论 ·· 98
第一节 资本资产定价模型 ·· 98
第二节 因素模型与套利定价理论 ···································· 106
第三节 关于资产定价理论的实证研究 ······························ 123

第六章 效率市场 ·· 134
第一节 效率市场假说 ·· 134
第二节 关于效率市场假说的实证研究 ······························ 138

第三节　有效率资本市场的启示 …………………… 148
　　第四节　行为金融 …………………………………… 150

第七章　债券投资收益分析与债券合成 ………………… 157
　　第一节　债券的特征 ………………………………… 157
　　第二节　到期收益率与到期收益率曲线 …………… 161
　　第三节　持有收益率与总收益分析 ………………… 171
　　第四节　债券合成与套利 …………………………… 174

第八章　债券风险与避险策略 …………………………… 189
　　第一节　债券投资的风险类别与品种创新 ………… 189
　　第二节　影响债券价格-利率敏感性的因素 ……… 193
　　第三节　久期 ………………………………………… 196
　　第四节　凸性 ………………………………………… 201
　　第五节　免疫与避险 ………………………………… 206

第九章　股票价值评估 …………………………………… 214
　　第一节　股票价值评估概述 ………………………… 214
　　第二节　折现法 ……………………………………… 215
　　第三节　市盈率与每股收益估价法 ………………… 220
　　第四节　其他估价方法 ……………………………… 225

第十章　股票投资基本因素分析 ………………………… 228
　　第一节　股票投资分析概述 ………………………… 228
　　第二节　市场因素分析 ……………………………… 229
　　第三节　行业因素分析 ……………………………… 232
　　第四节　公司因素分析 ……………………………… 234

第十一章　财务报表分析 ………………………………… 237
　　第一节　财务报表分析概述 ………………………… 237
　　第二节　主要财务报表 ……………………………… 237
　　第三节　财务比率分析 ……………………………… 243
　　第四节　共同比财务报表 …………………………… 250

第十二章　股票投资技术分析 …………………………… 256
　　第一节　道氏理论 …………………………………… 256
　　第二节　K线图分析 ………………………………… 259
　　第三节　形态分析与买卖点研究 …………………… 269

第四节　趋势线 …………………………………… 282
　　第五节　移动平均分析 ……………………………… 285
　　第六节　成交量分析 ………………………………… 289
　　第七节　相对强度指标 ……………………………… 293

第十三章　期货 …………………………………………… 298
　　第一节　期货概述 …………………………………… 298
　　第二节　远期和期货的定价 ………………………… 304
　　第三节　套期保值与套利交易 ……………………… 308
　　第四节　中国期货市场 ……………………………… 311

第十四章　期权 …………………………………………… 315
　　第一节　期权概论 …………………………………… 315
　　第二节　股票期权 …………………………………… 319
　　第三节　股票期权定价 ……………………………… 328
　　第四节　其他期权 …………………………………… 338
　　第五节　中国期权市场 ……………………………… 342

第十五章　认股权证、优先认股权与可转换债券 …… 344
　　第一节　认股权证 …………………………………… 344
　　第二节　可转换债券 ………………………………… 346

第十六章　投资基金 ……………………………………… 352
　　第一节　证券投资基金概述 ………………………… 352
　　第二节　投资基金的作用 …………………………… 359
　　第三节　证券投资基金的设立与管理 ……………… 363
　　第四节　投资基金的专家化管理 …………………… 370
　　第五节　投资基金的业绩衡量 ……………………… 373
　　第六节　私募股权基金 ……………………………… 381

后记 ………………………………………………………… 390

绪 论

一、研究证券投资的意义

在相当长的时间里,"投资"在普通人的眼里是很生疏的字眼。因为在计划经济条件下,投资是国家的事。国家每年下达投资指标,确定投资规模,并由财政拨款和国家银行贷款来分配资金。在计划经济体制下,企业可以进行部分投资,但对于国有企业来说,受国家总投资规模的控制,所有投资计划都须报批,没有自行投资的权利。集体企业有部分自行投资,但规模很小,速度很慢,效率很低。无论是国家还是企业投资,其资金来源基本是财政、银行和少部分的自我积累。而投资对象基本是实物资产(即再生产过程中的固定资产和流动资产),因为在理论上不允许非金融机构投资金融资产,而且事实上也不存在金融市场和可供金融投资的金融工具。在计划经济条件下,可以说基本上堵塞了个人参与投资的渠道,城镇职工收入来源单一,扣除吃穿用外,所剩无几,而且不允许参加直接投资。农村社员主要是实物分配,货币收入很少,处于刚够温饱的状态,更谈不上用余钱进行投资了。城乡居民实际上参与了部分投资,即通过银行储蓄积累部分资金,由国家进行再投资。但是几乎没有人认识到这是投资,而且到1978年年底,全国城乡居民储蓄存款余额才110亿元!改革开放以来,随着市场经济的不断发展,我国融资与投资渠道和方式都发生了根本性的变化。

最重要的变化是中国建立了资本市场。以前我们把资本市场称为证券市场,实际上证券市场只是资本市场的一部分。资本市场本质上是长期投融资市场。资本市场不仅包括证券市场,而且包括企业产权市场;不仅包括权益市场(股票市场),而且包括长期债权(银行中长期信贷和债券市场);不仅包括现货市场,而且包括期货市场。就证券市场而言,应当包括股票市场(包括主板市场和创业板市场)、债券市场(主要是企业和公司债券市场)、投资基金市场、衍生工具市场。就资本市场交易体系而言,不仅包括交易所市场,还应包括非交易所市场。我们称这样的资本市场为多层次资本市场或广义资本市场。

中国资本市场的建立是以1990年年底成立的上海证券交易所和深圳证券交易所为标志的,经过二十多年的发展,已经基本形成了多层次的资本市场体系。就股权和股票发行及交易市场来说,有主板市场、中小板市场、创业板市场,还建立了非上市公司股份柜台转让系统(俗称"新三板"市场),准备筹建场外交易市场(OTC)。已经建立了银行间债券市场和交易所债券市场。形成了规模较大的证券投资基金市场和私募股权基金市场(创业投资基金、产业投资基金等),建立了期货交易所和金融交易所、交易商品期货和金融期货等品种。目前,中国已经建立起一个市值排名世界第三的股票市场,一个余额居世界第五位的债券市场,还有一个交易量名列前茅的期货市场。截至2012年年底上市公司达到2400多家,总市值20多万亿元,投资者1.7亿。中国资本市场的建立、发展对于中国经济体制改革与经济快速发展有着非常重要的意义和作用。

首先,改变了单纯依靠国家、财政、银行、计划融资和投资的体系,通过市场方式进行投融资,通过市场调配社会资源、企业资源,发挥了社会存量资本在经济和企业发展中的作用。资本市场融资和资源配置功能逐步发挥,形成了国家、企业、个人包括外国投资者的多渠道投融资的局面。

其次,资本市场促进了中国企业的发展。最重要的是使中国企业从传统企业变为现代企业。股份制的推行促进了现代公司制度的发展。资本市场推动了企业的发展壮大和行业整合,上市公司的行业布局日趋丰富;资本市场促进了企业和资产价值的重新发现,引领了企业制度变革,促进了国有企业和国有资产管理模式的变革,促进了民营企业的发展。上市公司日益成为中国经济体系的重要组成部分。资本市场还丰富了我国企业吸引国际资本的方式,有助于中国经济更好地融入国际经济体系。

再次,资本市场的发展促进了企业家队伍的形成与发展,培育了大批懂市场、会经营、具有国际视野的企业家、金融家、风险投资家,形成了包括银行、证券公司、基金管理公司、投资公司、资产管理公司等比较完善的金融机构体系,发展了其他金融中介机构,包括为金融市场服务的会计师事务所、律师事务所、评估机构和专业人员。

最后,改变了人们的观念,形成了资本市场文化。人们懂得了什么是投资、如何投资,懂得了什么是风险、如何防范风险,形成了庞大的投资者队伍。资本市场不仅增加了我国的融资和投资渠道,促进了资源通过市场方式在社会范围内的优化组合,加速了经济市场化的进程,更重要的是,它给我国广大公众(包括机构投资者)提供了广阔的投资场所,增加了投资渠道和投资机会,使他们不仅可以投资于实际资产(经商、办企业),而且可以投资于金融资产。居民资产持有形式已多元化。居民不仅可以得到按劳分配收入,而且可以得到资产投资收益。居民的投资意识、风险意识有所增强,对培养适应现代经济需要、有现代意识和素质的人才也有重要意义。

应当承认,我国的资本市场只有二十多年的历史,是一个发展中的市场、不完善的市场和不成熟的市场。我国的投资者仍是不成熟的投资者。面对变幻莫测的市场,有些投资者不知所措,有些投资者盲目投资,亏本套牢者甚多。应当说,市场有自己的变化规律,只有懂得这些规律,才能利用它。投资本身是一门学问,它包括投资理论、方法、策略、投资组合等。只有合理投资,才能以最小风险获最大收益。中国的投资理论与方法的研究起步很晚,尤其是证券投资理论与方法的研究几乎还是个空白。为了适应证券市场发展的需要,提高我国投资者的整体素质,使更多的投资者掌握投资策略和方法,也为了培养更多的能够懂得证券理论与实务,并能进行操作的人才,必须对证券投资进行深入研究。

二、证券投资的内涵

(一) 证券投资的定义

投资本身是一个复杂的概念,并具有复杂的内涵。在我国原有的计划经济体制下,投资的内涵却十分简单,如有的辞书对投资是这样定义的:"为了扩大再生产,用于新增固定资产和流动资金。"①显而易见,这个定义过于狭窄,主要是指直接再生产的投资。实际上,投资包括的领域甚为广泛,既包括生产投资、教育投资、科技投资、卫生投资等实物资产投资,也包括金融资产投资,如居民储蓄、购买股票、债券等。从经济学上说,投资与储蓄、消费、收益和风险是密不可分的。进行投资必须有资金来源,广义上说,全部投资来源于全部储蓄,而储蓄来自消费剩余或牺牲。牺牲消费的目的是得到回报和收益,获得更大的价值或资产。正是因为有牺牲,才应当有回报、有投资收益。因此,对于投资者来说,投资可定义为:投资者运用自己持有的资本,购买实际资产或金融资产,或取得这些资产的权利,目的是在一定时期内预期获得资产增值和一定的收入。证券投资就是运用投资购买有价证券及其派生工具以期获得收益的一种行为。

(二) 投资的分类

根据投资的对象、时间、收益方式等,投资可划为不同种类:

1. 直接投资与间接投资

从广义上说,投资于实际资产(固定资产、流动资产等)为直接投资;投资于金融资产,包括银行和金融机构储蓄、购买股票及债券等有价证券为间接投资。就投资于金融资产而言,投资于银行储蓄、购买金融机构债券及各种投资基金为间接投资;而从证券市场上直接购买股票、企业债券等有价证券为直接投资。

2. 短期投资与长期投资

一般地说,投资周期为一年以下的为短期投资;一年以上的为长期投资;严格地说,一至五年或七年为中期投资,五年或七年以上的投资才是真正意义上的长期投资。选择短期投资还是长期投资,是很重要的事,它直接涉及投资者的收益、资金周转速度及机会成本等问题。一般地说,短期投资相对于长期投资来说收益率相对低些,如投资于短期国债(一年以下)比投资于十年期债券收益要低些,否则就无人进行长期投资了。但短期投资风险相对小些,资金周转快,也许会从再投资中获取新的收益。进行短期投资还是长期投资,一般是由投资者的投资偏好决定的。另外,长期投资和短期投资是可以转化的。购买股票是一种长期投资,无偿还期,但股票持有者可以在二级市场进行短线操作,卖出股票,这又是短期投资。

3. 固定收益投资与非固定收益投资

进行证券投资,其目的是获取收入。证券种类繁多,其投资性质、期限各有不同,收入

---

① 《中国企业管理百科全书(增补卷)》,企业管理出版社1990年版,第354页。

高低和支付方式也不同。一般地说,可分为两类,即固定收益投资和非固定收益投资。固定收益投资是指该种证券预先规定应得的收入,用百分比表示,按期支付,在整个证券投资期限内不变。非固定收益投资是指证券的投资收入不预先规定,收入不固定。多数债券和优先股的收入是固定的,而普通股的收入则是不固定的。一般地说,固定收益投资风险小,但收益也小;非固定收益投资风险大,但收益高。

(三) 投资与投机

根据以往的习惯看法,投资与投机是两个截然不同的概念,投资是正常行为,投机则是不正当甚至非法行为。而从经济学意义上讲,投机几乎是投资的同义反复。投机是寻找和掌握投资的机会,正是千百万人在市场上寻找投资机会,才能形成市场的均衡价格和社会平均利润。在股票市场交易中,投资者为了获得更高的预期利润,卖出自己认为企业效益低或风险大、未来行情下跌的股票,买入自己认为企业效益好或风险小、未来行情上涨的股票。有人先买后卖,有人先卖后买;有人低价买进高价卖出,获取差价。人们常把从事股票短线操作的人称为"投机者"。但通过证券买卖,企业的效益得到了社会评价和承认,效益好、资产增值的企业,股价上升;反之,股价下降。另外,通过证券交易,证券市场的社会集资功能得到充分发挥,资金向效益好的方向流动。因此,可以说,投机是投资的一种手段或方式。在使用投资与投机概念时,人们习惯于用以下方式对投资与投机加以区别。

(1) 投资时间长短来划分。投资时间短,在市场上频频买入或卖出有价证券为投机;长期保留证券,不轻易换手,按期坐收资本收益者为投资。

(2) 以投资风险大小来划分。投资风险大的为投机,投机为高风险投资;投资风险相对小的为投资,投资是稳健的投机。

(3) 以是否重视证券实际价值来划分。投资者着重对各种证券所代表的实际价值、公司的业绩和创利能力进行分析,选择投资对象;而投机者主要注重市场的变化,注意证券市场行情的变化,频繁买进卖出,以获得市场差价为主。投资者注重证券内在价值,而投机者则注重证券的市场价格。正常的投机对平衡证券价格、增强证券的流动性、加速资金周转、维持证券市场正常运转具有积极作用。从某种意义上说,没有投机,就没有证券市场。当然要警惕和防止过度投机。过度投机会对市场乃至经济造成危害。过度投机行为容易造成盲目性,出现各种风潮。比如,股票行情看涨时,大家都盲目购进,造成股票价格远高于其实际价值,潜伏着暴跌危机;当有风吹草动,行情看跌时,又可能纷纷抛售,造成股价惨跌、投资者损失惨重的情况。应当禁止不正当的、非法的投机。不正当的、非法的投机行为,主要是指通过各种权力或其他关系,事先获取内幕消息,从而非法牟取暴利,包括买空卖空、囤积居奇、制造谣言、内幕交易、操纵市场等行为。这些行为对证券市场的危害是相当大的,应予以严厉打击。

三、投资选择

投资是一个复杂的过程,需经过几个阶段或步骤才能做出恰当选择,同时还有投资管理问题。

(一) 投资准备阶段

投资准备包括心理准备、必要的投资知识准备和投资资金准备。投资者在决意投资时,应做好充分的心理准备,因为市场变幻莫测,风险与收益并存。参与投资者必须有承担风险的心理准备,才能在市场的顺境或逆境中均能镇定自若。掌握一些投资知识,减少投资的盲目性,对于投资者尤其是初次进入证券市场的投资者来说是十分必要的。最重要的准备是资金准备。投资必须有资金来源。从大的方面来说,资金来源无非是两个部分:一部分是自有资金,另一部分是借入资金。在自有资金中,主要来自自己的积累和结余。这就需要计划一下,有多少资金用于消费,可以拿出多少资金进行投资而不至于影响正常消费,这些资金要投到哪里去才有可能减少风险或增加收益。借入资金不是不可用于再投资,但应格外谨慎。这里有投资成本和风险问题,如果再投资收益不抵支付借贷利息,就会亏本;如果到期不能偿还借入资金本息,就有可能破产。对于固定收入的中小投资者来说,应尽可能不用借入资金进行再投资。

(二) 了解阶段

进行投资要了解整个市场状况和投资环境,更要了解证券本身的状况。对证券市场来说,既要了解一级市场又要了解二级市场状况。一级市场上应主要了解发行人和承销商的情况。要选择可靠的、有经营能力的发行人所发行的证券。二级市场上应主要了解证券的流动性、上市交易情况,还要了解证券经纪商的情况。投资股票和公司债券一定要对公司的情况有所了解,重点了解公司的业绩、财务状况、创利能力等。除此之外,还应了解有关证券投资的法律法规和税收情况等。

(三) 分析阶段

投资者对各种证券的收益与风险,发行人及承销商、经纪商,以及整个证券市场的情况大致了解后,应对所准备投资的证券及发行人进行具体分析。对证券的真实价值、市场价格和价格涨落趋势进行认真的分析。决定证券价格最根本的因素在于它所代表的实际价值,分析某种证券的真实价值是非常重要的。当然,影响证券市场价格的因素很多,价格与其所代表的真实价值相背离的情况是经常存在的。因此,分析证券行情的变化趋势,从价格变化中掌握证券价格与所代表的真实价值的关系,对于把握时机,及时买入卖出证券也是比较重要的一环。对证券投资进行深入研究分析,需要具有广博的知识,掌握分析方法并借助一定的分析工具,这对于一般投资者来说是困难的。但是,投资者可以根据发行人及上市公司公告的有关资料进行分析,做投资决策参考。

(四) 投资决策阶段

通过以上阶段和步骤,投资者可以做出投资选择,决定把资金投到何种证券或一组(几组)证券上去。投资者做出投资决策时,应综合考虑所购买证券的风险与收益,并考虑自己今后一段时期对资金的需要及其他用途,以及本人未来财务状况的变化等。分散风险是投资的重要策略方法。俗话说,不要把鸡蛋放在同一个篮子里。资金较多者,应把资金分散地投到几种或几组证券上去。

(五) 投资管理阶段

投资者决定购买证券后,便进入投资管理阶段。这个阶段对投资者来说是非常重要的,特别需要注意以下四个方面的问题:

(1) 保持长期投资和短期投资的恰当比例。长期投资收益率相对高些,但资金周转相对慢,不够灵活。因此,要保持长期投资与短期投资的一定比例,既保持资金的周转与变动能力,又能获得较高收益。

(2) 现货交易与期货交易结合。一般地说,现货交易受市场价格变动影响大,风险也大些。期货交易则是减少或降低风险的一种形式。因此,在条件允许的情况下,投资者应既做现货交易又做期货交易。在买入现货的同时,卖出期货;或卖出现货时,买进同额期货,这样可以通过套期保值,把风险降到最低限度。

(3) 自有资金与借入资金进行投资要保持适当比例。前文述及,尽量少用或不用借入资金。但对于机构投资者或投资大户来说,完全不用借入资金投资是不现实的。对于证券经纪商来说,他们也需要通过信用交易,扩大业务量,收取贷款利息和佣金。投资者利用借入资金进行投资,应有限度,这个限度就是自己的清偿能力。用借入资金投资应尽量投资于风险小的或有固定收入的证券。

(4) 保证证券的最佳组合。如何选择适当的证券,每种证券在每组证券中占多大比例才能构成最有效的组合,这些都是要考虑的问题。这就需要投资者确定各种投资占总投资的恰当比例,比如银行储蓄、购买债券和股票的比例;在债券中,各种长短期债券、政府债券和企业债券的比例;股票中,不同行业、不同业绩公司股票的比例等。

四、投资分析方法

在投资过程中,逐渐形成了一些投资分析方法,这些分析方法被总结提炼,逐步系统化、理论化。应当看到,这些投资分析方法,对揭示证券与证券市场变化规律,帮助投资者进行正确的投资选择有着很重要的现实意义。作为专职从事市场分析的人员和证券市场研究人员来说,掌握证券投资分析方法,是非常必要的。证券分析方法大体上可分为两大类:基本分析法和技术分析法。

(一) 基本分析法

所谓基本分析法,就是对证券尤其是股票的分析研究,重点放在证券本身的内在价值上。通过对宏观投资环境,尤其是经济环境、发行人所在行业和企业本身的情况进行最基本的分析,来探求证券本身的价值,以确定是否有投资价值。

证券的市场价格变动受多种因素影响。受国际国内政治、经济情况变动影响很大。在政治方面,如发生战争、政局变动、领导人逝世等,都会不同程度地影响投资者的信心,进而影响证券市场。在经济方面,经济增长情况、通货膨胀、利率、汇率的变动,都会对证券市场产生影响。国家政策因素对证券市场的影响也是很大的,如控制货币供应量政策,调整税种、税率政策,产业政策,如对某行业的支持、倾斜或采取限制措施,都会对证券的价格变动产生直接或间接影响。因此,密切注意宏观政治、经济变化情况,进行分析研究是很重要的。

行业分析是指对发行和上市公司处于什么样的行业及公司在这一行业中所处的地位进行分析。公司行业划分方法有多种,如按工业(重工业、轻工业)、商业和农业划分。工业公司相对稳定,在国民经济中处于重要地位,但受国家经济政策和国民经济整体情况的影响也较大。商业公司资金周转快,利润也丰厚,但是稳定性差些,受季节性因素和临时性因素影响大。至于农业公司则受自然气候和国家对农产品的价格政策影响较大。另一种方法是从行业的未来着眼,将其划为朝阳工业和夕阳工业。处在夕阳工业中的公司,其特点是目前获利能力可能很高,但从长远看,它的发展前途不大。处在朝阳工业中,情况恰恰相反,它在未来将会有获得丰厚利润的机会。类似的分法还有如分为传统工业和新技术产业,传统工业相对稳定和成熟,新技术产业风险较大,但前途光明。公司在行业中的地位很重要,处于同一行业中地位不同的公司其成长能力也不同。地位较高的公司,知名度高,容易获得较稳定与丰厚的利润,但其成长能力却可能较弱。地位较低的公司,知名度不高,目前缺乏足够的竞争力,但未来的成长能力却可能较强。成长型公司是投资者较好的选择。

对公司本身的分析,是基本分析中最重要的环节。对公司分析包括多方面的内容,包括公司生产的产品、处在什么产品周期阶段,市场占有率,新产品开发能力等。重点要分析公司的营销效率、生产效率和管理效率。通过分析公司的各项财务指标,如资产负债表、损益表等分析公司的经营情况。还要通过公司的其他指标分析公司的偿债能力、收益能力、成长能力等。

总之,基本分析法就是指利用丰富的统计资料,运用多种经济指标,采用比例、动态的分析方法,从宏观政治、经济,到中观行业分析,直至微观的企业经营、盈利的现状和前景分析,对企业所发行的证券做出评价,并尽可能预测其未来的变化,作为投资者投资的依据。

(二) 技术分析法

技术分析法是根据证券市场过去的统计资料,来研究证券市场未来的变动。纯粹的技术分析往往集中于对证券价格和数量的分析,而不考虑公司的财务状况和收益能力。根据价格和交易数量变化,预测股价上涨或下跌,来决定投资行为。这种分析方法认为所有影响证券,尤其是股票的各种因素,都会反映在股票的价格水平和交易量上。如果市场上某种活动、现象包括价格的变动幅度、周期等在过去已出现过,那么也非常可能在未来的时候再出现。历史会重演。技术分析方法主要通过证券的价格和交易数量的统计图表来进行分析。这种分析方法发展到今天,可以说是丰富多彩、臻于完善。如道式理论、移动平均线、K线图、点形图、棒状图等。

在实际分析中,有人注重技术分析,轻视基本分析;有人肯定基本分析,否定技术分析。实际上,基本分析和技术分析各有所长,它们从不同角度对证券和证券市场进行分析,都能从一定程度上反映证券市场变化规律。基本分析和技术分析的区别在于,前者主要向前看,注意未来盈利和风险;而后者则主要向后看,以市场已发生的事实为预测未来的依据。有人说,基本分析主要回答"买什么"的问题,而技术分析则主要回答"何时买"的问题,确有些道理。

在进行实际分析时,应把基本分析和技术分析有机地结合起来,这样才能取得好的分析效果。当然,也应指出,由于市场瞬息万变,影响市场变化的因素多而复杂,人们对信息的掌握不可能非常及时、准确和完全,因此,无论基本分析还是技术分析,要想准确无误地预测市场变化几乎是不可能的。

五、投资理论

在对证券投资和证券市场的研究过程中,反映证券市场变化规律的证券投资理论逐步形成,从而为证券市场的发展提供了理论依据,对证券投资有一定的指导意义。研究证券投资理论对于专门从事证券市场研究的人员来说尤为重要。

证券投资理论中最重要的理论之一是证券组合理论。该理论利用数学和统计方法来分析与计算不同证券之间的风险相关关系,进而求出一个有效的"证券组合"。所谓"有效",是指在证券组合的一定收益水平上,其风险最小,或在一定的风险水平上,其收益最高。证券组合理论对证券投资具有重要的指导意义和实践意义。特别是随着计算机技术的发展,人们可以利用计算机对大量数据进行计算处理,通过计算构造出证券有效组合。"证券组合"理论,后来被发展扩大为"资产组合理论",包括金融资产和实际资产的"组合",范围扩大了,用途更广了。

证券组合理论反映了有效证券组合作为一个整体的风险与收益关系,而无法表现每一证券本身的风险与收益关系。而资本市场理论和在此基础上产生的资本资产定价模型则回答了在均衡的市场上,每一证券的风险与收益的关系。资本市场理论和资本资产定价模型揭示了资本和证券市场的运动规律,对证券投资具有重要参考价值。有效率资本市场理论主要讨论证券价格对各种影响证券价格的信息的反应能力和反应速度。了解资本市场是否有效率及有效率的程度,对证券投资决策有很大意义。有效市场理论是一种假说,又称为有效率市场假说,它指出如果证券的市场价格能对有关信息做出迅速和有效的反映,则证券市场是有效率的。根据证券市场对信息的敏感程度不同,分为弱有效率市场、中有效率市场和强有效率市场。

证券投资理论当然不止以上所述。这些理论对指导投资者和对证券市场研究有很大的理论和现实意义。然而也应当指出,任何理论都有其局限性。首先,有些理论是建立在假说基础之上的,是以均衡的、完全充分的市场为前提的,与市场实际相距甚远。其次,在信息十分充分的条件下,理论简述的结论才是符合实际的,但信息往往是不充分的。最后,在实际中搜集资料,计算分析过程是十分复杂的,不是任何人任何时候都能做到的。投资者应当结合其他市场分析来做出投资决策,才能减少风险,提高收益。

六、证券投资学的研究对象与方法

证券投资学是研究证券投资理论与方法的学问。证券投资学是随着证券市场的发展而不断发展和完善的。在西方,由于证券市场起步早,在发展过程中出现了很多问题,矛盾暴露比较充分,现阶段的证券市场已非常发达和成熟,研究证券市场的理论和方法也臻于完善。各种证券投资理论层出不穷,各种研究证券投资的方法五花八门,已形成较为完整的证券投资研究体系。如前所述,中国的证券市场刚建立不久,是一个发展中的市场。虽然中国的证券市场遵循着证券市场的一般规律在发展着,但由于它还是一个不完全的市场,在一定程度上仍受旧体制的制约,因此它所反映的现象有时与常规是背离的。这增加了对证券和证券市场变化研究的难度。有价证券本身的含义是广泛的,包括商品证券、货币证券、资本证券。在资本证券中,有股票、债券、投资基金、其他证券及其派生工具。证券市场的内涵是丰富的。证券市场包括发行市场和交易市场。参与证券市场的有投资者、发行人、承销商、经营机构。证券交易场所包括证券交易所和场外交易市场。有证券主管部门以及为证券发行、交易服务与咨询的机构。有与证券和证券市场有关的法律、法规和政策,如税收政策等。还有反映市场动态变化的市场行情等。这些都是影响投资和证券市场的因素,但它们都是证券投资学所应涉猎的内容吗?在本书中我们是这样处理的。

有价证券在本书中主要指资本证券,重点研究股票、债券,对投资基金、期权、期货等派生工具也做适当研究。关于证券与证券市场一般只做知识性介绍,重点研究证券投资的收益与风险、证券投资理论以及证券投资分析方法(基本分析与技术分析)。我们是站在投资者和研究者的立场上来研究证券投资的。随着资本市场的发展,资产证券化程度的提高,资本市场的国际化进程加快,金融制度创新和金融工具创新的速度将加快。新的投资理论与方法将层出不穷。在一本书中是不可能也不应当包罗万象的。本书的篇幅已不允许我们再扩展内容。我们认为,在学习和研究证券投资学时,应注意以下两个问题:

(1)本书所讨论的是关于证券投资的一般理论与方法,这些理论与方法的基本原则是适用于任何证券市场的。但是由于中国证券市场的不成熟,如果完全照搬西方国家的理论、方法和经验对中国证券市场进行分析,可能会出现某些偏差。因此,运用这些理论与方法时,应注意中国证券市场的特殊性,要结合中国证券市场的实际,创造出新的适应需要的理论与方法。

(2)理论联系实际。把向书本学习与向实际学习结合起来。不要以为学了书本知识就可以成为投资家和投资分析家了。要调查了解证券市场的实际情况,必要时,进行实际操作或模拟操作。

第一章 证　　券

第一节　证券的概念及特征

一、证券的概念

所谓证券,是用以表明各类财产所有权或债权的凭证或证书的统称。证券上记载有一定的财产或权益内容,持有证券即可依据券面所载内容取得相应的权益。有价证券是证券的一种,是表示一定的财产权,可自由让渡的证券,即表明证券持有人根据券面所载财产内容可以行使的权利的证券。所谓"有价",顾名思义,是赋有价值,即表明其权益可以用一定的货币额来衡量。有价证券的规定性主要在于:一是表明一定的财产权,二是可以参与流通。

有价证券种类很多,可以分为货物证券、货币证券、资本证券和其他证券。

货物证券是有权领取货物的凭证,其权利的标的物是特定的货物,如提单、仓单等;货币证券是对货币有请求权的凭证,其权利的标的物是一定的货币额,如支票、本票、汇票、商业票据等;资本证券的标的物也是货币额,但与货币证券不同的是,它侧重于对一定的本金所带来的收益的请求权,这类证券如股票、债券之类;至于其他证券则包括土地所有权证、银行存折等。

有价证券有广义和狭义之分。广义的有价证券可以指前面所述的货物证券、货币证券和资本证券,甚至更多;而狭义的有价证券一般是指货币证券和资本证券,更多的时候又专指股票、债券之类的资本证券,这时往往直接简称为证券。我们平常说到证券交易、证券市场时,所说的"证券"这个词一般是特指资本证券。

有价证券作为资产所有权或债权的一种法律证书,即代表经济利益的一种权利,一般可以兑换、转让和买卖。有价证券是随着商品经济和社会化大生产的发展而产生和发展起来的。证券中国家公债出现得最早。随着以信用方式投资的扩大,经济中出现了以发行债券方式集中和分配资本,以及以发行股票方式组建股份的股份公司的情况。现代经济中资本证券化是一种趋势。

在商品经济制度中,生产的目的是追求利润的最大化,它是通过不断提高企业的经济效益的途径来实现的。而企业经济效益的高低以利润大小来衡量。企业为实现利润最大化,在资本的使用上:一要尽可能地节约在不直接产生利润的流通领域发挥作用的资本;二要尽可能扩大使用资本的规模,以适应竞争和生产社会化的需要。而扩大使用资本的规模的途径有三条:一是进行资本积累,即将部分利润用于再投资;二是借入别人的闲置资本;三是将各个独立的资本结合起来,集中成一个资本。于是,由于资本的集中,在经济生活中就产生了资本的凭证:股票、债券等。

股票是股份公司发给出资人的股份资本所有权书面凭证。

股票的持有者就是股份公司的股东。股票详述公司与股东的约定关系,并阐明风险共担、收益共享和企业管理的责任和权利。

股票是股份公司股本(资本)的证明文书。股份是股份公司中均分公司全部资本的最基本的计量单位,每一股份都代表一定的资本额,每股资本额都相等。一定量的股票代表一定份额的股份,但不是所有股份都以股票形式表现,有的企业的股份可以采用股权证形式。在对外公开发行股票的股份有限公司中股份与股票是两个部分重叠的概念。

债券,亦称"收益债券"。它是公司、企业、国家和地方政府及政府有关部门为筹措资金向社会公众发行的、保证按规定时间向债券持有人支付利息和偿还本金的凭证。债券上载有发行单位、面额、利率、偿还期限等内容。债券的发行者为债务人,债券的持有者(购买者)为债权人。

二、有价证券的本质

有价证券是代表资产所有权或债权的法律证书,即代表一种经济权利。有价证券的持有者承担相应的权利和义务。

有价证券同时也是金融工具、投资工具,是一种投资凭证。公众通过对有价证券的买卖、转让、抵押、继承,参与投资。

有价证券既能给持有者带来一定的定期收入,又能当作商品自由买卖转让,有人认为,有价证券本身就是资本。实际上,有价证券不是生产经营的物资,更不能在生产经营过程中发挥作用,因而它不是真正的资本,而是"资本的纸制复本"①。

(1) 股票、债券等能够脱离它们原来代表的现实资本而在证券市场上进行相对独立的运动,产生资本的二重化现象,因此,它们又可视为一定的虚拟资本的凭证,具有虚拟资本的性质,可被称为虚拟资本证券。每个证券所体现的虚拟资本的大小是由其所代表的现实资本具有的收益大小和一般利息率水平决定的,因此,虚拟资本的运动反映了现实资本的运动。

(2) 构成虚拟资本的有价证券本身没有任何价值。它们只是代表取得收益的权利。一切有价证券,都是资本所有权的证书,有了这种证书,在法律上,所有者就有权索取这个资本应该获得的一部分利润,有价证券可以在市场上进行买卖,并形成市场价格。

---

① 马克思:《资本论》(第三卷),人民出版社1975年版,第540页。

（3）有价证券本身并不能在企业生产过程中发挥作用，它与厂房、机器、原材料等实际存在的资本不同，后者都是在生产过程中发挥作用的资本，而虚拟资本则是一种独立于实际资本之外的资本存在形式，不是真正的资本。它是资本的符号代表，只间接地反映实际资本的运动状况。虚拟资本与实际存在的资本不仅在质上有区别，而且在量上也不同。虚拟资本的数量等于各种有价证券的价格总额，它的数量变动取决于各种有价证券发行的数量及其价格水平。在一般情况下，虚拟资本的价格总额总是大于实际资本额。虚拟资本数量的变化并不一定反映实际资本总额的变化。

（4）虚拟资本不是现实的财富，但它可以促使现实财富的集中，如通过证券交易所与银行，可以把社会财富集中在某些大企业手中。随着生产的社会化和社会生产力的发展，由于资本的集中和积聚，股份公司数量的增加，有价证券投机活动的盛行，加上平均利息率趋于下降，虚拟资本的膨胀快于实际资本的增长。虚拟资本的迅速增长，表明资本的所有者与资本的职能进一步分离。

三、有价证券的功能

有价证券在现代经济中具有重要功能。

（1）资本证券是结合成一体的资本、财产或债权债务关系的份额比，它既使得发行人能够方便地将社会上零散的货币资金集中为整体的社会资金或职能资本，又能使小额的货币资金享受巨额资本的规模效益，因此，资本证券是企业、政府筹集中长期资本的主要工具，也是社会公众将收入用于投资增值的重要渠道。资本证券化是经济发展的一个重要标志。

（2）货币证券能起到节省现金使用，方便交易支付和汇总的作用，从而提高资本的使用效率和资本转移的安全性。信用货币的产生和发展，突破了现金不足的限制，使生产规模和交易规模都成倍地扩大了。

（3）一些有价证券，特别是短期政府债券，是中央银行运用经济手段控制货币供应量、调节经济运行的重要工具。

（4）有价证券作为投资、融资的工具，可以迅速转移资金，使资金向效益高的方向流动，有利于社会资源的有效配置。

（5）随着现代经济的发展，金融证券化、国际化是历史趋势。金融证券化，有利于金融工具的创新，使金融工具的发行、买卖进一步规范化。

（6）有价证券及其衍生工具的发展，使社会融资范围进一步扩大，有利于在国际上进行投资与筹资。

总之，有价证券是信用制度的产物，也是信用制度深化的原因。证券交易的产生、丰富和发展对社会经济发展起着越来越重要的作用。

第二节 股票

一、股票的特征

股票作为股份资本所有权证书,是投资人入股并取得收益的凭证。它既是一种集资工具,又是企业产权的存在形式,代表资产所有权。股票的主要特点,表现为三个方面:第一,具有不返还性。股票作为股权在法律上的凭证,持有者有权参与红利分配,并按规定行使股东权利,但不能中途退股索回本金,即只"付息分红,不退还本金"。第二,具有风险性。购买股票是一种风险投资。投资入股人有按规定获得收益的权利,又有义务承担风险对公司债务负有责任,即"风险共担,收益共享"。第三,具有流通性。股票作为一种资本证券,是一种灵活有效的集资工具和有价证券,它虽然不能中途返还,但可以转让、抵押和买卖流通。这种灵活性和流通性是股票的优点也是它的生命力所在。

股票所代表的资本是股份公司的资金的一部分,公司资金包括借入资本和权益资本两部分,前一部分是债务,后一部分是所有者的投入。只有权益资本(股本)才可能形成股票,所以,不是所有意义上的资本都能形成股票。

股份公司资本有注册资本、发行资本和实收资本之分。注册资本是公司有权发行股票的总额,这个总额必须记载于公司章程,并在政府有关部门登记注册。注册资本仅仅是政府允许公司发行股票总额的上限,不是实际资本。公司实际上已向股东发行的股票总额,叫作发行资本。发行资本不大于注册资本。认购公司股票后应该立即缴纳资本(货币或实物),但可以一次或分次付清股金。这样,公司的实收资本就可能小于发行资本。由于公司资本具有这样一些特点,所以,严格地讲,只有实收资本才能形成股票。

股票的单位有两个含义:一是单位股票的大小,即每股占总资本的比例;二是指单位股票的价值单位,即面额。单位股票的大小由公司决定,股票是否有一定面值则由法律规定。我国法律不允许发行无面额的股票,规定必须用人民币计价。

二、股票的分类

股票的种类繁多,按不同的标准可以分成不同的类别。

1. 按是否记名划分

按是否记名,股票可分为记名股和无记名股。记名股即股东姓名载于股票票面并且记入专门设置的股东名簿的股票。记名股派发股息时,由公司书面通知股东。转移股份所有权时,须照章办理过户手续。

无记名股指的是股东姓名不载入票面的股票。派息时不专门通知,一经私相授受,其所有权转移即生效,无须办理过户。

2. 按有无面值划分

按有无面值,股票可分为有面值股和无面值股。有面值股即票面上注明股数和金额的股票。无面值股即票面上未载明股数和金额,仅标明它是股本总额若干比例的股票。比如,某公司的股本总额为 50 万元,共分为 1 万股,每股 50 元。某人持有该公司 1 股的股票 1 张,票面无 50 元字样,只注明它是股票总额的一万分之一。

3. 按股东的权利划分

按股东的权利来划分,股票主要有普通股、优先股、后配股。此外还有议决权股、无议决权股、否决权股等。

普通股,即股息随公司利润的大小而增减的股票。股份公司初次发行的股票一般为普通股。持有普通股的股东,在召开股东大会时,投票选出董事,组成董事会,作为一个常设机构,代表全体股东决定公司的经营方针,并监督公司的业务情况。日常事务则由董事会选派的经理和其他职员处理。

普通股股东享有以下权利:盈余分配权、资产分配权、表决权、选举权、优先认股权、股份转让权、对董事的诉讼权等。

优先股,是相对于普通股而言的"优先",指的是公司在筹集资本时,给予认购人某种优惠条件的股票。这种优惠条件包括:优先于普通股分得股息;公司解散时,有相对于普通股优先分得剩余财产的权利。

优先股的股息一般是固定的,但也有只规定股息最高与最低限额的优先股。一般来说,发行优先股只限于公司增资时。在营运中,公司财政发生困难,或不易增加普通股份,或整理公司债务,总之,只有在公司财政上发生困难时,才不惜以种种优惠条件来筹集资金。

优先股种类较多,仅就优先分得股息而言,可以分为:累积优先股,非累积优先股,全部参加优先股,部分参加优先股。累积优先股,指未发的优先股股息逐期累积,即本期公司盈利不足以支付优先股股息时,用后期公司盈利累积补发。先要将累积优先股股息付清后,才能分派普通股股息。非累积优先股的股息按期分派,公司本期盈利不足以支付优先股股息时,不予累积,后期无须补付。全部参加优先股除了按规定的股利率优先分得本期股息外,还有权与普通股股东一道,共同等额地分享本期的剩余盈利。部分参加优先股除了按规定的股利率优先分得本期股息外,还有权以一定额度为限,与普通股一起,共同分享本期的剩余盈利。不参加优先股只按规定的股利率优先分得利息,不参与剩余盈利的分配。

后配股,即次于普通股而享受派息或分配公司剩余财产的股票,大都由股份公司赠予发起人及管理人,故又有发起人股、管理人股之称。其代价为提供劳动力、名誉等,而非金钱或财产,因此,也称为干股。

议决权股,指的是股份公司对特定股东给予多数表决权(而一般股票是一股一权),但并无任何优先利益的股票。发行这种股票的目的往往在于限制外国持股人对于本国产业的支配权。

无议决权股,即对公司一切事务都无表决权的股票。

否决权股,即只对指定的议案有否决权的股票。

4. 按股款的付清与否划分

按股款的付清与否来划分,股票可分为付清股与未付清股。前者指的是股款缴足的股票,后者指的是股款未缴足的股票。未付清股往往发生于分配缴款的场合。

5. 按股票的发行与否划分

按股票的发行与否分,有发行股和未发行股。公司总股本中,已经由股东认购的部分叫发行股;另一部分,即尚未被认购的股份就叫未发行股。公司会计账上,对上述二者应有区别。一般说来,未发行股的产生有两方面的原因:第一,公司初创时期,投资者少,用已募集的资本先行开业,余下股份可于公司成立后再陆续招募,这样就出现了未发行股;第二,公司增资时,须发行新股票。发行顺利与否,完全取决于公司信誉高低及社会经济状况,当公司信誉不佳,或经济不景气时,也难免有若干股份发行不出去。

6. 按发行对象划分

按发行对象不同分为 A 股和 B 股。在我国对境内自然人和法人发行的股票统称为 A 种股票;对境外自然人和法人(包括外国以及我国港澳台地区的法人和自然人)发行人民币特种股票,又称 B 种股票。B 种股票用美元或港币计价,现已对境内居民开放。境内企业到香港地区发行上市被称为 H 股。

7. 库藏股

由公司收购的本公司发行的股票,或由股东移赠给公司的本公司发行的股票称为库藏股。库藏股的股款已按票面额全部缴足。库藏股一般只限于优先股,并且必须存入公司的金库。

三、股票的价值和价格

股票代表一定价值量,简称"股票价值"。它是投资者最为关心的因素之一。投资者总是希望花费最少的钱买到价值最高的股票。股票价值的确定形式主要有下面几种:

1. 票面价值

亦称面值,是在股票正面所载明的股票的价值。是确定股东所持有的股份占公司所有权大小、核算股票溢(折)价发行、登记股本账户的依据。另外,面值为公司确定了最低资本额,即公司股本最低要达到股票面值与股票发行数乘积的水平。因此,面值是一个任意确定的较低的数值。

2. 账面价值

公司资产总额减去负债(公司净资产)即为公司股票的账面价值,再减去优先股价值,为普通股价值。以公司净资产除以发行在外的普通股股数,则为普通股每股账面价值,又称"股票净值"。

公司资产净值是指公司的资本额(股票总金额),加上公积金和保留盈余所得的数额。其中,各种公积金和保留盈余尽管没有以股利形式分派出来,但所有权是属于股东的。因此,净资产也称为"股东权益"。用净资产值除以普通股股数所得到的股票账面价值,实际上反映了每股股票所拥有公司财产的价值,是股东所享有的实际财富,以及公司财产和股东投资的增值。

普通股每股股票账面价值计算公式如下:

$$V = \frac{T - P}{N}$$

其中:V 为股票账面价值;

P 为优先股总面值;

T 为公司资产净值;

N 为普通股总股数。

例如,某公司资产权益状况如表1-1所示。

表 1-1 某公司资产权益状况

优先股(面额 100 元)	1 000 万元
普通股(面额 5 元)	500 万元
公积金	1 000 万元
保留盈余	1 600 万元
净值	4 100 万元

从表 1-1 可知:$T = 4\ 100$ 万元;$P = 1\ 000$ 万元;$N = 500$ 万元/5 元 $= 100$ 万股,则账面价值:

$$V = \frac{4\ 100 - 1\ 000}{100} = 31(元)$$

3. 市场价值

市场价值即股票在股票市场上买卖的价格,有时也简称"股价"。市场价值受到股利分配、公司收益、公司前景、人们对公司的预期、市场供求关系、经济形势变化等多种因素的影响。市场价值与账面价值之间没有必然的联系,它受前面所说的各种因素的影响远比受账面价值的影响大。比如,一股账面价值为1元的股票,如果其收益、股息、公司前景等各方面均为投资者所看好,在市场上也许可以卖到20元。

4. 清算价值

指公司终止清算后股票所具有的价值。这一价值可以与股票的账面价值和市场价值有很大的差异,因为清算时至少要扣除清算费用等支出,公司终止时其资产的实际价值会和其账面价值发生偏离,有时甚至是很大的差异(如公司破产时)。有时,清算价值也指事先约定的公司在清算时支付给优先股股东的每股金额。

清算价值计算公式为:

$$V = \frac{T}{N}$$

其中:V 为股票清算价值;

T 为公司全部资产拍卖后净收入(除去负债);

N 为股票股数。

此外,股票还有一种理论上的价值,即内在价值,是指交易中某一时刻某种股票所代表的真正价值。内在价值的计算采用贴现法,即把未来预期收益折成现值。由于预期收益具有不确定性,因此一般投资者很少使用内在价值这一概念,只有股票分析专家才经常使用。

四、股票的收益

股票收益就是股票给投资者带来的收入。主要有以下几种收益:

1. 现金股利收益

指投资者以股东身份,按照持股的数量,从公司盈利的现金分配中获得的收益,具体包括股息和红利两部分,简称"股利"。

按西方公司法规范理解,股息是指股票持有者凭股票定期、按固定的比率从公司领取的一定盈利额,专就优先股而言。股息类似于我们常说的利息,但不是利息,股息支付双方不存在债权和债务关系。

红利是就普通股而言的,即普通股股东从公司盈余分派中获得的收入收益。股息率是固定的,红利率则极不稳定,只能视公司盈余多少和公司今后经营发展战略决策的总体安排而定。公司税后盈余在弥补亏损以及支付公积金、公益金和优先股股息之后,才轮到普通股红利分配。只有公司获得巨额盈利之时,红利分配才能丰厚;如果公司获得微薄盈利或亏损,红利分配则少得可怜,甚至一无所获。

2. 资产增值

股票投资报酬并非只有股利,它仅是公司税后利润的一部分。公司税后利润除支付股息和红利外,还留用一部分作为公积金以及未分配利润等。这部分利润虽未直接发放给股东,但股东对其拥有所有权,作为公司资产增值部分,它仍应当属于股票收益。它可以作为老股东优先认股、配股和送股的依据。

3. 市价盈利

又称"资本利得",即运用资本低价买进股票再高价卖出所赚取的差价利润。其实,股票最重要的魅力就在于巨额市价盈利。

考虑到市价盈利,得到股票收益率计算公式:

$$股票收益率 = \frac{股票卖出价 - 股票买进价 + 股利收入}{股票买进价} \times 100\%$$

例如,投资者去年投资 1 万元购买了若干股某种股票,今年以 1.5 万元将其全部卖出。其间获股利收入 0.2 万元,假设其他税收等不计,则投资该种股票盈利率为

$$\frac{1.5 - 1 + 0.2}{1} \times 100\% = 70\%$$

从上面可以看出，这种计算方法可能更实际一些。

4. 市盈率

市盈率(P/E)又称股份收益比率或本益比，是股票市价与其每股收益的比值。计算公式是：

市盈率 = 当前每股市场价格／每股税后利润

市盈率是衡量股价高低和企业盈利能力的一个重要指标。由于市盈率把股价和企业盈利能力结合起来，因此其水平高低更真实地反映了股票价格的高低。例如，股价同为50元的两只股票，其每股收益分别为5元和1元，则其市盈率分别是10倍和50倍，也就是说其当前的实际价格水平相差5倍。若企业盈利能力不变，说明投资者以同样50元价格购买的两种股票，要分别在10年和50年以后才能从企业盈利中收回投资。但是，由于企业的盈利能力是会不断改变的，投资者购买股票更看重企业的未来，因此，一些发展前景很好的公司即使当前的市盈率较高，投资者也愿意去购买。预期的利润增长率高的公司，其股票的市盈率也会比较高。

影响一个市场整体市盈率水平的因素很多，最主要的有两个，即该市场所处地区的经济发展潜力和市场利率水平。一般而言，新兴证券市场中的上市公司普遍有较好的发展潜力，利润增长率比较高，因此，新兴证券市场的整体市盈率水平会比成熟证券市场的市盈率水平高。欧美等发达国家股市的市盈率一般保持在15倍左右，而亚洲一些发展中国家的股市正常情况下的市盈率在30倍左右。此外，市盈率的倒数相当于股市投资的预期利润率。因此，由于社会资金追求平均利润率的作用，一国证券市场的合理市盈率水平还与其市场利率水平有倒数关系。

市盈率除了作为衡量二级市场中股价水平高低的指标，在股票发行时，也经常被用作估算发行价格的重要指标。根据发行企业的每股盈利水平，参照市场的总体股价水平，确定一个合理的发行市盈率倍数，二者相乘即可得出股票的发行价格。

5. 市净率

市净率(P/B)指的是市价与每股净资产之间的比值，比值越低意味着风险越低。其计算公式是：

市净率 = 股票市价／每股净资产

净资产的多少是由股份公司的经营状况决定的，股份公司的经营业绩越好，其资产增值越快，股票净值就越高，因此股东所拥有的权益也越多。

一般来说，市净率较低的股票，投资价值较高；反之，则投资价值较低。但在判断投资价值时还要考虑当时的市场环境以及公司的经营情况、盈利能力等因素。

第三节 债券

一、债券的特征

所谓债券是指发行人(也称为债务人或借款人)为筹措资金而向投资者(也称为债权人)出具的承诺按一定利率定期支付利息和到期偿还本金的一种债务(或债权)凭证。实际上,债券是一项协议,是债券发行人和债券持有人之间的合同,它规定了债券发行人的全部义务,即要求发行人向持有人(投资者)支付特定期限利息和到期偿还所借资金金额;当投资者购买了债券,就是根据协议将资金借给了债券的发行者,因而对债券的发行者拥有了债权,于是他就有权获得特定期限的利息收入并按期收回本金。最简单的债券一般具有以下四项最基本的可资鉴别的要素(较为复杂的债券具有更多的要素):一是发行者,是指负有向债券持有者还本付息(通常通过支付机构完成)义务的机构;二是本金,是指发行者希望借入并且同意归还给投资者的以某一具体的货币标明的资金数额;三是息票利率,是指发行者同意支付给投资者的利息率,既可以是债券面值的固定比率,也可以是与某一指数相连的浮动利率,利息的支付通常是一年一次或半年一次;四是到期日,是指债券发行者必须偿还本金及最后一期利息的日期。

债券有以下特征:

1. 流动性

债券有规定的偿还期限,短则几个月,长则十几年甚至几十年,到期前不得兑付。但是,债券持有人在债券到期之前需要现金时,可以在证券交易市场上将债券卖出,也可以到银行等金融机构以债券为抵押获得抵押贷款。因此,债券具有及时转换为货币的能力,即流动性。

2. 收益性

债券持有者可以按规定的利息率定期获得利息收益,并有可能因市场利率下降等因素导致债券价格上升而获得债券升值收益。债券的这种收益是债券的时间价值与风险价值的反映,是对债权人暂时让渡资金使用权和承担投资风险的补偿。

3. 风险性

债券投资具有一定的风险,这种风险主要表现在三个方面:① 因债务人破产不能全部收回债券本息所遭受的损失;② 因市场利率上升导致债券价格下跌所遭受的损失;③ 通货膨胀风险,由于债券利率固定,在出现通货膨胀时,实际利息收入下降。

当然,与股票投资相比,债券的风险较低,这是因为:第一,债券的利率大都是固定的,除非企业破产,否则,债权人的利息收入不受企业盈利状况的影响。第二,为了确保债券的还本付息,各国在商法、财政法、抵押性公司债信托法、公司法及其他特别法中对此都有专门规定。最后,债券的发行者须经过有关部门的严格选择,只有那些有较高信用度的筹资人才能获准发行债券。通常,由中央和地方政府、公共团体及与政府有关的特殊法人发行的债券都能保障还本付息。由民间企业、公司发行的债券,只要投资者购买信用级别较高的债券,也不太可能无法还本付息。

4. 返还性

债券到期后必须还本付息。

债券的上述特征是债券投资所具有的优点。但这些优点不可能同时体现于一种债券上。一般说来,债券的风险性、收益性、流动性之间具有相互补偿的关系。如果风险小、流动性强,收益率则较低;反之,如果风险大、流动性差,收益率则相对较高。例如,国债的风险相对较小,其收益则低于很多安全性相对较差的公司债券。因此,投资人应该根据其投资目的、投资期限、财务状况、资金来源及其对市场的分析预测,有选择地进行投资,以期获得最佳投资效益。如果投资人准备进行长期投资,一般要选择安全性和收益性较好而流动性较弱的债券;相反,如果投资人准备进行短期投资,通常要选择流动性较强的债券,以便能在需要的时候及时变现。

债券与股票都是重要的投资工具,都是可以自由转让的有价证券。但二者又具有不同的性质:

(1) 证券持有人与发行者的关系不同。债券持有人与发行者之间是一种债权债务的契约关系,债券持有人(债权人)无权过问债券发行者(债务人)的生产经营状况;股票持有人与发行者之间是所有权关系,股票持有人(股东)是股份公司的所有者之一,其投资额的多少代表着他在公司里的控制权的大小。

(2) 证券的期限不同。债券具有期限性,期满时,债券发行者还本付息;股票没有期限,除非公司停业清理或解散,否则,发股公司没有退还股东资本的义务。如果股票持有人急需资金,只能在市场上出售其拥有的股票。

(3) 证券的风险不同。债券持有人以利息形式获得较固定的收入,利息多少不受发债公司经营状况的影响;股票持有人以股息、红利和股价增值等形式取得收益,其数量多少取决于发股公司利润的多少及股价的高低。此外,在企业破产时,债权人较之股东首先获得破产企业的资产清偿。因此,债券的收益较之股票更有保障,股票具有比债券更大的风险性。当然,当发股公司盈利很高时,股票持有人则可能获得比债券持有人更多的收益,而债券持有人的收益不能随之增加。

(4) 证券发行者的构成不同。债券发行者可以是企业、公司、政府及政府有关部门,股票发行者只能是股份有限公司。

二、债券的分类

债券的发行已有很长的历史,而且种类越来越多。根据不同的标准可有不同的分类方法,同一债券也可能归于不同种类。不同的分类如下:

1. 按债券发行主体划分

按债券发行主体不同,可分为政府债券、金融债券和公司债券等,这是最主要、最常用的分类方式。

(1) 政府债券:即为一般所称的"公债",是政府为筹集资金而向投资者出据并承诺在一定时期支付利息和到期还本的债务凭证。

(2) 金融债券:银行和其他金融机构除以吸收存款、发行大额可转让存单等方式吸收资金外,经特别批准,可以以发行债券方式吸收资金。这种由银行和金融机构发行的债券即为金融债券。

(3) 公司债券:有广义和狭义之分,广义的公司债券泛指一般企业和股份公司发行的债券,狭义的公司债券仅指股份公司发行的债券。

公司债券是企业筹措长期资金的重要方式,其期限较长,大多为10—30年。公司债券的风险相对较大,因此其利率一般高于政府债券和金融债券。公司债券的票面一般应载明:企业的名称、住所;债券的总额和每张债券的票面额;债券的票面利率;还本期限和方式;债券发行日期和编号;发行企业的印记和企业法定代表人的签章;审批机关批准发行的文号、日期;债券是否有担保,等等。

公司债券的种类繁多,按照不同的标准,可划分为不同的类别。

2. 按偿还期限划分

根据偿还期限的长短,债券可以分为短期债券、中期债券和长期债券。但对具体年限的划分,不同的国家又有不同的标准。

(1) 短期债券。一般来说,短期债券的偿还期为1年以下。比如:美国短期国库券的期限通常为3个月或6个月,最长不超过1年;英国的国库券通常为3个月;日本的短期国债为2个月。

(2) 中期债券。中期债券的偿还期为1—10年。比如:美国联邦政府债券中1—10年期的债券为中期债券;日本的中期附息票债券的期限为2—4年,贴现国债的期限为5年;中国发行的国债大多为3—5年的中期债券。

(3) 长期债券。长期债券的偿还期为10年以上。比如:美国联邦政府债券中的10—30年期债券为长期债券;日本的长期附息票债券的期限为10年;英国的长期金边债券为15年以上。在日本,偿还期在15年左右的债券则被称为超长期债券。

(4) 可展期债券。这是欧洲债券市场的债券种类之一。债券期满时,可由投资者根据事先规定的条件把债券的到期日延长,且可以多次延长,这种债券的期限一般较短。

3. 按利息支付方式划分

按照利息支付方式的不同,债券可分为附息票债券和贴现债券。

附息票债券是在债券上附有各期利息票的中、长期债券。债券持有人于息票到期时,凭从债券上剪下来的息票领取本期的利息。这种领取利息的方式被称为"剪息票"。

每张息票上须有与债券券面的号数相同的编号及应付利息的日期和金额。息票到期之前,持票人不能要求兑付。持票人并非一定是债券持有人,因为息票本身也是一种有价证券,每一张息票都可以根据其所附的债券的利率、期限、面额等计算出其价值。所以,息票可以转让,非债券持有人也可凭息票领取债券利息。

贴现债券亦称无息票债券或零息债券。这种债券在发行时不规定利息率,券面上不附息票,筹资人采用低于债券票面额的价格出售债券,即折价发行,购买者只需付出相当于票面额一定比例的现款就可以买到债券。债券到期时,筹资人按债券票面金额兑付。发行价格与债券票面金额之间的差价即利息。实质上,这是一种以利息预付方式发行的债券。因此,这种债券也叫贴息债券。国债的发行通常采用这种方式。例如,日本在1982年5月发行的偿还期限为5年的贴现国债,面额100日元,按69.75日元出售。表面看来,这种债券在5年中完全不支付利息,但5年后,债券持有人便可得到100日元,其中的30.25日元即为利息。美国的短期国库券也是一种贴现债券。

4. 按债券有无担保划分

按债券有无担保可以分为无担保债券和有担保债券两大类。

无担保债券亦称信用债券,指不提供任何形式的担保,仅凭筹资人信用发行的债券。政府债券属于此类债券。这种债券由于其发行人的绝对信用而具有坚实的可靠性。除此之外,一些公司也可发行这种债券,即信用公司债券。但为了保护投资人的利益,发行这种债券的公司往往受到种种限制。只有那些信誉卓著的大公司才有资格发行。此外,有的国家还规定,发行信用公司债券的公司还须签订信托契约,在该契约中约定一些对筹资人的限制措施,比如:公司不得随意增加其债务;在信用债券未清偿前,公司股东分红须有限制等。这些限制措施由作为委托人的信托投资公司监督执行。信用公司债券一般期限较短,利率很高。

有担保债券又可分为抵押债券、质押债券、保证债券等多种形式。

抵押债券,指筹资人为了保证债券的还本付息,以土地、设备、房屋等不动产作为抵押担保物所发行的债券。如果筹资人到期不能还本付息,债券持有人(或其受托人)有权处理抵押担保物作为抵偿。一般担保实物的现行价值总值要高于债券发行总额。抵押债券在现代公司债券中所占比例最大,是公司债券中最重要的一种。

质押债券,亦称抵押信托债券,指以公司的其他有价证券(如子公司股票或其他债券)作为担保所发行的公司债券。发行质押债券的公司通常要将作为担保品的有价证券委托信托机构(多为信托银行)保管,当公司到期不能偿债时,即由信托机构处理质押的证券并代为偿债,这样就能够更有力地保障投资人的利益。在美国,这种债券被称为"抵押品信托债券"。

以各种动产或公司所持有的各项有价证券为担保品而发行的公司债券统称为"流动抵押公司债券"或"担保信托公司债券"。

保证债券,指由第三者担保偿还本息的债券。担保人一般是政府、银行及公司等。

5. 按是否记名划分

根据债券是否记名可分为记名债券和无记名债券。

记名债券是载明债券持有人姓名的债券。债券持有人凭印鉴领取本息,需要转让时须向债券发行人登记过户。由于持券人须凭印鉴才能领取本息,因此可以防止冒领现象,且在债券被窃或遗失时,可向债券发行人挂失,减少请求补发债券的费用。这种债券转让时,受让人除了支付买卖手续费外,还需办理过户手续,并支付过户手续费,所以记名债券的流动性较差。

无记名债券是不预留债券持有人的印鉴的债券。无记名债券可以自由转让,转让时只需直接交付债券,不需要在债券上背书,因而流通较方便。但这种债券一旦遗失或被窃,不可挂失,所以投资风险大于记名债券。对个人发行的债券多采取无记名方式。

6. 按债券募集方式划分

按债券募集方式划分,可分为公募债券和私募债券。

公募债券是指按法定手续,经证券主管机构批准在市场上公开发行的债券。这种债券的认购者可以是社会上的任何人。发行者一般有较高的信誉,而发行公募债券又有助于提高发行者的信用度。除政府机构、地方公共团体外,一般企业必须符合规定的条件才能发行公募债券。由于发行对象是不特定的广泛分散的投资者,因而要求发行者必须遵守信息公开制度,向投资者提供各种财务报表和资料,并向证券主管部门提交有价证券申报书,以保护投资者的利益。各国法律对公募发行都有较严格的规定。

私募债券是指在指定范围内,向特定的对象发行的债券。私募债券的利率比公募债券高,发行的范围很小,一般不上市,发行者无须公布其财务状况。私募债券的流动性较差,其转让要受到很多限制。如日本对私募债券的转让规定了以下限制:日元债券在发行后的两年内不得转让;债券仅限于在同行业投资者之间转让;债券转让须事先取得发行者的同意。

7. 按货币种类划分

根据债券票面金额所使用的货币种类的不同,可分为本币债券、外币债券、复货币债券、双重货币债券等。

本币债券是指在国内发行的以本国货币为面额的债券。

外币债券是以外国货币为面额在国内发行的债券。如以美元计价的债券称为美元债券,以日元计价的债券称为日元债券。

复货币债券是欧洲债券之一。这种债券还款时用一种货币,交付利息时用另一种货币。在正常情况下,这种债券的本金部分不受汇率变动影响,发行人只需对利率部分在远期外汇市场上进行套期保值。

双重货币债券,指用一种货币发行,按固定的汇率用另一种货币支付利息的债券。在债券到期时,也可用另一种货币偿还本金。

8. 按债券本金的偿还方式划分

按债券本金的不同偿还方式,可分为偿债基金债券、分期偿还债券、通知(可提前)偿还债券、延期偿还债券、可转换债券、永久债券等。

偿债基金债券是指债券发行者在债券到期之前,定期按发行总额在每年盈余中按一定比例提取偿还基金,逐步积累。债券到期后,用此项基金一次偿还。由于这种债券对债券持有人有较可靠的还款保证,因此,对投资者很有吸引力。而且,这种债券也具有可以提前偿还债券的性质,即按市场价格的变动情况决定偿还或购回,所以此种债券对发行者也是有利的。设立偿债基金的一般方法是:债券发行人定期将资金存入信托公司,信托公司将收到的资金投资于证券,所收到的证券利息也作为偿债基金。

分期偿还债券亦称序列偿还债券。发行者在发行债券时就规定,在债券有效期内,确定某一种时间偿还一部分本息,分次还清。一般是每隔半年或一年偿还一批。这样就能减轻集中一次偿还的负担。还本期限越长,利率也就越高。分期偿还一般采用抽签方式或按照债券号数的次序进行。此外,还可以用购买方式在市场上购回部分债券,作为每期应偿还的债券。

通知偿还债券亦称可提前偿还债券。是指债券发行者于债券到期前可随时通知债权人予以提前还本的债券。提前偿还可以是一部分,也可以是全部。如果是一部分,通知用抽签方法来确定。这种债券大多附有期前兑回条款,使发行者可以在市场利率下降时提前兑回债券,以避免高利率的损失。当发行者决定偿还时,必须在一定时间前通知债权人,通常是30—60天。

延期偿还债券是指可以延期偿本付息的债券,它有两种形式:一种是指发行者在债券到期时无力偿还,也不能借新款还旧债时,在征得债权人的同意后,可将到期债券予以延期。对于延期后的债券,发行者可根据具体情况,对其利率进行调整,可以调高,也可以调低。另一种是指投资者于债券到期时有权根据发行者提出的新利率,要求发行人给予延期兑付的债券。这种债券一般期限较短,投资者可以要求多次延长。

永久债券亦称不还本债券或利息债券。一般是指由政府发行的不规定还本日期,仅按期支付利息的公债。当国家财政较为充裕时,可以通过证券市场将这种债券买回注销。此外,还有永久公司债券。永久公司债券的持有人除因发行公司破产或有重大债务不履行等情况外,一般不能要求公司偿还,而只是定期获得利息收入。实际上,这种债券已基本失去了一般债券的性质,而具有股票的某些特征。

可转换债券指可以兑换成股票或其他债券的债券。这种债券在发行时就附有专门条款,规定债权人可选择对自己有利的时机,请求将债券兑换成公司的股票。不希望换成股票时,也可继续持有,直到偿还期满时收回本金,还可以在需要时售出。可转换债券具有公司债券和股票的双重性质。在未转换之前,公司债券是纯粹的债券,债权人到期领取本金和利息收入,其利息是固定的,不受公司经营状况的影响;在转换之后,原来的持券人就变成公司的股东,参加公司红利的分配,其收益多少就要受到公司经营状况的影响。当股利收入高于债券收入时,将公司债券兑换成股票对债权人有利。可转换债券可以流通转让,其价格受股票价格的影响。股票价格越高,可转换债券的价格也随之上升;反之,则下跌。

9. 按持有人收益方式划分

根据债券持有人收益方式的不同,可分为固定利率债券、浮动利率债券、累进利率债券、参加分红公司债券、免税债券、收益公司债券、附新股认购权债券和产权债券等。

固定利率债券是指在发行时就规定了固定收益利息率的债券,一般每半年或一年支付一次利息。

浮动利率债券是为避免利率风险而设计的一种债券。这种债券可随市场利率的变动而变动。例如,可在债券上规定,其利率每季以90天期的国库券为基准进行调整。其特点是可使投资人在利率上升时获益。我国1989年发行的保值公债即为浮动利率债券。

累进利率债券是指按投资者持有同一债券期限长短计息的债券。债券期限越长,其利率就越高;反之,则利率越低。

参加分红公司债券是指债券持有人除了可以得到事先规定的利息外,还可以在公司的收益超过应付利息时,与股东共同参与对公司盈余的分配。这种债券将公司债券与股票的特点融为一体。与其他债券相比,这种债券的利率较低。

免税债券是指债券持有人免交债券利息的个人所得税的债券。政府公债一般是免税的,地方政府公债大多也是免税的。此外,一些经过特准的公司债券也可以免税。例如,美国联邦土地银行发行的公司债券就是免税债券。

收益公司债券是指所发行公司虽然承担偿还本金的义务,但是否支付利息则根据公司的盈亏而定的债券。发行公司如果获得利润就必须向债券持有人支付利息;如果发行公司未获得盈余,则不支付利息。在公司改组时,为减轻债务负担,通常要求债权人将原来的公司债券换成收益公司债券。

附新股认购权债券是指赋予投资人购买公司新股份的权利的债券。发行公司在发行债券时规定,持券人可以在规定的时间内,按预先规定的价格和数量认购公司的股票。持券人购买公司的股票后便成为公司的股东,但不因此丧失公司债权人的资格。这是附新股认购权债券与可转换债券的主要区别。可转换债券在行使转换权之后,债券形态即行消失,债券变成了股票,持券人因此也就失去了公司债权人的资格。

产权债券是指到期后可以用公司股票偿还而不按面值用现金偿还的债券。这种债券的利息比一般的股息高,因此对投资者的吸引力较大。对于发行者来说,通过发行这种债券,可以按高于票面值的价格在市场出售股份而获得所需要的资金。

10. 按债券发行地域划分

根据债券发行的地域,可以将其分为国内债券和国际债券两大类。

国内债券是指一国政府、企业或金融机构在本国国内,以本国货币为面额发行的债券。国际债券是指政府、公司、团体或国际机构在本国以外发行的债券,即债券发行人属于一个国家,而发行地点在另一个国家,且债券面额不用发行者所在国的货币计值,而是以外币计值。发行国际债券的主要目的在于:弥补发行国政府的国际收支逆差,弥补发行国政府的国内预算赤字,筹集国家大型工程项目的资金,实行国际金融组织的开发计划,增加大型工商企业或跨国公司的经营资本以扩大经营范围,等等。

新中国成立以后,曾于20世纪50年代发行过几次债券,如1950年国家发行的人民胜利折实公债和1954—1958年由中央人民政府发行的经济建设公债等。但由于历史条件的限制,人们购买债券并非是投资,而是为了支援社会主义建设,公债只是一种特殊形式的定期储蓄,因此,当时不可能形成和发展真正的证券市场。近些年来,我国实行了对内搞活经济、对外开放政策,进行了一系列的经济体制改革。作为经济体制改革的一部分,我国的金融市场得以建立和发展。其中的债券市场也逐步形成。目前我国的债券主要有四大类,即政府债券、金融债券、企业债券和外国债券。

三、债券的收益、价格和风险

(一) 债券的收益

债券的收益主要由利息收入和买卖价差收入两部分构成,通常用收益率来衡量。它不仅可以反映投资者投资于债券的获利程度,还可以作为投资者投资不同种类债券的选择标准。根据不同的情况,测度债券收益率的方法很多,这里只介绍三种最常用的方法。

1. 当期收益率

当期收益率的计算公式为

$$当期收益率 = \frac{息票利息}{买进价格}$$

例如,息票利率为7%、面值为1 000元、买进价格为769.40元的债券的当期收益率为9.1%,计算过程如下:

$$当期收益率 = \frac{1\,000 \times 7\%}{769.40} = 9.1\%$$

当期收益率的计算虽然很简单,仅仅考虑了息票利息,而没有考虑其他影响债券投资者收益的因素,同时货币的时间价值也被忽略了,但它对于债券的投资者而言,是衡量收益状况的一个十分有用的指标。

2. 到期收益率

到期收益率的计算公式为

$$P = \sum_{t=1}^{n} \frac{C}{(1+y)^t} + \frac{M}{(1+y)^n}$$

其中:P是债券的价格,C是债券每期所获的利息,M是债券的期满值(往往就是面值),n是债券距到期日的年数,t是利息的偿还次数,y即为到期收益率。如果是每半年支付一次利息,则y要乘以2才是到期收益率。例如,期限为10年、面值为1 000元、息票利率为5%、价格为770.36元的债券的到期收益率为8.5%。具体计算过程是,将上述各值代入

公式,即:

$$770.36 = \sum_{t=1}^{10} \frac{1\,000 \times 5\%}{(1+y)^t} + \frac{1\,000}{(1+y)^{10}}$$

此时,要想求出到期收益率 y,得用试算法,即先选一个 y 值代入公式,如果算出的等式两边数字不相等,就再选另一个 y 值代入公式计算,直到等式两边的数字相等为止。这种方法很麻烦,简单的办法是使用财务计算器计算。投资者如果想要实现购买时的到期收益率,需要同时满足以下两个条件:一是必须持有债券到期满,二是能够把获得的每期利息收入按照相同的到期收益率进行再投资。

从计算公式中我们可以看出,所谓到期收益率就是指使债券未来的各期现金流量的现值等于债券市场价格的利率。其计算不仅考虑了债券各期的利息收入,也考虑了将债券一直持有至期满投资者所能实现的任何资本利得或损失,而且还将现金流量的时间性考虑在内。因此,到期收益率(常简称为收益率)又往往被称为债券的内部回报率,可用于比较和评估息票利率与价格不同、评级不同、期限结构不同的各种债券的收益情况。

当债券按面值发行(即平价发行)时,其到期收益率就等于债券的息票利率;当债券按低于面值的价格发行(即折价发行)时,其到期收益率就大于债券的息票利率;反之,当债券按高于面值的价格发行(即溢价发行)时,其到期收益率就小于债券的息票利率。这是因为,如果债券的息票利率低于其到期收益率,则这个差额必须在债券的有效期内由价格的升高来弥补,这就必然要求债券的发行价低于其到期价值(即面值),反之亦然。由此可见,债券的发行价格与票面利率、当期收益率、到期收益率之间的关系如表1-2所示。

表1-2 债券的发行价格与票面利率、当期收益率、到期收益率之间的关系

债券的发行价格	债券的票面利率、当期收益率、到期收益率之间的关系
平价	票面利率 = 当期收益率 = 到期收益率
折价	票面利率 < 当期收益率 < 到期收益率
溢价	票面利率 > 当期收益率 > 到期收益率

3. 最终收益率

最终收益率的计算公式为

$$最终收益率 = \frac{(期末价值 - 期初价值) + 利息收入}{期初价值}$$

例如,年初时以850美元的总成本买进某种债券,年底时以950美元的价格卖出,手续费为25美元,持券期间还领取了50美元的利息,则该债券的最终收益率为14.71%,计算过程如下:

$$最终收益率 = \frac{[(950 - 25) - 850] + 50}{850} = 14.71\%$$

最终收益率往往又被称为总回报率,它既可以反映投资者财富的增减,又可以用于评

估投资者债券投资达到目标的程度。

(二) 债券的价格

1. 债券的价格

从理论上讲,任何金融工具的价格都等于其预期现金流量的现值。债券作为金融工具的一种,也不例外,即债券的价格等于其预期现金流量的现值。因此,只要能够确定债券预期的现金流量,就可以通过计算其现值的办法求出债券的价格。对于不可赎回的普通债券而言,其现金流量主要由期满日前定期支付的利息及期满日时支付的票面值这两部分构成。正因为债券的价格是其预期现金流量的现值,故对于每半年支付一次利息的债券(实际上在美国发行的大部分债券都是每半年支付一次利息)而言,其价格也就由所有期满日前利息收入的现值之和加上期满时票面值的现值。所以,一般不可赎回普通债券的价格的计算公式为

$$P = \frac{C}{1+r} + \frac{C}{(1+r)^2} + \frac{C}{(1+r)^3} + \cdots + \frac{C}{(1+r)^n} + \frac{M}{(1+r)^n}$$

或者可更为简单地表述为:

$$P = \sum_{t=1}^{n} \frac{C}{(1+r)^t} + \frac{M}{(1+r)^n}$$

其中:P 为债券的价格,C 为半年期的利息,r 为每一期(即半年)的贴现率(应计收益率[①]除以2),t 为利息的支付次数,n 为期间数(年限数的 2 倍)。例如,期限为 20 年、息票利率为 10%、票面价值为 1 000 美元的每半年支付一次利息的债券,如果该债券的应计收益率为 11%,则其价格为 919.77 美元。计算过程如下:

根据已知条件,$C = 1\,000 \times 10\% \div 2 = 50$,$n = 20 \times 2 = 40$,$r = 11\% \div 2 = 0.055$,$M = 1\,000$,将以上各值代入公式,则:

$$P = \sum_{t=1}^{40} \frac{50}{(1+0.055)^t} + \frac{1\,000}{(1+0.055)^{40}} = 802.31 + 117.46 = 919.77(美元)$$

在实际的市场操作中,对债券价格的计算不会像上面的计算那样简单。因为在实际的市场操作中,我们往往并不知道应该使用什么样的贴现率,而这个贴现率通常是通过评估其他已知现金流的收益曲线[②]而推算出来的。

2. 影响债券价格的主要因素

在市场上,债券的价格或估价受很多因素的影响,主要包括:

(1) 市场利率。对固定利率债券而言,一般市场利率上升,则债券价格就会下跌;反

[①] 应计收益率(实际上就是到期收益率)由对市场上的可类比债券收益情况的调查所决定,而可类比债券是指具有相同信用等级和期限结构的不可赎回普通债券。应计收益率一般以年利率表示,当现金流量每半年产生一次时,市场惯例是用应计收益率的一半作为对现金流量予以贴现的贴现率。

[②] 收益曲线是指用坐标图形表示的具有相同信用等级但期限不同的债券的收益率与期限之间的关系(其中,横坐标表示债券的到期期限,纵坐标表示债券的收益率),常被称为债券的利率期限结构,可用于比较各种有相同信用等级但期限不同的债券收益。用国债构建的收益曲线被称为基准收益曲线或基准利率期限结构。

（2）到期日类似的国债价值。往往是其他类型债券定价的基准。

（3）债券的息票利率和利息的支付频率。是影响债券定价的重要因素。

（4）债券期限。期限越长，投资风险越大。

（5）债券类型。如直线债券、可早赎债券、可提前兑现债券、偿债基金债券、指数联系债券、零息债券，等等，也是影响债券定价的重要因素。

（6）发行者的信用等级。

（7）债券的流动性。如做市商的数目、交易成本、市场波动，等等。

（8）债券的税收情况。如是否以全部收入为税基计税，税率为多少，什么时候收税，等等。

3. 债券价格波动的基本规律

市场利率总是不停地变动，使得债券的价格因具有不确定性而呈现一种波动状态。但债券价格的波动并不是杂乱无章的，而是有一定的规律可循的。债券价格的波动主要有以下几个方面的基本规律：

（1）债券的价格与市场利率成反比。这一规律对债券投资有重要的指导意义。例如，如果投资者预测市场利率将下跌，那么他就可以购买债券，等日后市场利率果然下跌、债券价格上涨后，卖出债券，赚取价差利润；反之，如果预测市场利率将上升，则可以先卖空债券，等日后市场利率果然上升、债券价格下跌后，再买回债券，同样可以赚取价差利润。

（2）债券的期限越长，其价格波动就越大，而且距债券到期日的时间越长，价格波动的幅度也就越大。这一规律说明，期限越长的债券，价格波动的风险就越大，对于那些厌恶风险的投资者而言，最好不要购买期限较长的债券，以规避价格波动所带来的投资风险；而对于那些喜欢投机的投资者而言，就可以多购买一些期限较长的债券，其价格波动较大，因此能够获得更多的投机机会。

（3）假设某债券的到期收益率增减变动的幅度一样，则因到期收益率的减少而导致的资本利得会大于因到期收益率的增加而导致的资本损失。这一规律说明，在市场利率持续下跌期间购买债券所能获得的利润比在市场利率持续上涨期间卖出债券所能获得的利润要多。

（4）债券的息票利率越高，在任何到期收益率的情况下，价格变动的百分比越低（一年期债券和无期限债券例外）。这一规律说明，具有较低息票利率的债券比具有较高息票利率的类似债券，更能承受较大的资本利得（或损失），以得到较高（或较低）的到期收益率。

（三）债券的风险

所有的债券都可能使投资者面临以下一种或多种风险，但风险的程度因债券的种类和发行机构的不同而不同。一般而言，债券投资的风险主要有：

1. 利率风险

正如前面已介绍过的,债券的价格与市场利率呈反向变化关系,即:市场利率升高,债券价格下降;市场利率下降,债券价格上升。如果投资者必须在到期日之前出售债券,而此时若恰逢市场利率上升使得债券价格下降,就会使投资者蒙受投资损失,甚至有可能产生亏损(当出售价格低于购买价格时),这种风险被称为利率风险或市场风险,是债券市场的投资者所面临的主要风险。一般来说,债券的期限越长,所面临的利率风险就越高;投资期限较短的债券或同时投资一些到期日不同的债券,可以降低利率风险;持有债券直到期满,能够把利率风险降到最低。

2. 再投资风险

在前面我们曾提到过,投资者如果想要实现购买时的到期收益率,需要同时满足以下两个条件:一是必须持有债券到期满,二是能够把获得的每期利息收入按照相同的到期收益率进行再投资。然而,市场利率的变化使得投资者将每期利息收入进行再投资时的利率有可能小于债券购买时的到期收益率,从而无法实现债券购买时的到期收益率,这种风险被称为再投资风险。一般来说,债券的期限越长,再投资风险越大;同时,具有大额即期现金流量的债券(如高息票利率债券)的再投资风险较大。不难看出,利率风险和再投资风险具有此消彼长的变换关系。这是因为,利率风险是利率上升导致债券价格下降所带来的风险,而再投资风险则是利率下降所带来的风险。以这种此消彼长的机理为基础制定的投资策略被称为免疫策略。

3. 赎回风险

前面已介绍过,对可早赎债券而言,其债券契约允许发行人在到期日之前全部或部分赎回已发行的债券,发行人保留此项权利是为了在市场利率下降到低于息票利率时能够灵活地为偿债而再融资以降低融资成本。但从投资者的角度出发,可早赎债券主要存在以下三个方面的不利之处:第一,未来的现金流量不能预先确知;第二,由于发行人在利率下降时将赎回债券,因而会使投资者面临再投资风险;第三,潜在的资本增值有限,这是因为可早赎债券的价格不可能过多地高于发行人的赎回价。这些不利之处就构成了可早赎债券的投资风险,被称为赎回风险。

尽管投资者持有可早赎债券的风险可以通过低价或高收益来得到补偿,但很难确定这种补偿是否足够,因为,无论如何,具有赎回风险的债券的收益都会大大低于其他可比的不可赎回债券的收益。赎回风险的大小取决于赎回条款中的各种参数和市场状况。由于赎回风险在债券投资组合管理中非常普遍,以至于许多市场参与者认为其重要性仅次于利率风险。

4. 违约风险

违约风险又可称为信用风险,是指债券发行人在债券到期时可能无法还本付息的风险。一般来讲,违约风险的大小可由我们已介绍过的四家公认的信用评级公司出具的信用等级来衡量。通常情况下,具有违约风险的债券的市场价格低于可比的国债,因为国债被认为是没有违约风险的。也就是说,市场上交易的非国债债券比可比的国债具有更高的收益率。

除了最低信用级别的债券(如高收益债券或垃圾债券)以外,投资者通常更注重可觉察到的违约风险或给定违约风险所带来的成本,而非实际的违约事故。尽管一家发行公司的违约事故看起来非常不可能,但投资者们认为,可觉察到的违约风险变化会迅速对债券的价值产生影响。

5. 通货膨胀风险

通货膨胀风险又可称为购买力风险,是指由通货膨胀所导致的债券现金流量值的变动而形成的风险。这一风险可由购买力这一术语来衡量。例如,假设投资者购买了一种息票利率为7%的债券,而通货膨胀率为8%,那么该债券未来现金流量的购买力实际上已经降低了。对于浮动利率债券以外的所有债券而言,投资者都面临着通货膨胀风险,这是因为发行体所承诺的息票利率在整个债券的存续期内都是固定的。

6. 流动性风险

流动性风险又可称为市场流通性风险,是指债券能够以其理论值或接近于理论值的价格出售的难易程度。对流动性进行测量的基本手段是交易商所报出的买价和卖价之间的差额,差额越大,则流动性风险就越大。对于计划持有债券直到期满日的投资者来说,流动性风险并不是很重要。

7. 波动性风险

前面曾介绍过,债券的价格与市场利率呈反向变化关系。因此,市场利率的波动性变动对债券的价格会产生反向影响,由这一影响所导致的风险即称为波动性风险。

股票、债券是证券市场中最主要和重要的有价证券品种。随着金融市场的现代化,产生出非常多的金融衍生产品,如期货、期权、投资基金券等。我们将在以后的章节中对重要的金融衍生工具加以介绍。

习 题

1. 公司A和公司B的股本均为5 000万元,流通在外的普通股均为5 000万股,且当年实现的净利润均为2 600万元,但两个公司的股东权益不同,公司A的股东权益为17 000万元,公司B的股东权益为19 000万元。问:哪个公司的创利能力(净资产收益率)强?

2. 是否公司A的市盈率比公司B的市盈率低,就意味着公司A比公司B的股票更有投资价值?

第二章 证券市场

第一节 证券市场概述

一、证券市场的概念

(一) 证券市场的概念

证券市场是有价证券发行与交易的网络和体系。

证券市场是金融市场的组成部分。

金融市场是指融通货币资金的场所,在这一市场上进行货币和资本的借贷与交易。金融市场一般以金融机构和证券交易机构为媒介,借助各种金融工具来完成借贷与交易。典型的金融市场有以下特征:

金融市场以货币和资本为交易对象,通过短期和长期金融工具的买卖完成融通资金业务。

金融市场是一个抽象市场。其参加者既无一定的限制,进行交易也未必集中于一个场所。

金融市场是以自由借贷和通过金融工具直接融通资金为主要特征的市场。

金融市场包括的内容非常庞杂,既包括短期金融市场,又包括长期金融市场。短期金融市场和长期金融市场又包括多种市场。

短期金融市场,亦称货币市场,是指一年以下资金借贷和短期金融工具交易的市场。主要包括贴现市场、银行同业拆借市场、短期政府债券市场、外汇市场和黄金市场等。

长期金融市场,亦称资本市场,是指一年以上的中长期资金借贷和中长期金融工具交易的市场。主要包括中长期信贷市场、证券市场(股票、债券发行与交易市场)、保险市场等。因此,一般地说,证券市场是长期金融市场的一种。

(二) 多层次资本市场或广义资本市场的内涵

前面指出长期金融市场为资本市场。资本市场本质上是长期投资市场。资本市场不仅包括证券市场,而且包括企业产权市场;不仅包括股票市场,而且包括长期债权(银行中长期信贷和债券市场);不仅包括现货市场,而且包括期货市场。就证券市场而言,应当包括股票市场(包括主板市场和创业板市场)、债券市场(主要是企业和公司债券市场)、投资基金市场、衍生工具市场。本书所用的资本市场或证券市场概念,在某种程度上是同义语的反复。本书所研究的证券投资,只是不包括中长期信贷(包括信贷资产证券化)的以直接金融工具为交易对象的中长期投资。

(三) 证券市场与借贷币市场的区别

证券市场与借贷市场都是进行资金供求间的交易的,但两者之间有明显的区别。

(1) 交易方式不同。借贷市场的交易是借贷,证券市场的交易是买卖证券。

(2) 资金供求双方联系形式不同。在借贷市场上,投资者和筹资者是通过银行间接联系的,为间接融资。银行吸收投资者的存款将资金集中起来,投资的风险一般是由银行承担的;在证券市场上投资者以购买证券的方式向投资者直接筹资,投资者与筹资者是直接联系的,为直接融资。投资风险由投资者自己承担。

(3) 在借贷市场上,借款合同一经签订,债权人和债务人就是固定不变的;在证券市场上,由于证券是可以转让的,投资人可以出让债券或股票而脱离债权人或出资人的地位,而另一些人则成为新的投资人,成为债权或股权的拥有者,但原有的债权债务关系或出资关系并不因此而消失。

(4) 借贷市场上资金供给者的收益仅来自利息,而证券市场上,投资者的收益不仅来自股息或利息,而且还可以从证券价格的波动中得到差价收益。

(四) 证券市场的分类

证券市场分为发行市场和交易市场。

发行市场是指企业、政府或机构将新发行的有价证券出售给投资者的市场,是新证券从规划到推销和承购的全部活动过程。这是发行者与初始投资者交易的市场,因此也称为初级市场或一级市场。

交易市场亦称流通市场,是已发行的有价证券交易与转让的市场。在发行市场购得有价证券者或以其他方式持有证券者,可以在市场上重新出售,新投资者可以随时购买。这是已发行的有价证券所有权的转移,因此也称为次级市场或二级市场。交易市场又可分为有组织的交易市场(即证券交易所市场)和场外交易市场(即柜台交易市场)两部分。

证券一级市场和二级市场之间,有着密切的联系。有了一级市场,二级市场才有交易内容;有了二级市场,投资者购买证券才可能随时自由地出售,才有可能吸引更多的投资者购买证券,促使证券市场更好地发挥作用。因此,证券的两级市场是相辅相成、缺一不可的。

二、证券市场的功能与作用

(一) 证券市场的根本功能与作用在于,按照市场方式调配社会资金,促进企业经营合理化与提高效率

(1) 可以吸收更多暂时闲置的资金进入生产领域。据银行调查,发行有价证券吸收资金的同时,会出现银行储蓄存款减少的现象,但发行有价证券所吸收的资金总大于存款

减少额。因此，发行有价证券可以吸收更多的闲置资金。有价证券转让交易，可以使短期闲置的资金通过不断的运动，变短为长，使资金的利用更为有效。

（2）改革单一的银行融资方式，使融资方式多样化，有助于提高融资效益。在单一的银行融资方式下，整个社会的融资风险较集中，成本亦较高。因为在现代银行制度下，银行对存款，特别是对个人储蓄负有不可推卸的责任，一般必须保证还本付息，但银行对工商企业和其他企业的贷款却存在坏账风险，这种情况在我国尤为典型。发行股票和债券，允许流通转让，可以分散投资风险，从而降低损失率，提高融资效率，亦有助于银行制度改革。

（3）证券市场是获得经济信息的重要渠道。证券市场作为重要的金融市场，对国内国际的政治、经济、军事等方面的形势变化，反应极其灵敏，而且都是通过证券的市场价格表现出来的，证券市场也就成为经济信息集散的重要场所，证券市场的人员来自各方，交易所的电信设备、组织系统、人才都是高水平的，从证券交易所市场可以及时获得各种经济信息和政治情报。

（4）股票市场对促进企业改善经营管理有重要作用。股票市场价格的上涨和下跌，是由很多因素决定的，但一般说来，很大程度上是由预期利润决定的。当一个公司的股票在市场上的价格下跌时，企业的经营者应及时地予以重视，从企业内部寻找原因，改善经营管理，提高盈利水平，增强竞争能力。

（5）有利于吸收更多的外资。发展中国家吸收外资，刚开始的时候，大多是项目引进，创办合伙企业，既费力又费时，直接借贷要承担外债风险。如果把本国的股票市场对外开放，允许外国投资者直接购买股票，不仅无须进行长期的专项谈判，国家也不再承担风险。通过股票市场，资金在国际范围流动，有利于促进国际贸易的发展和国际经济技术交流。

（二）证券市场对经济具有自发调节作用

在证券市场中，人们进行资本和产权的交易，由此所带来的流动为投资结构、规模的调整与产权的重组提供了灵活性，因而具有自发的调节功能。一般说来，证券市场把虚拟资本与实际资本分开，二者的运行并不完全一致，却相互作用。证券市场通过虚拟资本的流动来调节实际资本的流动。在运行规律上，证券市场的波动与经济周期的变动一致。当经济处在上升阶段时，企业利润率升高，证券投资活跃；当经济过热时，企业效率下降，对证券投资不利。证券市场根据利润率的变化自发地增加或减少资金流量。证券市场可以机动地调节社会资金。当银根松动，游资充裕的时候，证券市场就必然活跃起来，吸收闲置的社会资金；当社会上银根紧张，资金缺乏时，证券市场的一部分资金就有可能转移进入其他领域。因此，证券市场的变动情况就成为经济波动的晴雨表，是传播经济信息的重要场所。这也是由于证券市场自身的公开性（公开披露行情）的特性所造成的。在社会主义经济中，适度发展证券市场，会通过市场对资金的吞吐和投向，影响和调节经济运行。

(三) 发展证券市场,可以增加政府对经济的调控手段

我国经济体制改革前,由于缺乏市场机制,国家主要通过计划和行政手段调节经济,采取直接管理方式。发展证券市场后,国家可以更多地采取货币、利率等经济杠杆来调节经济,由直接管理为主变为间接管理为主。

证券市场对经济增长速度和波动的调节可以通过公开市场业务来进行:

公开市场业务是中央银行通过在公开市场上买卖政府债券从而扩大和缩小各银行的准备金,间接地控制货币供应量。具体过程如下。

扩张性的货币政策:买进债券→货币投放→货币和信贷供给扩大→利率下降→总需求扩大;

紧缩性的货币政策:卖出债券→货币回笼→货币、信贷供给收缩→利率上升→总需求缩小。

公开市场业务的主要交易品种一般是短期国库券。因为短期国库券的市场容量大,中央银行可以大量买卖而不使其价格变化太大并影响整个债券市场上价格水平的变化。这样做的好处在于中央银行的公开市场业务操作不至于使证券经营机构的利益受到损害,从而影响资本市场的效率和公开市场业务的操作方便性。一般说来,公开市场业务只是为了施加短期的影响。这是由于大多数公开市场业务只是为了稳定因市场因素波动而引起货币供应量的波动。当然,公开市场业务也可作为能动的手段来改变货币供求量,从而影响宏观经济运行。

(四) 证券市场在产业结构调整中发挥重要作用

产业结构调整是资源重新配置的一种形式和途径。调整产业结构需要大量资金,如果完全依靠国家提供资金是非常困难的,这就需要通过金融市场,尤其是通过长期资金市场筹措资金,投资到急需发展的产业、部门和地区中。对于企业来说,产品更新换代资金、技术改造资金到市场(包括国际市场)上筹措,不仅能解决国家资金不足的困难,而且能促使资金向效益好的企业流动,从而带动其他企业乃至整个产业的发展。

证券市场对产业结构的调整还可以通过自觉调整实现,这表现在:① 政府运用国债市场筹集资金,对重点产业部门进行重点投入;② 促进市场的流通性,打破行业和地区之间的流动障碍,使市场的自发调整更加顺畅;③ 选择先导产业部门,优先使该产业的企业上市,有意识地引导证券市场的资金流向。在当前的形势下,我国应抓住时机,利用证券市场推进重点产业、新兴产业的发展。

证券市场对宏观经济结构和产业结构的调节是一种市场性的调节手段,其根本点在于,在政府储蓄下降、居民储蓄上升的情况下,利用证券市场挖掘民间储蓄和社会闲散资金的潜力,形成社会化的投资机制和合理的投资结构,带动产业部门的发展。所以,证券市场对产业结构调整作用的意义在于:① 有助于打破地区经济的条块矛盾和重复建设,形成全国统一的市场,使资源在全社会合理流动,从而实现最大化的产出;② 资源的流动事实上包括劳动力的流动,证券市场的流动性将使劳动力即就业结构合理化;③ 有助于企业集团在调整产业结构中发挥作用和企业进行重组;④ 有助于合理分配国民收入,自发调整储蓄和消费之间的关系。

三、证券市场的双刃性问题

证券市场犹如一把锋利的双刃剑,它在促进现代经济发展的同时,也带来了一定的危害性。这种危害性主要表现在两个方面:其一,股市动荡引起或者加剧了经济波动;其二,助长了经济生活中的投机活动。

(一)股市动荡的原因

(1)市场交易迅速。现代股票市场一般采用先进的科学技术,尤其是计算机技术的运用给证券业务带来了革新。比如,1971年2月,美国证券交易中居于第二位的柜台交易启用自动报价系统,通过计算机网络把东西海岸的场外交易参加者组织在一起,打破了传统交易的时空局限性。今天,工厂技术与证券业的结合已将证券业和社会各界联成一个大的网络。这种计算机终端交易不仅给经纪人补充了大量信息,加速了情报的互相传递,而且使得交易速度大大加快。现代证券市场的许多交易都能在转瞬之间完成。一家大的股票交易所每天的交易额可以突破50亿美元。如此迅速的市场交易能够大大加快资源组合进程,同时,也可能会在错误信息的引导下造成股市动荡。

(2)股票市场上的同向预期性。预期是建立在信息的基础上的。在相同的不完全信息面前,公众依据一般的投资原则,常常得出相同或相近的预测结果。而只有少数经纪人根据自己的经验和灵敏的"嗅觉",得出与众不同的预测结果。而且,公众对股票市场的运动规律掌握不透,只有在股市行情已经十分明显时,才能做出正确的判断。因此,股票市场的同向预期性很容易导致股市的动荡,在股市被人为操纵的场合,加上公众投资的盲目性,这种威胁显得愈加强大。

(3)股票市场很容易被操纵。公众在股票市场上的交易建立在对未来的预期的基础之上。未来的预期需要运用现期的信息。可是,不管市场多么发达,信息总是不完全的;否则,就不需要预测了,因为市场会告诉你想知道的一切。另外,股票市场上信息的时间价值非常大,预先获知信息,可以预先做出预测,从而提前采取相应的行动。这样,在股票市场上,少数人可以利用预先获知的内幕信息从事非法的投机活动,操纵市场;或者给市场制造扭曲的信号,如大规模地买空卖空、囤货居奇,等等。公众为市场中被扭曲的信息所欺骗,操纵人则从中牟取暴利。股票市场是容易被操纵的市场,公众投资的盲目性尤其容易被操纵人利用,从而导致股市的动荡。

(4)股票市场上的盲目性。投机行为很容易助长股票市场上的盲目性。股市行情看涨时,公众盲目购进;股市行情看跌时,公众盲目抛售。很显然,这种盲目的购进或抛售进一步加深了行情的涨落。股票市场上的盲目性是造成股市易于波动的因素之一。

(5)虚拟资本的独立运动。股票是一种虚拟资本物,股本价值应该反映其所代表的资本价值。因此,股票运动应受到资本运动的制约。但是,股票一旦走上市场,就会表现出自己的、独立于资本运动之外的运动。股价并不总等于其所代表的资产价值。股票价格由其所代表的资本价值所决定,但却受到人们的未来预期以及市场供求关系的影响。如果股价时时与其所表示的资本价值相符,那么除非经济自身的波动,否则,股票市场不会发生动荡。股票这种虚拟资本独立的运动与相应的资本运动发生背离是股市动荡的根本原因。

此外,股票市场对外部环境变化的敏感性也是股市经常发生动荡的原因之一,造成股票市场敏感性的原因主要有公众对未来的预期以及公众信心的敏感。我们知道,公众的股票交易行为是建立在对未来预期的基础之上的。与预期相应的是充分运用已有的信息。因此,外部环境的变动引起的信息改变就会导致人们对未来预期的修正。另外,在相同的信息面前,对经济前途信心不足与充满信心的人会对未来做出截然相反的预期。信心也是影响人们在股票交易中决策的因素之一。然而,影响人们对未来信心的因素是广泛的,除了当前的经济形势之外,还有国际国内政治局势以及社会舆论工具的宣传等。公众的未来预期和信心对环境的敏感形成了股票市场的敏感。

(二) 证券市场动荡对经济的危害

证券市场的动荡虽不必然导致工商企业的危机,却能加剧经济波动,使本已严重失衡的经济雪上加霜,证券市场的繁荣能够在一定程度上延缓经济危机的到来,但是证券市场的大萧条却在片刻之间摧毁了整个经济!它先将经济中的问题一点一点地积累在自己的体内,到一定程度后,总有一根导火索使它爆炸。它延长了危机到来的时间,但它的爆发却加重了经济受伤害的程度,即使在一个大体均衡的经济系统中,证券市场的频繁动荡也会挫伤投资者的积极性,打击人们对经济前景的信心,甚至可能导致金融大恐慌。

(三) 证券市场上的投机

证券交易市场上,投机资本以买卖差价实现盈利目的。

适度的投机对证券市场功能的发挥产生有利的影响:① 有利于股市的活跃。证券市场上的投机伴随着证券的买卖。投机者正是以低价买进、高价卖出来从中获取收益。这样,投机的活跃有利于信息的流通,从而引导社会资源合理流动。② 证券市场上的投机能起到调剂证券市场安全基金的作用。因为任何投机都有风险,由于投机活动的卷入,部分投资风险已由投机资本所承担,从这种意义上说,适度的投机有利于股市的稳定。

过度的投机则不利于经济发展,并会带来一些不稳定因素。首先,过度的投机会将部分投资资本转化为投机资本,在不创造任何社会财富的证券交易中流通。这显然不利于经济的发展。其次,过度的投机易于形成投机者对某种证券的寡占局面,破坏市场的竞争性,给人为操纵市场提供了条件。最后,随着投机规模的扩大,投机风险增加,伴随过度投机的巨大风险成为证券市场动荡的一大隐患。

不正当的、非法投机行为,即通过各种权力或其他关系事先获取行情、牟取非法暴利、买空卖空、囤积居奇、制造谣言、幕后交易、操纵市场等行为,会给证券市场带来极大的混乱,损害广大投资者的利益,破坏金融秩序,甚至给经济生活造成较大危害。

至此,可以对证券市场与现代经济的关系有一个较为清楚的认识。证券市场是一种工具,借助这种工具,企业行为发生了改变,政府功能得到了延伸,资源配置效率得以提高,国民投资具有了场所,但是,经济波动的可能性随之增加,投机行为也有所增加。我们对待证券市场的态度是,充分发挥其有利的一面,严格限制其不利的方面,通过对工具的改进,控制股市的剧烈波动和过度投机,严格禁止和打击非法投机,一定可以创造出社会主义的证券市场,使之为社会主义经济建设服务。

四、现代证券市场的特点

随着证券市场的发展,现代证券市场的机制发生了很大的变化,出现了一些较明显的特点。主要有:

1. 筹资技术多样化

随着证券市场的发展和竞争的加剧,筹资技术也不断创新,且越来越多。证券发行者为了吸引更多的投资者,筹集更多的资金,想方设法去迎合投资者的各种偏好,不断推出新种类的证券。现代证券市场上,证券种类繁多,股票除了最常见的普通股外,还有优先股、后配股、无表决权股、转换股,等等。债券则有政府公债、政府保证债、公司债、金融债、抵押债、转股债、附加新股认购权债等多种类型。同时,证券交易方式除了普通交易外,还出现了信用交易、期货交易和期权交易等。融资技术不断翻新、日臻完善,增强了证券市场的活力,加速了证券市场的发展。

2. 证券投资的大众化和法人化

过去,人们储蓄只重视安全和方便,对利息的高低并不敏感,参与证券投资的个人都是非常富有的人。随着人们收入的提高,其储蓄并不主要在于攒钱买东西了,更多的是为了保值和增加收益,因而也就比较重视储蓄带来的利息收入。相比之下,人们就更愿意购买股息、利息较高的股票和债券(而且也可能获得买卖差价收益),所以,社会不同阶层、不同职业、不同年龄、不同性别的人都积极参与了证券市场的投资活动,证券投资大众化了。

除了个人投资者外,还有法人投资者。第二次世界大战后,法人投资者的地位逐渐上升。法人投资者是证券投资的大户,包括各类金融机构和企业。尤其是近年来,出于有效利用剩余资金、分散经营风险、增强经营便利的目的,尤其是随着证券市场的发展和证券价格的不断上升,企业和金融机构从证券投资中所获得的经济利益高于其他收益,因而许多企业和金融机构纷纷加入了证券投资者的行列,把证券投资纳入重要的业务范围内。

3. 证券市场的电脑化和现代化

现代科学技术的发明创造,为证券业的技术革新开辟了广阔的道路。目前世界上主要的证券市场正在逐步实行电子计算机化,以电子计算机、卫星通信网络相联系,为证券交易提供周到灵活多样的服务。

电子计算机从20世纪50年代下半期应用于证券市场以来,经历了单机使用、证券公司总公司和其分支机构的联机、证券业内部的联机及证券业和社会各界的联机这四个阶段。电子计算机与现代化的通信设施的发展,为证券交易提供了最新信息。

4. 证券市场的国际化和自由化

生产的国际化推动了资本的国际化,加速了国际证券市场的发展,现代证券交易越来越趋向于全球性交易。现代科学技术在证券市场中的运用,为证券市场的国际化提供了条件。在证券业务中运用电子计算机系统装置,世界上主要证券市场的经纪人可以通过设在本国的电子计算机系统与国外的分支机构进行昼夜24小时连续不断的业务活动联系。

20世纪70年代后,世界证券市场发展迅速,证券业具备了一定的规模。此时各国原先为保护和扶持证券市场所采取的一些限制措施已失去了其原有的意义,而且还妨碍了证券业的进一步发展,因而,各国逐渐取消了各种限制,使证券市场逐步走向了自由化。同时,证券市场的自由化,也促进了证券市场国际化的发展。各国不仅不断开放国内证券市场,而且对国际间的证券交易业务也提供了更多的自由,纷纷放宽证券交易的限制,吸收更多的外国公司证券上市,还和其他国家的证券交易所建立了越来越多的业务往来,各主要证券交易所都成为国际性证券交易所。在各国金融市场逐步放开,证券交易日趋国际化的形势下,各国的一些大规模的证券公司和银行不失时机地走出国门,在国外建立众多的分支机构和办事处,进行国际性的证券委托交易,在更大的范围内招揽客户。而投资者不仅在国内证券市场买卖外国上市股票和债券,还可以在本国委托本国证券公司购买在国外证券市场上市的外国证券。

如今,各国证券市场更进一步加强了联系,密切相互间的协作关系,成立了国际性的国际证券联合会,证券业蓬勃发展。在国际金融中,以纽约证券交易所、东京证券交易所和伦敦证券交易所为三大主导证券交易所,联结了世界各大金融中心的证券市场,构成了一个全球性的昼夜24小时不间断连续交易的世界证券市场体系。

第二节 证券发行市场

一、证券发行市场结构

证券发行市场是指发行、推销新的证券的市场。

证券发行市场为新创造出来的证券提供销售场所,使资金不足的企业或单位通过证券发行向社会上资金有余的单位或个人筹集所需资金。它具有两个方面的作用:其一,提供筹资场所,满足资金需求者的需要;其二,提供投资的机会,即为资金盈余者提供投资获利的机会。总之,证券发行市场的功能就在于将分散在社会各方面的零星资金汇集起来,使其成为巨额生产或经营资金,满足了资金供求双方的双向需要。

证券发行市场主要由证券发行者、承销机构及投资者组成。

1. 证券发行人

又称发行主体,是指为筹措资金而发行股票或债券的股份公司、企业单位、政府机构或其他团体等。它们是资金需求者。

2. 承销人

承销人即证券承销商。证券承销商是发行市场的媒介人,是该市场的主要参加者。所谓证券承销商就是指经营承销业务的中介机构,担负证券承销与资金交流的桥梁任务。由于筹资规模日益庞大,所需的资金越来越多,向社会不特定大众公开发行股票和债券已成为筹措长期资金的主要方式,因此,作为中介机构的承销商在发行市场中已成为推动证券发行的主要力量。美、英、日证券市场之所以发达,就是因为承销机构起着很大的作用。可以说证券承销商是证券发行市场的枢纽,直接关系到证券发行市场的成本。

证券承销机构在各国不完全一致,主要有投资银行、信托投资公司、证券公司等。这里要特别提一下投资银行。投资银行(investment bank)实际上并不是一般意义上的银行。投资银行是办理投资业务的金融机构。它的业务比较综合,既办理证券发行与交易业务,又办理证券化的企业重组和并购业务。投资银行一般指综合券商。投资银行之所以还称作"银行",一方面是因为它确实是金融体系中的重要一员,另一方面也是更重要的原因在于历史方面。在《1993年美国证券法》(即《格拉斯–斯蒂格尔法》)颁布以前,投资银行和商业银行是融为一体的,后来二者分野,投资银行专门从事证券业务而不再办理存贷业务,但仍保留着"银行"的名称,实际上,具体的投资银行并不称作"××银行"或"××投资银行"而往往叫作"××公司",如野村证券公司、梅利尔、林奇公司等。日本的证券公司就是投资银行,英国的商人银行也基本上可称为投资银行。而在有些国家,尤其是欧洲大陆的国家则没有专门的投资银行或证券公司,在那里,银行业务与证券业务是混在一起的。

在我国,这类机构是证券公司。我国证券公司基本上有三大业务,即承销、经纪和自营业务。证券公司的设立应符合经济发展需要,有足够的实收货币资本金,有熟悉证券业务的从业人员和管理人员,有固定的交易场所和合格的交易设施。证券发行除金融债券外,其他公开发行的证券都必须由承销机构代理。

3. 投资者

投资者即证券的购买人,他们是资金供给者。证券发行市场的投资人比较复杂,主要有:

(1) 社会公众。

(2) 各种企业法人单位,也包括股份公司本身。股份公司不仅是股票和公司债券的发行者,也是购买者。特别是当一个股份公司打算吞并其他公司时,就会购进其他公司的股票,占有其相当的股份以达到控股或吞并目的。

(3) 证券公司和信托投资公司等经营证券业务的机构。这类法人投资证券的资金是其资本金、营运资金及其他经证券主管机关批准可用于投资证券的资金。

(4) 各类金融机构,无论商业银行、储蓄银行,还是保险公司、信托公司等各种非银行性金融机构,都从购买证券中获取利润。

(5) 各种非营利性团体。非营利性团体主要包括基金会、教会、慈善机构、公益团体等。尽管这些团体是非营利性的,但是它可以通过购买证券来达到其保值或增收的目的。

(6) 外国公司、外国金融机构、外国人等。一般说来各国都对外国公司、外国金融机构、外国人购买本国证券做若干限制。

(7) 国际性机构与团体。

(8) 投资基金。亦称共同基金,是投资人筹集社会公众投资者的资金,委托证券机构投资于各种证券,基金收益凭证持有者可分享收益。

在证券发行市场上除了上述三个主要参加者外,还有一个重要的参加者——证券管理机关。任何国家都规定,发行证券必须取得证券主管机构审核批准,否则不允许进入证券市场筹措资金。证券管理机关是为了证券市场管理而设置的组织,或者是对于证券市场负有监督管理责任的政府机构。我国证券管理机关是中国证监会。

二、股票发行市场

发行股票需具备一定的条件。最重要的条件是股票发行人必须是有股票发行资格的股份有限公司。

(一) 股票发行方式

股票发行方式很多,对股票发行方式也有多种分类方法。这里简单介绍几种主要的发行方式。

1. 公开发行

所谓公开发行,是指股份公司依照公司法及证券法的有关规定,根据有关发行审核程序,并将其财务状况予以公开的股票发行。它通过各种公开的渠道和方式面向社会发行。就股票发行而言,公开发行只是股票上市前必经的一种发行审核程序,并不一定每一次公开发行都伴随着公开筹集股票的行为。股票公开发行后,发行人可以申请上市,也可以不必申请上市。无论新建公司还是老公司,公开发行股票时,一般可分为委托发行和自办发行两种发行方式。

2. 不公开发行

不公开发行,就是指发行公司不办理公开发行的审核程序,股票不公开销售,或其发行对象仅为少数特定人及团体。另外,股份公司向老股东或第三者配股也属不公开发行。不公开发行虽然只是发行股票的一种不重要的方式,但发行公司都要给予重视。因为不公开的目的一般是为照顾某些人的利益;处理不当,公司内部就会出问题。

3. 直接发行

直接发行即自办发行,是指公司自己直接发行股票,招股集资。这种发行方式不普遍,只适用于发行风险少、手续简单的少额股票。一些社会信誉高、在市场上有实力和地位的公司,也采用这种方式。采用这种方式,要求发行公司熟悉招股手续,精通发行招股技术。当然,自己发行可节约手续费,但发行风险要自己承担,发行剩余部分要自己全部认购。

4. 间接发行

间接发行一般指委托发行。委托发行是指发行公司委托证券公司等金融机构代理发行。无论新建公司发行股票还是老公司增发股票,只要是公开发行,一般都要委托金融机构和证券公司进行承销。由于承销方式不同,委托人和承销人之间的承销风险和权利、义务也就不同。所以,各方当事人都应根据市场条件、客观可能性和自身的需要及能力确定承销方式。承销方式主要有以下三种:

(1) 代销。代销是指承销者只代理发行股票的公司发售股票,发售结束时,将收入的股金连同未销出的股票全部交还给发行者。这种代销的承销方式中,股票的发行风险由发行者承担,而承销者不承担发行风险。承销者对于股票能否全部销售出去不承担任何责任,只尽一些代理销售的责任,并收取很少的手续费(手续费一般是发行额的5‰以下)。

(2) 包销。包销一般是指承销者将发行的股票全部包下或将发行人发行的剩余部分包下销售的方式。包销又可分为协议包销、俱乐部包销和银团包销三种方式:① 协议包销,是由一个承销公司包销发行人待发行的全部证券,采用这种形式,发行风险由该公司独立承担,手续费也全部归这个公司所得。② 俱乐部包销,是由若干承销公司合作包销,每个承销公司包销的份额、所承担的风险及所获得的手续费都平均分摊。③ 银团包销,是由一个承销公司牵头,若干承销公司参与包销活动,以竞争的形式确定各自的包销额,并按其包销额承担发行风险,收取手续费。采用包销方式发行证券,发行人可以及时得到资金,而且不必担心证券能否发得出去,证券销售风险全部转嫁给证券经销机构。包销的特点是集资的成本高,但风险小,资金可以快速到位,适合于那些资信还未被公众认识,却急需资金的企业。

(3) 助销。亦称余数包销,是承销者自购一部分,代理发售一部分的承销方式。在具体做法上可以是承销者先代理发售股票,在发售结束时,有剩余的股票由其自己或其他金融机构全部承销。也可以是承销者先认购一部分,其余部分代理发售,发售不出去的部分可退给发行者。这种承销方式中,承销者承担了大部分发行风险,其销售手续费也高于代销。

5. 增资发行

指股份有限公司为增资扩股而发行新股票的行为。有下列几种增资方式:

(1) 有偿增资。就是通过增发股票吸收新股份的办法增资。有偿增资也有一些不同做法。

第一,向社会发行新股票,实收股金使资本金增加。投资人一般用现金按照股票面值或高于面值的市场价格购买股票。有偿增资公开发行股票,一般可溢价发行(即高于面值的价格)。这是因为公司有历年盈利积累,其实际资产必然升值,如果该公司股票为上市股票,其市场价格必高于面值。溢价发行有利于维护和提高公司股票在市场上的信誉。溢价发行时要考虑老股东的权益。为了平衡新老股东的权益,在溢价发行时可给老股东以优先购买权和平价购买的价格优惠权。

第二，股东配股。这是赋予股东以新股认购权利时的股票发行方式。股份公司在增资新股时，为了照顾原有股东的利益，也为了保持原有股东仍然可以在同等关系下对公司拥有控制权，往往允许原有股东在购买新股时在优惠条件下优先认购，这是一般公司增发新股时通常采用的方法，即通常所说的"优先认购新股权"。优先认购新股权是依照原有每个股东所持有的股份比例配给的，例如，按旧股每股摊配新股一股或两股，这由董事会决定，认购新股的价格也由董事会决定，或按面额，或按低于市价的某个价格。认购新股的权利会明确规定在一项说明书上。经过这种形式的增资，由于公司股份数额的增多，该公司的股票市场价格会发生变化。增资后的股票价格是可以计算出来的。以 A 代表原股股票价格，B 为分配给每份旧股的新股票数，C 为每份新股票的应交款，D 为增资后每股股票价格，其计算方法为

$$D = \frac{A + C \times B}{1 + B}$$

例如，假定市场价格为 400 元的股票按 1∶0.5 的比例享有认购有偿增资新股的权利，每份新股以 100 元认缴，那么增资除权后股票的市场价格则为

$$(400 + 100 \times 0.5) \div (1 + 0.5) = 300(元)$$

经过这样的增资后，虽然股票的市场价格从 400 元跌为 300 元，但原有股东持有的股份却增加了 50%，股东的资产由原有的每股 400 元变为 1.5 股 450 元。

由于股份公司对股东优先购新股的时间会有所限制，往往是很短暂的，比如规定必须在两个星期内购买，因此，也会有些股东不愿意或没有能力再投资去购买增发的新股份，在这种情况下，他就可以出售这项认购新股的权利，即出售认股权证。

第三，向第三者配股。这种发行方式，是指公司向股东以外的公司职工，尤其是高级职员、公司往来客户、银行及友好关系的特定人员，发行新股票，允许他们在特定时期内按规定(优惠)价格优先认购一定数量的股票。这种发行方式，一般在下列情况下采用：当增资金额不足，为完成增资总额时；当需要稳定交易关系或金融关系，应吸收第三者入股时；当考虑到为防止股权垄断而希望第三者参与，从而使该公司的股权结构分散合理时。

向第三者配股对现有股东和没有接受配股的一般股东来说，会产生一些问题。当这种配股活动进行多次时，就降低了现有股东将来增资的可能性。从与股价的关系看，进行第三者摊派认购，固然可以使股价稳定，但在发行价格上，也会使现有股东的财产价值减少。

举例 假设某公司有 A、B、C 三个股东各持有该公司股票一股，股价均为 2 000 元，公司以 1 200 元的价格配售给 D 一股股票，增资后的各股股票实际价格则下降到 1 800 元 [(2 000×3+1 200)÷4]。现有股票的市场价格为 2 000 元，但财产价值减少为 1 800 元，接受摊派的 D 仅支付 1 200 元，就可以获得 1 800 元财产的价值。当然，在发行价格与市场价格相同时，则不会发生类似问题。由此看来，以低于市场价格进行第三者配股，会损害和牺牲原有股东的利益，而给予第三者利益。因此，发行价格低于市场价格时，需要经过股东大会的特别批准。

（2）无偿增资。所谓无偿增资，是指股东不缴付现金，即无代价地取得新股的增资方法。从公司的角度讲，这样的增资扩股并未使公司自外界获得资金来源，而只是表现为资本结构的改变，或内部资本保留额的充实。无偿增资发行新股必须按照比率配予原股东。无偿增资是对股东的一种报酬，它与有偿增资的区别在于有偿增资的配股可以涉及股东之外的投资者，而无偿增资仅限于现有股东。当然，在经营前景不佳时，即使持有无偿股，也只是增加股票，而不增加股东利润。

无偿增资幅度的表示法是资本倍率（即几倍于资本），增资10%称"一成无偿"增资，20%称"二成无偿"，无偿增资包括以下三种状态：

第一，积累转增资（无偿支付），即将法定公积金和资本准备金转为资本配股，按比例转给老股东。法定公积金是依据公司法的规定，从纯利中按一定比例必须提留的资金。法定公积金可以转化为资本，也可以用来弥补亏损，但不可以作为红利分配。资本准备金的来源包括：溢价发行股票的溢额部分；外部资产的溢价收入；兼并其他公司的资产与负债相抵的盈余部分；接受赠给的收入。积累转增资可以进一步明确产权关系，有助于使投资者正确认识股票投资的意义，弱化股息红利分配中的攀比意识，提高投资者对企业的经营和积累的关心，从而形成企业积累的内外动力机制。然而，积累转增资应遵循一定的规定。根据我国《公司法》规定，企业的积累基金须首先弥补历年的亏损；公积金的金额须达到原资本金的50%，才可以将其中不超过一半的数额转为增资。这样是为了让企业留有应付亏损的余地。对于资本准备金部分，可以由股东大会决定全部或部分转为增资，此外不可挪为他用。

第二，红利增资（股票分红），即将应分派给股东的红利转为增资，用新发行的股票代替准备派发的股息红利，因而又叫股票派息。运用股票派息的方式将红利转为增资，其好处有四个：一是使资金派息应流出的资金保留在公司内部，把当年的股息红利开支转化为生产经营资金。二是对于股东来说，又取得了参与分配盈利的同样效果（只是收益形式不同），而且还可以免交个人所得税（大多数国家规定把收入做再投资时免税）。三是派息的股票一般低于市场价格，仍具有增派股息的效果，而且派息的股票又有增加将来股息的希望。四是在宏观上有助于控制消费基金。

第三，股份分割，又称股票拆细，即将原来的1股分为2股，2股分为3股，对大额股票实行细分化，使之成为小额股票。股份分割的结果，只是增加股份公司的股份份额，而股份公司的资本额并不发生变化。从股份分割的方法看，对有面额股进行分割时，需要办理面额变更手续，还要支付发行股票所必需的费用。实行股份分割，目的在于降低股票的面额价格，便于个人投资家购买，以利于扩大发行量和流通量。

（3）并行增资，是指有偿增资和无偿增资的结合，即公司发行新股票，配予股东时，股东只需交一部分现金就可以得到一定量的新增股票，其余部分由公司公积金和红利抵冲的做法。例如，新增资股票面值200元，公司根据需要和可能，规定股东只需交80元现金，就可以得到面值200元的新发股票，其余120元，由公司从公积金转入资本抵冲。

(二) 股票发行程序

无论哪个国家,股份有限公司对外公开发行股票,通常委托投资银行、证券公司等机构承办,一般经过以下程序和步骤:

1. 发行前的咨询

发行公司在发行股票之前,必须先向投资银行征求咨询关于发行何种股票、在何种条件下发行、发行价格多少、何时发行、股票发行市场状况、哪些发行公司可能发行股票、股票需求者以及采取何种销售方式等问题,以便对股票发行方案有一个初步设计。在股票发行方案初步确定后,就要着手做股票发行有关文件、资料的准备工作了。

2. 申请股票发行

股票发行的申请是股票发行中的关键环节。

首先确认发行公司的股票发行资格。股票发行申请中,证券管理机关首先要确认发行公司是否具备发行资格。各国关于发行公司的资格规定不尽相同,大体规定如下:股票发行人必须是依照公司法组设的股份有限公司或发起人;对发起人发行股票每股金额的要求;发行人在公司章程中对全体董事、监事持有记名股票之股份的总金额的规定。

发行公司向证券管理机关提交所要求的申请文件和资料。我国《公司法》规定,发起人向社会公开募集股份时,必须向证券管理机关递交募股申请书和下列主要文件:① 批准设立公司的文件;② 公司章程;③ 经营估算书;④ 发起人姓名或者名称,发起人认购的股份数、出资种类及验资证明;⑤ 招股说明书;⑥ 代收股款银行的名称及地址;⑦ 承销机构名称及有关的协议。

发行公司填写股票发行说明书。各国在发行公司申请发行股票时都规定须填写股票发行说明书,详细介绍发行公司的情况。

我国《公司法》规定招股说明书应附有发起人制定的公司章程,并载明下列事项:① 发起人认购的股份数;② 每股的票面金额和发行价格;③ 无记名股票的发行总数;④ 认股人的权利、义务;⑤ 本次募股的起止期限及逾期未募足时认股人可撤回所认股份的说明。

在有关股票发行文件中,招股说明书是最为重要的。

3. 股票发行的审查

发行公司将各项文件呈报证券管理机关后,证券管理机关便对股票发行进行审查。审查完具体内容后,审查机关要做以下工作:填写审查报告书;对发行说明书和财务报表的各项内容进行调整与修改;写出初审意见。

4. 股票发行的复审与函复

股票发行初审完成以后,还要进行复审。复审时,要将初审材料与初审结果提交股票审查小组或委员会。如果复审得以通过,就通知原办理股票发行的公司,可以开始发行股票。如果复审未能通过,就应提议重新审查,或者直接否决股票发行方案。

5. 委托中介机构(证券公司、投资银行等)进行股票发行

发行公司被批准发行股票后,要慎重选择中介机构代理发行。

一旦选择好股票发行中介机构后,就应同该机构签订股票委托发行协议书,委托协议书的主要内容包括:股票发行总额及每股金额;股票承销方式与承销价格;发行期限;发行手续费;双方的权利与义务;其他相关服务事项等。委托发行协议书签订后,股票发行中介机构就应按照发行公司的要求,依法律规定推销新发行股票。

(三) 股票的发行价格

1. 股票发行价格的分类

股票的发行价格受到多种因素的影响。这也决定了股票的发行价格多种多样。股票的发行价格一般有以下几种:

(1) 面额发行。面额发行也叫平价发行,即以股票面额为发行价格。一般说来,股票面额并不代表股票的实际价值,也不能表示公司的实际资产,票面价值仅具有簿记方面的作用,表示股份的份额,那么,为何一般都要确定普通股股票的面值呢?其原因有三:① 使发行公司在出售股票所有权时,能获得公正的价格;② 防止那些同公司内部人员有联系的投资者,以较低的价格获得新股票;③ 确定面额也是为了在股票买卖交易中,有一个可供参考的起售价值。按面额发行,其优点是,发行公司只需付给承销商手续费,便能实收发行股票总额的资本。

(2) 溢价发行。溢价发行是指发行价格高于票面价格。出现这种情况的原因是证券的收益率高于实际的市场利率,潜在的投资者乐于把资金投向该证券。以这种方式发行股票,股份公司可以获得市价高于面额的那一部分溢价增资收益,同时也能降低股票的发行成本。溢价发行时价格的制定通常以已上市股票的市场价格和新股票的面值的中间值做参考。

(3) 市价发行。所谓市价发行,即股票的发行价格以股票在流通市场上的价格为基准来确定。如股票每股面额 100 元,该公司已发股票的每股市场价格为 160 元,即以 160 元作为增发股票的票面价格。所以,市价发行较之面额发行来说,能以相对较少的股份筹措到相对多的资本。

(4) 中间价发行。中间价发行即以市价和面值的中间值作为发行价格。也有稍高或稍低于中间价的。通常是在以股东配股形式发行股票时采用这种方法。采用中间价发行股票,不会改变原来的股东构成,而且因为是对股东配股,所以不需要支付手续费。但是,实行中间价发行股票,必须经股东大会的特别决议认可。

(5) 折价发行。折价发行即按照股票面额打一定的折扣作为发行价格。其折扣的大小,由发行公司同证券承销双方协商决定。它主要取决于发行公司的业绩如何。如果发行公司业绩很好,则其折扣较低;反之,如果发行公司是新设公司,业绩一般,又不为公众所了解,股票推销完全依赖证券商,则折扣就较高,采用折扣发行比较便于股票的推销。采用折价发行的国家不多,有的国家基本不允许折价发行。我国目前不允许折价发行。

(6) 设定价格发行。设定价格发行主要指无面额股票的发行。无面额股票的发行价格,是根据公司章程或董事会决议规定的最低发行价格,对外发行。此类股票的最大优点是,当其低于应标明价格出售时,购买者可免除折价债务。

2. 股票发行价格的确定方式

股票发行价格的确定是一个复杂问题,它既要考虑企业的资产与盈利状况,还要考虑市场供求关系,尤其是一级市场和二级市场价格的关系,以及发行者与承销者的关系。一般来说,股票发行价格的确定方式主要有以下几种:

(1) 议价法。所谓议价法是指股票发行公司直接与股票承销商议定承销价格和公开发行价格。承销商的业务收入即为承销价格和公开发行价格的差额。在美国,大多数发行公司的新股票,都是以议价方式购买的。有些发行公司已经和某一投资银行有良好的关系,投资银行经常替其办理资金融通业务,由双方以商议方式,来达成协议的条款。一旦双方的相互利益得到认可,便按详细办法来执行。

(2) 拟价法。在新股票发行之前,承销价格由股票发行公司与股票承销商共同拟定。拟定承销价格依据的标准有三条:① 发行公司最近三年每股税后纯收益与每股股利;② 发行公司最近年度盈余分派后每股的账面净值;③ 预估当年税后纯收益及每股股利。不过,目前承销价格的实际计算方法,是以预计股利及银行一年期定期存款利率换算的本利比价,与每股净值平均后,按惯例再打折扣得出的保守估价。例如,每股的净值为13.56元,发行年度预计的股利为2元,一年期存款利率为年息12.5%,其拟价计算如下。

先换算预计股利与银行一年期定期存款利率的本利比价:

$$2(预计股利) \div 12.5\%(一年期存款利率) = 16(元)(本利比价)$$

然后与每股净值平均:

$$16 + 13.56(每股净值) = 29.56(元)$$

$$29.56 \div 2 = 14.78(元)(参考价)$$

计算出保守估价:

$$14.78 \times 0.85(保守估价) = 12.563(元)$$

12.563元就是所谓拟价。

(3) 竞价法。所谓竞价法是指股票承销商(投资银行)或银行财团以投标方式,与其他购买者竞争购买发行的股票。招标中所中的价格就是股票承销价格。一般说来,发行公司要事先通知股票承销商,告知他们公司将要发行股票,欢迎投标。发行公司在说明书上应注明新股票的内容、推销的价格、条件等。股票的承销商在投标的申请上要填注新股票的投标价格、支付日期等,然后由发行公司在规定的时期,当众开标,谁出价最高,谁就获得新股票总经销的权利。公开投标的方法,不允许私人议价。发行公司必须对投标条件加以详细规定,并须经过证券管理机关的批准。发行公司必须事先做好一切准备工作,这样,中标的股票承销商才能立即推销。

(4) 定价法。所谓定价法,是指股票发行公司不通过股票承销商而自行制定价格或利率,公开出售股票的方法。定价法一般用于债券发行而极少用于股票发行。定价法又分为直接公开出售法和间接公开出售法两种。通常是直接公开出售与间接公开出售并用的公开出售定价法。

影响股票发行价格的因素很多。其中,股票的市场价格对其影响最大。股票发行价格的制定,一般都要依据已发股票的流通价格,股票的发行价格水平基本上与股票的市场价格水平相适应,控制在一定浮动限度以内。同时,股票发行价格的制定,还受其他各方面因素的影响。

三、债券发行市场

(一) 债券发行条件

债券发行条件指发行者在用债券形式筹资时所申明的各项条款或规定。债券发行条件包括发行规模、偿还期限、利率、发行价格、发行日期、有无担保等内容。其中债券利率、偿还期限和发行价格对投资者来说最为重要,这三项条件决定了债券的投资价值,一般称为发行的三大条件。发行条件主要由发行时的市场利率水平而定。债券的利率和期限最明显地反映了投资者的获利及风险大小,在确定发行条件时,利率和期限是首要考虑的条件,这两项确定之后,再根据市场利率水平拟定发行价格。不同的债券其发行条件是不相同的,这主要由发行者的资信状况来定,资信级别高的发行者的发行条件相对低些,否则,发行条件就相对高些。

下面重点分析债券利率、偿还期限和信用级别对债券发行的影响。

债券利率是指债券的票面利率。不同种类的债券有不同的利率,相同种类但不同期限的债券也有不同的利率,它们对债券发行的影响很大。那么,影响利率确定和利率水平的主要有哪些因素呢?

(1) 债券期限的长短。货币所有者作为债权人总是希望尽可能快地收回本金,偿还期限越长,风险越大,作为对其风险的补偿,资金使用者就必须支付越多的利息。所以,偿还期限长的债券,一般采用高利率;而偿还期限短的债券,则采用低利率。

(2) 同期银行储蓄存款利率。发行者在确定债券利率时,往往要考虑同期的银行储蓄存款利率。通常债券利率应高于同期存款储蓄利率。因为债券有严格的期限制约,灵活性比储蓄存款差,流动性不强,对公司债券来说,其信誉又低于银行信誉,风险较储蓄存款大。因此,债券利率应适当高于同期银行储蓄存款利率,以利于筹资。

(3) 预期物价上涨率。在商品经济条件下,物价波动是难免的。通常,如果预期物价上涨,那么,债券利率更应高于物价上涨率,保证债券较顺利地发行;否则,投资者的实际收益率下降,使原投资款项相对贬值,从而使投资者遭受损失,也有损于发行者的声誉。

(4) 发行者未来的经济效益。这个经济效益指发行者(一般指企业、公司)用发行债券筹集来的资本进行投资后所产生的经济效益。最低限度地讲,也是指在债券期限内所取得的效益。它是一个预期值,是考虑到发行者成本、价格的升降等各种有关资料和信息因素后,经过科学测算得出来的。如果未来经济效益好,债券利率可定得高些;如果效益不太理想,则利率可定得低些,以不影响偿债能力为标准。

(5) 市场债券的供需状况。在一般情况下,如果市场债券供给量小于社会公众、企业的需求,则新发行债券的利率可适当低些,这是因为投资者投资机会的可选择性小,发行者制定低利率的目的在于同认购者竞争,力求降低发行成本。如果市场债券可供量小于社会公众、企业的需求量,使得投资者拥有较多的投资选择,此时,发行者为了增加与其他发行者的竞争能力,债券利率可定得适当高些。

(6) 债券期限。从债券发行日起到偿还日止这段时间叫作债券期限。决定债券期限的因素主要有:资金使用周转期、市场利率发展趋势、二级市场发达程度、投资者的投资偏好等。

资金使用周转期是发行者首先要考虑的因素。不同期限的债券反映了发行者不同的资金需求。在正常情况下,为了做到按时偿还本息,债券的期限一般应与资金的周转期相适应。这里的资金周转期是指用发行债券筹集来的资金投入生产,周转一次收回本金利润的时间。其次要考虑的是市场利率发展趋势。如果预期不久之后市场利率会下降,发行者就应尽量缩短债券期限,发行短期债券;反之,如果预期市场利率上升,发行者就应尽量发行长期债券,这样既可有效地避免利率风险,又可减少市场利率上升所引起的筹资成本上升。此外,还要考虑流通市场的发达程度。如果流通市场发达,人们就敢于购买长期债券,因此这时长期债券也不会成为滞销货;反之,人们担心购买债券之后不能或难以实现而不愿购买,长期债券就难以销售。目前,我国债券流通市场还不够发达,因此,在发行债券时,应考虑到这一层因素,期限不要过长。另外,投资者的投资偏好、心理习惯以及其他因素都可能影响到债券的期限。债券发行者只有结合以上各种因素,全盘考虑,多方均衡,才能确定一个比较合理的期限。

债券发行时要进行信用评级。信用评级是指由专门的证券评级机构审查和判断债券投资的安全性,以此确定债券的资信级别。信用评级的目的是将发行者的信誉和偿债的可靠程度公之于众,以保护投资者的利益,尽量避免因信息不足而判断失误,使投资者蒙受损失。

(二) 债券发行方式及程序

债券的发行,按不同的划分标准,可分为不同的发行方式。根据债券发行过程中发行者与认购者之间有无证券公司、投资银行等承销机构介入,债券发行可分为直接发行和间接发行;根据发行价格与面额大小的关系,发行方式可分为溢价发行、平价发行和折价发行三种方式;根据债券发行对象划分,可分为私募发行和公募发行两种方式。下面主要介绍私募发行和公募发行。

1. 私募发行

是指筹资者面向少数的特定认购者发行,一般仅以同债券发行者具有某种密切关系者为发行对象,主要是定向发行。私募发行的对象一般有两类:一类是个人投资者,如本发行单位的职员或经常使用本单位产品的用户;另一类是机构投资者,如与发行者有密切业务往来的企业、公司、金融机构等。私募发行者有如下特点:

(1) 私募发行一般多是直接销售,不通过承销中介人,不必向证券管理机关办理发行注册手续,这样可以节省常用开支和发行时间,降低发行成本。

(2) 发行额的多少与确定的投资人有密切关系。

(3) 由于私募债券发行时免除发行注册,因此一般不允许流通转让。但也有例外的情况,如日本就允许私募债券转让,不过同时也规定了一些限制条件。

(4) 私募发行债券时,购买者持券转让受到一定限制,致使其获得的特殊优惠条件较其他债券购买者多,债券的收益率也较高。

2. 公募发行

是发行者公开向范围广泛的不特定投资者发行债券的一种方式。为了保护一般投资者的投资安全,公募发行一般要有较高的信用等级为必要条件。如日本规定必须取得A级以上资格的公司方准公募发行。在公募发行范围内又有三种发行方法:

(1) 募集发行。债券一般通过募集发行的方法发行。在采用募集发行方法时,发行者要事先将发行额度、发行日、申报时间、利率、发行价格等确定下来,而认购债券者则要在申报时间内,明确表明认购意向。

(2) 出售发行。是指债券的发行额在发行前是不确定的,以某一发售时期被购的总额作为发行额的发行方法。出售发行方法目前仅限于一部分贴现金融债券和附息金融债券。

(3) 投标发行。预先确定一个发行额,由承销者通过投标决定利率或发行价格的一种发行方法。

与私募发行相比,公募发行有以下特点:

(1) 发行范围广,面对的投资者众多,发行难度大,需要承销者作为中介人协助发行。

(2) 发行者必须按规定向证券管理机关办理发行注册手续,必须在发行说明书中记载有关发行者的详细而真实的情况,以供投资人做出决策,不能有任何欺诈行为,否则将承担法律责任。

(3) 债券可以上市转让流通。

(4) 公募债券利率较低,没有私募债券的优惠条件。

一般来说,私募发行多采用直接销售方式,公募发行多采用间接销售方式。在采用间接销售方式时,发行者通过承销者办理债券的发行。而承销者承销债券的方式有两种,分别为代销方式和包销方式。

3. 债券的发行程序

债券的发行程序因发行债券的种类而有所不同。但在一般情况下,发行者在发行债券之前,均要向证券主管机关提供发行者的有关必要资料,以办理申报注册手续,申报注册的内容主要是填写有价证券申报书。

下面重点介绍发行公司债券的规定和发行程序。

(1) 对发行规模的规定。公司债券是公司的负债,负债经营是当代股份经济在资产结构上的一个特点。但负债规模过大,就会影响公司的经营活动,增加负债风险。为确保公司能正常生产经营以及保护债权人的利益,各国都对公司债券发行规模有所约束,这个约束一般通过以下几种比率关系体现出来:① 债券对公司自有资产的比率。自有资产包括国拨资产、自我积累、股本等。这个比率最高不能超过1。② 债券对公司净资产的比率。净资产指公司自有资产与负债之差。这一比率越小越好。③ 利润能几倍于支付本息的偿还倍率。

(2) 对债券利率的规定。一般国家规定,公司债券的利率只能比相同期限的银行贷款(或存款)利率高出极有限的几个百分点。做出这种规定的目的在于防止公司对其利润做不正当的分配,侵占国家的税收收入。

(3) 公司债券的发行条件。我国《公司法》规定,发行公司债券必须符合以下条件:① 股份有限公司的净资产额不低于人民币三千万元,有限责任公司的净资产额不低于人民币六千万元;② 累计债券总额不超过公司净资产额的百分之四十;③ 最近三年平均可分配利润足以支付公司债券一年的利息;④ 筹集的资金投向符合国家产业政策;⑤ 债券的利率不得超过国务院限定的利率水平;⑥ 公司债券筹集的资金,不得用于弥补亏损和非生产性支出。

(4) 公司债券的发行程序。根据我国《公司法》,公司向国务院证券管理机关申请批准发行公司债券,应当提交下列文件:① 公司登记证明;② 公司章程;③ 公司债券募集办法;④ 资产评估报告和验资报告。发行公司债券的申请批准后,应当公告公司债券募集办法。公司债券募集办法中应载明下列主要事项:① 公司名称;② 债券总额和债券的票面金额;③ 债券的利率;④ 还本付息的期限和方式;④ 债券发行的起止日期;⑥ 公司净资产额;⑦ 已发行的尚未到期的公司债券总额;⑧ 公司债券的承销机构。

(三) 债券发行价格

债券投资者认购新发行债券时实际支付的价格为债券发行价格。发行债券时,通常先决定年限和利率,然后再根据当时的市场利率水平进行微调,决定实际发行价格。市场利率变化,债券利率随之发生变化。但是,债券票面利率一经确定,在到期之前便不能变动,而市场利率则是不断变动的,于是,债券票面利率便可能与市场利率不相一致,由于这个不一致,债券的实际价格与其发行价格一般来说也是不一致的。把到期偿还的债券面值以市场利率换算成现值,将根据债券票面利率各期所发放的利息总额以市场利率换算成现值,再将两个现值加总起来,所得金额便为债券的实际价格,这个价格就是确定债券发行价格的依据。

$$债券发行价格 = \sum_{t=1}^{n} \frac{i \cdot D}{(1+r)^t} + \frac{D}{(1+r)^n}$$

$$= \frac{1}{r}\left(1 - \frac{1}{(1+r)^n}\right)iD + \frac{D}{(1+r)^n}$$

其中:D 为债券面值,i 为债券票面利率,r 为市场利率,n 为债券的期限,$\sum_{t=1}^{n} \frac{1}{(1+r)^t} =$

$\frac{1}{r}\left(1-\frac{1}{(1+r)^n}\right)$ 为复利现值系数,可以从复利现值表中查得。

由于市场利率与债务利率不同,通过计算得出的债券实际价格也有三种情况:平价、溢价、折价。通过上面的公式得出的债券价格并非就是发行价格,而只是作为一种参考。

第三节　证券交易市场

一、证券交易市场结构

证券交易市场也称流通市场或证券二级市场。股票和债券持有人可以通过交易市场买卖有价证券,从而为投资者提供资产的流通性,保证证券发行市场的正常运行。证券交易市场主要由场内交易市场(证券交易所市场)和场外交易市场构成。此外,还有第三市场和第四市场等。

(一) 证券交易所市场

证券交易所是依据国家有关法律,经政府证券主管机关批准设立的证券集中竞价交易的有形市场。各类有价证券,包括股票、公司债券和政府债券的交易,凡符合规定都能在证券交易所,由证券经纪商进场买卖。它为证券投资者提供了一个稳定的、公开交易的高效率市场。

证券交易所本身并不参与证券买卖,只是提供交易场所和服务,同时也兼有管理证券交易的职能。证券交易所与证券公司、信托投资公司等非银行的金融机构不同,它是非金融性的机构。

证券交易所就其组织形式来说,主要有会员制和公司制两种。

1. 会员制证券交易所

在法律地位上,会员制证券交易所分为法人与非法人两种。具有法人地位的会员制证券交易所是指非盈利目的的社团法人,除适用证券交易法外,也适用民法的规定,其会员以证券经纪商和证券自营商为限。如日本等国的证券交易所即是如此。不具有法人地位的会员制证券交易所是指由会员自愿结合而形成的非法人团体,如美国,其章程细则有关会员的入会、惩戒、开除等条款规定被视为会员间的契约,必须共同遵守。美国不用法人团体的原因是为了避免司法机关对该组织内部进行干预。由于这种自愿结合的非法人团体由立法所产生,因而其会员的权利、义务由该组织本身所赋予,法院不得随意介入。这种带有纯粹自治性质的制度在1934年美国证券交易法制定后,已被接受监督的自治制度取代。但证券交易所的组织性质并未改变。

2. 公司制证券交易所

它是以盈利为目的的公司法人。公司制证券交易所是由银行、证券公司、投资信托机构及各类公营民营公司等共同出资占有股份建立起来的,任何证券公司的股东、高级职员或雇员都不能担任证券交易所的高级职员,以保证交易的公正性。但由于实行公司制,证券交易所必然以盈利为目的,在营业收入及盈利方面考虑较多,这对参加买卖的证券商来说负担较大。

公司制证券交易所与会员制证券交易所之间的区别主要有以下几个方面:

(1) 公司制证券交易所的参加人仅限于经纪人,而会员制证券交易所则以交易所的会员为限。

(2) 公司制证券交易所由公司布置场内交易设备,经纪人则与之无关;会员制证券交易所则以共同利益为目的,交易所的设备由全体会员共有并共同享用。

(3) 公司制证券交易所对由于违约买卖所造成的损失负赔偿责任。不过,它有权向违约者就其所偿款项及有关费用请求赔偿。会员制交易所则不同,一切交易均由买卖双方自己负责,交易所不负赔偿违约损失责任。

(4) 公司制交易所应向国库缴存营业保证金,会员制交易所则无此项要求。

我国于1990年12月成立了上海证券交易所和深圳证券交易所,它们都是按照国际运行的会员方式组成的,为非盈利的事业法人。其宗旨是完善证券交易制度,提供证券集中交易场所,办理证券集中交易的清算、交割和证券集中过户;提供证券市场信息和办理中国人民银行许可或委托的其他业务。

(二) 场外交易市场

场外交易是指证券商在证券交易所以外,与客户直接进行证券买卖的行为。原始的场外交易市场亦称店头交易或柜台交易市场。这个市场并非特指一个有形的市场,而是指在证券交易所之外证券商与客户直接通过讨价还价而促使其成交的市场,它是证券交易市场的一个重要组成部分。

在场外交易市场进行交易的证券商有时具有经纪商和自营商的双重身份。作为自营商的证券商与客户按双方的协议价格成交,并通过买卖赚取价格差(成交后的清算交割按净价进行清算),这种净价计算中包括批发给其他证券商的批发价和直接售给客户的零售价两种,不再收取佣金;而作为经纪商,就是代客户买卖证券,从中收取一定比例的佣金。

场外交易市场一词意译自英文的 over-the-counter market,其中的 counter 是"柜台"的意思。在早期银行业与证券业未分离前,由于证券交易所尚未建立或完善,许多有价证券的买卖都是银行进行的,投资人买进证券或卖出证券直接在银行柜台上进行交易,即通过柜台交易(over-the-counter transaction)。实行分业制后,这种以柜台进行的证券交易转由证券公司承担,因此也有人将其译为柜台交易市场或店头市场。随着通信技术的发展,目前许多场外交易并不是直接在证券公司柜台前进行,而是由客户与证券公司通过电话和电传进行业务接洽,故又称为电话交易市场(over-the-telephone market)。场外交易市场也进行了电脑联网,因此也称为自动报价交易系统。现代场外交易市场与证券交易所市场的界限越来越模糊。

一般说来,在许多证券市场发展比较完备的国家,股票交易集中在证券交易所进行,而大量的债券买卖和不够交易所上市资格的股票买卖则是通过证券公司、证券经纪商或银行、投资者进行的。由于这些证券买卖是在证券交易所之外进行的,故在证券交易之外形成的证券交易市场称为场外市场。

场外市场作为证券交易市场的一个部分,其重要性虽不如组织严密的证券交易所,但就证券市场的历史沿革来说,场外交易市场比证券交易所要悠久得多。早在股票、债券等证券产生时,就有了供其流动转让的广泛市场,而证券交易所还没有应运而生时,那时的市场,从组织形态、交易程序等来看,实质上就是场外交易市场。

而在证券交易所产生与发展后,场外交易市场之所以能够存在并且发展,是因为:首先,证券交易所的证券交易容量是有限的,由于证券交易所有严格的证券上市条件与标准,许多证券不能进入交易所内买卖,但这些证券客观上需要有流动性,需要有可以进行买卖的交易场所,这就要求场外交易市场作为证券交易所的一种补充而存在;其次,场外交易市场的交易比较简便、灵活,不需要像交易所那样经过复杂烦琐的证券上市程序,投资者也不需要填写复杂的委托书,而且可以随时在众多的证券交易柜台网点进行证券买进或卖出,这就在很大程度上弥补了证券交易方式的不足,满足了投资者的需要;最后,随着现代技术的发展,场外交易市场的交易方式、交易设备、交易程序也在不断改进,其交易效率亦可以与证券交易所相媲美。因此,证券场外交易市场是证券交易市场不可缺少的重要组成部分。

(三) 第三市场

严格地说,第三市场是场外交易市场的一部分,即它实际上是"已上市证券的场外交易市场",指已在正式的证券交易所内上市却在证券交易所之外进行交易的证券买卖市场。第三市场的参加者主要是各类投资机构,如银行的信托部、养老基金会、互助基金以及保险公司等。因此,在第三市场上虽然交易量与证券交易所相比并不多,但每笔成交数额一般都比较大,而且在第三市场上经纪人收取的佣金费用一般低于交易所费用,所以买卖证券业务成本较低,同时又能比交易所更迅速地成交,因此引起广大投资者的兴趣。加之,第三市场交易主要发生在证券经纪商和机构投资者之间。故第三市场的发展给整个证券市场的发展带来了若干积极影响。也就是说,由于有第三市场,已上市证券便出现了多层次的市场,加强了证券业的竞争,其结果是促使诸如纽约证券交易所这样老资格的交易所提供免费的证券研究和其他服务,从而有助于投资者提高投资效益;此外,也促使证券交易的固定佣金制发生变化,从而使投资者和出售证券者能够影响证券交易的成本,减少了投资的总费用。

(四) 第四市场

第四市场是指投资者和金融资产持有人绕开通常的证券经纪人,彼此之间利用电子计算机网络进行大宗股票交易的场外交易市场,这是近年来国际流行的场外交易方式。

参与第四市场进行证券交易的都是一些大企业、大公司,它们进行大宗股票买卖,主要是为了不暴露目标,不通过交易所,直接通过电子计算机网络进行交易。在美国,第四市场主要是一个电子计算机网络,想要参加第四市场交易的客户可以租用或加入这个网络,各大公司股票的买进价和卖出价都输入电子计算机储存系统。顾客要购买或出售股票,可以通知电子计算机系统,该系统即可显示各种股票的买进或卖出价格;顾客如果认为某种股票价格合适,即可通过终端设备进行交易。

二、证券商

无论在证券发行市场还是在交易市场,无论在证券交易所市场还是场外交易市场,都有证券中介人、证券经营人参与,它们是证券经纪人和自营商,统称为证券商。

在证券市场上,证券的发行和买卖一般都是通过证券商进行的。证券商是以证券的发行流通等为其经营业务并从中获得利润的从业者。通常所说的证券商,一般都不是自然人,而是指团体机构。

证券商作为证券交易的中介人,在证券市场上占有重要的地位。证券市场的运行目的就是一方面使发行者通过发行有价证券,筹措生产经营所必需的长期资金,另一方面使投资者(即证券购买者)通过购买证券将其拥有的资金投入其认为有前途的企业,实现所谓的直接融资,从而使社会上的闲散资金变成可用于生产的长期资金,实现资金的长期化和合理流向。证券买卖双方的沟通,不是通过双方的直接接触实现的,而是由第三者——证券商来进行的。

证券商的活动是证券交易所活动的基础,对沟通供需双方的资金流通,促进证券交易的形成和证券市场的发展,起着重要作用。同时,证券商的行为会直接影响买卖双方委托人的利益和证券市场的稳定。

证券商业务一般有三大类:① 证券承销业务;② 证券经纪业务;③ 自营业务。根据业务性质的不同,证券商可分为两大类:一类为发行市场上的证券商,主要是投资银行即"证券承销商";另一类为证券交易市场上的证券商,主要包括证券经纪商、证券自营商等。多数情况下,一个证券商既做发行业务又做交易业务,也就是既是承销商又是经纪商和自营商。这里主要介绍证券交易市场中的证券商。

(1) 证券经纪商。指接受顾客各种委托、订单,并代客买卖有价证券,以赚取佣金收入的证券商。作为证券市场的中坚力量和证券买卖的中介人,经纪商的责任较为重大。因此,对证券商管理的大部分内容都是以证券经纪商为主要对象的。

(2) 证券自营商。指自行买卖证券,独立承担风险,从自行买卖的证券中得到差价收益的证券商。与经纪人的不同之处在于,自营商不办理公众委托的证券买卖,因而收入来源不是替客户买卖证券所收取的佣金,而是从自营业务的证券买卖中牟取利润。

(3) 自营经纪人。介于经纪商与自营商之间,兼管证券的自营与代客买卖业务,但以代客买卖业务为主,并且往往有较强的专业分工。具体业务如下:① 在交易厅每天开始营业时,当经纪人业务繁忙或不能顺利进行某些专业性很强的证券买卖时,经纪人常将业务转托给自营经纪人,也就是说,自营经纪人的顾客只限于交易厅里的经纪人与自营商,而不与投资公众发生直接联系。② 自营经纪人在交易厅内是在按专业分类的专业柜台里进行证券交易;自营经纪人对于其专业经营的数种证券,可自行决定其开盘价。③ 自营经纪人有一个重要职责即创造市场,以自有资金买进或卖出证券以防止其价格发生暴跌或暴涨现象。也就是说,自营经纪人的自营目的并不像自营商那样追逐利润,而是为其所专业经营的几种证券维持连续市场:不使报价进出差距过大,并使价格波动局限于一个合理的范围内。

以上对证券商根据其业务性质的不同,做出了基本分类。但在有些情况下,一些证券商往往身兼两职,如既做经纪商又做自营商。当然,对身兼两职的证券商,法律也做出了相应的限制规定。

三、证券交易方式

证券交易所的证券交易方式主要有:现货交易、期货交易、信用交易和期权交易等。

1. 现货交易

现货交易又叫现金现货交易,是指证券买卖成交后,按当时的成交价格清算和交割的交易方式,也就是说,在这种交易方式中,证券买卖双方同意在成交时马上交割,卖者交出证券,买者以现金或支票支付买进价款。由于现货交易要通过现金账户进行,整个交易按证券交易所或场外交易的基本程序进行。因此,现货交易的一个显著特点是实物交易(实行无纸化交易后,现货交易也无需实物证券,只通过证券账户划转即可),即卖方必须向买方转移证券,故采用现货交易方式的投资者一般不是为了投机,而是为了长期的投资,希望能在未来的时间内获得较稳定的分红或利息收入。

2. 期货交易

又称期货合约交易,亦称定期清算交易,是一种与现货交易不同的交易方式。是指交易双方成交后,交割和清算要按契约中规定的价格在远期进行。由于实际交割要在远期进行(1个月、3个月或6个月等),对于购买一方来讲,在实际交割日期到来之前,他还可以卖出与原交割日期相同的远期证券;对于卖出一方来讲,他也可以在实际交割日期到来之前,买进与原交割日期相同的远期证券。但对于买卖双方来讲,都要承担相应的义务,即买方有到期买进的义务,卖方有到期卖出的义务,而不管交割时的价格高低,自己是否亏本或盈利。由于买卖双方在此之前都可能有相反的合约,因而实际交割时,只对买进和卖出的差价或卖出与买进的差价进行交割清算。若买卖的数额相等并且价款也相等,便不存在实际的交割。事实上,期货交易的目的并不是交出或收买实际证券,其真正的目的在于冲销价格波动的风险,所以在全部期货交易中,只有极小部分是以现货来交收的,况且有些商品是无法进行交割的。如股票指数期货的指数,有些是规定不进行交割的,如欧洲美元期货。

期货交易的方式很多,如套期保值、套利、多头交易、空头交易、多空套做、股票指数期货交易等。

3. 信用交易

是股票期货交易的一种,又叫垫头交易,是指股票买卖者通过交付保证金而得到经纪人信用的交易。其办法是:购买一定量的股票时只缴纳部分保证金,其余部分由经纪人垫付,经纪人将代客买进的股票扣押并收取利息。经纪人垫款来自银行放款。这样,股票交易与银行信用便直接联系了,其结果,总有一部分银行放款用于购买股票,即被投入股份公司。

4. 期权交易

又叫选择权交易,是一种在一定时期内股票买卖权的交易。买方买期权是花钱购买一种权利,这种权利可使他在规定时期里的任何时候,用事先协议好的价格,向期权的卖方购买或出卖既定数量的某种股票,不管此时股票的价格如何变动。期权交易通常要签订协议合同,合同中要规定期权有效期、股票的种类和数量、股票价格、期权价格(购买期权费用)等。

期权交易分为买进期权和卖出期权两种:

(1) 买进期权。又称看涨期权,就是在协议规定的有效期内,买方有权按规定的价格和数量买进某种股票。买方之所以购进这种买进期权,是因为他认为股票价格看涨,将来可获利,所以叫看涨期权。

(2) 卖出期权。又称看跌期权,就是在协议规定的有效期内,卖方有权按规定的价格和数量卖出某种股票。卖方之所以购进卖出期权,是因为他认为股票价格看跌,将来可获利,所以叫看跌期权。

期权交易这种证券交易方式,有两个好处:一是只缴纳少量期权费就可以做大笔股票买卖,一般利润比现货交易高。二是风险少,买主的损失事先可知。

我国目前股票交易包括现货交易和股指期货交易,随着股票流通量的增大和企业、个人投资行为的增多,其他交易方式必然也会得到发展。

第四节　股票价格指数

一、股票价格指数的作用

股票价格指数是用以表示多种股票平均价格水平及其变动并衡量股市行情的指标。

在股票交易市场上,有成百上千种股票在进行不断的买进卖出,各种股票的价格各异,价格种类又多种多样,如卖出价、买入价、最低价、最高价、开盘价、收盘价等,股票价格水平此起彼落,变幻不定。在瞬息万变的股票交易市场中,用一种股票价格的变化来说明整个股市情况是不全面的,这就提出了一个问题,即需要有一个总的尺度标准,来衡量股市价格的涨落,股票价格指数就在股票市场的发展中产生了。用股票价格指数来衡量整个股票市场总的价格水平,能够比较正确地反映股票行市的变化和股票市场的发展趋势,从而有利于投资者进行投资选择和观察分析经济形势。

股票价格指数一般是由一些有影响的金融机构或金融研究组织编制的,并且定期或及时公布。由于经济、技术、市场、政治等各种因素的影响,股票价格经常处于变动之中。为了能够综合反映这种变化,世界各大金融市场都编制或参考制作股票价格指数,将一定时点上成千上万种此起彼落的股票价格表现为一个综合指标,代表该股票市场的一定价格水平和变动情况。

股票价格指数能及时全面地反映市场上股票价格水平的变动,它的上涨和下跌,可以看出股票市场变化的趋势,能从一个侧面灵敏地反映一个国家经济、政治的发展变化情况。股票指数的作用,远远超过一般统计数字。因此,认真研究股票价格指数,对于投资者进行股票投资,对于投机者买卖股票获利,对于研究一个国家经济发展的现状和趋势,是重要的参考,有很重要的意义。

二、股票价格指数的主要计算方法

世界各国的股票市场都有自己的股票价格指数。在一个国家不同的股票市场也有不同的股票价格指数。不同的股票价格指数,在具体编制中,计算的对象不同,计算的方法不同,确定的基期也有所不同。但基本步骤和做法,却有共同性。编制的一般步骤为:① 从股票市场上选定几十或几百种有代表性的股票作为计算样本;② 计算某一日期股票样本市场收盘的市价总和,再用总股数来除,其商就是股票价格平均数;③ 选定某年某月某日为基期,基期的股票价格平均数定为100(也有定为50的),以后各期的股票价格平均数同基期相比计算出的百分数,即为各时期的股票价格指数。

下面列举几种股票价格指数计算方法:

1. 简单股票价格算术平均指数

是指用简单算术平均法计算的股票价格指数。为计算这一指数,首先要计算简单算术股票价格,然后将其价格(通常是收盘时价格)相加,再用所选择的样本股票种类数去除这一价格的和,计算公式为

$$P_{平均} = \frac{\sum_{i=1}^{a} P_i}{n} = \frac{样本股票每股价格和}{样本股票数}$$

其中:$P_{平均}$为股票价格的简单算术平均数;P_i是每一样本股票的价格,n为样本股票种类总数,$\sum_{i=1}^{a}$表示P_i从1到n的总和。

求得简单算术股票价格平均数后,再用同样的方法计算出基期的简单算术股票价格平均数,去除前者,然后乘以100,就得到股票价格的简单算术平均数指数。下面用一个例子来说明一下整个计算过程。

设从股票市场上选择出10种样本股票,其价格分别为

$P_1 = 6$, $P_2 = 7$, $P_3 = 10$, $P_4 = 15$, $P_5 = 9$,

$P_6 = 10$, $P_7 = 6$, $P_8 = 7$, $P_9 = 8$, $P_{10} = 8$

$$P_{平均} = \frac{1}{10}(6 + 7 + 10 + 15 + 9 + 10 + 6 + 7 + 8 + 8)$$

$$= \frac{1}{10} \times 86 = 8.6$$

如果基期样本股票价格的算术平均数为

$$P_{基期平均} = 5.6$$

则现期股票的简单算术平均价格指数为

$$\frac{P_{平均}}{P_{基期平均}} \times 100 = \frac{8.6}{5.6} \times 100 = 153.57$$

道·琼斯股票价格指数在最初编制时采用的就是简单算术平均法。

2. 修正简单股票价格算术平均指数

股票市场上企业经常有增资和拆股的行为,使股票数迅速增加,股票价格也会相应降低。这时,如果用简单算术平均计算股票价格指数,股票价格指数将会发生较大变化,而这并不能真实反映股票价格水平的变动情况,同时也难以体现股票市场股价变动的连续性,为解决这一问题,需要对简单算术平均数指数做必要的修正。

对简单算术平均数的修正,主要是对分母进行处理。具体做法是:用增资或拆股后各种股票价格的总和除以增资或拆股前一天的平均价格作为新的分母,即

$$新分母 = \frac{增资或拆股后各种股票的价格总和}{增资或拆股前一天的价格平均数}$$

设股票市场上仅有A、B、C三种股票,股票A的价格为20元,股票B的价格为25元,股票C的价格为45元,按简单算术平均法计算,股票价格平均数为$(20 + 25 + 45)/3 = 30(元)$,如果股票C发生一股变三股的拆股行为,则其价格降为15元,按简单算术平均法计算的平均价格变为$(20 + 25 + 15)/3 = 20(元)$。股票平均价格的这种下降显然不是股市实际情况的反映。如果采用修正后的分母:$(20 + 25 + 15)/30 = 2$,则修正后的股票价格平均数为$(20 + 25 + 15)/2 = 30(元)$,即价格平均不受拆股的影响。利用修正后的平均价格计算出的价格指数,能够保持指数的连续性和可比性,更真实地反映股票市场的变动情况。这一修正方法是由道·琼斯股票价格指数的创始人查尔斯·道(Clarles Dow)首创的,现在道·琼斯股票价格指数采用的就是修正简单算术平均法。

3. 加权股票价格平均指数

股票市场上不同的股票其地位也不同。有的股票对股票市场的影响大,有的股票对股票市场的影响小。简单算术平均法忽略了不同股票的不同影响,有时难以准确地反映股票市场的变动情况。

加权平均法按样本股票在市场上的不同地位赋予其不同的权数,地位重要的权数

大,地位次要的权数小。将各样本股票的价格与其权数相乘后求和,再被权数扣除,得到的就是加权平均后的股票价格指数。这里的权数,可以是股票的交易额,也可以是它的发行量,或其他反映股票地位的数字。加权平均法的计算公式为

$$P = \frac{\sum_{j=1}^{n} W_j P_j}{\sum_{j=1}^{n} W_j}$$

其中:P 是股票平均价格,W_j 是第 j 种样本股票的权数,P_j 是第 j 种样本股票的价格。

若基期平均价格为 P_0,则现期加权平均价格指数 I 为

$$I = (P/P_0) \times 100$$

设从股票市场上选择两个样本股票 A、B,其基期数据与现期数据如下所示:

	基期价格 P_0	现期价格 P_1	发行量
股票 A	100 元	150 元	10 000 股
股票 B	150 元	200 元	15 000 股

按发行量加权平均计算,

$$基期平均价格\ P_0 = \frac{100 \times 10\,000 + 150 \times 15\,000}{10\,000 + 15\,000} = 130(元)$$

$$现期平均价格\ P = \frac{150 \times 10\,000 + 200 \times 15\,000}{10\,000 + 15\,000} = 180(元)$$

$$加权平均价格指数\ I = P/P_0 = \frac{180}{130} \times 100 = 138.46$$

由于加权平均法较充分地考虑了不同地位的股票对股市的不同影响,因此更能准确地反映股票市场的实际情况,著名的标准普尔指数就是用加权平均法计算的。

三、世界上几种重要的股票价格指数

1. 道·琼斯股票价格指数

道·琼斯股票价格指数是国际上最有影响、使用最广的股票价格指数。它有 100 多年的历史,从编制起到今天从未间断。道·琼斯公司是美国的金融新闻出版商,道·琼斯股票价格指数是道·琼斯公司的创始人查尔斯·道于 1884 年 6 月 3 日开始编制并刊登在《每日通讯》上的。当时组成道·琼斯股票价格平均数的股票只有 12 种,采用算术平均法计算。1897 年这个股票指数分成工业和运输业两大类,工业股票价格平均数包括 12 种上市股票,运输业股票价格平均数包括 20 种股票。到 1916 年,组成工业股票指数的股票增加到 20 种,1928 年又增到 30 种。1929 年又增加了公用事业类的股票 15 种,到 1938 年组成股票价格指数的股票分三大类共 65 种,一直延续至今。

现在公布在《华尔街日报》上的,发行、广播到世界各地的道·琼斯股票价格指数,共分四组:① 工业股票价格指数。由 30 种有代表性的大工业公司的股票组成,如埃克森石油公司、通用汽车公司和美国钢铁公司的股票。② 运输业股票价格指数。由 20 种运输

业有代表性的大公司的股票组成,如泛美航空公司、环球航空公司及航海、铁路等公司的股票。③ 公用事业股票价格指数。由 15 种有代表性的公用事业大公司的股票组成,如美国电力公司、煤气公司等的股票。④ 综合股票价格指数。是用上述三组中的 65 种股票综合起来,算出的综合股票价格指数。上述四组股票价格指数,用得最多的是第一组的 30 种工业股票价格指数。

道·琼斯股票价格指数,原来是采用算术平均法,后来由于有的公司被吞并,有的公司股票值分化为小股(如 1 股股票价格原为 45 美元的股票,分化为 3 股,成为各为 15 美元价格的股票),在这种情况下,如果仍用每股股票价格相加,除以公司数的算术平均法,就不能说明和反映股票价格的真实变化。因此,从 1928 年起对"选择"的公司进行不断的调整,用新的有代表性的公司代替失去代表性的公司,同时将计算方法改为:$\frac{新的股票价格总数}{旧的股票价格平均数}$,然后用这个单位数除新的股票价格总数,最后即为股票价格平均数。

道·琼斯股票价格指数,是以 1928 年 10 月 1 日为基期的,基期的平均数为 100。以后各期的股票价格同基期相比计算出的百分数,即为各期的股票价格指数。如果道·琼斯股票的平均数为 1 700,就表示现在股票的平均价格是 1928 年 10 月 1 日的 17 倍。如果今天的道·琼斯股票平均价格较昨天上涨 1% $\left(\frac{1\,717 - 1\,700}{1\,700} \times 100\%\right)$,则称今天的道·琼斯股票较昨天上涨 1 个点,股票价格指数是以百分点表示的,简称"点"。

道·琼斯股票价格指数,在纽约证券交易所营业时,每隔半小时公布一次。以小时计的股票价格指数在每期《华尔街日报》上公布。每天最高、最低及收盘时的道·琼斯股票价格指数还在其他许多报纸上登载。长期以来,道·琼斯股票价格指数被看成是一种权威性的股票指数,被认为是反映美国政治、经济、社会行情变化的最敏感的股票指数,被用做观察分析资本主义市场动态和进行投资、投机的重要参考。

2. 标准普尔股票价格综合指数

标准普尔公司(Standard & Poor's)是美国最大的证券研究机构,它于 1923 年开始编制股票价格指数,最初选择的股票是 233 种,后来编制两种股票指数:一是包括 90 种股票的价格指数,每天计算和公布一次;另一种是包括 400 种股票的价格指数,每周计算和公布一次。到 1957 年选择股票扩大到 500 种(称为 S&P 500),包括工商行业 400 种,航空、铁路、公路等运输行业 20 种,金融、保险行业 40 种,公用事业 40 种,采用高速电子计算机,将 500 种普通股票加权平均编制成一种股票价格综合指数,每小时计算和公布一次。

标准普尔股票价格指数以 1941—1943 年为基期,基期定为 10,采用基期加权平均法计算,即

$$股票价格指数 = \frac{\sum(每种股票价格 \times 已发行数量)}{基期的市价总值(三年的平均数)} \times 10$$

这样计算出来的股票指数很接近在纽约证券交易所市场上股票的每股平均价格。

由于这个股票指数包括的股票达 500 种之多,并且考虑到交易量的影响,信息资料较全,能更近似地反映股票市场的情况,因此美国联邦银行和商业部都曾采用过标准普尔指数。尽管如此,它仍不能代替道·琼斯股票指数。它的优点是能反映股市的长期变化,缺点是不能灵敏反映每日股市的变化。

3. 纽约证券交易所的股票综合指数

纽约证券交易所从 1960 年开始编制和公布自己的股票价格综合指数。该指数在开始编制时,是把纽约证券交易所上市的 1 570 种普通股票,按价格高低分开排列,计算出股票价格综合指数。这个综合指数包括四组指数:① 工业股票价格指数,由 1 903 种工业股票组成。② 金融业股票价格指数,由投资公司、保险公司、商业银行、不动产公司等 223 种股票组成。③ 运输业股票价格指数,由铁路、航空、轮船、汽车等公司的 65 种股票组成。④ 公用事业股票价格指数由电报电话公司、煤气公司、电力公司、邮电公司等 189 种股票组成。

该股票价格指数采用加权平均法计算,以 1965 年 12 月 31 日为基期,基期指数定为 50,每半小时计算和公布一次。

4. 伦敦金融时报的股票价格指数

英国伦敦证券交易所公布的金融时报股票价格指数,是英国金融界著名报纸《金融时报》编制的。该股票价格指数包括三个股票指数:① 30 种股票的指数;② 100 种股票的指数;③ 500 种股票的指数。通常采用的金融时报股票价格指数是指第一组的 30 种有代表性的工业和商业股票的指数。金融时报股票价格指数,是以 1935 年作为基期,基期指定数为 100。在交易所营业时,每小时计算一次,下午 5 时再计算一次收盘指数。

英国的另一个股票价格指数,是《经济学家》周刊编制的,选定 50 种有代表性的工业股票,以 1953 年为基期。50 种工业股票的公司每年都根据代表性原则,进行去、留、补充、调整,该股票价格指数每天公布两次,每周在《经济学家》周刊上发表。

5. 日本经济新闻道式股票价格指数

日本东京证券交易所是在第二次世界大战后建立的,1950 年开始模仿美国道·琼斯股票指数的加权平均法编制自己的股票价格指数。1975 年 5 月日本经济新闻社正式向道·琼斯公司买进商标,并将它编制的股票价格指数定名为"日本道式平均股票价格指数"。这种股票价格指数包括在东京证券交易所上市的 225 种股票,是日本较有代表性的股票价格指数。

日本东京证券交易所使用的另一个股票价格指数,是"东京证券交易所股票价格指数",1969 年开始编制,包括 250 种较活跃有代表性的上市股票,采用加权平均法计算,以 1968 年 1 月 4 日作为基期,基期指数定为 100。

6. 香港恒生股票价格指数

恒生股票价格指数是香港证券市场上历史最久最有影响的一种股票指数。它是香港恒生银行 1969 年 11 月 24 日开始公布的。这个指数以选定的 33 种有代表性的股票为计算对象。33种有代表性的股票包括四个行业,即:金融业4种股票,公用事业6种股票,房地产业9种股票,其他工商及运输业14种股票。这33种股票按1983年10月底的股市价格计算,总价值为963.8亿港元,占上市股票总值的68.8%。

恒生股票价格指数的计算方法是按每日收盘价先算出当天的33种股票的市价总值,再与基期的股票市价总值相比,乘以100就得出当天的股票价格指数。其计算公式如下:

$$恒生股票价格指数 = \frac{计算日的股票市价总值}{基期股票总值} \times 100$$

恒生股票价格指数以1964年7月31日为基期,基期定为100,通过同基期比较,可算出各期的股票指数。恒生银行编制公布股票价格指数是从1964年开始的,从1964年到1969年11月24日这段时间不是每天公布,而是每月月底公布。1964年7月31日这天的股市情况,不是太旺,也不太冷,成交值比较均匀,所以选定为基期。现在恒生银行编制的股票价格指数,是每天计算3次:上午11时,中午12时,下午收盘的时候。现在人们多以恒生指数作为衡量、观察香港股市变化的尺度。

四、中国内地的股票价格指数

随着中国内地证券市场的发展,股票发行和交易量的扩大,上海证券交易所和深圳证券交易所的建立,中国内地也开始编制股价指数。目前主要有上海证券交易所股票价格指数和深圳证券交易所股票价格指数两种。

1. 上海证券交易所股票价格指数

是以1990年12月19日上海证券交易所开业日为基期,由上海证券交易所编制的。上海证券交易所股票价格指数是采用综合法,以股票发行量为权数进行编制的。

$$上海证券交易所股票价格指数 = \frac{本日市值总价}{基期市价总值} \times 100\%$$

$$市价总值 = \sum_{j=1}^{a} (单个股票收盘价 \times 发行股数)。$$

2. 深圳证券交易所股票价格指数

是以1991年4月3日为基日,由深圳证券交易所编制的。

深圳证券交易所股票价格指数的基本理论公式为

$$股票价格指数 = \frac{现时成分股总市值}{基日成分股总市值} \times 100\%$$

若成分股的股本结构或股份名单有所变动,则改用变动之日的新基日,并以新基日计算,同时用"连锁"方法将计算得到的指数溯源于原有基日,以维持指数的连续性。

为了方便日常计算工作,指数采用"每日连锁方法"计算。其算式为

$$今日即时指数 = 上日收市指数 \times \frac{今日现时总市值}{上日收市总市值}$$

其中:今日现时总市值=各成分股的市价×发行股数;上日收市总市值是根据上日成分股的股本或成分股变动而做调整后的总市值。

深圳证券交易所股票价格指数每 30 分钟计算一次。

目前,上海证券交易所和深圳证券交易所已分别编制 A 种、B 种股票价格指数及分类指数。上海证券交易所已有综合指数、30 种股票成分指数等,深圳证券交易所也有综合指数和成分指数等。

习 题

1. 多层次资本市场的内涵是什么?
2. 某上市公司分配方案为每 10 股送 3 股,派发 2 元现金,同时每 10 股配 2 股,配股价为 5 元,该股股权登记日收盘价为 12 元,则该股除权后市场参考价是多少?

第三章 证券投资收益与风险

第一节 证券投资收益

一、收益的衡量

证券投资收益是指初始投资的价值增值（以税后增值计），该增量来源于两个部分：投资者所得到的现金支付和市场价格相对于初始购买价格的升值。比如，投资者持有一种普通股股票，一年前的买入价是 20 000 元，一年中所得到的税后股息为 500 元，一年后出售该股票得到的税后净收入为 25 000 元，那么，一年内的税后收益可通过下式计算得出：

$$500 + (25\,000 - 20\,000) = 5\,500(元)$$

由于证券收益的余额数量是与初始投资的金额相关的，收益的衡量应以收益与初始投资额的百分比表示，这个百分比叫作收益率或持有期收益率（holding period return，HPR），用下式表示：

$$HPR = \frac{现金收入 + (期末价格 - 期初价格)}{期初价格} \tag{3-1}$$

上面的例子中，一年的 HPR 为

$$HPR = \frac{500 + (25\,000 - 20\,000)}{20\,000} = 27.5\%$$

证券投资收益由两部分组成：25% 由股票价格上涨或资产升值带来（5 000÷20 000），2.5% 是年度股息率（500÷20 000）。

投资者的证券持有期常常不一定正好是一年，因此，对短于或长于一年的 HPR 的计算要转换成年收益率。一般说来，除非专门指出，HPR 都指年收益率。

一旦知道了 HPR 的组成，其计算就比较容易了，投资者知道了期初（买入）价，再估计这期间所得的现金收益额和期末（卖出）价，根据这些估计出来的数据计算预期收益率，来和应得收益率相比较。

二、要求的收益率

讨论投资者要求的收益率（required rate of return），必须首先考察真实收益率（real

rate of return)、预期通货膨胀率和风险。投资者放弃了当前消费而投资,应该得到相应的补偿,即将来得到的货币总量的实际购买力要比当前投入的货币的实际购买力有所增加。在没有通货膨胀和任何其他投资风险的情况下,这个增量就是投资的真实收益,也就是货币的纯时间价值。货币的纯时间价格可以用某一确定的利率表示,它由资本市场上用于投资的货币的供给和需求的关系确定。

举例来说,假如某投资者现在愿意出借500元,以换取将来超过500元的消费,他预期的未来收益是515元,则多出的15元的投资收益就代表500元货币的纯时间价值,是用来补偿投资者推迟消费的真实收益,收益率为3%。

但是,假如投资者预期价格在投资期内会上涨,即存在通货膨胀,那么,他必将考虑通货膨胀对货币购买力的影响,要求得到通货膨胀的补偿,以保持真实收益不变。假如上例中的投资者预期在投资期间通货膨胀率为5%,那么他将要求得到40元(=8% ×500)的收益,其中5%为通货膨胀率,3%为要求的收益率。

除通货膨胀外,投资收益通常还会受到其他各种不确定性因素的影响。假如投资者对投资的将来收益不能确定,那么他将要求对该不确定性进行补偿,即投资的风险补偿。在上面的例子中,投资者可能要求增加2%的补偿风险的收益,那么投资者总的要求的收益率为10%,其中包括3%的货币时间价值、5%的通货膨胀补偿和2%的风险补偿,因为通货膨胀也是一种不确定性,所以,通货膨胀和风险补偿的收益——7%,又合称为投资的风险报酬。

三、多期收益的衡量

多期投资的收益要跨越几个时期,不同时期的收益率会因情况的变化而变化。比如,资金供求关系的变化会导致时间价值的变化,预期通货膨胀和其他来源的风险变化会导致风险报酬的变化,等等。例如,在2010年年底,投资者预期某公司浮动利息率债券在2011年支付的利息率应为5.5%,2012年为6%,2013年为6.25%。因此,投资期为三年的投资者必须考虑这三年不同的期望收益率来做出是否投资该公司债券的决策。多期收益的衡量有算术平均数法和几何平均数法两种。

1. 算术平均数法

这种方法是用各期期望收益率的简单算术平均数 $\overline{HPR}$ 作为单一的要求的收益率,计算式如下:

$$\overline{HPR} = \left[\sum_{j=1}^{n} (HPR_j) \right] / n \qquad (3-2)$$

其中:$\overline{HPR}$ = 单一要求的收益率,n = 投资期个数,HPR_j = 第 j 期的投资期望收益率。

上面的例子中,投资者要求的收益率算术平均 $\overline{HPR}$ 为5.917%,即

$$(0.055 + 0.06 + 0.0625)/3 = 5.917\%$$

算术平均数法适用于各期收益率差别不大的情况,如果各期收益率差别很大的话,这

样计算出来的收益率就会歪曲投资的结果。比如,假定某项投资第一年盈利300%,第二年亏损75%,则该投资的算术平均HPR为

$$\overline{\text{HPR}} = [3.00 + (-0.75)]/2 = 112.5\%$$

假如初始投资为50 000元,第一年年末该投资总价值为200 000元(= 50 000 + 50 000×3),第二年年末,投资总价值只有50 000元[= 200 000 + 200 000 × (- 0.75)],根据计算该投资的算术平均收益率为112.5%,而这两年的实际收益率为0。尽管该例子有些极端,但在较长投资期内各期收益率将会有较大差异,使用算术平均收益率将会给出错误的结论。

2. 几何平均收益率

几何平均收益率用HPR_g表示,其计算公式为

$$\text{HPR}_g = [\Pi(1 + \text{HPR}_j)]^{1/n} - 1 \tag{3-3}$$

其中:Π表示连乘,即$(1 + \text{HPR}_1) \times (1 + \text{HPR}_2) \times \cdots \times (1 + \text{HPR}_n)$,指数上的$n$表示投资期内的期数(各期时间长度应相等)。

仍以上面的投资为例。HPR_g计算如下:

$$\begin{aligned}
\text{HPR}_g &= \{(1+3)[1+(-0.75)]\}^{1/2} - 1 \\
&= (4 \times 0.25)^{1/2} - 1 \\
&= 1 - 1 \\
&= 0
\end{aligned}$$

再举一个一般性的例子,计算表3-1所示的三年投资的年投资收益率。

表 3-1　三年投资的年投资收益率计算

年份	HPR_j	$1 + \text{HPR}_j$
1	8.0%	1 + 0.08 = 1.08
2	-5.0%	1 - 0.05 = 0.95
3	20.0%	1 + 0.20 = 1.20

算术平均收益率

$$\begin{aligned}
\overline{\text{HPR}} &= [\sum_{j=1}^{n} \text{HPR}_j]/n \\
&= 0.23/3 \\
&= 7.667\%
\end{aligned}$$

几何平均收益率

$$\begin{aligned}
\text{HPR}_g &= [\Pi(1 + \text{HPR})_j]^{1/n} - 1 \\
&= 1.2312^{1/3} - 1 \\
&= 7.18\%
\end{aligned}$$

根据计算,算术平均收益率大于几何平均收益率。由于算术平均数总包含其固有的偏差,一般几何平均数总是小于或等于算术平均数,因此只有当各期的收益率相等时,算术平均收益率才与几何平均收益率相等。

四、期望收益率

一般来讲,投资的未来收益是不确定的,为了对这种不确定的收益进行衡量,便于比较和决策,人们引入了期望收益或期望收益率这一概念。对期望收益率的计算,有三种不同的方法。

第一种计算方法是:投资者能够描述出影响收益率的各种可能情况,能够知道各种情况出现的概率及收益的大小,那么期望收益率就是各种情况下收益率的加权平均,权数即各种情况出现的概率。例如,投资者相信,在经济状况良好时收益率为20%,经济状况一般时收益率为10%,经济状况较差时收益率为 -10%,各种情况出现的概率分别为30%、40%、30%。在这里,三种投资结果的预期都要以可能出现的经济状况为基础,各种不同的经济状况对应不同的预期收益率,每种结果都有一个主观概率P_j,总的期望收益率就是各个预测数的加权平均

$$E(\text{HPR}) = \sum_{j=1}^{n} P_j \times \text{HPR}_j \tag{3-4}$$

其中:$E(\text{HPR})$为期望收益率;

P_j为情况j出现的概率;

HPR_j为情况j出现时的收益率。

代入上面的有关数值:

$$E(\text{HPR}) = 0.3 \times 0.20 + 0.4 \times 0.10 + 0.3 \times (-0.10)$$
$$= 7.0\%$$

本例中,投资者给不同的经济状况分配了出现的概率,并且估计了不同经济状况下的预期收益率。在实践中,要完成这项工作是相当困难的。

第二种计算方法是:根据事后收益率(即历史数据)计算发生在各种经济状况下的收益率观察值的百分比。假定收集了历史上的100个收益率观察值,在这100个数据中,发生在"良好"情况下的有30个,"一般""较差"情况下的各有40个、30个,那么投资者便可估计出这三种经济状况发生的概率分别为30%、40%、30%。各种经济状况下相应的预期收益率则用对应的事后收益率计算(比如,经济状况"良好"情况下所有观察值的平均收益率为20%,便将20%作为此经济状况下的预期收益率),然后,用得到的各种情况发生的概率和预期收益率为数据,根据(3-4)式计算出所要求的期望收益率。尽管这种利用历史数据去预测未来的方法有一定的局限性,但是它至少可以作为投资者的预期根据,而且这种方法简便,易于运用。

第三种计算方法是:收集能够代表预测投资期收益率分布的事后收益率的样本,假定所有观察值出现的概率相同,计算这些数据的平均值。例如,假设一投资者收集了过去

五年内每季度的投资收益率数据,如表3-2所示。同时假定任一个事后收益率都有同样的概率在预测期内发生,每个收益率的概率为5%,期望收益率$E(\mathrm{HPR})$便是所有数据的简单算术平均值。用(3-4)式和表3-2提供的数据计算:

$$E(\mathrm{HPR}) = 1.3065/20 = 6.53\%$$

表3-2 每季度事后的持有期收益率

季度	事后的持有期收益率(%)
1	15.87
2	5.38
3	4.84
4	6.07
5	-4.44
6	6.20
7	0.19
8	2.73
9	-1.93
10	11.46
11	11.65
12	-2.03
13	10.05
14	5.61
15	10.57
16	3.03
17	-1.08
18	16.38
19	14.15
20	15.95
总计	130.65

上面讨论的三种期望收益率的估计方法都比较简单。但不管用什么方法,其目标都是要描述影响期望收益率的可能事件,进而计算出期望收益率,同时也反映了与投资相关联的不确定性。

五、投资组合的期望收益

为了保证投资收益的稳定性,避免在预想不到的经济事件发生时投资收益的大幅波动,投资者选择投资组合来分散投资风险。假如一个投资组合有两项资产A和B,其收益率如表3-3所示。投资者将其储蓄的50%投资于证券A,50%投资于证券B,这样根据证券A、B在投资组合中的比重大小,计算出各种经济状况下投资组合的收益。

表 3-3　两种证券的投资组合的收益率计算

经济状况	期望收益率(%) A	期望收益率(%) B	投资组合期望收益 $E(R_P)$(%)
良好	18	12	15.0
一般	12	6	9.0
较差	4	8	6.0
衰退	-8	14	3.0

一个投资组合的期望收益是组成这个组合的各个证券的期望收益的加权平均。

$$E(R_P) = \sum_{j=1}^{n} X_j E(R_j) \tag{3-5}$$

其中：X_j 是资产 j 的投资额占整个投资组合的比重，$E(R_j)$ 是资产 j 的期望收益。

例如，表 3-3 的例子中，投资组合在经济状况良好的情况下期望收益是：

$$E(R_P) = 0.5 \times 18\% + 0.5 \times 12\% = 15.0\%$$

其他几种情况下的期望收益可同样计算，可见，$E(R_P)$ 取决于两个因素：各资产在组合中的比重和各资产的收益率。

第二节　证券投资风险

一、风险的来源

投资收益率的不确定性通常称为风险(risk)。尽管从技术上来讲，不确定性和风险是不一样的，但大部分投资者认为这两个概率可以互相替代，在本书中，对这两个概率亦不区分。投资的不确定性有很多来源，对证券投资来说，主要的风险来源有以下几个：

(1) 经营风险(business risk)。这是指由于企业的经营活动带来的收益率的不确定性，主要是指企业销售收入和经营费用的不确定性。显然，企业的销售收入和经营费用是随着经济波动、企业的经营活动和企业管理状况的变化而变化的。企业经营不利导致销售收入的减少，或企业管理不善导致费用的增加，都会减少企业的经营利润；反之，则会提高企业的经营利润。

(2) 财务风险(financial risk)。企业资本结构，即企业总资本中负债与股本(权益)之比决定了企业财务风险的大小。如果一个企业的资本全部为权益资本，则销售收入的任何变动都会对股东的净收益产生同样的影响。如果一个企业的资本中除普通股权益资本外，还有一部分来源于负债或需要支付固定股息的优先股，那么这些负债或优先股便使企业有了财务杠杆。这种财务杠杆使企业股东的净收入的变化幅度超过企业营业收入的变化幅度。财务杠杆使企业的股东的收入流量除因经营状况变化而变化外，有了一个新的不确定性，这种因企业资本结构而引起的收益的不确定性即为财务风险。负债资本在资本总额中占的比例越大，企业的财务杠杆也就越强，财务风险也随之增加。

(3) 流动风险(liquidity risk)。流动风险是指投资不能马上变现而带来的不确定性。投资者希望其资产在需要时能以预期价格马上售出并获得现金。当投资者考虑出售资产时,有两个不确定性:① 以何种价格成交;② 出售资产要花多长时间。比如,房地产有可能几个月甚至几年都无法按预期价格售出,只有在价格上做出大让步才有可能增加流动性;相反,政府债券在市场上立即售出,而且价格通常也与投资者的预期相近,这种投资能够随时变现。相比之下,房地产属于流动性很差的资产,或称为非流动资产。政府债券属于流动性很强的资产。投资者投资于流动性差的资产,将要求获得额外的收益以补偿流动风险。

(4) 违约风险(default risk)。违约风险是指部分或全部初始投资不能收回的不确定性。违约风险的大小与发行公司的财务状况及破产清算时证券的清偿要求的优先次序紧密相关。对财务状况差的企业的投资,或清偿顺序靠后的投资的违约风险较大。例如在企业破产时,债权人(包括债券持有者)对资产清偿的要求要比普通股股东优先。

二、风险的衡量

不同的投资者对于各种风险的敏感程度不同,有的投资者,如银行,将贷款能否收回看作主要风险,因此,破产或无力清偿是主要风险来源。而普通股股东不仅考虑破产风险,还要考虑企业的收益率未达到目标收益率的风险,等等。因此,用一个简单的方法衡量各种来源的风险是一件很困难的事。

这里介绍两种传统的风险衡量方法:范围法(range,即最高 – 最低收益法)和标准差法(standard deviation)。

范围法是只给出可能出现的最好收益率和最差收益率,但并不提供这两个极端之间的收益率分布状况,这一方法类似于项目投资风险分析中的情景分析方法。标准差法则对收益的概率分布做出描述,对风险提供了较多的信息,其优点是将投资的不确定性概括成一个单一的数字,其最大的缺点是将高于期望值的收益和低于期望值的收益看作具有同样的风险,进行同样的处理。

有概率分布的证券收益率标准差是指各个收益率相对于平均收益率(期望收益率)的方差的平方根,方差的计算公式为

$$\sigma^2 = \sum_{j=1}^{n} \left[P_j \times (\text{HPR}_j - \overline{\text{HPR}})^2 \right] \tag{3-6}$$

其中: σ^2 为方差;

P_j 为第 j 个情况发生的概率;

HPR_j 为情况 j 时的收益率;

$\overline{\text{HPR}}$ 为期望收益率;

n 为可能发生的情况数。

标准差 $\sigma_j = \sqrt{\sigma_j^2}$。

表 3-4、表 3-5 分别是各个收益率的概率相等和不等时方差计算的例子。

表 3-4　概率相等的标准差的计算

季度	$\mathrm{HPR}_j(\%)$	$\mathrm{HPR}_j - \overline{\mathrm{HPR}}(\%)$	$(\mathrm{HPR}_j - \overline{\mathrm{HPR}})^2[(\%)^2]$
1	15.87	9.34	87.2356
2	5.38	−1.15	1.3225
3	4.84	−2.69	2.8561
4	6.07	−0.46	0.2116
5	−4.44	−10.97	120.3409
6	6.20	−0.33	0.1089
7	0.19	−6.34	40.1956
8	2.73	−3.80	14.4400
9	−1.93	−8.46	71.5716
10	11.46	4.93	24.3049
11	11.65	5.12	26.2144
12	−2.03	8.56	73.2736
13	10.05	3.52	12.3904
14	5.61	−0.92	0.8464
15	10.57	4.04	16.3216
16	3.03	−3.50	12.2500
17	−1.08	−7.61	57.9121
18	16.38	9.85	97.0225
19	14.15	7.62	58.0644
20	15.95	9.42	88.7364
合计	130.65		805.6195

$\overline{\mathrm{HPR}} = 130.65\%/20 = 6.53\%$ 　　$\sigma^2 = 805.6195/20 = 40.2810$
$\sigma = \sqrt{40.2810}$
$\sigma = 6.35\%$

表 3-5　概率不等时的标准差的计算

经济状况	概率(P_j)	$\mathrm{HPR}_j(\%)$	$(P_j)(\mathrm{HPR}_j)(\%)$
良好	0.3	20	6.0
一般	0.4	10	4.0
较差	0.3	−10	−3.0
	1.0		$\overline{\mathrm{HPR}} = 7.0$

经济状况	概率(P_j)	$\mathrm{HPR}_j(\%)$	$(\mathrm{HPR}_j - \overline{\mathrm{HPR}})^2(\%^2)$	$P_j(\mathrm{HPR}_j - \overline{\mathrm{HPR}})^2(\%^2)$
良好	0.3	20	169.0	50.70
一般	0.4	10	9.0	3.60
较差	0.3	−10	289.0	86.70
合计	1.0			$\sigma_j^2 = 141.00$

$\sigma_j = \sqrt{141.00}$
$\sigma_j = 11.87$

三、风险和收益的关系

用标准差衡量风险的一个特点,就是投资者的期望收益应随着风险的增加而增加。根据标准差方法,每单位期望收益的风险可用变异系数来衡量,变异系数的定义为

$$CV = \frac{\sigma}{HPR} \tag{3-7}$$

其中:CV(coeffient of variance)是变异系数。

表 3-4 中的变异系数为

$$CV = \frac{6.35\%}{6.53\%} = 0.97$$

表 3-5 中的变异系数为

$$CV = \frac{11.87\%}{7.00\%} = 1.70$$

变异系数 CV 反映的是风险和收益的对应关系,假设有两个投资方案 A 和 B。A 的期望收益为 10%,标准差为 2%,B 的期望收益为 11%,标准差为 3%。这两个投资方案的变异系数计算表 3-6 所示。

表3-6 两个投资方案的变异示数计算

投资方案	A	B
期望收益	10%	11%
标准差	2%	3%
变异系数	2%/10% = 0.2	3%/11% = 0.2727

根据变异系数,方案 A 的每单位收益承担的风险要小于 B,因此投资者可能更倾向于选择方案 A。但是,用变异系数来比较投资方案的优劣风险收益的替代关系是以线性关系为假定前提的,如果投资者认为风险与收益间不是简单的线性关系,比如,有些投资者可能愿意牺牲更多的收益来减少风险,则上述选择标准就不成立了。

第三节 投资者的效用函数

一、投资者效用

效用在经济学上是指人们从某事物中所得到的主观上的满足程度。在投资领域,"某事物"系指投资者的投资,投资者效用是投资者对各种不同投资方案的一种主观上的偏好指标。

投资者的效用是其财富的函数,但一项投资所能带来的财富又是不确定的,因而投资者效用是一随机变量(财富)的函数,投资者只能通过估计其效用的概率分布,确定其

期望效用来指导自己的投资活动。投资者的效用可用效用单位来衡量,如10单位效用,5单位效用(注意,前者效用大于后者,但并不意味着前者的效用是后者的两倍)。由于投资者以效用为行为标准,当投资组合种类很多时,投资者当然挑选期望效用最大的组合,如下例,A、B两个投资组合的资料见表3-7。

表3-7 投资组合的财富与效用

投资组合 A			投资组合 B		
期末财富(元)	效用	概率	期末财富(元)	效用	概率
1 000	0	0.2	1 500	1	0.7
2 000	1.4	0.7	3 000	2	0.3
4 000	2.2	0.1			

从表3-7可知,A、B 的期末财富的期望值分别为2 000元、1 950元(计算略)。令$E(U_A)$、$E(U_B)$代表两个投资组合的期望效用,那么,期望效用分别为

$$E(U_A) = U_{A1}(1\,000) \times 0.2 + U_{A2}(2\,000) \times 0.7 + U_{A3}(4\,000) \times 0.1$$
$$= 0 \times 0.2 + 1.4 \times 0.7 + 2.2 \times 0.1 = 1.20$$
$$E(U_B) = U_{B1}(1\,500) \times 0.7 + U_{B2}(3\,000) \times 0.3$$
$$= 1 \times 0.7 + 2 \times 0.3 = 1.30$$

投资者追求效用最大化而非财富最大化,尽管A的期末财富期望值大于B,但B的期望效用大于A。因此,投资者选择B而不选择A。

二、三种形式的投资者效用函数

如前所述,投资者效用是财富的函数,这些函数关系可分为三类:凹性效用函数、凸性效用函数和线性效用函数,分别表示投资者对风险是持回避态度、追求态度,还是中性态度。

(一)凹性效用函数

凹性效用函数(concave utility function)表示投资者希望财富越多越好,但财富的增加为投资者带来的边际效用递减。如以横轴代表财富,纵轴代表效用,函数如图3-1所示。

这种效用函数对财富的一阶导数为正(表示财富越多越好),二阶导数为负(表示边际效用递减)。设X_1、X_2为任意两个可能的财富值,$0 < \alpha < 1$,凹性效用函数有如下性质:

$$U[\alpha X_1 + (1-\alpha)X_2] > \alpha U(X_1) + (1-\alpha)U(X_2) \tag{3-8}$$

下面以图3-1中的例子具体介绍一下凹性效用函数下投资者对收益风险的态度。

图3-1中,某投资组合A的期末期望财富20元的概率为0.5,效用为23个单位,期望财富8元的概率为0.5,效用为15个单位,则此投资组合期末财富期望值为$20 \times 0.5 + 8 \times 0.5 = 14$(元),效用期望值为$23 \times 0.5 + 15 \times 0.5 = 19$(元),另一个投资组合$B$,可以确定地在期末得到14元的财富。由图13-1可知,B的效用为20。因为$U(B) > U(A)$,投

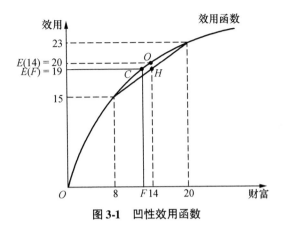

图3-1 凹性效用函数

者将选择 B。在期望收益相同的情况下,投资者宁愿选择收益确定性高的投资组合 B,这样的投资者就是风险回避者(risk averser)。

假定有第三个投资组合 C,它可以为投资者带来效用为 19 的确定性期末收益 F。由图 3-1 可知,A 与 C 的效用相同,但 C 的收益 F 是确定性的,A 的期望收益 14 与 C 的确定性收益 F 的差 $14-F$,就是对投资者投资于风险资产 A 的风险报酬。

(二)凸性效用函数

凸性效用函数(convex utility function)表示投资者认为财富越多越好,但财富增加为投资者带来的边际效用递增,如图 3-2 所示。这种效用函数效用对财富的一阶导数和二阶导数均大于零。凸性效用函数有下列性质:

$$U[\alpha X_1 + (1-\alpha)X_2] < \alpha U(X_1) + (1-\alpha)U(X_2) \tag{3-9}$$

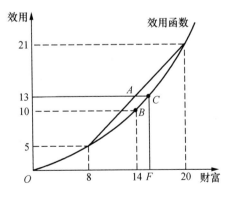

图3-2 凸性效用函数

图 3-2 中,投资组合 A 在期末得到 20 元或 8 元的概率均为 0.5,效用分别为 21 和 5 个单位,期末财富的期望值为 14 元,效用期望值为 $21 \times 0.5 + 5 \times 0.5 = 13$ 个单位。另一投资组合 B 在期末可确定地得到 14 元的收益,效用为 10 个单位。由于 $U(A) > U(B)$,因

此,投资者将选择风险性投资组合 A,而放弃可以得到确定性收益的投资组合 B。这种投资者称为风险追求者(risk seeker)或风险爱好者(risk lover)。

假设有可以确定得到财富 F 的第三个投资组合 C,F 给予投资者的效用与 A 相同,也是 13 元。由图 3-2 可知,F 必大于 14 元。$F-14$ 是该投资者投资于风险投资组合 A,放弃确定性投资 B 所期望得到的风险报酬。

(三) 线性效用函数

线性效用函数(linear utility function)表示投资者认为财富越多越好,但财富增加为投资者带来的边际效用为一常数。效用函数对财富一阶导数为正,二阶导数为 0,由图 3-3 知,有如下性质:

$$U[\alpha X_1 + (1-\alpha)X_2] = \alpha U(X_1) + (1-\alpha)U(X_2) \tag{3-10}$$

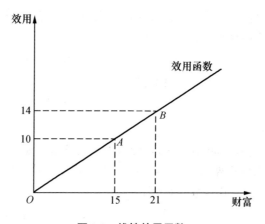

图 3-3 线性效用函数

假设图 3-3 中,A 点代表期末期望财富为 15 元、效用为 10 个单位的投资组合,B 点代表期末期望财富为 21 元、效用为 14 个单位的投资组合,可以看出两点的边际效用相等,且为一常数。这种类型的投资者称为风险中性者(risk neutral investor)。

以上讨论三种效用函数时,都假定效用是期末财富的函数,即 $U(X)$,但用 $U(X)$ 进行投资分析时,由于投资金额可能相差很大,故分析结果常使人误解,而收益率 R 以百分比表示,弥补了资金差异可能带来误解的缺陷,所以在投资学上,假定效用是收益率的函数,投资分析常对 $U(R)$ 而不是 $U(X)$ 进行分析。

由于效用既取决于收益率也取决于风险,因此,投资的效用函数也可以用图 3-4 来描述。

图 3-4 就是风险回避者的效用函数。他们非常注重安全,尽可能避免冒险。当预期收益增加时他们才会接受较高风险,甚至收益增加比风险增加得更快。

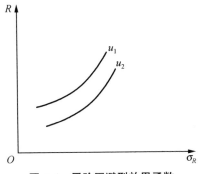

图 3-4 风险回避型效用函数

风险爱好者的效用函数曲线如图 3-5 所示。

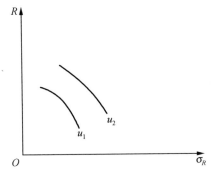

图 3-5 风险爱好型效用函数

风险爱好者准备接受较低的预期收益,目的是不放弃获得较高资本利得的机会。因此在同样预期收益时,风险越高,效用越大。

风险中立者的效用函数曲线如图 3-6 所示。

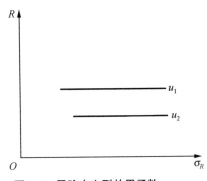

图 3-6 风险中立型效用函数

风险中立者既追求预期收益,也注意安全。当预期收益相等时,他们可以不考虑风险。

需求指出的是,风险回避者的行为是一般投资者的行为。正因为如此,本书分析的投资者都是风险回避者。

习　题

一、思考题

1. 证券投资的风险来源主要有哪些?
2. 评价风险大小一般有哪些方法?

二、计算题

1. 一项投资的收益率和概率如下:

收益率	概率
−10%	0.24
0%	0.16
10%	0.36
25%	0.24

请计算该投资的预期收益率和标准差。

2. 证券 A、B 在下面三种状态下的收益率为:

	1	2	3
A	10%	5%	−20%
B	0	2%	−10%
概率	0.5	0.4	0.1

请计算 A、B 的收益率方差和标准差、二者的协方差和相关系数。

第四章 资产组合理论

第一节 资产组合的收益与风险

资产组合是指投资者将不同的资产按一定比例组合在一起作为投资对象。除常见的股票、债券和其他金融证券外,房地产、收藏品(邮票、古币等)等亦可作为投资对象构成资产组合的一部分,但本书所讨论的资产组合,主要指证券资产组合,或证券组合。资产组合理论论述了每项资产的风险和收益与其他资产的风险和收益间的相互关系,以及投资者应如何合理地选择自己的最佳投资组合等问题。资产组合理论与下一章将要讨论的资本市场理论均为关于证券投资的基本理论。

一、资产组合的收益

设某投资者持有一个由 A、B、C 三种证券构成的证券组合,其数量与价格如表 4-1 所示。

表 4-1 证券组合的数量与价格

(1)证券	(2)数量(张)	(3)单价(元)	(4)总价(元)	(5)预期期末价格(元)	(6)预期期末总值(元)
A	100	40	4 000	42	4 200
B	200	35	7 000	40	8 000
C	100	62	6 200	70	7 000
合计			17 200		19 200

显然,该证券组合的期望收益率为

$$期望收益率 = \frac{19\,200}{17\,200} - 1 = 11.63\%$$

上述证券组合的期望收益率可按表 4-2 所示的过程计算。

表4-2 证券组合期望收益率的计算

（1）证券	（2）总价（元）	（3）ω_i 占总价比重 (2)/17 200	（4）单价（元）	（5）预期期末价格（元）	（6）预期持有收益率(%)	（7）对组合的预期持有收益率的贡献
A	4 000	0.2325	40	42	5.00	1.16
B	7 000	0.4070	35	40	14.29	5.82
C	6 200	0.3605	62	70	12.90	4.65
合计	17 200	1.0000				11.63

由表4-2的计算可知，一个证券组合的期望收益率是单个证券期望收益率的加权平均数，所用权数是每一个证券在整个组合中所占的价值比重，即

$$E_P = \sum_{i=1}^{n} w_i \cdot E_i \tag{4-1}$$

其中：E_P 为证券组合的期望收益率；

E_i 为证券 i 的期望收益率；

w_i 为证券 i 的价值占整个证券组合价值的比重。

二、资产组合的风险

（一）举例

表4-3给出的是 A、B 两个债券各自的收益情况及它们按 $\omega_A = 60\%$，$\omega_B = 40\%$ 的比例组合成的证券组合的期望收益和方差。

表4-3 证券组合：$W_A = 60\%$，$W_B = 40\%$

（1）事件	（2）概率	（3）A 证券收益率	（4）B 证券收益率	（5）组合收益率 $0.6 \times (3) + 0.4 \times (4)$
a	10%	5%	-1%	2.6%
b	40%	7%	6%	6.6%
c	30%	-4%	2%	1.6%
d	20%	15%	20%	17.0%
		证券 A	证券 B	A + B
预期收益率 [$E(R_i)$]		5.1%	6.9%	5.82%
收益率方差 (σ_i^2)		0.004589	0.004809	0.004280
标准差 (σ_i)		0.0677	0.0693	0.0654

表4-3的计算过程如下：

$E(R_A) = 0.1 \times 5\% + 0.4 \times 7\% + 0.3 \times (-4\%) + 0.2 \times 15\% = 5.1\%$

$E(R_B) = 0.1 \times (-1\%) + 0.4 \times 6\% + 0.3 \times 2\% + 0.2 \times 20\% = 6.9\%$

$$E(0.6R_A + 0.4R_B) = 0.6 \times 5.1\% + 0.4 \times 6.9\% = 5.82\%$$

$$\sigma_B^2 = 0.10 \times (-1\% - 6.9\%)^2 + 0.4 \times (6\% - 6.9\%)^2 + 0.3 \times$$
$$(2\% - 6.9\%)^2 + 0.2 \times (20\% - 6.9\%)^2$$
$$= 0.004809$$

$$\sigma_{(A+B)}^2 = 0.1 \times (2.6\% - 5.82\%)^2 + 0.4 \times (6.6\% - 5.82\%)^2 + 0.3 \times$$
$$(-1.6\% - 5.92\%)^2 + 0.2 \times (17\% - 5.92\%)^2$$
$$= 0.004280$$

由表4-3及相关计算不难看出,证券组合的方差并不等于各证券方差的加权平均。在本例中我们发现,证券组合的方差小于构成该组合的两个证券中任何一个的方差。这是因为证券组合的风险不仅依赖于单个证券的风险,而且依赖于证券之间的相互影响(相关关系)。表4-4、表4-5给出了另外两组证券组合的例子。

表4-4 证券组合:$W_C = 60\%$, $W_D = 40\%$

事件	概率	C的收益率	D的收益率	组合收益率
a	0.10	5%	5%	5%
b	0.40	7%	7%	7%
c	0.30	6%	6%	6%
d	0.20	−2%	−2%	−2%
期望收益率		4.7%	4.7%	4.7%
方差		0.001161	0.001161	0.001161
标准差		0.0341	0.0341	0.0341

表4-5 证券组合:$W_E = 60\%$, $W_F = 40\%$

事件	概率	E的收益率	F的收益率	组合收益率
a	0.10	5%	2.5%	4.0%
b	0.40	7%	−0.05%	4.0%
c	0.30	6%	1.0%	4.0%
d	0.20	−2%	13%	4.0%
期望收益率		4.7%	2.95%	4.0%
方差		0.001161	0.002612	0
标准差		0.0341	0.0511	0

表4-4中,C、D两个证券是正相关的,表4-5中,E、F两个证券是完全负相关的。

(二)证券组合风险的一般讨论

由两个证券组成的证券组合的方差为

$$\text{Var}(A+B) = \sigma_{A+B}^2 = W_A^2 \sigma_A^2 + W_B^2 \sigma_B^2 + W_{AB}^2 \text{COV}_{AB} \tag{4-2}$$

其中：W_A、W_B 为证券 A、B 在组合中所占的份额(比重)；

σ_A^2、σ_B^2 为证券 A、B 的方差；

COV_{AB} 为证券 A、B 的协方差。

协方差 COV_{AB} 反映了证券 A、B 的收益率变化间的相互影响程度，它又可以写成下述形式：

$$COV_{AB} = \rho_{AB}\sigma_A\sigma_B \qquad (4\text{-}3)$$

ρ_{AB} 称为证券 A、B 的相关系数。

(4-2)式的推导过程如下。

假定：W_A 为证券组合中 A 证券所占份额；

W_B 为证券组合中 B 证券所占份额；

$E(R_A)$ 为 A 证券的期望收益率；

$E(R_B)$ 为 B 证券的期望收益率；

$E(R_P)$ 为证券组合的期望收益率；

$E(R_{Ai})$ 为 i 状态下 A 证券的期望收益率；

$E(R_{Bi})$ 为 i 状态下 B 证券的期望收益率；

P_i 为 i 状态发生的可能性 $\left(\sum_{i=1}^{m} P_i = 1\right)$；

i 为经济环境或状态；

m 为可能出现的经济环境或状态的总数。

可知：$E(R_A) = \sum P_i E(R_{Ai})$

$E(R_B) = \sum P_i E(R_{Bi})$

$E(R_P) = W_A \cdot E(R_A) + W_B \cdot E(R_B)$

$COV_{AB} = \sum P_i \{[E(R_{Ai}) - E(R_A)][E(R_{Bi}) - E(R_B)]\}$

$\sigma_A^2 = \sum P_i [E(R_{Ai}) - E(R_A)]^2$

$\sigma_B^2 = \sum P_i [E(R_{Bi}) - E(R_B)]^2$

则：

$$\begin{aligned}
Var(R_P) &= \sigma_P^2 \\
&= \sum_{i=1}^{m} P_i [W_A E(R_{Ai}) + W_B E(R_{Bi}) - E(R_P)]^2 \\
&= \sum_{i=1}^{m} P_i [W_A E(R_{Ai}) + W_B E(R_{Bi}) - W_A E(R_A) - W_B E(R_B)]^2 \\
&= \sum_{i=1}^{m} P_i \{W_A [E(R_{Ai}) - E(R_A)] + W_B [E(R_{Bi}) - E(R_B)]\}^2
\end{aligned}$$

$$= \sum_{i=1}^{m} P_i \{ W_A^2 [E(R_{Ai}) - E(R_A)]^2 + W_B^2 [E(R_{Bi}) - E(R_B)]^2 +$$
$$2W_A W_B [E(R_{Ai}) - E(R_A)][E(R_{Bi}) - E(R_B)] \}$$
$$= W_A^2 \sum_{i=1}^{m} P_i [E(R_{Ai}) - E(R_A)]^2 + W_B^2 \sum_{i=1}^{m} P_i [E(R_{Bi}) - E(R_B)]^2 +$$
$$2W_A W_B \sum_{i=1}^{m} P_i [E(R_{Ai}) - E(R_A)][E(R_{Bi}) - E(R_B)]$$
$$= W_A^2 \sigma_A^2 + W_B^2 \sigma_B^2 + 2W_A W_B \mathrm{COV}_{AB}$$

由 n 个证券组成的证券组合的方差为：

$$\mathrm{Var}(R_P) = \sigma_P^2$$
$$= \sum_{i=1}^{n} \sum_{j=1}^{n} W_i W_j \mathrm{COV}_{i,j} = \sum_{i=1}^{n} W_i^2 \sigma_i^2 + \sum_{i=1}^{n} \sum_{j \neq i}^{n} W_i W_j \mathrm{COV}_{i,j} \quad (4\text{-}4)$$

公式(4-4)的推导过程与公式(4-3)相同，只是更为烦琐，此处从略。有兴趣的读者可参看有关概率统计方面的教科书。

第二节 资产组合的效率边界

一、仅有风险资产时的效率边界

(一) 两项资产构成的资产组合集合的效率边界

设由两项证券资产 A 和 B 构成一证券组合，A、B 的各项参数为：A 的期望收益率为 $E(R_A)=5\%$，标准差为 $\sigma_A=20\%$；B 的期望收益率为 $E(R_B)=15\%$，标准差为 $\sigma_B=40\%$；A、B 的相关系数为 ρ_{AB}，A、B 在组合中的比重分别为 W_A，$W_B(=1-W_A)$。证券组合的期望收益率和标准差分别为

$$E(R_P) = W_A E(R_A) + W_B E(R_B)$$
$$\sigma_P = \sqrt{W_A^2 \sigma_A^2 + W_B^2 \sigma_B^2 + 2W_A W_B \rho_{AB} \sigma_A \sigma_B}$$

以组合标准差 σ_P 为横轴、组合期望收益率 $E(R_P)$ 为纵轴画图(图4-1)，给定不同的 ρ_{AB} 和 W_A、W_B，可以得到不同的资产组合集合。

设 $\rho_{AB}=0$，当赋予 W_A、W_B 不同值时，不同组合的期望收益率与标准差连接成一条曲线 $ACFEB$，这条曲线就是 $\rho_{AB}=0$ 时所有由 A、B 构成的资产组合的集合。在这一集合中，C 点所代表的是最小方差(标准差)组合 $\left(\text{该点 } W_A = \frac{4}{5}, W_B = \frac{1}{5}, E(R_P) = 7\%, \sigma_P = 17.9\%\right)$。

尽管投资者可以在曲线 $ACEB$ 上任意选择投资组合，但因为对应线段 AC 上的每一组

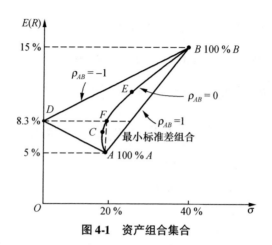

图 4-1 资产组合集合

合(如点 A),线段 CEB 上都有相应的一个组合(如点 F),其风险程度(标准差)与 AC 段上的对应组合相同,但期望收益率更高。根据风险回避型投资者追求效用最大化的假设,投资者只会在线段 CEB 上选择其所需要的资产组合。线段 CEB(即最小标准差组合与资产 B 之间的全部组合)即为全部资产组合的效率边界,又称有效率资产组合。

若 $\rho_{AB}=1$,A 与 B 完全正相关,则 A、B 构成的资产组合集合为直线 AB,效率边界亦为直线 AB。若 $\rho_{AB}=-1$,A 与 B 完全负相关,A、B 构成的资产组合集合为折线 ADB,D 为最小标准差组合,直线 DB 为效率边界。

(二) 多项资产构成的资产组合集合的效率边界

分析多项风险资产构成的资产组合的基本方法是马克威茨(Markowitz)模型(两项资产只是多项资产的一个特例)。在用此模型进行分析时,我们必须注意该模型所遵循的七个基本假设:

(1) 投资者遵循效用最大化原则;

(2) 投资期为一期;

(3) 投资者是风险回避者,即在收益相等的条件下,投资者选择风险最低的投资组合;

(4) 投资者根据均值、方差以及协方差来选择最佳投资组合;

(5) 证券市场是完善的,无交易成本,而且证券可以无限细分(即证券可以按任一单位进行交易);

(6) 资金全部用于投资,但不允许卖空;

(7) 证券间的相关系数都不是 -1,不存在无风险证券,而且至少有两个证券的预期收益是不同的。

N 项风险证券资产构成的资产组合的期望收益率是各项资产期望收益率的权重平均:

$$E(R) = \sum_{i=1}^{N} W_i E(R_i) \tag{4-5}$$

式中: $E(R_i)$ 表示第 i 项资产的期望收益率, W_i 为第 i 项在资产组合中所占的比重。

这种资产组合的方差为

$$\mathrm{Var}(R) = \sum_{i=1}^{N} W_i \sigma_i^2 + \sum_{i=1}^{N}\sum_{\substack{j=1\\j\neq i}}^{N} W_i W_j \rho_{ij} \sigma_i \sigma_j \tag{4-6}$$

其中: σ_i^2 为第 i 项资产的收益率方差;

W_i 为第 i 项资产在组合中所占的比例;

ρ_{ij} 为资产 i 与资产 j 的相关系数。

将每个证券的期望收益、标准差以及由单个证券所能构成的全部组合的期望收益、标准差画在以标准差为横轴、以期望收益为纵轴的坐标中,就会生成证券资产组合集合,其基本形状如图 4-2 所示。

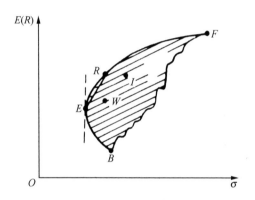

图 4-2 资产组合集合的基本形状

图 4-2 阴影区域为 N 项资产的资产组合集合,它是一个平面区域。在区域 BERF 内,包括了全部单个证券和全部组合的风险与风险的坐标点。集合左边界 BERF 一段为最小方差边界,即在相同期望收益的条件下,由投资风险(方差或标准差)最低的资产(证券)组合所组成的曲线。

BF 线段的下半部 BE 段为无效率边界。因为在这一段,期望收益越高,风险越低,投资者只会选择这一段的最高点,因为在最高点 E 上,资产组合的期望收益最高,而风险却是最低的。

BF 的上半部即 ERF 段为效率边界,它包括全部有效资产组合。有效资产组合的定义为:在相同风险情况下期望收益最大的组合,或者在相同期望收益的情况下风险最低的组合。

效率边界是凸向纵轴的,与效用无差异曲线的形状正好相反,这是协方差效应(covariance effect)的结果。

协方差效应可用图 4-1 的例子来说明，在该例中，若选择 $W_A = \frac{2}{3}$，$W_B = \frac{1}{3}$，则组合的期望收益率为 8.3%，与 A、B 两资产的相关系数 ρ_{AB}，也即与 A、B 的协方差 COV_{AB} ($= \rho_{AB} \sigma_A \sigma_B$) 无关。但组合的标准差（风险状况）则与 A、B 的相关系数紧密相关。当 $\rho_{AB} = 1$（完全正相关）时，$\sigma_P = 26.7\%$；当 $\rho_{AB} = 0$（完全独立）时，$\sigma_P = 18.8\%$；当 $\rho_{AB} = -1$（完全负相关）时，$\sigma_P = 0$。这表明，两项资产的相关程度（协方差大小）会使组合的标准差产生向纵轴偏离的倾向。而且，在其他条件不变的情况下，随着二者负相关程度的提高，组合的标准差减少。另外，我们从图 4-1 还可看出，组合的收益与标准差的坐标点不会落在直线 AB 的右边。

下面我们继续分析多项资产构成的资产组合的效率边界。

选择效率边界上的任意两点 E 和 R，由于这两点在效率边界上，因此这两点都是有效组合。E 和 R 两个组合又可以构成第三个组合。E 和 R 两个组合的收益将决定第三个组合的收益，而 E 和 R 两个组合的风险以及二者的协方差决定了第三个组合的风险。由于存在着协方差效应，因此新的组合不可能落在直线 ER 的右边，最差的情况是 E 和 R 两个组合的相关系数为 1，此时第三个组合将落在 ER 线上，如果 E 和 R 两个组合的相关系数小于 1，第三个组合将位于一条弯向左方的曲线上。

在图 4-2 中，E 点为 EF 线的顶点，为全球最低方差组合（the global minimum variance portfolio），因为没有别的组合的方差比 E 点组合的方差更低。F 点被称为最大收益组合（the maximum return portfolio），因为没有别的组合的收益比 F 点组合的收益还高。在不允许卖空的条件下，F 点的组合通常只包含一种证券，该证券在全部证券中期望收益最高。B 点与 F 点相反，为最低收益组合。B 组合通常也包含一种证券，该证券的期望收益最低。

极端组合（corner portfolio）为在期望收益相同的条件下，风险最低的那个组合。理解了极端组合，也就可以构建全部的效率边界。由多项风险资产构成的资产组合集合的效率边界，就是由全球最低方差组合（E 点）至最大收益组合（F 点）中所有极端组合的集合，也即图 4-2 中阴影部分的边缘曲线 ERF。因为在 ERF 曲线上的资产组合比起阴影区域内部的资产组合，要么在同样风险程度上有更高的期望收益率（如 R 点相对于 W 点），要么在同样期望收益率下有更低的风险（如 R 点相对于 I 点）。ERF 是这一资产组合集合的效率边界。[①]

二、有无风险资产时的效率边界

托宾在 1958 年发表了"投资组合选择原理"（The Theory of Portfolio Selection）一文，并在同年发表了"风险条件下的流动偏好行为"（Liquidity Preference as Behavior Towards Risk），从而建立了资产组合的"托宾模型"。

---

① 我们此处的讨论实际上讨论了效率边界的凹性特征。所谓凹性特征在这里就是指效率边界凸向纵轴，与此相应，所谓凸性特征是指与凹性相反的曲线特征。在后面的讨论中我们还会涉及凹凸性的问题。

前面已经阐述了马克威茨模型,该模型的假设条件之一就是全部证券都存在风险,而托宾模型取消了这一假设,从而发展了资产组合理论。托宾模型继承了马克威茨的非负投资假设,即风险资产不允许卖空,但无风险资产可以按一定的利率借入或借出。无风险资产的卖空等同于按无风险利率借入资金。

在建立投资组合模型时,托宾假定在市场中存在着一种证券,该证券可以自由地按一定的利率借入和借出。当无风险证券 f 与一种风险证券 i 进行组合时,组合的期望收益为

$$E(R_P) = W_f R_f + (1 - W_f) R_i \tag{4-7}$$

组合的标准差为

$$\sigma_P = \sqrt{W_f^2 \sigma_f^2 + W_i^2 \sigma_i^2 + 2 W_f W_i \rho_{ij} \sigma_i \sigma_j} \tag{4-8}$$

由于无风险证券的风险为零,因此,收益的方差为零,即 $\sigma_f = 0$,同时无风险证券与风险证券的协方差也为零,因此,组合的标准差可以简化为

$$\sigma_P = (1 - W_f) \sigma_i$$

整理得到

$$W_f = (\sigma_i - \sigma_P) / \sigma_i \tag{4-9}$$

根据公式(4-7)和公式(4-9),可以看到

$$E(R_P) = R_f + [(R_i - R_f) / \sigma_i] \sigma_P \tag{4-10}$$

公式(4-10)表明 $E(R_P)$ 与 σ_P 之间呈线性关系,说明由无风险证券与有风险证券构成的全部组合都处在连接无风险证券与有风险证券两点的直线上。如果 $W_f = 1$,则 $\sigma_P = \sigma_f$。如果 $W_f = 0$,则 $\sigma_P = \sigma_i, E(R_P) = R_i$,并且 $0 < W_f < 1$,那么 $0 < \sigma_P < \sigma_i, R_f < E(R_P) < R_i$。如果 $R_f < R_i$,并且 $W_f < 0$,即发生卖空无风险证券的情况,那么 $\sigma_P > \sigma_i, E(R_P) > R_i$。无风险证券与有风险证券进行组合的线性关系可以用图4-3来表示。

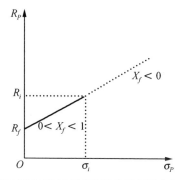

图4-3　无风险证券与有风险证券进行组合的线性关系

由于可以将一个投资组合看作一个单个资产,因此,前面的分析可以扩展,并应用在马克威茨模型上,见图4-4。

任何一个投资组合都可以与无风险证券进行新的组合,但在众多的组合中,有一个

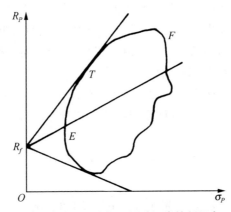

图 4-4 市场组合与无风险证券的新组合

特殊的组合是非常重要的。由于无风险证券与有风险的投资组合构成的新组合都处在连接无风险证券与有风险的那个投资组合两点的直线上,又由于马克威茨模型中的效率边界是凹性的(即凸向纵轴),因此,存在着唯一的投资组合,该投资组合与无风险证券进行新的组合所产生的风险与收益给投资者带来最大的效用。这一投资组合是从无风险利率向效率边界画切线时所产生的切点,在图 4-4 中表示为 T 点。任何一条经过无风险利率点的折线,只要斜率低于那条切线的斜率,就不能带来最佳的收益与风险的匹配,因为在给定风险时,那条切线所带来的收益是最高的,因此给投资者带来的效用也是最大的。任何经过无风险利率点,但斜率高于切线的射线都是不可能的,因为在这样的射线上的点都超过了马克威茨投资集的范围。

当引入无风险证券时,新的效率边界就变成了一条直线,在这条直线上,所有的组合都是无风险证券与切点 T 组合而成的新组合。在新的效率边界上,有一点是最佳的,即投资者的效用曲线与效率边界的切点。很明显,该切点可以落在 T 点上,可以落在 T 点的左下方,也可以落在 T 点的右上方。如果切点刚好落在 T 点上,说明投资者的资金全部购买了风险证券,无风险证券的持有量为零,也就是说,投资者既不借入资金,也不借出资金;如果切点落在 T 点的左下方,说明投资者的全部投资组合中,既包括风险证券,又包括无风险证券,也就是说,投资者购买的风险证券的量,是其总资金量的一部分,另一部分以无风险证券的形式持有;如果切点落在 T 点的右上方,说明投资者购买的风险证券的量已经超过了他的总资金量,超过的部分是通过借入资金或者说是卖空无风险证券来实现的。

三、效率边界与投资者的投资选择

对于风险回避的投资者而言,其效用的无差异曲线是凸性的(即凸向纵轴的相反方向)。而前面已经论证了效率边界是凹性的(即凸向纵轴)。基于这一特点,产生了效率边界定理,即风险回避者的最佳组合一定位于效率边界上。

由于无差异曲线代表了投资者获得效用的情况,而给投资者带来最大效用的就是最左上方的无差异曲线;而效率边界是凸向纵轴的,即凸向左上方,因此能够与最左上方无差异曲线相切的效率边界的点,一定是给投资者带来最大效用的组合,见图4-5。

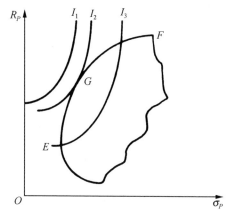

图 4-5　马克威茨效率边界与效用曲线

在图4-5中,无差异曲线 I_2 优于 I_3。投资者为获得 I_3 的效用,可以有多种投资选择,但 I_2 投资给投资者带来的效用比 I_3 投资大。I_2 与效率边界相切于 G 点,G 组合就成为给投资者带来最大效用的投资组合。

在托宾模型中,效用曲线的形状没有发生变化,但由于效率边界是一条直线,因此,效用曲线与新的效率边界的切点是投资者最优的投资选择。

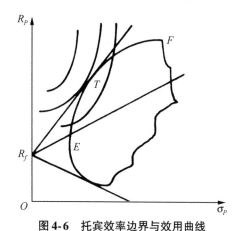

图 4-6　托宾效率边界与效用曲线

第三节　投资组合的风险分散效应

投资组合风险分散效应的大小,与组合中资产的收益的相关程度有很大关系,下面以两种证券组合为例分三种情况进行讨论,最后解释由 N 项资产构成的组合是如何分散风险的。

一、完全正相关时的情况（$\rho=1$）

假设有两种股票 A 和 B，其相关系数 $\rho=1$，并且 $\sigma_A=2\%$，$\sigma_B=4\%$，$W_A=50\%$，$W_B=50\%$，则组合方差为

$$\begin{aligned}\mathrm{Var}(R_P)&=W_A^2\sigma_A^2+W_B^2\sigma_B^2+2W_AW_B\rho_{AB}\sigma_A\sigma_B\\&=0.5^2\times0.02^2+0.5^2\times0.04^2+\\&\quad 2\times0.5\times0.5\times1\times0.02\times0.04\\&=0.0009\end{aligned}$$

$$\sigma_P=0.03=3\%$$

说明组合的风险介于股票 A 的风险（2%）与股票 B 的风险（4%）之间。

而且

$$\begin{aligned}\mathrm{Var}(R_P)&=W_A^2\sigma_A^2+W_B^2\sigma_B^2+2W_AW_B\sigma_A\sigma_B\\&=(W_A\sigma_A+W_B\sigma_B)^2\end{aligned}$$

$$\sigma_P=W_A\sigma_A+W_B\sigma_B\text{——是单个证券风险的线性函数}$$

而

$$E_P=W_AE_A+W_BE_B\text{——是单个证券收益的线性函数}$$

可以证明组合收益 $E(R_P)$ 是组合风险 σ_P 的线性函数。

证明：

因为

$$\begin{aligned}\sigma_P&=W_A\sigma_A+W_B\sigma_B\\&=(1-W_B)\sigma_A+W_B\sigma_B\\&=\sigma_A+W_B(\sigma_B-\sigma_A)\end{aligned}$$

所以

$$W_B=\frac{\sigma_P-\sigma_A}{\sigma_B-\sigma_A}$$

$$\begin{aligned}E_P&=E_A+\frac{\sigma_P-\sigma_A}{\sigma_B-\sigma_A}(E_B-E_A)\\&=\frac{E_A\sigma_B-E_A\sigma_A+\sigma_P(E_B-E_A)-E_B\sigma_A+E_A\sigma_A}{\sigma_B-\sigma_A}\\&=\frac{E_A\sigma_B-E_B\sigma_A}{\sigma_B-\sigma_A}+\frac{E_B-E_A}{\sigma_B-\sigma_A}\sigma_P\end{aligned}$$

不难看出，上式第一项为常数，第二项 σ_P 的系数亦为常数，因此，$E(R_P)$ 与 σ_P 呈线性关系。期望收益 $E(R_P)$ 与标准差 σ_P 的关系如图 4-7 所示。

由以上分析可知，如果两种证券收益完全正相关，则组合的收益与风险也都是两种证券收益与风险的加权平均数，故无法通过组合使得投资组合的风险比最小风险的证券的风险还小。

举例 A、B 两种资产的期望收益率分别为 $E_A=4.6\%$，$E_B=8.5\%$，标准差分别为 $\sigma_A=5.62\%$，$\sigma_B=6.33\%$。表 4-6 给出了由 A、B 两种资产构成的组合的结果（$\rho_{AB}=1$）。

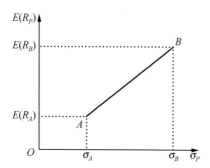

图 4-7　期限收益 $E(R_P)$ 与标准差 σ_P 的关系

表 4-6　正相关系数投资组合风险　　　　　　　　　　　　　　　　单位:%

W_A	W_B	σ_P	$E(R_P)$
100	0	5.62	4.60
75	25	5.80	5.58
50	50	5.98	6.55
25	75	6.15	7.52
0	100	6.33	8.50

表中的结果可以用图 4-8 来说明。

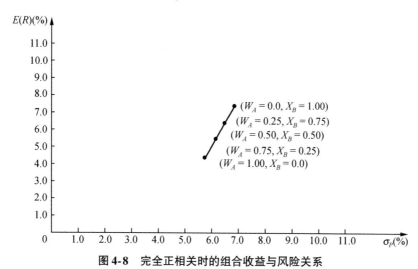

图 4-8　完全正相关时的组合收益与风险关系

二、完全不相关时的情况 ($\rho = 0$)

由于组合中资产收益之间完全不相关,即 $\rho = 0$,因此很明显

$$\mathrm{Var}(R_P) = W_A^2 \sigma_A^2 + W_B^2 \sigma_B^2 + 0$$

结论是投资组合可以大大降低风险。

举例　同前例,不同的是,此时 A 与 B 的相关系数为 0,组合后的结果见表 4-7。

表 4-7　完全不相关时的组合收益与风险　　　　　　　单位:%

W_A	W_B	σ_P	E_P
100	0	5.62	4.60
75	25	4.50	5.58
50	50	4.24	6.55
25	75	4.95	7.52
0	100	6.33	8.50

这一结果也可以用图 4-9 来说明。

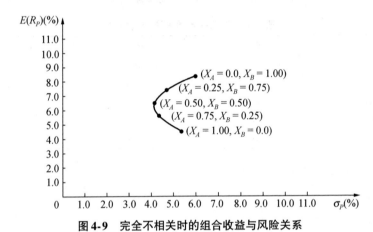

图 4-9　完全不相关时的组合收益与风险关系

三、完全负相关时的情况($\rho = -1$)

$$\text{Var}(R_P) = W_A^2 \sigma_A^2 + W_B^2 \sigma_B^2 + 2 W_A W_B \sigma_A \sigma_B$$
$$= (W_A \sigma_A - W_B \sigma_B)^2$$
$$\sigma_P = | W_A \sigma_A - W_B \sigma_B |$$

很明显,风险可以大大降低,并且可以完全回避风险。

即

$$\sigma_P = 0$$
$$W_A \sigma_A = W_B \sigma_B$$
$$\frac{W_A}{W_B} = \frac{\sigma_A}{\sigma_B}$$
$$\frac{1 - W_B}{W_B} = \frac{\sigma_B}{\sigma_A}$$
$$W_B = \frac{\sigma_A}{\sigma_A + \sigma_B}$$

则当投资组合 $W_B = \dfrac{\sigma_A}{\sigma_A + \sigma_B}$ 时, $\left(W_A = \dfrac{\sigma_B}{\sigma_A + \sigma_B}\right)$,完全回避了风险。

举例 同前例,不同的是 $\rho_{AB} = -1$。

组合后的结果见表4-8。

表4-8 完全负相关时的组合收益与风险　　　　　　　　　　　单位:%

W_A	W_B	σ_P	E_P
100	0	5.62	4.60
75	25	2.63	5.58
50	50	0.46	6.55
25	75	3.34	7.52
0	100	6.33	8.50

这一结果可以用图4-10来说明。

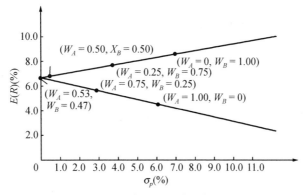

图4-10 完全负相关时的收益与风险关系

根据对以上三种情况的分析,我们可以得到以下结论:

(1) 资产组合的收益与资产收益间的相关性无关,而风险则与之有很大关系;

(2) 完全正相关时,组合风险无法低于两者之间最小的;

(3) 完全不相关时,可以降低风险,随着风险小的资产的投资比重增加,组合风险继续下降,并在某一点达到风险最小;

(4) 完全负相关时,组合风险可大大降低,甚至可以使风险降为零。

四、由 N 项资产构成的组合是如何分散风险的

由于

$$\mathrm{Var}[E(R_P)] = \sum_{i=1}^{N} W_i^2 \sigma_i^2 + \sum_{i=1}^{N}\sum_{\substack{j=1\\j\neq i}}^{N} W_i W_j \rho_{ij} \sigma_i \sigma_j$$

式中第一项是各项资产自身方差项对组合方差的贡献,与两项资产构成的资产组合相同,它反映了每一项资产本身的风险状况对资产组合的风险的影响。第二项是各项资产间相互作用、相互影响,即协方差项对组合风险的贡献。ρ_{ij}是第i项资产与第j项资产间的相关系数。

$\mathrm{Var}[E(R_P)]$为N^2项求和的结果。其中,第一部分(由1加到N)共有N项,第二部分含N^2-N项。这一求和关系可由图4-11来表示。

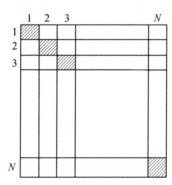

图4-11 N项资产组合的组合方差构成

图4-11纵、横各分为N行,交叉后组合N^2个方格。其中,对角线上共N个方格,对应于i-i的交点,表示每一项资产的自身方差项。对角线以外共N^2-N个方格,表示i-j资产间的相互作用(协方差)项。如空格1-1代表$W_1^2\sigma_1^2$,空格1-2代表$W_iW_j\rho_{12}\sigma_1\sigma_2$,……当$N$较大时,协方差项的数目远大于方差项,因此,$N$较大时资产组合的风险将主要由资产间相互作用的结果决定。

设N项资产按同样比例构成资产组合,即每项资产各占$\dfrac{1}{N}$,则有$W_1=W_2=W_3=\cdots$ $W_N=\dfrac{1}{N}$。所以(4-10)式变为

$$\sigma_P^2 = \sum_{i=1}^{N}\frac{1}{N^2}\sigma_i^2 + \sum_{i=1}^{N}\sum_{\substack{j=1\\j\neq i}}^{N}\frac{1}{N^2}\rho_{ij}\sigma_i\sigma_j$$

$$= \frac{1}{N^2}\sum_{i=1}^{N}\sigma_i^2 + \frac{1}{N^2}\sum_{i=1}^{N}\sum_{\substack{j=1\\j\neq i}}^{N}\rho_{ij}\sigma_i\sigma_j \tag{4-11}$$

将式中第一部分的σ_i^2项和第二部分的$\rho_{ij}\sigma_i\sigma_j$项分别用$\overline{\sigma^2}=\dfrac{1}{N}\sum_{i=1}^{N}\sigma_i^2$和$\overline{\rho_{ij}\sigma_i\sigma_j}$置换,则(4-11)式化为

$$\sigma_P^2 = \frac{1}{N^2}(N\overline{\sigma^2}) + \frac{1}{N^2}(N^2-N)\overline{\rho_{ij}\sigma_i\sigma_j}$$

$$= \frac{1}{N}\overline{\sigma^2} + \overline{\rho_{ij}\sigma_i\sigma_j} - \frac{1}{N}\overline{\rho_{ij}\sigma_i\sigma_j} \tag{4-12}$$

当$N\rightarrow\infty$时,(4-12)式的第一项和第三项均趋于零,只有第二项$\overline{\rho_{ij}\sigma_i\sigma_j}$保留了下来。

由此可知,当资产组合中资产数目较大时,资产间的相互作用和相互影响是资产组合的主要风险来源。

五、系统风险与非系统风险

资产组合可以有效地降低风险和分散风险,但不能完全消除风险。从上一小节的分析可知,随着资产组合中资产数目的增加,各资产本身的风险状况对组合风险的影响逐渐减少,及至最终消失。但各资产间相互作用、共同运动产生的风险并不能随 N 的增大而消失,它是始终存在的。那些只反映资产本身特性,可通过增加资产组合中资产数目而最终消除的风险称为非系统风险,又称个别风险。那些反映各资产共同运动,无法最终消除的风险称为系统风险,又称市场风险。

非系统风险是由个别资产本身的各种因素造成的收益的不稳定。比如,某公司股票收益的不稳定,可能来源于该公司内部管理不善,投资决策失误,职工素质不高,等等。个别资产所具有的非系统风险,由其收益率的方差表示。

系统风险是指对所有资产的收益都会产生影响的因素造成的资产收益的不确定性。它是整个经济形势和政治形势变动的结果。是所有资产相互作用、相互影响后表现出的整体的收益不稳定性。

增加资产组合的资产数,可以降低非系统风险的影响,而且非系统风险的程度随资产组合中的资产数目的增加先是迅速下降,然后则趋于平缓。研究表明,当资产组合中的资产数达到 15 种时,风险程度已降到接近系统风险的水平,再加入更多的资产数,风险程度的降低就很缓慢了。

一般来讲,要想有效地降低风险,至少要有 10 种左右的资产,15 种资产是比较好的数量。因为进一步增加资产数量只能加大管理的困难和交易费用,而不能有效地降低风险。关于风险程度与资产数量的关系,如图 4-12 所示。

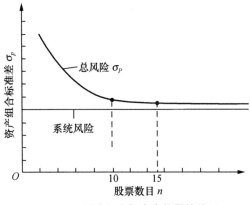

图 4-12 风险程度与资产数量的关系

六、资产组合理论的局限

资产组合理论对证券投资具有重要的指导意义和实践意义,特别是随着计算机技术的发展,人们可以利用计算机对大量数据进行计算处理,实际计算出有关资产的期望收益率、标准差和相关系数,并构造出资产组合集合。其基本原理是利用过去一段时间内各股票价格变动的历史数据,用回归的办法计算出各股票的期望收益率和标准差,以及每一股票同其他所有股票的相关系数。这样,利用求得的期望收益率,衡量风险的标准差及相关系数,根据一定的模型,就可计算出各资产组合的最低风险,进而构造出资产组合集合的效率。

利用数学模型计算出资产组合的效率边界可以帮助投资者解决如何构造资产组合、实现风险分散等问题,但最终选择哪一种资产组合,是要靠投资者根据自己的风险承受能力做出决策的。

资产组合理论在现代投资学中有着重要的影响和广泛的应用,但它的应用存在着一些明显的局限:

第一,这一理论将收益率的期望值、标准差作为实际收益和风险的代表,但真实情况显然与这一假设有所不同。

第二,运用这一理论要求利用股票的历史数据求出其期望收益率、标准差及相关系数,但未来并不是历史的重演,用过去的数据来预测和判断未来显然是不够准确的。

尽管如此,资产组合理论还是为投资管理提供了很重要的启示和指导:

第一,每一项资产的风险状况与其他资产间的相关关系决定了它在资产组合中所占的比重大小。

第二,少量的资产组合便可大幅度地降低投资风险。

第三,投资者的主要精力应放在估算各资产的期望收益、标准差和与其他资产的相关系数上。

第四,在一定条件下,为构造理想的投资组合,投资者可以借助于融资或融券。

习 题

一、思考题

1. 证券投资组合能够降低风险的理由是什么?如何评价个别风险?如何评价系统风险?
2. 什么是协方差效应?如何获得更大的协方差效果?
3. 什么是效率边界?
4. 资产组合理论的局限在哪里?

二、计算题

1. 证券 A、B、C 的预期收益率、方差和协方差如下：

	收益率
A	6%
B	8%
C	12%

方差与协方差(表格中的数据都是万分之多少)如下：

	A	B	C
A	500	100	100
B	100	700	200
C	100	200	900

计算组合(A、B、C 的投资比率分别为 50%、30%、20%)的预期收益率、收益率方差、标准差。

2. 已知股票 A 的期望收益率为 15%，标准差为 30%；股票 B 的期望收益率为 17.5%，标准差为 35%。股票 A 和股票 B 期望收益率之间的相关系数为 0.3。

(1) 根据下表给定的比例计算各资产组合的期望收益率、标准差、离差率(变异系数)。

资产组合	股票 A 的比例	股票 B 的比例
1	20%	80%
2	40%	60%
3	60%	40%
4	80%	20%

(2) 根据标准离差率能否确定上述 4 个组合中哪一个最好？

第五章　资本市场理论

第一节　资本资产定价模型

一、夏普与资本资产定价模型

威廉·F.夏普(William F. Sharpe)于1964年9月在《金融杂志》(*Journal of Finance*)上发表了题为"资本资产价格：风险条件下的市场均衡理论"(Capital Asset Prices: A Theory of Market Equilibrium under Conditions of Risk)的文章。这篇文章与Lintner和Mossin分别发表于1965年、1966年的文章共同建立了资本资产定价模型，对投资理论的发展起到了巨大的推动作用。[①]

夏普指出，对于想要预测资本市场行为的投资者而言，存在着一个难点，就是缺少处理风险环境中投资决策的微观经济理论。尽管从传统的无风险条件下的投资理论中可以得到许多有益的启发，但在金融交易中的风险实在是太大了，因此投资者必须考虑风险。但由于缺少合适的理论，这些投资者被迫接受那些关于证券价格行为的近似于武断的模型。

关于资本资产价格的一种传统的理论，通常首先阐述均衡的无风险利率的形成过程，该过程一般由投资者的主观偏好与客观条件两个因素共同决定。其次，传统理论断言，风险的市场溢价及资产价格都随着资产风险的大小而变化。

在夏普的文章发表之前，没有理论能够说明风险价格受投资者偏好以及资本资产客观特征等因素影响的方式。由于缺少这样的理论，很难描述单个资产的价格与风险的关系。通过投资组合，一种资产中的某些风险可以消除，因此，并不是单个资产的总风险影响其价格，但人们还不能说明，到底是资产风险的哪个部分可以影响甚至决定该资产的价格。

在夏普之前，已经诞生了马克威茨的资产组合理论以及托宾模型等，但这些理论或

[①] William F. Sharpe, "Capital Asset Prices: A Theory of Market Equilibrium under Conditions of Risk", *Journal of Finance*, September 1964; John Lintner, "The Valuation of Risk Assets and the Selactionof Risky Investments in Stock Portfolios and Capital Budgets", *Review of Economics and Statistics*, Feb 1965; Jan Mossin, "Equilibrium in a Capital Asset Market", *Econometrica*, October 1966.

模型并没有向前发展一步，形成在风险条件下的资产价格的市场均衡理论。而夏普的理论实现了这一步的跨越，其基本理论与传统的金融理论关于风险的市场溢价及资产价格都随着资产风险的大小而变化的断言是一致的。但是夏普的理论特别说明了单个资产的价格与其总风险各个组成部分之间的关系，这一关系被人们称为资本资产定价模型。

二、资本市场线

资本资产定价模型的基本假定为：

（1）投资者根据预期收益和收益的方差来选择投资组合；
（2）投资者为风险回避者；
（3）投资期为单期；
（4）证券市场存在着均衡状态（该均衡是局部的，证券市场对生产部门的影响被忽略了）；
（5）投资是无限可分的，投资规模不管多大都是可行的；
（6）存在着无风险资产，投资者可以按无风险利率借入或借出无风险资产；
（7）没有交易成本和交易税，或者说交易成本和交易税对全部投资者都相等；
（8）投资者对每种证券收益和风险的预期都相同，且他们都是价格接受者；
（9）市场组合包括全部证券种类。①

在前面介绍托宾模型时，曾推导出当无风险资产与有风险资产进行组合时，新组合的收益与风险是线性相关的，具体而言：

$$R_p = R_f + \frac{(R_i - R_f)\sigma_i}{\sigma_p}$$

如果将某一特别的单个资产 i 换成市场组合，无风险资产与市场组合再一次组合，新组合的收益与风险的关系为

$$R_p = R_f + (R_m - R_f)\sigma_p/\sigma_m \tag{5-1}$$

其中：R_p 为无风险资产与市场组合构成的新组合的收益；σ_p 为新组合的风险；R_f 为无风险收益率；σ_m 为市场组合的风险。

当加入无风险资产后，并且在风险资产可以卖空的条件下，效率边界已不再是马克威茨效率边界 AMB 曲线，而是一条直线 R_fMT，这条直线称为资本市场线（capital market line，CML），见图 5-1。

如果取消无风险资产可以卖空的条件，那么效率边界就是 R_fMB，是由直线 R_fM 和曲线 MB 构成的。

效率边界 R_fMT 的斜率是 $(R_m - R_f)/\sigma_m$，该斜率表明单位总风险的市场价格。$(R_m - R_f)$ 代表风险溢价，即风险组合收益率超过无风险收益率的部分。

---

① 严格来讲，资本资产定价模型成立的条件不仅包括全部证券种类，而且包括全部资产种类（土地、黄金，等等）。

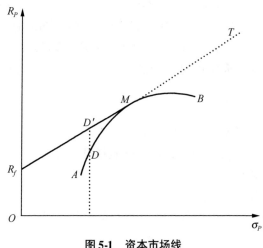

图 5-1 资本市场线

M 点所代表的是市场组合,它是唯一的。也就是说,市场上仅有两种资产,一种是无风险资产,另一种是风险资产,而风险资产就是市场组合 M。如果投资者遵从效率原则,那么,任何一个投资者所选择的风险资产都是市场组合。不管投资者的效用函数如何,只要他是风险回避者,他的投资组合中的风险资产就一定包括市场组合。

三、投资选择的分割定理

那么,效用函数或者效用曲线有什么作用呢?效用函数将决定投资者在效率边界上的具体位置。就是说,效用函数将决定投资者持有无风险资产与市场组合的份额。效用函数的这一作用被称为分割定理(separation theorem)。根据分割定理,投资者的投资决策分为两个阶段,第一阶段是对风险资产的选择。在这一阶段,投资者对每一项风险资产的期望收益和风险状况(标准差 σ_i 或方差 σ_i^2)以及各资产间的相互作用程度(相关系数 ρ_{ij})进行估计,在此基础上确定风险资产组合集合及其效率。随后,投资者经 R_f 点向风险资产组合的效率边界引切线,切点 M 所代表的资产组合即投资者应当持有的风险资产组合。在这一阶段,投资者只需考虑每项资产的期望收益、方差和相关系数,即只考虑风险资产本身的特性,而无须考虑自身的风险偏好。因此,不管投资者之间的风险偏好差异有多大,只要他们对风险资产的特性的判断相同,他们就将选择同样的风险资产组合。

第二阶段是最终资产组合的选择,投资者将选定的风险资产组合 M 与无风险资产相结合,构造出一个新的资产组合集合,即考虑风险资产和无风险资产后的总的资产组合集合的效率边界。在这一效率边界上,投资者根据自己的风险偏好安排所持有的无风险资产与风险资产的比例,选择适当的资产组合。

如果投资者的效用曲线为 U_1,那么,该投资者将同时持有无风险资产与市场组合。效用曲线与效率边界的切点离 R_f 越近,投资者持有无风险资产的比例就越大;切点离 R_f 越远,投资者持有风险资产即市场组合的比例就越大。

如果投资者的效用曲线为 U_2，那么投资者将按无风险利率借入资金来购买风险资产——市场组合。在风险回避者中，完全不承受风险的投资者将不持有市场组合，愿意承受较低风险的投资者将同时持有无风险资产和市场组合，而愿意承受更高风险的投资者将借入资金来购买市场组合（见图5-2）。

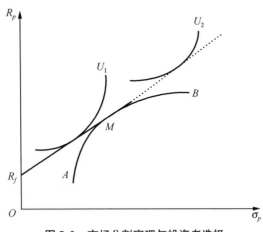

图 5-2　市场分割定理与投资者选择

市场组合是每一个愿意承担风险的投资者所必须持有的唯一风险资产，是独立于投资者效用函数的最佳组合。市场组合包括市场中的每一种风险证券，如果有一种风险证券没有被市场组合包括，那么将会产生套利行为。因为没有被市场组合包括的证券的价格将下降，收益率会提高，而风险并没有发生变化，因此套利者将这只证券纳入组合后，收益率提高，而组合的风险是既定的，这样，原来的市场组合将不是有效率的组合，这与在效率边界上的点都是有效率的组合的结论不一致。因此，全部的证券都将包括在市场组合中。由于每种证券都包括在市场组合中，而市场组合又只有一个，因此，每种证券在市场组合中的比例就是该证券的市场价值占全部证券的市场价值的比例。也就是说，如果一种证券的市场价值为5，而全部证券的市场价值为100，那么在市场组合中该种证券所占的比例就是5%。

在市场处于均衡的情况下，组合的收益与风险（标准差）之间是线性相关的，而到目前为止，我们尚未论及单个资产的收益与风险之间的关系。一般情况下，单个资产收益与风险的坐标点应该位于资本市场线下，表明非组合投资是无效率的。而且这些点散布于整个投资集合，其收益与总风险（标准差）之间没有确定的关系。但是，单个资产的期望收益与其系统风险之间却存在着确定的关系。

四、证券市场线与资本资产定价模型

某单个资产与包含该资产的任意一个有效组合的关系可以用图5-3来说明。
在图5-3中，单个资产 i 是有效组合 g 中的一个资产。曲线 igg' 表明资产 i 与组合 g

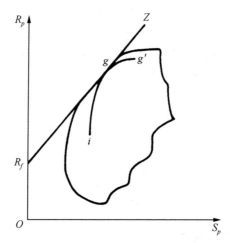

图 5-3 有效组合与任意单个资产的组合

重新进行组合后收益与风险的关系。假定投资于资产 i 的比例为 α，投资于组合 g 的比例为 $1-\alpha$，则 $\alpha=1$ 表明全部资金都投资于资产 i；而 $\alpha=0$ 表明全部资金都投资于组合 g；而 $\alpha=0.5$ 说明投资于资产 i 的比例高于 50%，因为组合中已经包含了资产 i。如果在新的组合中资产 i 为 0，必须令 α 为负值。g' 就表明当 α 为负值时的新组合。

曲线 igg' 与资本市场线相切于 g 点，这是很正常的，因为在市场均衡的情况下，所有这样的曲线都要与资本市场线相切。单个资产与有效组合的新组合曲线之所以与资本市场线相切，是因为：① 这样的曲线是连续的；② 这样的曲线一定会接触代表有效组合的那一点。如果不相切，那就意味着与资本市场线相交，但此时，就会有些组合在资本市场线的右上方，这是不可能的，因为资本市场线代表了全部有效率的组合。

曲线 igg' 与资本市场线相切这一特征可以用来推导组合 g 中各单个资产的期望收益与单个资产不同类别风险之间的关系。

资产 i 与组合 g 的新组合的期望收益为

$$E[R_p] = \alpha E[R_i] + (1-\alpha)E[R_g]$$

而资产 i 与组合 g 的新组合的标准差为

$$\sigma_p = \sqrt{\alpha^2 \sigma_i^2 + (1-\alpha)^2 \sigma_g^2 + 2\alpha(1-\alpha)\mathrm{COV}_{ig}}$$

由于

$$\frac{dE[R_p]}{d\sigma_p} = \frac{dE[R_p]/d\alpha}{d\sigma_p/d\alpha}$$

因此

$$\frac{dE[R_p]}{d\sigma_p} = \frac{E[R_i]-E[R_g]}{1/2[\alpha^2\sigma_i^2+(1-\alpha)^2\sigma_g^2+2\alpha(1-\alpha)\mathrm{COV}_{ig}]^{-1/2}} \times$$

$$\frac{1}{2\alpha\sigma_i^2+2\alpha\sigma_g^2-2\sigma_g^2+2\mathrm{COV}_{ig}-4\alpha\mathrm{COV}_{ig}}$$

由于组合 g 是有效的组合,且资产 i 已经在组合 g 中,因此,在资产 i 与组合 g 进行重新组合时,α 一定为 0(否则 g 中资产 i 的比例将增加或减少,g 不再是有效组合),所以

$$\frac{dE[R_p]}{d\sigma_p} = \frac{E[R_i] - E[R_g]}{1/2[\sigma_g^2]^{-1/2}} \times \frac{1}{2\text{COV}_{ig} - 2\sigma_g^2}$$

$$= \frac{E[R_i] - E[R_g]}{1/2\left[\dfrac{1}{\sigma_g}\right][2\text{COV}_{ig} - 2\sigma_g^2]}$$

$$= \frac{E(R_i) - E(R_g)}{\text{COV}_{ig} - \sigma_g^2} \times \sigma_g$$

这是新组合的风险价格,而这一价格一定等于直线 R_fZ 的斜率,即 $(E[R_g] - E[R_f])/\sigma_g$。

因此

$$(R_g - R_f)/\sigma_g = \frac{R_i - R_g}{\text{COV}_{ig} - \sigma_g^2} \times \sigma_g$$

等式两边同时乘以 σ_g

则

$$(R_g - R_f) = \frac{R_i - R_g}{\text{COV}_{ig} - \sigma_g^2} \times \sigma_g^2$$

$$R_i = R_f + (R_g - R_f)\frac{\text{COV}_{ig}}{\sigma_g^2}$$

当存在市场组合时,单个资产的收益率与其系统风险同样存在着线性关系(其推导过程与上述推导过程完全一样,只不过用市场组合 M 替代了前面的有效组合 g)。当存在市场组合 M 时,单个资产 i 的收益率与其风险的关系为

$$R_i = R_f + (R_m - R_f)\frac{\text{COV}_{im}}{\sigma_m^2} \tag{5-2}$$

令 $\beta_i = \dfrac{\text{COV}_{im}}{\sigma_m^2}$

则

$$R_i = R_f + \beta_i(R_m - R_f) \tag{5-3}$$

(5-2)式、(5-3)式给出的就是资本资产定价模型(capital assets pricing model,CAPM),又称为证券市场线(security market line,SML)。由此模型可知,单个资产的总风险可以分为两个部分:一部分是因为市场组合 M 收益变动而使资产 i 收益发生的变动,即 β_i 值,这是系统风险;另一部分即剩余风险,被称为非系统风险。单个资产的价格只与该资产的系统风险的大小有关,而与其非系统风险的大小无关。

如果一只股票的 β 值大于 1,则该股票被称为进取性股票(aggressive stock),因为该股票收益率的变化大于市场组合收益率的变化。例如,某只股票的 β 值为 1.5,那么,当

市场组合的收益率超过无风险利率的部分,即超额收益为 1% 时,该股票的超额收益就是 1.5%;如果一只股票的 β 值小于 1,则该股票被称为防守性股票(defensive stock),因为该股票收益率的变化小于市场组合收益率的变化。

即使不存在无风险利率,单个资产的收益率与其 β 值的线性关系也是存在的。Black 在 1972 年发表的文章[①]中用零 β 值的组合取代了无风险资产,并论证了上述线性关系的存在。

图 5-4 给出的就是证券市场线或资本资产定价模型的图形,在图中,收益率高于证券市场线的证券属于价值被低估的证券,这些证券的收益率在相同风险(β 值相同)的情况下,比其他证券的收益率高。而收益率低于证券市场线的证券属于价值被高估的证券,这些证券的收益率在相同风险(β 值相同)的情况下,比其他证券的收益率低。

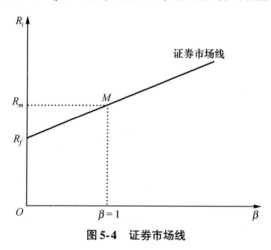

图 5-4　证券市场线

市场组合的收益率为

$$R_m = R_f + (R_m - R_f) \frac{\text{COV}_{mm}}{\sigma_m^2}$$

市场收益率与其自身的协方差 COV_{mm} 等于其方差 σ_m^2,因此,$R_m = R_m$。

资本市场线与证券市场线是资本资产定价模型中两个重要的结论,二者之间存在内在的关系。

第一,资本市场线表示的是有效组合期望收益与总风险之间的关系,因此在资本市场线上的点就是有效组合;而证券市场线表明的是单个资产或者组合的期望收益与其系统风险之间的关系,因此在证券市场线上的点不一定在资本市场线上。

第二,证券市场线既然表明单个证券的期望收益与其市场风险或系统风险之间的关系,因此在均衡的情况下,所有证券都将落在证券市场线上。

第三,资本市场线实际上是证券市场线的一个特例,当一个证券或一个证券组合是

---

① F. Blalck, "Capital Market Equilibrum with Retrieted Borrowing", *Journal of Business*, July 1972.

有效组合的时候,该证券或证券组合与市场组合的相关系数等于1,此时证券市场线与资本市场线就是相同的,因为

$$R_p = R_f + (R_m - R_f)\frac{\text{COV}_{pm}}{\sigma_m^2} = R_f + (R_m - R_f)\frac{\rho_{pm}\sigma_p\sigma_m}{\sigma_m^2}$$

$$= R_f + (R_m - R_f)\frac{\rho_{pm}\sigma_p}{\sigma_m} = R_f + (R_m - R_f)\frac{\sigma_p}{\sigma_m}$$

而 $R_p = R_f + (R_m - R_f)\frac{\sigma_p}{\sigma_m}$,就是资本市场线。

五、特征线与资本资产价格

公式 $R_i = R_f + \beta_i(R_m - R_f)$,可以写成

$$R_i - R_f = \beta_i(R_m - R_f) \tag{5-4}$$

(5-4)式被称为特征线(characteristic line)。特征线没有截距,换句话说,某一证券的超额收益是市场组合的超额收益与该证券系统风险(β值)的严格的函数关系,见图5-5。

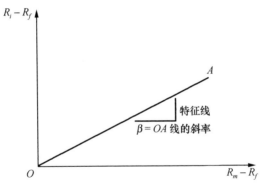

图5-5 特征线

如果某一证券与市场组合相互独立,即 $\beta_{im} = 0$,那么 $R_i - R_f = 0$,即 $R_i = R_f$。如果 $\beta_{im} > 0$,那么该资产将得到风险溢价。

证券市场线与特征线的关系是,在证券市场线的等式中,β 是自变量,市场组合的超额收益是斜率;而在特征线的等式中,β 是斜率。

全部有效定价的证券的特征线都经过原点,所以由这些证券构成的组合的特征线也经过原点。在真实的市场中,即在市场模型中,某些证券的超额收益会高于由图5-5所确定的水平,如图5-6所示。

此时的市场处于非均衡的状态,但由于套利行为的存在市场将很快恢复均衡。因此,代表一般市场条件的特征线可以写成

$$R_i - R_f = \alpha_i + \lambda_i(R_m - R_f) \tag{5-5}$$

其中:α_i 为非市场相关收益。

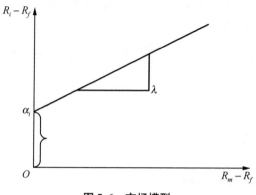

图 5-6　市场模型

严格的特征线是一般特征线的特例，即 $\alpha_i = 0, \lambda_i = \beta_i$。市场模型的斜率等于 β_i，$\beta_i(R_m - R_f)$ 为市场相关收益，而 α_i 为非市场相关收益。α_i 的大小可以用来衡量一个组合投资的管理者的业绩水平，也就是说，管理者如果能够实现正的非市场相关收益，即 $\alpha_i > 0$，则说明其业绩就是好的；反之，如果组合管理者不能获得正的非市场相关收益，则说明其管理水平较低。

β 系数衡量了单个资产相对于市场的波动性。假定证券实现的收益与分布等于投资者期初预计的收益与分布，那么，可以被检验的方程式为

$$\hat{R}_{ij} = R_f + b_i(R_{mj} - R_f) + \varepsilon_{ij} \tag{5-6}$$

其中：R_f 为无风险资产的收益率；

$b_i = \beta_i$ 为回归方程的斜率；

ε_{ij} 为无法用市场收益率来解释的证券 i 的那部分收益；

$E(\varepsilon_{ij}) = 0$；

$\mathrm{COV}(\varepsilon_{ij}, R_{mj}) = 0$；

$\mathrm{COV}(\varepsilon_{ij}, R_{jj}) = 0$。

上述方程可以用来验证资本资产定价模型的有效性，当然，在金融与投资领域中关于这一方程的回归结果产生了广泛的争论。

第二节　因素模型与套利定价理论[①]

一、因素模型

（一）单因素模型

如果每一个证券的收益都与一个共同因素相关，就可以用这一共同因素解释每个证

---

① 本节讨论参考了 Zvi Bodie, Alex Kane and Alan J. Marcus, *Investments*, 3rd ed., 1996, Irwin。

券的收益,也就是

$$\hat{R}_i = a_i + b_i\hat{F} + \varepsilon_i \tag{5-7}$$

其中:$\hat{R}_i$ 为证券 i 的实际收益率,$\hat{F}$ 为影响证券收益的共同因素的数值,ε_i 为残差。

影响证券收益的共同因素可以是经济增长率,也可以是股票市场价格指数等。

对于未来而言,我们既不知道共同因素的数值,也不知道每个证券的收益的残差,因此通常取它们的期望值。而收益残差的期望值通常假定为零,因此,用期望值来表示上述单因素模型为

$$E(R_i) = a_i + b_iF \tag{5-8}$$

其中:$E(R_i)$ 为证券 i 的收益的期望值,F 为共同因素的期望值。

证券 i 的风险为

$$\sigma_i^2 = b_i^2\sigma_F^2 + \sigma_{\varepsilon i}^2$$

即证券 i 的风险分为两个部分:一个是要素相关风险,也即系统风险 $b_i^2\sigma_F^2$;另一个是非要素相关风险,也即非系统风险 $\sigma_{\varepsilon i}^2$。

当每个证券都与一个共同因素相关时,由这些证券构成的投资组合的收益为

$$\begin{aligned}R_p &= \sum_{i=1}^{n} W_iR_i \\ &= \sum_{i=1}^{n} W_i(a_i + b_iF + \varepsilon_i) \\ &= \sum_{i=1}^{n} W_ia_i + \left(\sum_{i=1}^{n} W_ib_i\right)F + \sum_{i=1}^{n} W_i\varepsilon_i \\ &= a_p + b_pF + \varepsilon_p\end{aligned}$$

其中: $a_p = \sum W_ia_i, \quad b_p = \sum W_ib_i, \quad \varepsilon_p = \sum W_i\varepsilon_i$

投资组合的风险同样分为系统风险 $b_p^2\sigma_F^2$ 和非系统风险 $\sigma_{\varepsilon p}^2$。投资组合的系统风险取决于共同因素 F 风险的大小,也取决于系数 b_p 的大小。由于 $b_p = \sum W_ib_i$,即单个证券受共同因素影响系数的加权平均,因此组合的系统风险一般也是平均化了的,在单个证券受共同因素影响系数都是正的情况下,组合的风险介于单个证券最大和最小的风险之间。但如果证券受共同因素的影响方向不同的时候,即有的证券与共同因素正相关,而有的与其负相关,那么组合的风险可能变得很小,因为证券的系统风险相互抵消了。

由于单个证券残差间是互不相关的,因此投资组合的非系统风险为

$$\sigma_{\varepsilon p}^2 = \sum W_i^2\sigma_{\varepsilon i}^2$$

在投资组合中的股票数量有很多的情况下,组合的非系统风险将变得很小。例如,当组合中的股票是等额投资时,即 $W_i = 1/n$,那么,组合的非系统风险为

$$\sigma_{\varepsilon p}^2 = \sum W_i^2\sigma_{\varepsilon i}^2 = \sum \frac{1}{n^2}\sigma_{\varepsilon i}^2 = \frac{1}{n}\left[\frac{1}{n}(\sigma_{\varepsilon 1}^2 + \sigma_{\varepsilon 2}^2 + \cdots + \sigma_{\varepsilon n}^2)\right]$$

括号内的是单个证券非系统风险的算术平均数,而投资组合的非系统风险仅是该算术平均数的1/n。因此,在投资组合中股票的数量足够大的情况下,投资组合的非系统风险可以忽略不计。

(二) 单指数模型

1. 单指数模型简介

在单因素模型中,如果我们用证券市场的股票价格指数作为宏观共同因素的代表,则这种单因素模型又称为单指数模型。单指数模型可以写为

$$r_i - r_f = \alpha_i + b_i(r_m - r_f) + e_i \tag{5-9}$$

其中:$r_i - r_f$ 为证券 i 的风险报酬;

a_i 为当市场风险报酬 $r_m - r_f = 0$ 时,证券 i 的期望收益;

$r_m - r_f$ 为市场组合的风险报酬;

e_i 为与证券 i 个别因素有关的收益。

单指数模型将证券 i 的风险报酬分为两部分:一部分是与市场大势(股价指数)相关联的市场风险(系统风险)报酬,它与市场组合的风险报酬 $r_m - r_f$ 及系数 b_i 有关;另一部分是仅与证券 i 自身有的某些风险因素相关联的报酬 e_i。

2. 单指数模型的应用[①]

上一章讨论了马克威茨的资产组合理论。根据这一理论,如果我们想要分析一个由 50 个证券构成的证券组合集合,我们需要估计:$n = 50$ 个期望收益估计值,$n = 50$ 个方差估计值,$\frac{1}{2}(n^2 - n) = 1\,225$ 个协方差估计值,即总共需要估计 $\frac{1}{2}(n^2 - n) + 2n = \frac{1}{2}(n^2 + 3n) = \frac{1}{2}n(n+3) = 1\,325$ 个估计值。如果组合中的证券扩大到 100 个,则我们需要估计 5 150 个值。如果证券数为 1 000 个,则估计值的数量将达到 50 万个。显然,上述计算工作量是非常可观的,尽管现代计算机技术已有了很大的进步,但过于烦琐的计算仍然是很不方便的。利用单指数模型可以大大简化上述计算。

由(5-9)式可知,每一证券的方差都可以分成两部分:一部分是受市场因素影响的部分 $b_i^2 \sigma_M^2$,另一部分是证券自身因素的影响 $\sigma^2(e_i)$。因为 $\sigma^2(e_i)$ 仅与证券 i 的自身因素有关,所以 $(r_m - r_f)$ 与 e_i 的协方差为零。因此,证券 i 的方差可写为

$$\sigma_i^2 = b_i^2 \sigma_M^2 + \sigma^2(e_i) \tag{5-10}$$

而由于证券 i 与证券 j 的自身因素之间也是互不相关的,因此,证券 i 与证券 j 的协方差可写为

$$COV_{ij} = COV[b_i(r_m - r_f), b_j(r_m - r_f)] = b_i b_j \sigma_M^2 \tag{5-11}$$

这样,在估计一个由 n 个证券组成的证券组合集合时,我们只需要考察:n 个期望值

---

① 此处仅是一个简单介绍,有兴趣的读者可参考其他有关书籍,如:Zri Bodic, Alex Kane and Alan J. Marcus, *Investments*, 3rd ed., Irwin, 1996。

$E(R_i)$，n 个市场风险系数 b_i，n 个个别因素方差 $\sigma^2(e_i)$，1 个市场组合方差 σ_M^2，即总共只需要估计 $3n+1$ 个参数，这使计算量大为减少。比如，对 100 个证券，我们只需估计 301 个而不是 5 150 个参数。

(三) 双因素模型

经济中影响证券收益的共同因素有很多，比如经济增长、利率水平和股票价格指数等。如果影响单个证券收益的因素可以归纳为两个的话，那么也就产生了双因素模型。

双因素模型如下

$$R_i = a_i + b_{i1}\hat{F}_1 + b_{i2}\hat{F}_2 + \varepsilon_i \tag{5-12}$$

同样，ε_i 是个别收益，它们之间互不相关，并且 ε_i 与共同因素 F_1 和 F_2 也不相关。

我们可以同样得出结论：第一，投资组合会导致要素相关风险的平均化，即系统风险的平均化；第二，如果证券受共同因素的影响方向不一致，那么，投资组合可以大大降低系统风险；第三，投资组合可以大大降低个别风险，并且当组合中的证券数目多到一定程度时，个别风险可以忽略不计。

(四) 多因素模型

多因素模型为

$$\hat{R}_i = a_i + b_{i1}\hat{F}_1 + b_{i2}\hat{F}_{i2} + \cdots + b_{im}\hat{F}_m + \varepsilon_i \tag{5-13}$$

其中：m 为要素的个数。个别收益 ε_i 的期望值为零，个别收益 ε_i 之间互不相关，并且 ε_i 与共同因素也不相关。

二、套利定价理论

套利定价理论(arbitrage pricing theory, APT)是由 Ross[①] 于 1976 年提出的，与 CAPM 类似，APT 也讨论了证券的期望收益与风险之间的关系，但所用的假设和技术与 CAPM 不同。后面我们会看到，CAPM 可看作是 APT 在某些更严格假设下的特例。

(一) APT 的基本假设

与 CAPM 相比，APT 的假设条件要简单得多，它并不要求一致性预期等假设，而只要求：

(1) 所有证券都具有有限的期望收益和方差；

(2) 人们可以构造出风险充分分散的资产组合；

(3) 没有税收和交易成本。

(二) 单因素 APT 模型

Ross 在提出 APT 时，首先考察的是单因素模型。与前面讨论的单因素模型相同，股票收益受到两类风险因素的影响：一类是共同因素(或称为宏观因素)，一类是公司特有

---

① Ross, S. A., "The Arbitrage Theory of Capital Assets Pricing", *Journal of Economic Theory*, Dec 1976.

因素(或称为微观因素),股票的收益可写成下列形式:

$$R_i = E(R_i) + b_i F + e_i \tag{5-14}$$

其中:R_i 为公司 i 的股票收益率;

$E(R_i)$ 为公司 i 的股票的期望收益率;

F 为共同因素对其期望值的偏离,它的期望值(即偏离的期望值)为零;

e_i 为公司特有因素对收益的影响,其期望值亦为零,且与共同因素和其他公司的特有因素(e_j)完全独立(不相关);

b_i 为公司 i 的股票收益率相对于共同因素下 F_i 的敏感系数。

(5-14)式中的共同因素可以是通货膨胀率、GDP 等各种宏观因素,并不一定要求是市场组合收益率。由于这些共同因素反映的是对证券价格的系统影响,今后我们也将其称为系统风险因素或系统因素,将影响 e_i 的称为个别因素。

举例 假设(5-14)式中的系统因素 F 为 GDP 的增长率,并设原来预期 GDP 的年增长率为 8%,公司 i 对因素 F 的敏感系数为 1.2,若公布的 GDP 的实际增长率只有 7%,即因素 F 相对其期望值发生了 -1% 的未预期偏离($F = -1\%$),由于 $b_i = 1.2$,这将导致公司 i 的股票的实际收益率来自 F 的影响比期望值低 1.2%。在实际中,F 的影响与公司特有因素 e_i 共同决定公司股票收益率对其期望值的实际偏离。

(三) 多因素套利定价模型

事实上,影响股票价格的共同因素可能有多种,如 GDP 的增长率、通货膨胀率、利率变化,等等。为适应多种共同因素的影响,可以导入多因素 APT 模型:

$$R_i = E(R_i) + b_{i1} F_1 + b_{i2} F_2 + \cdots + b_{in} F_n + e_i \tag{5-15}$$

其中:R_i、$E(R_i)$、e_i 的定义与(5-15)式相同;

F_j——$j = 1, 2, \cdots, n$ 表示第 j 个共同因素对其期望值的偏离,其本身的期望值为零;

b_{ij}——$j = 1, 2, \cdots, n$ 表示公司 i 的股票对第 j 个共同因素变化的敏感系数。

举例 设某证券的收益受通货膨胀率、利息率和 GDP 增长率三个系统风险因素的影响:

$$R = E + b_1 F_1 + b_2 F_2 + b_3 F_3 + e$$

其中:b_1、b_2、b_3 分别代表通货膨胀率、利息率和 GDP 增长率的意外变化。

若预期的通货膨胀率 $\lambda_1 = 5\%$,实际利息率 $\lambda_2 = 6\%$,GDP 增长率为 3%,b_1、b_2、b_3 分别为 2、-1.5 和 1,则该证券的预期收益为 4%。若实际公布的数字表明通货膨胀率将为 7%,实际利率将为 4%,GDP 将增长 2%,则有

$$F_1 = 7\% - 5\% = 2\%, \quad F_2 = 4\% - 6\% = -2\%$$

$$F_3 = 2\% - 3\% = -1\%$$

所以实际收益为

$$R = 0.04 + 2 \times 0.02 - 1.5 \times (-0.02) + 1 \times (-0.01) = 10\%$$

三、套利定价理论的推导

套利定价理论的基本思想是市场上一物一价,如果存在一物多价的情况,那么就会产生无风险套利的机会,而无风险套利活动将使一物多价的情况消失,恢复到一物一价的市场均衡状态,套利定价理论的推导也是沿着上述思路进行的。下面,我们先介绍一个无风险套利的例子,再讨论一下风险充分分散组合的特性(这是 APT 赖以成立的假设之一),最后给出 APT 多因素模型的推导过程。

(一)无风险套利

投资者通过构造一个"零投资组合"而获取一定数量的确定(无风险)收益的行为称为"套利行为"。所谓"零投资组合",是指投资者不需要为这一投资组合投入任何自己的资金。

举例[①] 设有 A、B、C、D 四只股票,它们所面临的宏观经济形势有四种可能,各股票在四种宏观经济形势下的收益状况及各种宏观经济形势出现的概率如表 5-1 所示,各股票的期望收益、标准差、相关系数矩阵及当期价格如表 5-2 所示。

表 5-1 A、B、C、D 股票的期望收益率

	高实际利率		低实际利率	
	高通货膨胀	低通货膨胀	高通货膨胀	低通货膨胀
概率	0.25	0.25	0.25	0.25
股票				
A	-10%	20%	40%	60%
B	0	70%	30%	-20%
C	90%	-20%	-10%	70%
D	15%	23%	15%	36%

表 5-2 收益统计资料

股票	当前价格(元)	期望收益率(%)	标准差(%)	相关系数矩阵			
				A	B	C	D
A	10	25.0	29.58	1.00	-0.15	-0.29	0.68
B	10	20.0	33.91	-0.15	1.00	-0.87	-0.38
C	10	32.5	48.15	-0.29	-0.87	1.00	0.22
D	10	22.25	8.58	0.68	-0.38	0.22	1.00

将 A、B、C 三只股票按等比例组成一投资组合 ABC,其与股票 D 在各种宏观经济形势下的收益状况比较如表 5-3 所示。

---

① 此例转引自 Zvi Bodie, Alex Kane and alan J. Marcus: *Investment*, 3rd ed., Irwin, 1996, 289—291。

表 5-3 组合 ABC 与股票 D 的收益率比较

	高实际利率		低实际利率	
	高通货膨胀	低通货膨胀	高通货膨胀	低通货膨胀
组合 ABC	23.33%	23.33%	20.00%	36.07%
股票 D	15.00%	23.00%	15.00%	36.00%

同时,我们可以计算出组合 ABC 和股票 D 的期望收益率、标准差分别为 25.83%、6.40% 和 22.25%、8.58%,二者的相关系数为 0.94。

不难看出,组合 ABC 在任何情况下都优于股票 D,但二者的相关系数为 0.94,小于 1,因此它们之间并不能完全互相替代。尽管如此,由于它们之间的正相关性非常强,接近于完全替代,使得投资者可以进行无风险套利。

投资者卖空价值 300 万元的股票 D,买入 300 万元等比例的 ABC 股票组合,则这一投资组合的收益状况如表 5-4 所示。

表 5-4 投资组合的收益状况   单位:元

股票	投资额	高实际利率		低实际利率	
		高通货膨胀	低通货膨胀	高通货膨胀	低通货膨胀
A	1 000 000	-200 000	200 000	400 000	600 000
B	1 000 000	0	700 000	300 000	-200 000
C	1 000 000	900 000	-200 000	-100 000	700 000
D	-300 000	-450 000	-690 000	-450 000	-1 080 000
组合	0	250 000	10 000	150 000	20 000

由表 5-4 不难看出,这一投资组合的净投资额为零,但却保证了在任何情况下均有正的投资收益发生,这就是无风险套利。显然,在一个正常的股票市场上股票价格必然做出相应调整,使这种无风险套利的机会消失。

(二) 风险充分分散的投资组合

对一个风险充分分散的投资组合(Well-diversified portfolio)来说,公司个别风险因素的影响将被全部消除,组合的收益只受共同因素 F 的影响,下面我们以单因素 APT 模型为例证明这一点。

设由 n 个股票,按权重 W_i ($\sum W_i = 1$) 构成一投资组合,则该组合的收益率为

$$R_p = E(R_p) + b_p F + e_p \tag{5-16}$$

其中: $b_p = \sum W_i b_i$, $e_p = \sum W_i e_i$。

该组合的方差为:

$$\sigma_p^2 = b_p^2 \sigma_F^2 + \sigma^2(e_p) \quad ①$$
$$\sigma^2(e_p) = \sum W_i^2 \sigma^2(e_i)$$

如果 $W_i = \dfrac{1}{n}$,则

$$\sigma^2(e_p) = \sum \left(\dfrac{1}{n}\right)^2 \sigma^2(e_i) = \dfrac{1}{n} \sum \dfrac{1}{n} \sigma^2(e_i) = \dfrac{1}{n} \bar{\sigma}^2(e_i)$$

其中:$\bar{\sigma}^2(e_i)$ 为 e_i 方差的均值,为常数,显然,当 $n\to\infty$ 时,$\sigma^2(e_p)\to 0$。

因此,对一个风险充分分散的投资组合来说,公司个别风险因素的影响将被全部消除。

$$R_p = E(R_p) + b_p F \tag{5-17}$$

或

$$R_p = E(R_p) + b_1 F_1 + b_2 F_2 + \cdots + b_n F_n \tag{5-18}$$

(三) APT 模型的推导

多因素的 APT 模型为

$$R_i = E(R_i) + b_{i1} F_1 + b_{i2} F_2 + \cdots + b_{ik} F_{1k} + e_i$$

我们构造一个套利组合,该组合是一个由 n 个证券构成的风险充分分散组合。W_i 是投资者在这一套利组合中对第 i 个证券投入的按整个组合价值百分比计算的资金量,由于是套利组合,投资者对组合的初始投入为零,所以

$$\sum_{i=1}^{n} W_i = 0 \tag{5-19}$$

由于这一组合是风险充分分散组合,因此 R_p 与组合中各证券的个别风险无关,即

$$R_p = \sum_{i=1}^{n} W_i R_i = \sum_{i=1}^{n} W_i E(R_i) + \left(\sum_i W_i b_{i1}\right) F_1 + \left(\sum_i W_i b_{i2}\right) F_2 + \cdots + \left(\sum_i W_i b_{ik}\right) F_k \tag{5-20}$$

为保证这是一无风险套利组合,要求与各共同风险因素 F_j 相关的系数均为 0,即

$$\sum_{i=1}^{n} W_i b_{ij} = 0, \quad j = 1, 2, \cdots, k \tag{5-21}$$

所以,(5-20) 式变为

$$R_p = \sum_{i=1}^{n} W_i E(R_i) \tag{5-20a}$$

这时 R_p 已不是一个随机变量,而是一个确定的数值。由于该组合的初始投入为零,因此其确定性收益也必须为零,否则将出现无风险套利的机会。因此

$$R_p = \sum_i W_i E(R_i) = 0 \tag{5-20b}$$

下面的推导将要运用一些线性代数知识。我们将 W_i、b_{ij}、$E(R_i)$ 等写成矢量和矩阵的形式:

---

① 因为 e_i 与 F、e_i 之间是相互独立的,下面的分析与此相同。

$$\vec{W} = \begin{pmatrix} W_1 \\ \vdots \\ W_i \\ \vdots \\ W_n \end{pmatrix} \quad \vec{E}(R_i) = \begin{bmatrix} E(R_1) \\ \vdots \\ E(R_i) \\ \vdots \\ E(R_n) \end{bmatrix}$$

$$\vec{B} = \begin{bmatrix} b_{11} & b_{12} & \cdots & b_{1k} \\ b_{21} & b_{22} & \cdots & b_{2k} \\ \vdots & \vdots & \ddots & \vdots \\ b_{n1} & b_{n2} & & b_{nk} \end{bmatrix}$$

另外引入单位列矢量 $\vec{e} = \begin{pmatrix} 1 \\ 1 \\ \vdots \\ 1 \end{pmatrix}$, n 行 1 列

因此,(5-19)式相当于:

$$\vec{W} \cdot \vec{e}' = \begin{pmatrix} W_1 \\ \vdots \\ W_i \\ \vdots \\ W_n \end{pmatrix} (1 \quad 1 \cdots 1) = \sum_i W_i = 0$$

即矢量 $\vec{W}$ 与矢量 $\vec{e}'$ 正交。

(5-21)式相当于:

$$\vec{W}' \cdot \vec{B} = (W_1, W_2, \cdots, W_n) \begin{pmatrix} b_{11} & b_{12} & \cdots & b_{1k} \\ b_{21} & b_{22} & \cdots & b_{2k} \\ \vdots & \vdots & \ddots & \vdots \\ b_{n1} & b_{n2} & & b_{nk} \end{pmatrix}$$

$$= \sum_i W_i b_{i1} + \sum_i W_i b_{i2} + \cdots + \sum_i W_i b_{ik} = 0$$

即矢量 $\vec{W}$ 与矩阵 $\vec{B}$ 正交,且矢量 $\vec{W}$ 与系数矩阵 $\vec{B}$ 的每一个列矢量 $\vec{b}_{ij}$(系数矢量)正交。

(5-20b)式相当于

$$\vec{W}' \cdot \vec{E}(R_i) = (W_1, W_2, \cdots, W_n) \begin{bmatrix} E(R_1) \\ E(R_2) \\ \vdots \\ E(R_n) \end{bmatrix}$$

$$= \sum_i W_i E(R_i) = 0$$

即矢量 $\vec{W}$ 与 $\vec{E(R_i)}$ 正交。

根据线性代数知识，$\vec{E(R_i)}$ 一定是一个常数矢量与系数矢量 $\vec{b_{ij}}$ 的线性组合①，也即存在 $k+1$ 个常数 $\lambda_0, \lambda_1, \cdots, \lambda_k$，使得：

$$E(R_i) = \lambda_0 + \lambda_1 b_{i1} + \cdots + \lambda_k b_{ik} \tag{5-22}$$

其中：b_{ik} 是第 i 个证券对第 K 个共同（系统）因素的敏感系数，λ_0 相当于无风险收益率，即 $\lambda_0 = R_f$。

所以

$$E(R_i) = R_f + b_{i1}\lambda_1 + \cdots + b_{ik}\lambda_k \tag{5-23}$$

(5-23)式给出的是多因素 APT 模型中 $E(R_i)$ 的表达式，它与多因素 APT 模型(5-15)式的意义是不同的，读者不要将二者混淆了。

在(5-23)式中，$\lambda_j(j=1,2,\cdots,k)$ 代表在市场均衡情况下，第 j 个风险因素的报酬（风险的价格），下面我们以单因素模型来说明这一点。

设风险充分分散组合 A 仅与系统因素 F_k 相关。据(5-23)式，其期望收益率为

$$E(R_A) = R_f + \lambda_k b_{Ak}$$

若敏感系数 $b_{Ak}=1$，即 A 对 F_k 异常变化的反应为1（这时 A 是因素 K 的"纯因素"组合，详细讨论见后），则

$$\begin{aligned} E(R_A) &= R_f + \lambda_k \\ \lambda_k &= E(R_A) - R_f \end{aligned} \tag{5-24}$$

(5-24)式表明，λ_k 为对系统风险因素 F_k 敏感系数为1，对其他系数风险因素敏感系数为0的风险充分分散组合（因素 k 的"纯因素"组合）的期望收益率与无风险收益率之

---

① $\vec{E(R_i)} = \vec{\lambda} \cdot \vec{B}_1 = \begin{bmatrix} \lambda_0 \\ \lambda_1 \\ \vdots \\ \lambda_k \end{bmatrix} \begin{bmatrix} 1 & b_{11} & b_{12} & \cdots & b_{1k} \\ 1 & b_{21} & b_{22} & \cdots & b_{2k} \\ \vdots & \vdots & \vdots & \ddots & \vdots \\ b_1 & b_{n1} & b_{n2} & & b_{nk} \end{bmatrix}$

$= \begin{bmatrix} \lambda_0 + \lambda_1 b_{11} + \cdots + \lambda_k b_{1k} \\ \lambda_0 + \lambda_1 b_{21} + \cdots + \lambda_k b_{1k} \\ \vdots \\ \lambda_0 + \lambda_1 b_{n1} + \cdots + \lambda_k b_{nk} \end{bmatrix} = \begin{bmatrix} E(R_1) \\ E(R_2) \\ \vdots \\ E(R_n) \end{bmatrix}$

此时 $\vec{E(R_i)}$ 与 $\vec{W}$ 的点乘为

$\vec{W'} \cdot \vec{E(R_i)} = (W_1, W_2, \cdots, W_n) = \begin{bmatrix} \lambda_0 + \lambda_1 b_{11} + \cdots + \lambda_k b_{1k} \\ \lambda_0 + \lambda_1 b_{21} + \cdots + \lambda_k b_{1k} \\ \cdots\cdots\cdots\cdots\cdots\cdots\cdots\cdots \\ \lambda_0 + \lambda_1 b_{n1} + \cdots + \lambda_k b_{nk} \end{bmatrix}$

$= W_1(\lambda_0 + \lambda_1 b_{11} + \cdots + \lambda_k b_{1k}) + W_2(\lambda_0 + \lambda_1 b_{21} + \cdots + \lambda_k b_{2k}) + \cdots + W_n(\lambda_0 + \lambda_1 b_{n1} + \cdots + \lambda_k b_{nk})$

$= \lambda_0(W_1, W_2, \cdots, W_n) + \lambda_1(W_1 b_{11} + W_2 b_{21} + \cdots + W_n b_{n1}) + \cdots + \lambda_k(W_1 b_{1k} + W_2 b_{2k} + \cdots + W_n b_{nk})$

$= \lambda_0 \left(\sum_i W_i \right) + \lambda_1 \left(\sum_i W_i b_{i1} \right) + \cdots + \lambda_k \left(\sum_i W_i b_{ik} \right) = 0$

显然，$E(R_i) = \lambda_0 + \lambda_1 b_{i1} + \cdots + \lambda_k b_{ik}$，满足 $\vec{W'} \cdot \vec{E(R_i)} = 0$，即满足(5-20a)式的要求。

差。因此,λ_k 表现为系统风险因素 F_k 的风险报酬或风险价格。

(四) 对 APT 模型的进一步讨论

1. "纯因素"组合

在前面的讨论中,我们大量地运用了单因素 APT 模型。下面我们将论证,这种只受单一因素影响的"纯因素"组合,是可以构造出来的。

当已知市场上存在着 M 个因素影响单个证券的收益,并且已经确定了单个证券与影响要素间的相关关系后,由于市场上存在着多个证券,而且受共同因素的影响程度不同,在这种情况下,投资者可以构建一个要素组合,使得该组合只受一个因素的影响,而不再受其他因素的影响。而且,如果该组合中有足够多的证券,那么个别风险可以被消除。

例如,有两个因素影响证券的收益,影响证券 A 和 B 的程度分别为

	b_{i1}	b_{i2}
A	0.4	0.6
B	0.6	0.4

假设投资者有资金 1 元,他投资于证券 B,同时卖空价值 2 元钱的证券 A,并将收入投资于证券 B,这样,$W_A = -2, W_B = 3$。此时组合受两个共同因素的影响程度分别为

$$b_{p1} = \sum W_i b_{i1} = -2 \times 0.4 + 3 \times 0.6 = 1$$

$$b_{p2} = \sum W_i b_{i2} = -2 \times 0.6 + 3 \times 0.4 = 0$$

因此,组合收益为

$$R_p = E(R_p) + F_1 + e_p$$

如果有大量与证券 B 相似的证券,投资者可以买入;如果也大量存在着与 A 相似的证券,投资者可以卖空,并用卖空的收入购买与 B 相似的证券,这样就可以构造出风险充分分散组合,如果这样,组合投资的收益可以写成

$$R_p = E(R_p) + F_1 \tag{5-25}$$

该组合只与因素 1 相关,而且敏感系数为 1,我们可以称这样的组合为纯因素 1 的组合。当然投资者也可以构建一个纯因素 2 的组合,只要他卖空 2 元的证券 B,并与他自有的 1 元一起购买证券 A,即 $W_A = 3, W_B = -2$。如果与证券 A 和 B 相似的证券有很多,投资者分别买入和卖空时,投资组合可以只受因素 2 的影响,具体而言,

$$R_p = E(R_p) + F_2 \tag{5-26}$$

构建纯因素组合可以分为两个步骤,一是先使组合中其他因素的影响系数为零,二是通过适当的借入借出资金使组合受单一因素的影响系数为 1。

2. 对所有证券或投资组合,同一系统风险因素 k 的风险报酬 λ_k 是相同的

如图 5-7 所示,无风险收益率 $R_f = 10\%$,B 和 C 为两个只与系统因素 F_k 相关的风险充分分散组合,C 的期望收益率为 30%,$b_{Ck} = 2$,B 的期望收益率为 15%,$b_{Bk} = 1$。不难求

出,相对于 $C, \lambda_k = 20\%$,相对于 $B, \lambda_k = 15\%$。这时,我们可以构造一个新的投资组合 P,P 由 50% 的组合 C 和 50% 的无风险投资构成,组合 P 的期望收益率和敏感系数 b_{Pk} 分别为

$$E(R_p) = \frac{1}{2} \times 10\% + \frac{1}{2} \times 30\% = 20\%$$

$$b_{Bk} = \frac{1}{2} \times 0 + \frac{1}{2} \times 2 = 1$$

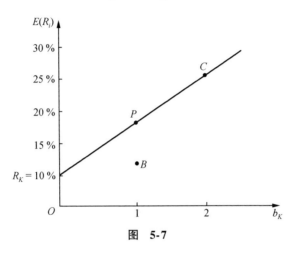

图 5-7

不难看出,新组合 P 具有与 B 相同的敏感系数 b_k,期望收益率却高于 B,因此

$$R_p = E(R_p) + b_{pk}F_k = 20\% + 1 \cdot F_k$$
$$R_B = E(R_B) + b_{Bk}F_k = 15\% + 1 \cdot F_k$$
$$R_p - R_B = 5\%$$

这说明,无论系统风险因素 F_k 如何变化,组合 P 都优于组合 B,存在着无风险套利机会(读者可以自己设想一种套利方案),因此,套利活动会使 P(即组合 C)的期望收益降低,B 的期望收益升高,最终使 P 与 B 的期望收益率相等。B、C 与 R_f 应落在同一直线上(见图 5-8),即

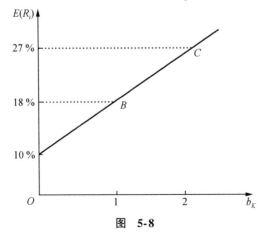

图 5-8

$$\lambda_k = \frac{E(R_C) - R_f}{b_{Ck}} = \frac{E(R_B) - R_f}{b_{Bk}} \tag{5-27}$$

上述讨论不但对风险充分分散组合成立,对单个证券也同样成立。

设证券 i 的收益率受系统因素 1 和系统因素 2 的影响,则证券 i 的收益率为

$$R_i = E(R_i) + 0.8F_1 + 1.5F_2 + e_i \tag{5-28}$$

i 的期望收益率为

$$E(R_i) = R_f + 0.8\lambda_1^i + 1.5\lambda_2^i \tag{5-29}$$

另外,投资者还可以按无风险收益率借入 1.3 元,自己投资 1 元,共投资 2.3 元。其中 0.8 元投资于纯因素组合 1,1.5 元投资于纯因素组合 2,则新组合 I 的收益率和期望收益率分别为

$$R_I = -1.3R_f + 0.8[(R_f + \lambda_1) + F_1] + 1.5[(R_f + \lambda_2) + F_2]$$
$$= (R_f + 0.8\lambda_1 + 1.5\lambda_2) + 0.8F_1 + 1.5F_2$$
$$= E(R_I) + 0.8F_1 + 1.5F_2 \tag{5-30}$$

$$E(R_I) = R_f + 0.8\lambda_1^I + 1.5\lambda_2^I \tag{5-31}$$

组合 I 与证券 i 相比较,二者受系统风险因素 1 和 2 的影响是一样的。所不同的是,证券 i 还受个别风险因素的影响。但是,它们对应同一系统风险因素的单位风险报酬 λ_1^i 和 λ_1^I、λ_2^i 和 λ_2^I 应该是相等的。由于市场上存在着大量与证券 i 相似的证券,我们可以用它们构造风险充分分散组合,这一组合的期望收益率实际上就是证券 i 的期望收益率。[①] 因此,如果 $\lambda_1^i \neq \lambda_1^I, \lambda_2^i \neq \lambda_2^I$,必然出现无风险套利机会。至此,我们便说明了不论对风险充分分散组合,还是对个别证券,对应同一系统风险因素所得到的单位风险报酬是相同的,这一点与证券市场线(SML)的结论是一样的。

3. 期望收益与实际收益

我们注意到,(5-23)式与(5-15)式有很多相似之处,但二者的意义却是完全不同的。(5-23)式描述的是证券 i 的期望收益率,$\lambda_j(j=1,\cdots,k;$下同)表示的是系统风险因素 j 的风险报酬,当证券 i 的收益率对系统风险 j 的敏感系数为 b_{ij} 时,其相对于系统风险因素 j 的期望风险报酬率即为 $b_{ij}\lambda_j$,总的期望收益率即为(5-23)式所描述的。

(5-15)式所描述的是证券 i 的实际收益,$F_j(j=1,2,\cdots,k)$ 是第 j 个系统风险因素对其预期值的"意外"偏离(即事先未能预期的偏离)。因此,在系统风险因素的实际值出现之前,证券 i 的期望收益率由(5-23)式描述,所有关于系统风险因素的预期变化(即因素的期望值)对收益率的影响都已包含在证券 i 的期望收益率 $E(R_i)$ 之中。当系统风险因

[①] 不妨假设有 n 个证券 i 构成一证券组合,每个证券在组合中占 $\frac{1}{n}$,则组合的期望收益率为

$$E(R_p) = \sum_{i=1}^{n} \frac{1}{n} E(R_i) = E(R_i)$$

因为各证券的期望收益率是相同的。

素的实际值出现之后,由于实际值和期望值有偏离,会导致证券 i 的实际收益率 R_i 偏离期望收益率 $E(R_i)$,F_j = 因素 j 的实际值 – 因素 j 的期望值,所以,(5-23)式与(5-15)式表达了两种完全不同的概念。

举例① 设某公司 A 准备于一年后清算,这是该公司股东在未来一年内可以得到的唯一收益,但这一收益是不确定的。如果未来一年经济繁荣,股票的清算值为每股 140 元,如果未来一年经济不景气,股票的清算值为每股 100 元,因此,A 公司股票一年后的期望值为 $E(CF_1^A) = 120$(元)。A 公司股票目前的市场价格为 100 元,说明其贴现率为 20%。

现在考虑另一公司 B,该公司也准备于一年后清算,也只有两种清算价格:经济繁荣时每股 160 元,经济不景气时每股 80 元,其期望值也为 $E(CF_1^B) = 120$(元)。但是,由于公司股票未来收益的波动范围大于 A 公司,特别是当经济不景气时,人们最需要资金时其收益低于 A 公司,使得其风险大于 A 公司,人们将给予更高的贴现率,因此,B 公司股票当前的价格为 90 元,其贴现率为 33.3%。表 5-5 给出了 A、B 公司的相关数据。

表 5-5 A、B 公司收益状况

	A 公司	B 公司
经济繁荣($P_r = 0.5$)	140 元	160 元
经济不景气($P_r = 0.5$)	100 元	80 元
$E(CF_1^A)$	120 元	120 元
D 期价格	100 元	90 元
贴现率	20%	33.3%

下面讨论 APT 模型。本例中我们只考虑了一个系统因素,即宏观经济周期。设这一系统因素可由国家有关部门发布的经济景气指数来反映,经济景气指数为 1 表示经济繁荣,景气指数为 0 表示衰退。由于未来繁荣与衰退的可能性各占一半,故景气指数的期望值为 0.5。当繁荣时,经济周期因素 F_{BC} 的值为 $1 - 0.5 = 0.5$,当衰退时,经济周期因素 F_{BC} 的值为 $0 - 0.5 = -0.5$。

A、B 两公司的单因素 APT 模型分别为

$$R_A = E(R_A) + b_{A,BC} F_{BC} + e_A$$
$$R_B = E(R_B) + b_{B,BC} F_{BC} + e_B$$

A 公司在繁荣与衰退时的实际收益率分别为 40% 和 0,所以有

$$0.40 = E(R_A) + b_{A,BC} \cdot 0.5$$
$$0.00 = E(R_A) + b_{A,BC} \cdot (-0.5)$$

不难得出 $E(R_A) = 20\%$, $b_{A,BC} = 0.4$

B 公司在繁荣与衰退时的实际收益率分别为 77.78% 和 -11.11%,所以有

---

① 本例引自美国西北大学 Kellogg 商学院 Daniel D. Kent 教授的教案,谨此致谢。

$$0.7778 = E(R_B) + b_{B,BC}(0.5)$$
$$-0.1111 = E(R_B) + b_{B,BC}(-0.5)$$

解出 $E(R_B) = 33.33\%$, $b_{B,BC} = 0.8889$

因此，A、B 两公司的 APT 模型分别为

$$R_A = 0.20 + 0.4 F_{A,BC} + e_A$$
$$R_B = 0.33 + 0.89 F_{B,BC} + e_B$$

$b_{B,BC} > b_{A,BC}$ 说明公司 B 对经济周期更敏感，相对经济周期的风险也更大。

利用

$$E(R_A) = \lambda_0 + b_{A,BC}\lambda_{BC}$$
$$E(R_B) = \lambda_0 + b_{B,BC}\lambda_{BC}$$
$$0.2000 = \lambda_0 + \lambda_{BC} \cdot 0.4$$
$$0.3333 = \lambda_0 + \lambda_{BC} \cdot 0.8889$$

可解出 $\lambda_0 = 0.0909$, $\lambda_{BC} = 0.2727$

λ_{BC} 是经济周期风险因素的单位风险报酬，它对 A、B 公司是相同的。但 B 公司的敏感系数大，说明经济周期因素变化对 B 公司股票收益的影响较大。λ_0 相当于无风险收益率 γ_f。

由此例及前面的理论讨论可知：

（1）系统风险因素 F_j 随着经济状况的变化而变化，它将影响证券能够带来的未来的现金流量。

（2）敏感系数 b_{ij} 反映了在系统因素 j 变化 1 单位时，证券 i 的收益变化值。

（3）风险因素报酬 λ_j 反映了风险因素 j 每增加一单位，投资者要求的投资收益率的增加值。

四、套利定价理论与资本资产定价模型的比较

套利定价理论与资本资产定价模型的关系可以从下面几个角度去理解。

第一，在资本资产定价模型中，证券的风险只用某一证券相对于市场组合的 β 系数来解释，它只能告诉投资者风险的大小，却无法告诉投资者风险来自何处。而在套利定价理论中，证券的风险由多个因素共同来解释。比如，Richard Roll 和 Stephen Ross 在 1984 年发表在《金融分析家杂志》(*Financial Analysts Journal*) 上的题为"The Arbitrage Pricing Theory Approach to Strategic Portfolio Planning"的文章，用通货膨胀的意外变化、工业生产的意外变化、风险补偿的意外变化和利率期限结构的意外变化四个因素解释了证券的收益。后来人们用经济增长率、通货膨胀率、公司规模等许多因素解释证券价格的波动，并获得了很明确的结论。这说明，套利定价理论以及多因素模型不仅能告诉投资者证券风险的大小，而且也能告诉其风险来自何处，影响程度有多大。

第二，资本资产定价模型假定了投资者对待风险的类型，即属于风险回避者，而套

利定价理论并没有对投资者的风险偏好做出规定,因此套利定价理论的适用性增强了。

第三,由于前面论证了,根据套利定价理论,投资者可以构建纯因素组合,而且同一个证券投资者可能构建出各种因素的纯因素组合,这样,投资者可以根据自己对待风险的态度,选择自己愿意和能够承担的风险,而完全回避掉那些自己不愿意承担的风险,这对投资者选择资产是一个重要的启示和帮助。

但套利定价理论最大的缺陷在于,该理论无法给出因素的确定方法。它只是告诉投资者,一旦影响证券的因素确定,证券的收益如何受到这些因素的影响,但具体是哪些因素,需要投资者自己去寻找。

五、套利定价理论在投资组合策略中的应用

(一) 投资组合构建的决策

传统上,组合的策略主要是选择股票和债券,偶尔也会选择一些实物资产。股票和债券是系统风险敏感度明显不同的两类资产,所以传统的组合是指较粗略地选择一定数量的股票和一定数量的债券。但如果投资者能够知道每一项资产对系统风险的敏感度,那么组合的效果会大大改进。套利定价理论刚好解决了这个问题。该理论对系统风险进行了细分,使投资者容易接受,而且又能够测量每项资产对各种系统因素的敏感系数,因而可以使投资组合的选择更准确,对实际的组合策略更有指导意义。

由于不仅改变股票、债券的组合比例会影响组合风险的大小和类型,而且购买和出卖的决策也会影响组合的风险,因此投资组合的构建策略,首要的是选择一个自己最愿意接受的风险水平,其次是通过恰当的交易,使组合达到预定的位置。

假定影响证券收益的系统因素是通货膨胀的意外变化和工业生产率的意外变化,我们建立一个图形,见图5-9。

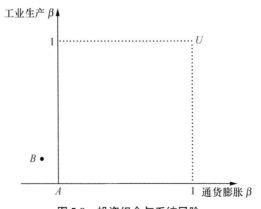

图5-9 投资组合与系统风险

在原点A,通货膨胀和工业生产的β值都是0,即组合不受通货膨胀和工业生产的影

响。这种组合看上去非常理想,但实际上不一定,原因是这种组合不能对通货膨胀风险提供保险,因为当通货膨胀高于预期值时,组合的平均收益不会随之提高。因此,如果要使组合移到原点 A,就要考虑组合对通货膨胀和工业生产意外变化毫无反应给组合收益带来的影响。

在 U 点,通货膨胀和工业生产的 β 值都是 1。对于类似于养老基金这样的机构投资者,通货膨胀风险对其支出的影响是不利的,因为通货膨胀意外地上涨,会增大基金的支出,那么 U 正好抵消这一不利影响,因为该组合的收益会随着通货膨胀的意外上涨而上升。但工业生产的影响就不同了。工业生产下降会导致失业增加,个人和企业的负担加重,基金的购买者会希望从基金得到更高收益来补偿这一不利影响。但由于工业生产的 β 值为 1,如果工业生产出现未预期的下降,那么组合的实际收益将随之下降,所以 U 点会进一步扩大这一方面的风险。因此,U 点是否是一个合适的选择,要取决于基金的特定状况。

B 点是典型的政府长期债券的组合,其通货膨胀的 β 值为负,工业生产的 β 值为很小的正数。说明通货膨胀意外上涨,则组合的收益将下降。

(二) 投资组合的策略分析

投资基金是一种典型的投资组合。对投资基金管理者来说,选择最佳的风险模式,就是选择最佳的因素敏感系数的组合。为此,我们必须了解基金发起者和受益者的经济状况及特征,而这又取决于他们所处的市场环境。要考虑的主要经济因素包括:费用支出的方式,受益人除了基金投资之外的其他收入来源,宏观经济状况,等等。

了解投资者的经济状况后,就可以构建其愿意持有组合的整体风险模式。对于主要的支出项目,如工资支出、原材料支出等,要和全国平均的支出模式相比较。例如,一个机构投资者通常比个人投资者在食品花费上少,而在旅行方面的开销大。这样,该企业就比一般投资者对能源成本及价格更敏感,对食品价格的波动不敏感。

从策略角度分析,上述特点就会影响其最佳风险模式的选择。由于食品价格与通货膨胀大体一致,那么机构投资者所选择的组合就可以较少地对通货膨胀风险进行规避。这样,相对于市场平均水平,该机构投资者就可以选择较低通货膨胀 β 值的组合。而食品价格近乎独立于工业生产,则该机构投资者可以接受较高的工业生产的 β 值,使组合可获得更高的收益。

考虑特定行业的个别风险的影响,还可以在战术上做些安排。一个机构投资者不关心农产品价格的上升,他会希望其组合远离农业部门。同理,对能源成本很敏感的机构投资者会使自己的组合趋向于能源部门。这样依据其自身的需要,其最佳组合模式会与一般意义上的市场指数组合相偏离。

需要强调的是,这种组合战术的调整,并不会降低组合的收益。策略选择决定的是各个系统因素的风险水平即敏感系数,它影响组合的预期收益;而战术调整不会牺牲组合的收益,因为它仅仅与个别风险相关。

(三) 组合策略的实施

对已经确定的组合策略,投资者可以直接通过投资来实现,也可以通过选择合适的投资基金来实现。采用 APT 方法,可以帮助选择和评价投资基金经理。如果组合策略是决定投资于特定的部门,那么选择对这些部门的业务有专长的经理人员就可以了。

一般情况下,基金经理都会自然地偏向选择某一特定的风险模式。例如,一位基金经理偏重于投资市盈率高的公司,而另一位基金经理可能会大量投资于公用事业。这样,就可以通过配备一个恰当的基金经理人员的组合,使他们共同行动的结果满足组合策略所确定的风险模式。

当然,对于基金经理的评价除了要看他选定的风险模式之外,还要看他是否运用了最小成本的投资方式以及是否使个别风险降到最低。

最后,由于 APT 方法有较大的灵活性,运用该方法还可以使投资符合法律和其他方面的特殊要求,而传统的方法是不可能做到这一点的。例如,某一基金被要求持有相当大比例的政府机构债券和某些特定的公司债券。如果该项要求会给基金带来很大的个别风险,或者该基金已经包含了与该公司或政府机构有关的特定风险,那么,这一要求对基金就有很大的限制。但是,通过对该投资组合剩余部分进行准确的选择,则可以大大降低这部分大额投资的风险。比如,当局要求持有的债券的通货膨胀的 β 值为 0.60,而组合最佳的通货膨胀的 β 值为 0.9,那么其余部分的资产可以选择通货膨胀的 β 值远大于 0.9 的资产。这样,既可以满足特定的要求,又可以使组合的总风险水平达到或接近自己愿意接受的水平,从而实现既定的投资策略。

第三节 关于资产定价理论的实证研究

一、对资本资产定价模型的实证研究

由于资本资产定价模型对资本市场上各项资产的收益与风险关系做了简明扼要的描述,因此,如果该模型能够成功地描述资本市场上的实际状况,那么,资本资产定价模型对于投资者无疑具有十分重要的作用。事实上,人们对资本资产定价模型进行了很多的实证检验。

对资本资产定价模型进行实证检验的关键问题是要确定市场组合。市场组合是市场上全部资产按照其市场价值比例构成的投资组合,但这显然是难以在实证研究中确定的。为此,研究人员通常用股价指数作为市场组合的代表。例如,在对美国证券市场进行研究时,研究人员通常用 S&P 500 或纽约证券市场指数来代替真正的市场组合。很明显,如果股价指数不能有效地代表市场组合,则对资本资产定价模型的定量研究就无法得到正确的结论。因为资本资产定价模型假定市场组合的系统风险是其全部风险,即非系统风险为零。但如果用做市场组合的股价指数的效率不高,非系统风险就不可能为零。表

现在图形上,以股价指数为标准而形成的资本市场线的斜率将小于理论上的资本市场线的斜率,见图5-10。

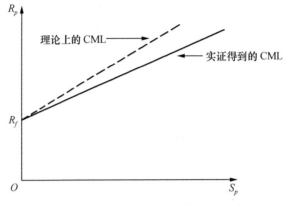

图 5-10　理论上的 CML 与实证得到的 CML

资本资产定价模型认为,单个资产的收益分为两个部分:一是无风险收益,二是风险溢价。而风险溢价被定义为单个资产的系统风险 β 值与超额收益($R_m - R_f$)的乘积。并且假定市场组合的 β 值为1。由于市场组合的收益低于理论上的收益,因此用资本资产定价模型所得到的单个资产的收益与实际情况也不一致。

关于对资本资产定价模型实证研究的具体内容很丰富①,本书只介绍几个重要的实证工作。

(一) 用单个资产和资产组合对资本资产定价模型的检验

资本资产定价模型是关于单个资产的期望收益与其系统风险 β 值之间的线性模型。由于期望值是无法测量的,在实证检验中,只能用实际收益进行检验。如果资本资产定价模型是正确的,那么回归线的斜率应该为资产的风险溢价($R_m - R_f$),截距为无风险收益率 R_f。实际结果表明,单个资产与其系统风险 β 值之间确实存在着线性关系,且 β 值越大,收益越高。但回归直线的斜率不一定是($R_m - R_f$),截距也通常不是 R_f。回归的结果一般是斜率小于($R_m - R_f$),而截距大于 R_f。

当然,用单个资产检验资本资产定价模型存在一些明显的问题,这些问题包括:

第一,在对每一个资产的 β 值进行估计时,存在着随机误差,使得有些资产的 β 值估计过高,而有些资产的 β 值估计偏低,这样使得利用这些数据对资本资产定价模型进行的检验,可信度必然有所降低。

第二,由于资本资产定价模型使用的是资产的预期收益,而在实证研究中使用的是当期的真实收益,每个资产的当期收益中都包括大量的非系统风险,这些非系统风险所引

---

① 参见 Edwin Elton and Martin Gruber, *Modern Portfolio Theory and Portfolio Analysis*, 3rd ed., John Wiley, 1987。

起的收益的变化是无法用 β 值来解释的。

实证研究的结果表明,利用 S&P 500 指数作为市场组合,只能解释股票收益的 30%,其余的 70% 全部归因于非系统风险而作为残差处理了。如果将风险相似的资产构成资产组合,则组合的 β 值的随机误差将大大下降,许多非系统风险也将被有效地分散,从而会提高对资本资产定价模型的检验结果的可信度。

当用资产组合取代单个资产,即用资产组合的收益和 β 值取代单个资产的收益和 β 值时,就可以重新对资本资产定价模型进行检验。

检验的结果表明,资产组合的收益与其 β 值之间存在着相关关系,但斜率小于理论值 $(R_m - R_f)$,而截距大于 R_f。检验所得到的结论与用单个资产进行检验所得到的结论是一致的,但可信度增加了。

(二) β 值的稳定性

在前面的理论分析一章中,我们曾指出,β 系数是衡量单个资产相对于市场的波动性的指标。假定证券实现的收益与分布等于投资者期初预计的收益与分布,那么,可以被检验的方程式为

$$\hat{R}_{ij} = R_f + b_i(R_{mj} - R_f) + \varepsilon_{ij}$$

其中:R_f 为无风险资产的收益率;

$b_i = \beta_i$ 为回归方程的斜率;

ε_{ij} 为无法用市场收益率来解释的证券 i 的那部分收益。

$$E(\varepsilon_{ij}) = 0$$
$$C(\varepsilon_{ij}, R_{mj}) = 0$$
$$C(\varepsilon_{ij}, R_{ij}) = 0$$

上面的方程式可以转变为

$$\hat{R}_{ij} = (1 - b_i)R_f + b_i R_{mj} + \varepsilon_{ij}$$

即

$$\hat{R}_{ij} = a_i + b_i R_{mj} + \varepsilon_{ij}$$

其中:

$$a_i = (1 - b_i)R_f$$

因此,

$$\sigma_i^2 = b_i^2 \sigma_m^2 + \sigma_\varepsilon^2$$

当一个组合包含的股票数量足够多时,组合的非系统风险可以忽略不计,即 $\sigma_\varepsilon^2 = 0$。而投资组合的系统风险即 β 值,是单个证券的加权平均。单个资产与资产组合的 β 值都可以估计出来,但估计出的 β 值也存在一些问题,主要包括两个方面:一是 β 值的偏离性,即与其理论值有一定的差别;二是 β 值的不稳定性。

D. Levhari 和 H. Levy[①] 认为,计算 β 值时的投资期的长短,是导致 β 值产生偏差的重

[①] D. Levhari and H. Levy, "The Capital Asset Pricing Model and Investment Horizon", *Review of Economics and Statistics*, Vol. 59, No. 1, 1977.

要原因。原因很简单,在验证资本资产定价模型时,不同的人采用了不同的投资期,有人用周数据,有人用月数据,有人用季度数据,也有人用年数据。但实际上,资本资产定价模型是单期模型,即所有的投资者都有相同的投资期。由于在实证研究中使用的投资期与理论上的投资期有很大的不同,因此实证研究所得到的 β 值就有一定的偏差。在投资期较短的情况下,如果是进取性股票,即 β 值大于 1,估计的 β 值要小于理论的 β 值;如果是防守性股票,即 β 值小于 1,估计的 β 值要大于理论的 β 值。在投资期较长的情况下,如果是进取性股票,估计的 β 值要大于理论的 β 值;如果是防守性股票,估计的 β 值要小于理论的 β 值。而不论投资期的长短,对于理论 β 值等于 1 的股票,估计的 β 值与理论值基本相同。

Haim Levy[1] 后来又进一步论证了投资期的长短对 β 值的影响:"进取性股票的系统风险随着投资期的延长而增加,防守性股票的系统风险随着投资期的延长而下降。"

关于 β 值偏离性问题的研究成果有很多,其中之一是 Blume[2] 的研究,他的研究显示:由大量证券组成的证券组合的 β 系数,在不同时期是相对稳定的。但是,一个组合有这样一种一致的情形:在一个时期具有极低或极高的 β 估计值,那么在下一时期这种极端性将减弱。换句话说,估计的 β 值表现出一种向均值回归的趋势。

Blume 将股票的 β 值分别计算出来,并按其 β 值由小到大排列各种股票,取 β 值最小的 100 只股票组成第一个组合,以此类推,见表 5-6。

表 5-6　由 100 只股票组成的组合的 β 值

组合	分组时期	紧随其后时期
	1926.7—1933.6	1933.7—1940.6
1		
2	0.50	0.61
3	0.85	0.96
4	1.53	1.42
	1933.7—1940.6	1940.7—1947.6
1	0.38	0.56
2	0.69	0.77
3	0.90	0.91
4	1.13	1.12
5	1.35	1.31
6	1.68	1.69

---

[1]　H. Levy,"The CAPM and the Investment Horizon", *Journal of Portfolio Management*, Winter 1981.
[2]　Blume Marshall B.,"Betas and Their Regression Model", *Journal of Finanace*, Vol.30, Issue 3, June 1975.

(续表)

组合	分组时期	紧随其后时期
	1940.7—1947.6	1947.7—1954.6
1	0.43	0.60
2	0.61	0.76
3	0.78	0.88
4	0.91	0.96
5	1.01	1.03
6	1.13	1.13
7	1.26	1.24
8	1.47	1.32
	1954.7—1961.6	1961.7—1968.6
1	0.37	0.62
2	0.56	0.68
3	0.72	0.85
4	0.86	0.85
5	0.99	0.95
6	1.11	0.98
7	1.23	1.07
8	1.43	1.25

从表 5-6 中我们可以看出:1926—1933 年,组合 β 值的范围是 0.50—1.53;在随后的 7 年(1933—1940 年),相同组合 β 值的范围是 0.61—1.42。这个结果对别的时期同样适用。股票组合的 β 值有向均值回归的趋势。

传统的解释认为,β 值这种向均值回归的趋势,是统计上的人为因素造成的。这种解释有时被称为选择偏见,举例来说:我们用 β 值最小的 100 只股票构成的组合中的一只股票进行分析。首先,如果某股票理论上的 β 值位于 β 值最小的 100 只股票里,只有当估计的 β 值测量误差不太大时,该股票的 β 估计值才会落在最小的 100 个 β 估计值里面。其次,如果理论上的 β 值不在 β 值最小的 100 只股票里面,当具有一个足够大的负的测量误差时,其估计值也可能落在最小的 100 个 β 值里面。总之,在 100 个估计的最小 β 值中,负的误差可能超过正的误差。同样的分析方法可用于 100 个 β 值最大的组合分析。从下一期来看,负的误差有减小而与正的误差达到平衡的趋势,因而 β 值有回归趋势。

Blume 构造了一个二元正态模型,将选择性误差量化,并用实证数据证明:如果剔除选择性偏见的影响,这种回归趋势依然存在。因此,他得到结论:传统上,用选择性偏见来解释股票组合 β 值的回归趋势是不客观的。β 的估计值本身有一种回归趋势,这种趋势可以这样解释:从长期来看,具有极端风险的公司有降低风险的趋势。这可能是由于:第一,公司现存的高风险项目随时间推移可能变得风险下降了;第二,新项目比老项目的风险低。但这些观点只是 Blume 的一种直觉,有待进一步研究。

β 估计值的不稳定性也来自公司的基本状况和资本结构。Sharpe 和 Cooper[①] 用 1931—1967 年这一时间段中每一年的前 60 个月的收益率的数据,估计了每只证券的 β 值。将估计的结果进行排序,并划分为 10 个等级。这一过程每年重复一次,然后考察在每个风险等级中证券构成的稳定性。他们发现相当高比例(65%)的证券不是稳定地保持在某一特定的风险等级中的。Sharpe 和 Cooper 得出结论:β 估计值明显不稳定。

Carpenter 和 Upton[②] 认为,β 估计值不稳定也许是由于在计算收益率时简单地使用了证券价格的时间序列。他们将交易规模作为流入股票市场的信息的代表,计算了高交易规模和低交易规模阶段的收益率。他们认为,较高的交易规模说明操作时间相对于一般交易规模的操作时间短,而较低交易规模刚好相反。而操作时间在计算收益率时是有意义的。比如,如果在一周之内产生了高收益,那么该周的操作时间要比低收益交易周的操作时间来得长。

实证的结果显示,高交易规模带来了 β 估计值的高波动,而低交易规模带来了 β 估计值的低波动。该结论也说明,"规模效应"确实是存在的,因此在计算 β 值时,可以只计算交易规模稳定时期的 β 值以控制规模效应,这样可以使资产相对的 β 值更准确,波动减少。

(三) 估计 β 值的新方法

1. 美林 β

美林证券公司采用下式估计 β 值:

$$R_{ij} = a + b_i R_{mj} + \varepsilon_{ij} \tag{5-32}$$

R_{ij} 和 R_{mj} 仅用资本利得来计算,而忽略了现金股利和无风险利率,即

$$R_{ij} = \frac{\Delta P_{ij}}{P_{ij}}; \quad R_{mj} = \frac{\Delta P_{mj}}{P_{mj}}$$

之所以忽略现金股利,是因为 Sharpe 和 Cooper 在 1972 年的文章中论证了其对 β 值的估计没有影响。美林证券用 S&P 500 作为市场指数,采用 60 个月的观测值,用(5-32)式估计 β 值,并用 Blume 提供的方法进行调整,并得到如下结果:

[①] W. F. Sharpe and G. M. Cooper,"Risk-Return Classes of New York Stock Exchange Common Stocks,1931—1967",*Financial Analyst's Journal*,March-April 1972.

[②] Michael D. Carpenter and David E. Upton,"Trading Volume and Beta Stability",*Journal of Portfolio Management*,Winter 1981.

$$\beta_{ML} = 0.33743 + 0.66257 \times b \tag{5-33}$$

2. 价值线 β

价值线 β 是用 260 周的观测数据,以纽约证券交易所综合指数作为市场指数并忽略现金股利而形成的。价值线 β 的计算结果为

$$\beta_{VL} = 0.35 + 0.67 \times b \tag{5-34}$$

Meir Statman[1] 验证了美林 β 与价值线 β 的关系。他采用最高市场价值的 195 种股票进行验证。结果是

$$\beta_{ML} = 0.127 + 0.879 \beta_{VL} \tag{5-35}$$

Meir statman 得到的结论是,二者的差别不是系统性的。

3. 使用横截面数据对证券的 β 值进行贝叶斯估计

Vasicek[2] 于 1973 年论述了采取贝叶斯估计(Baysian estimation)求 β 值的过程及其优势。

通常对 β 的估计是以单个证券收益率与市场收益率的历史进行最小二乘法回归(least-squares regression)。上述过程中隐含着 β 的真实值已知这一假定。而实际恰恰相反,已知样本回归系数 b,而要由 b 推算 β。在不存在附加信息的情况下,通常的最小二乘法估计可保证给定的 β 值被 b 高估或低估的概率相等,但并不意味着对于给定的样本系数 b,真实的 β 高于或低于 b 的概率相等。从而,作者提出利用贝叶斯方法,在先验信息的基础上对 β 进行更准确的估计。

贝叶斯方法较经典抽样理论有两点优势:第一,贝叶斯方法能够使错误估计的误差最小化,而经典抽样理论是使抽样误差最小化。原因是贝叶斯方法利用可获得的所有信息推断参数分布,而经典抽样理论利用给定参数值推断样本统计特性。第二,贝叶斯理论利用先验分布将样本信息外的诸多信息均纳入考虑之中,而股票市场上这种信息往往较多。

贝叶斯方法颇具实用性,所指出的问题也很实际。但应用的关键问题是如何选择先验信息。

4. 估计 β 值的其他方法

影响 β 值的因素很多。R. S. Hamada[3] 指出,财务杠杆就是其中之一。公司的财务杠杆越高,β 值就越大,股票的风险也就越大。

B. Lev[4] 发现经营杠杆(由于销售收入的变化引起的公司息税前收益的变化程度)越

---

[1] Meir Statman, "Betas Compared: Merrill Lynch vs. Value Line", *Journal of Portfolio Management*, Spring 1981.

[2] Oldrich A. Vasicek, "A Note on Using Cross-sectional Information in Bayesion Estimation of Secuuty Betas", *Journal of Finance*, Dec. 1973.

[3] R. S. Hamada, "Portfolio Analysis, Market Equilibrium and Corporate Finance", *Journal of Finance*, March 1969.

[4] B. Lev, "On the Association Between Operating Leverage and Risk", *Journal of Financial and Quantitative Analysis*, September 1974.

高,股票收益的波动越大。

B. Roenberg 和 W. McKibben[①] 对此进行了更深入的分析。β 值被认为是许多变量的函数。最开始他们选择了 32 个指标作为 β 值的解释变量。其中 20 个变量是财务会计指标(如流动比率等),7 个是市场相关指标(如交易规模等),5 个是价值相关指标(如市盈率等)。他们选择这些指标没有对数据进行任何的修饰,完全基于数据的本来面目。在进行回归时,如果达不到 90% 的置信水平,该指标就被舍弃,而舍弃也完全是根据验证的结果。

后来 B. Rosenberg 和 W. McKibben 进行了更加雄心勃勃的研究,他们选择了 80 个指标来解释 β 值。Rosenberg 还成立了自己的服务公司,向机构投资者出售自己创造出来的 β 值。但他出售给机构投资者的 β 值,是如何计算出来的是一个秘密。

二、对套利模型的实证研究

同资本资产定价模型一样,套利定价理论也面临着实证检验的问题。对套利定价理论的实证研究主要包括两个内容:一是验证影响证券收益的因素是否仅有一个,二是验证到底是哪些因素影响证券的收益。

(一) Roll 和 Ross 的实证结论

1980 年,Roll 和 Ross 在他们题为"Empirical Investigation of the Arbitrage Pricing Theory"的论文中[②],首先从实证的角度检验了套利定价理论。他们利用在纽约证券交易所上市的 1 260 种股票从 1962 年 7 月 30 日至 1972 年 12 月 31 日的收益数据对套利定价理论进行了检验。他们将这 1 260 只股票每 30 只分为一组,对每组股票首先利用每天的交易价格进行收益率的计算,其次,计算收益率的方差和协方差,再次,利用因素分析方法确定影响收益率变化的因素个数和每一因素对收益率的影响系数 b_{ij},最后,用交叉回归分析的方法计算每一风险因素的风险价格 λ_j。

Roll 和 Ross 的研究表明,至少有 2—4 个因素的风险价格 λ_j 显著不为零,说明确实存在着影响证券收益变化的不同因素。按照套利定价理论,λ_0 是无风险资产的收益率,这一值对所有资产都应该是个常数,Roll 和 Ross 的研究也验证了这一点。有 38 组不同的股票中,没有迹象表明 λ_0 项有所不同。鉴于以上结果,没有理由不承认套利定价理论。

Roll 和 Ross 在 1984 年的研究成果[③]中验证了下面四个因素对证券的收益有显著的影响:① 通货膨胀率的意外变化;② 工业生产的意外变化;③ 风险补偿,即高等级债券与

[①] B. Rosenberg and W. McKibben,"The Prediction of Systematic Risk in Common Stocks", *Jourwal of Financial and Quantitative Analysis*, March 1973.

[②] Richard Roll and Stephen A. Ross,"Empirical Investigation of the Arbitrage Pricing Theory", *Journal of Finance*, December 1980.

[③] Richard Roll and Stephen A. Ross,"The Arbitrage Pricing Theory Approach to Strategic Portfolio Planning", *Financial Analysts Journal*, May-June 1984.

低等级债券的利率差的意外变化;④ 利率期限结构的意外变化。

(二) Fama 和 French 的研究结论

在资本资产定价模型和套利定价理论诞生后,有许多人通过实证研究得出这样的结论:公司股票的收益率与公司自身的一些特征有关,这些特征包括公司规模、现金流量与股票价格之比、账面价值与市场价格之比、企业的销售收入的增长率等。这些因素是资本资产定价模型所不能解释的,因此被称为资本资产模型的异例。当然,这也无法用套利定价理论去解释,因为这些因素都属于公司自身的因素,属于非系统性的因素。Fama 和 French 的研究结论表明,这些个别性的因素实际上可以用三个系统性的因素替代。因此,套利定价理论可以解释这些异例的公司股票收益。

Fama 和 French 在 1992 年发表了题为"Cross Section of Expected Stock Return"的论文①,研究了 β 值、公司规模、市盈率、负债率、股权的账面价值与市场价值之比五个因素对股票收益的影响。得出这样的结论:① 无论对 β 值的单独回归还是与其他因素的联合回归,β 值对平均收益的影响都很小;② 对公司规模、市盈率、负债率、股票的账面价值与市场价值四个因素进行的单独回归,表明其对股票的平均收益有解释能力;③ 对上面四个因素进行联合回归,公司规模、股权的账面价值与市场价值之比这两个因素的影响几乎涵盖了市盈率、负债率的影响。

1993 年,Fama 和 French 发表了题为"Common Risk Factors in the Returns of Stocks and Bonds"的论文②,得出下面的结论:对于股票收益而言,有三个市场因素对它产生影响,这三个因素是:市场超额收益、公司规模、股票账面价值与市场价值之比。

1996 年,Fama 和 French 又发表了题为"Multifactor Explanations of Asset Pricing Anomalies"的论文③,该文认为,所谓资本资产定价模型的异例,是指股票或股票组合的收益受公司自身因素以及无法用市场风险来解释的因素的影响,包括公司规模、销售收入的成长以及短期收益持续性等。但这些个别的因素可以用三个系统性因素来替代,即用指数模型或套利定价理论可以解释这些异例。该文认为,三个系统性因素包括:① 市场的超额收益率($R_m - R_f$);② 由小股票构成的组合的收益率与由大股票构成的组合的收益率之差(SMB);③ 由账面价值和市场价值之比较高的股票构成的组合的收益率,与由账面价值和市场价值之比较低的股票构成的组合的收益率之差(HML),即

$$R_i - R_f = b_{1i}(R_m - R_f) + b_{2i}(\text{SMB}) + b_{3i}(\text{HML}) + \varepsilon_i$$

Fama 和 French 认为,HML 和系数 b_{3i} 可以表示一个公司危机的相对严重程度,具体而

---

① Eugene F. Fama and Kenneth R. French,"Cross Section of Expected Stock Return",*Journal of Finance* 47,1992.

② Eugene F. Fama and Kenneth R. French,"Common Risk Factors in the Returns of Stocks and Bonds",*Journal of Financial Economics* 33,1993.

③ Eugene F. Fama and Kenneth R. French,"Multifactor Explanations of Asset Pricing Anomalies", *Journal of Finance*,March 1996.

言,长期维持低收入的弱小公司的 HML 的值要大些,b_{3i} 为正数;相反,长期维持高收入的大公司的 HML 的值要小些,b_{3i} 为负数。相应地,小公司股票的收益有一部分没有被市场收益解释,因此会有一部分额外的收益来给予补偿。

Fama 和 French 认为,上面的三要素模型是好的,可以解释因规模不同和市场价值相对于账面价值的比率不同而产生的收益率的不同。但也承认该模型也存在着一定的缺陷,例如短期收益持续性的现象就无法用这一模型来解释。也就是说,该模型还无法完全消除 CAPM 和 APT 的异例。

(三) Jegadeesh 和 Titman 的研究结论

在 Fama 和 French 三要素模型基础上,Jegadeesh 和 Titman[①] 在 1993 年又提出了第四个因素——惯性因素。他们以 1965—1989 年间纽约证券交易所和美国证券交易所的上市公司股票作为样本,交叉搭配形成 16 种交易策略,发现这 16 种惯性交易策略中,几乎所有的策略都能够获得显著的正收益,即使是在经过风险调整和扣除交易费用之后,依然显著。Conrad 和 Kaul(1998)[②]在 Jegadeesh 和 Titman 工作的基础之上,把样本扩展到 1926—1989 年在纽约证券交易所和美国证券交易所上市交易的股票,同时他们把整个时间段分成四个子区间:1926—1946 年、1947—1967 年、1968—1989 年、1962—1989 年,分别进行讨论。他们得出的结论是,有一半的策略取得了显著的利润收益,其中惯性和反转策略各占一半。在这些有显著收益的交易策略中,惯性策略收益集中分布在中等长度(3—12 月)的投资期内,反转策略收益集中在短期(周,月)和较长期(3—5 年)的投资期内。

Jegadeesh 和 Titman(2001)[③]用 1990—1998 年间的纽约证券交易所、美国证券交易所和纳斯达克证券交易系统上市交易的所有股价不低于 5 美元的上市公司股票重复了他们在 1993 年的研究,结果发现惯性交易策略依然存在显著的收益,并且收益规模与 1993 年他们得到的结果一致。

习 题

1. 考虑下面两个证券组合

证券组合	期望回报率	β	标准差
A	11%	0.5	10%
市场证券组合	14%	B	12%

[①] Jegadeesh N. and Titman,S. ,"Returns to Buying Winners and Selling Losers:Implications for Stock Market Efficiency" ,*Journal of Finance* 48,1993.

[②] Conrad,J. and G. Kaul, "An Anatomy of Trading Strategies" ,*Review of Financial Studies* 11,1998.

[③] Jegadeesh,N. and Titman,S. , "Profitability of Momentum Strategies:An Evaluation of Alternative Explanations" ,*Journal of Finance* 56,2001.

求:
(1) B 的值;
(2) 求出资本市场线(CML)方程和证券市场线(SML)方程。

2. 假设市场上只存在三种股票,每个投资者都认为它们的回报率满足单因子模型,且具有以下的期望回报率和因子敏感度:

i	$\bar{r}_i$	b_i
股票1	15%	0.9
股票2	21%	3.0
股票3	12%	1.8

这些期望回报率和因子敏感度是否表示一种均衡状态? 如果不是,股票的价格和期望回报率将发生什么变化来达到一种均衡? 请详细说明。

3. 假设某基金管理者甲,知道基金投资的证券组合现在的风险得到很好的分散,CAPM 的 β 值为1.0。无风险利率为8%,CAPM 中风险酬金 $[E(R_m) - R_f]$ 为6.2%。甲采用 APT 中度量风险的方式,知道有两个因子:工业生产指标的变化 $\bar{\delta}_1$,非期望通货膨胀率 $\bar{\delta}_2$。APT 方程

$$E[R_i] - R_f = [\bar{\delta}_1 - R_f]b_{i1} + [\bar{\delta}_2 - R_f]b_{i2},$$

为

$$E(R_i) = 0.08 + [0.05]b_{i1} + [0.11]b_{i2}$$

(1) 如果基金投资的证券组合对第一个因子的敏感度为 $b_{p1} = -0.5$,则该证券组合对第二个因子的敏感度为多少?

(2) 如果他现在调整自己的证券组合,使得期望回报率不变而对通货膨胀率的敏感度缩小为零(即,$b_{p2} = 0$),则该证券组合对第一个因子的敏感度变为多少?

4. 在单因子模型中,假设无风险利率为6%,对因子敏感度为1的证券组合的期望回报率为8.5%。考虑由具有如下特征的两种证券形成的投资组合:

证券	因子敏感度	比例
A	4.0	0.30
B	2.6	0.70

根据 APT,求出该证券组合的均衡期望收益率。

第六章 效率市场

第一节 效率市场假说

一、股票价格的随机游走与效率市场

股票价格(或其他证券价格)的高低涨落是否有迹可寻始终是投资者最为关心的事件之一。1953年,Kendall对股票价格的历史变化进行了研究,试图寻找某些变化规律。[①] 但令人惊奇的是,Kendall的研究表明,股票价格的变化完全无规律可循,他无法找到某种可以进行事前预测的股票价格变化模式。股票价格的变化完全是随机的,"机会的精灵"每次任选一个随机数加到股票的当前价格上,形成下一时刻的股票价格。

股票价格的随机游走(random walk)意味着价格变化是相互独立的,每次价格的上升或下降与前一次的价格变化毫无联系,对下一次的价格变化也毫无影响。股票价格的变化,就像人们抛掷硬币一样,哪面朝上(升),哪面朝下(降),完全是随机的。股票价格的这种随机变化可用下式来描述:

$$F(\Delta P_{j,t+1} \mid \phi_t) = f(\Delta P_{j,t+1}) \tag{6-1}$$

其中:f 为股票价格变化的概率密度函数;

$\Delta P_{j,t+1}$ 为股票 j 在 t 时刻到 $t+1$ 时刻发生的价格变化;

ϕ_t 为 t 时刻所有有关股票价格的公开发布的信息。

公式(6-1)表明:① 证券价格反映了所有已公开发表的有关信息;② 证券价格的变化是相互独立的;③ 证券价格变化的概率密度函数与时间无关。

Kendall 的这一发现乍看起来似乎令人惊奇,但仔细推敲一下却是证券市场的必然结果。假设某人确实找到了某种可预测股票价格未来变化的规律,那么此人无疑是发现了一个可以轻松致富的秘诀,他只要按照这一规律的指引去买入卖出股票,就会在短时间内成为世界上最富有的人之一。但是,这种神话在现实中是不可能存在的。因为如果这一规律确实存在并且可以为人们所发现、所学习的话,那么这一规律在很短的时间内就会失去意义。比如,某一规律表明目前价格为 50 元/股的 A 公司股票将在未来两天内上升至

[①] M. G. Kendall,"The Analysis of Economic Time-Series,Part I. Prices",*Journal of the Royal Statistical Society*,96,1953.

60元/股,而所有投资者在了解这一情况后,都希望用50元或稍高一点的价格买入A公司股票。然而,所有持有A公司股票的人显然不会同意以如此低廉的价格售出自己手中的股票,其最终结果将是A公司股票在很短的时间内就上涨到60元/股。也就是说,由"规律"带来的"好消息"将立即反映在股票价格上,而不是在一段时间之后才反映出来。

一般来说,分析家们是通过各种"信息"或"消息"来预测股票价格的未来变化的,而任何可能用于预测股票价格的信息都应该"已经"反映在股票价格上了。如前所述,当有消息表明某股票价格将要上涨时,人们会蜂拥而至购买该股票,从而促使股票价格迅速跃升至相应的价位。因此,投资者能够得到的只是与股票风险相对应的合理的回报率。

如果股票价格已经完全反映了所有已有的信息,则股票价格的进一步变化只能依赖于新的信息的披露。而所谓的新的信息,显然是指人们事先无法预测的信息(因为如果可以预测,则这些预测就成为已知信息的一部分,而不是新的信息)。因此,股票价格随新信息的出现而变化就是无法预测的,股票价格的变化也就应该表现为"随机游走"。股票价格的这种特性,就是股票市场的效率。所谓市场效率假说(efficient market hypothesis,EMH),就是说股票价格已经完全反映了所有的相关信息,人们无法通过某种既定的分析模式或操作始终如一(consistency)地获取超额利润。

值得指出的是,我们这里对效率市场的解释是从长期的、统计平均的角度来说的。很多投资者都可能利用某种分析方法帮助自己在个别的投资活动中获取超额利润。但效率市场使他们无法反复利用同一方法来击败市场,长期一贯地获取超额利润。

二、三种效率市场

Harry Roberts[1]根据股票价格对相关信息反映的范围不同,将市场效率分为三类:弱有效率(weak form)市场,次强有效率(semi-strong form)市场,强有效率(strong form)市场。后来,Eugene Fama又对这三种效率市场做了阐述。[2]

(一)弱有效率市场

弱有效率市场假说是说证券价格已经反映了所有历史信息,如市场价格的变化状况,交易量变化状况,短期利率变化状况,等等。弱有效率市场假说意味着趋势分析等技术分析手段对于了解证券价格的未来变化,谋取利润是没有帮助的。由于股票价格变化等历史数据是公开的,也是绝大多数投资者可以免费得到的信息,因此广大投资者会充分利用这些信息并使之迅速、完全地反映到证券市场价格上去。最终,这些信息由于广为人知而失去了价值。因为如果购买信息需要付费的话,那么这些成本将立刻反映在证券价格上。

---

[1] H. V. Roberts, "*Statistical versus Clinical Prediction of the Stock Market*", Unpublished Paper Presented to the Sepairar on the Analysis of Security Prices, University of Chicago, May 1967.

[2] E. Fama, "Efficient Capital Market: A Review of Theory and Empirical Work", *Journal of Finance*, Vol. 25, No. 2, May 1970.

(二) 次强有效率市场

这一效率市场是指证券价格反映了所有公开发布的信息。这些信息不但包含证券交易的历史数据,而且包含诸如公司的财务报告、管理水平、产品特点、盈利预测、国家经济政策等各种用于基本分析的信息。同样,如果人们可以公开地得到这些信息,则这些信息也就不具有什么价值了。

证券价格对各种最新消息的反应速度是衡量市场效率的关键。如图 6-1 所示,在 $t=0$ 时刻之前证券价格的运动是随机游走,$t=0$ 时发布了有关该证券的利好消息,从而导致证券价格的上升。如果从消息公布到价格上升到一个新的均衡点要经过时间期间 n(如图 6-1A 所示),则这一市场的效率较低,达不到次强有效率市场的要求。如果消息一公布证券价格立刻上升到新的均衡点(如图 6-1B 所示),则该市场为次强有效率市场。

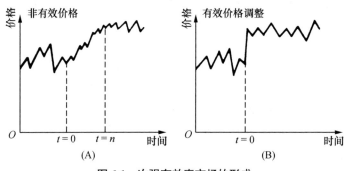

图 6-1 次强有效率市场的形成

证券价格的基本分析,就是对公开发布的各种消息对有关企业的经营现金流的影响进行分析,并据此确定该公司股票的价值及未来的变化趋势,指导证券投资,以期获得高于一般投资者的超额利润。但在次强有效率的证券市场上,基本分析并不能为投资者带来超额利润。

(三) 强有效率市场

强有效率市场假说是说证券价格反映了所有有关信息,不仅包括历史信息和所有公开发布的信息,而且包括仅为公司内部人掌握的内幕信息。

显然,强有效率市场是一个极端的假设,如果某些投资者拥有某种内幕消息,他是有可能利用这一消息获取超额利润的。强有效率市场只是强调这种消息不会对证券价格产生较大的影响,这些消息尽管在一开始是秘密的,但很快会透露出来并迅速反映在证券价格的变化上。同时,各国证券管理机构的主要任务之一就是防范、打击利用内幕信息进行交易,以保护证券市场的健康发展和广大投资者的利益,保证"公开、公正、公平"三公原则的实现。我国最新公布并于 1999 年 7 月 1 日开始执行的《证券法》,也在这方面做出了相应的规定。

三、竞争是市场效率的根源

证券价格之所以趋向于反映所有相关信息,是市场竞争的结果。当投资者花费时间和金钱去收集、分析各类信息时,这些活动应该能够提高投资者的期望收益,否则将得不偿失。由于市场上存在着大量的投资者,这些投资者都在努力寻求一切可能的获利机会,都在把自己掌握的信息用于投资活动从而反映在证券价格上,因此,我们可以期望在市场均衡的条件下,证券价格将反映所有有关的信息。而一旦市场偏离均衡,出现了某种获利机会,也会有人在极短的时间内去填补这一空隙,使市场恢复均衡。

因此,虽然我们不能绝对地说证券价格已反映了全部相关信息,其价格的未来变化是无法预期的,但我们至少要考虑到证券市场是一个充分竞争的市场,在这个市场上存在着许多训练有素、知识和技术能力以及分析能力都很强的投资者,在这样一个市场上,要预测证券价格的未来变化,寻找获利机会是相当困难的。特别是考虑到扣除为获取信息所付出的种种成本后的实际收益,这一问题表现得更为明显。

四、完善市场与效率市场

有效率资本市场与完善资本市场存在着密切的关系,我们在讨论资产组合理论和资本资产定价模型时,所用的主要是完善资本市场假说。

完善资本市场是指满足下述条件的资本市场:

(1) 市场无阻力,即不存在交易成本和政府税收,所有资产都可进入市场交易,且交易量可以是资产数额的任意比例(资产无限可分)。

(2) 产品市场和证券市场都是完全竞争市场,即在产品市场上的所有产品生产者或服务提供者均以最低平均成本提供产品和服务。证券市场上的所有交易者都是价格的接受者。

(3) 市场信息的交流是高效率的,所有信息均可不需任何成本而同时为所有人获知。

(4) 参加市场交易的个人都是理性的,都追求个人效用的最大化。

满足上述条件的完善资本市场要求产品市场和证券市场既能有效率地配置资源,又能有效率地运行。有效率地配置资源是指产品、证券的价格使得每一生产者和投资者的边际收益均相等。有效率地运行则是指在交易过程中不存在交易成本。

有效率资本市场的要求要比完善资本市场的要求宽松得多。它只要求价格能够完全和瞬时地反映出所有可获得的有关信息,即保证在资产交易过程中价格是资本配置的精确信号。

与完善市场相比,有效率资本市场可以存在某些阻力,即交易成本,如证券交易中所支付的经纪人费用、人力成本的不可分,等等。更重要的是,有效率资本市场允许在产品市场上存在不完全竞争。比如,若某一企业因在产品市场上的垄断地位而获得垄断利润,则有效率的资本市场将依照预期的垄断利润的现值确定该公司股票的价格。这样,尽管在产品市场上资源配置是无效率的,但证券市场仍然是有效率的,资本市场是有效率的。最后,有效率的资本市场只要求信息能够全面迅速地在证券价格上表现出来,并不要求获得信息的成本为零。

从一定意义上讲,有效率资本市场仍然意味着资源配置的有效率和市场运行的有效率。资源配置有效率,是说证券的价格是一个可以信赖的正确的投资信号,这些价格全面和迅速地反映了所有可以获知的有关信息,投资者可以按照这些价格信号的指导,选择资金投向以获取最高收益,而这种收益可能是产品市场上垄断收益的反映。运行有效率是指证券交易的中间人能够以最低的成本提供服务,并只收取与所提供的服务相适应的合理收益。

总起来讲,效率市场要满足以下三个条件:

第一,证券价格完全反映了所有相关信息,过去的、公开的和已经发生的但尚未向公众公布的信息(内幕信息)。

第二,投资者将其掌握的全部相关信息都用于证券交易,从而保证证券价格能够完全反映全部相关信息。

第三,相关信息能够迅速、准确地为广大投资者所了解。效率市场假说并不要求证券价格的相关信息在瞬时为全体投资者获知,只是要求信息一旦出现,便能在很短的时间内传播到广大投资者中间(目前的传播方式包括国际互联网等许多电子媒体,而且非常迅速),对于不能在第一时间得到相关信息的投资者来说,至少他们可以在次日的证券报等公开刊物上获得有关信息。

第二节 关于效率市场假说的实证研究

一、效率市场假说面临的测试问题

效率市场假说并未被投资者广泛接受,其中争论最多的问题之一就是证券分析究竟可以在多大程度上改善投资成果。而在进行这一争论时,人们面临着以下几个难以解决的问题。

(一)数量问题

设某基金管理人公司管理着价值 20 亿元的资金,该公司通过努力仅能使基金年收益率水平高于市场收益水平(设为 10‰),即多带来 200 万元(0.001×20 亿元)的收益。但是,从统计学的角度看,市场本身就存在着涨落(如美国 S&P 500 指数的年收益率标准差为 20%),尽管 200 万元从绝对数上看是一个不小的数字,但相对于 20 亿元资金和市场涨落幅度来看,人们很难将基金管理者的真实贡献从偶然的市场涨落中分离出来。

(二)选择偏差

如果某个投资者确实掌握了某种投资分析方法可以帮助他在证券市场上日进斗金,

那么这个投资者不大可能把这一方法公之于众;相反,他会对这一方法严加保密,以使自己能够在证券市场上获得更多的收益。而那些经过研究发现各种投资分析方法均不能从证券市场上获取超额收益的人,才愿意公布其研究成果并说明市场是有效率的。因此,在证券市场效率的研究中,人们更多地得到关于支持这一假说的证据,较少地获得反对这一假说的证据。特别是在对资产组合管理人员挑战市场,选择证券的能力的评判方面,这一问题表现得更加明显。

(三)小概率事件问题

在证券市场上,人们时时可以听到某些投资者因证券选择准确而获取厚利的消息,甚至还涌现了一些常胜将军。但是,这些投资者的成功是否能从反面验证市场效率假说的错误呢?结论并不那么简单,因为这种投资者的成功可能是小概率事件。

我们知道,掷硬币时国徽面朝上与币值面朝上的概率各为50%,不论由谁来掷,只要硬币本身没有问题,其结果的期望值都应如此。但是,如果有1万人同时进行掷硬币比赛,看看谁能使币值面朝上的次数多,那么,有一两个人使硬币币值面朝上的次数超过75%是正常的,因为根据概率统计可以计算出,这种事件发生的概率为万分之几。因此,我们很难据此承认那一两个人就是掷硬币的高手。

同样,在效率市场上判断证券价格走势也可看作是一场掷硬币比赛,众多的投资者运用各种方法去猜测证券价格未来的走势,某些投资者纯粹因为幸运较多地猜中了价格的变化,从而成为赢家,而另一些投资者因为不幸而较多地猜错了价格的变化,从而成为输家,如何将真正的赢家从小概率事件中区分出来,是讨论市场效率时遇到的另一个难题。

二、弱有效率市场的检验

市场的弱有效率是较容易检验的,也是人们最早进行实证检验的效率市场形式。我们前面提及的 Kendall 的研究和稍后 Roberts[①] 的研究,是这方面较早期开展的工作。

弱有效率市场强调的是证券价格的随机游走,不存在任何可以识别和利用的规律。因此,对弱有效率市场的检验主要侧重于证券价格时间序列的相关性研究,具体来讲,这种研究又分别从自相关、操作试验、过滤法则和相对强度等不同方面进行。

时间序列的自相关,是指时间序列的数据前后之间存在着相互影响(相关),如果股票价格的升降对后来的价格变化存在某种影响,那么在时间序列上应表现出某种自相关关系。但对股票价格的时间序列自相关性的研究表明,价格变化并不存在这种自相关关系,即使少数交易量和交易次数较少的股票价格的自相关系数稍大,仍无法用于价格预测。关于股票价格变化的自相关研究肯定了随机游走理论的正确性。

---

① Harry Roberts,"'Stock Markets' 'Patterns' and Financial Analysis:Methodological Suggestions",*Journal of Finance* 14,March 1959.

Fama[①] 在 1965 年检验了股票价格是否存在"趋势",即是否存在连续上升或连续下降的自相关现象(比如,如果过去三天股票价格连续上涨,是否我们可以有较大的把握判定股票价格在第二天会继续上升)。Fama 将道·琼斯 30 种工业指数股票分为正向变化、负向变化和零变化三组,以检验是否存在可利用的趋势。他的研究表明,并不存在与弱效率市场相矛盾的现象。尽管股票价格变化存在轻度的自相关,但这种趋势很弱,考虑到证券交易成本,这种趋势不能被用来谋取超额利润。

Conrad 和 Kaul[②]、Lo 和 Mackinlay[③] 利用更先进的统计分析方法进一步证实了 Fama 的结论。他们对纽约股票交易所股票的周收益率进行了研究,发现在短期内股票价格变化存在正的自相关。但正如 Fama 所指出的,这种自相关很微弱,并不足以用于交易谋利。

操作检验是一种非参统计检验方法。这一方法将股票价格的变化方向用正负号来表示,价格上升为正,下降为负。如果价格变化的自相关性较强,应能看到一个较长的同号序列,表示价格的连续下降或连续上升。但研究者们并未发现这种序列,因此,这一检验也肯定了随机游走模型。

过滤法则检验是通过模拟股票买卖过程来检验随机游走理论的可信性的。这一方法将股票价格变化作为买入卖出股票的指示器,如果价格上升,表明股市看好,则在次日买入一定比例的股票,如果价格下降,表明股市看跌,则在次日卖出一定比例的股票。如果股价变化存在某种相关关系,这种买入卖出方法的收益应显示出一定的特性。但不论是 Alexander 和 Mandelbrot[④]、Fama 和 Blume[⑤] 等人对美国证券市场所做的研究,还是后来 O'Hanlon 和 Ward 对英国证券市场所做的研究[⑥],都未能找到价格变化对投资决策有重要影响的证据。

相对强度检验也是模拟证券投资过程对随机游走理论进行检验的。检验者首先选择一个与股票价格变化有关的指标,然后按照这一指标数值的指示决定买入卖出某种股票的数额。比如,Levy 选用 $PR_{jt} = P_{jt}/\bar{P}_{jt}$ 作为指标,其中 P_{jt} 是 j 股票在 t 时刻的价格,$\bar{P}_{jt}$ 是 j 股票在 t 时刻之前 27 周的价格平均值。他同时决定将 PR_{jt} 达到极大值作为买入股票的信号,并设计了多种比例,以决定在 200 种样本股中各股票的买入比例。Levy 发现,如果

---

① Eugene Fama,"The Behavior of Stock Market Prices",*Journal of Business* 38,January 1965.

② Jennifer Conrad and Gauham Kaul,"Time-Valuation in Expected Returns",*Journal of Business* 61,October 1988.

③ Andrew W. Lo and Craig Mackinlay,"Stock Market Prices Do Not Follow Random Walks:Evidence from a Simple Specification Test",*Review of Financial Studies* 1,1988.

④ S. S. Alexander,"Price Movements in Speculative Markets:Trends or Random Walks",*Industrial Management Review*,May 1961;Benoit Mandelbrot,"The Variation of Certain Speculative Prices",*Journal of Business*,October 1961.

⑤ Eugene Fama and Marshall Blume,"Filter Rules and Stock Market Trading Profits",*Journal of Basiness* 39,Supplement January 1966.

⑥ Jonh O'Hanlon and Charles W. R. Ward,"How to Lose at Winning Strategies",*Journal of Portfolio Management*,Spring 1986.

将 200 种股票中 PR_{it} 最大的 5%—10% 的股票买入,可以获得高达 20%—26.1% 的收益,比一般投资者 13.4% 的收益率要高。[①] 但后来 Jensen 等人发现 Levy 的研究中有某些错误,利用与 Levy 所使用的完全相同的样本和交易方法,Jensen 等人发现加上风险调整因素、交易成本的影响,上述方法的投资收益率要比一般投资者低 3.1%—2.6%。[②]

三、次强效率市场的检验

(一) 事件研究

事件研究(event study)是讨论某一事件的发生对证券价格变化的影响(如拆股、股利政策的变化,等等)。这种研究方法是研究市场效率,特别是次强效率的重要手段之一。

但是,事件研究的实际操作要比想象中的困难得多。因为在任何一天,股票价格往往同时受到多种事件的影响,如通货膨胀率的变化、利率的变化、公司盈利状况的变化,等等。要想从这诸多事件中寻找出某一事件(如股利政策的变化)对股票价格的单独影响,是相当困难的。因此,在进行事件研究时必须对样本的选取、数据的处理和模型设计等做出精巧合理的安排,才有可能得出有意义的结论。

事件研究的基本研究方法如下。

事件研究是以 CAPM 作为出发点的,其具体步骤是:

第一,将 CAPM 写为单指数模型形式:

$$r_{jt} = \hat{\alpha}_j + \hat{\beta}_j r_{m,t} + e_{jt} \tag{6-2}$$

其中:$r_{j,t}$ 为 j 股票在 t 时刻的收益率;

$\hat{\alpha}_j$ 为常数;

$\hat{\beta}_j$ 为 β 的估计值;

$r_{m,t}$ 为 t 时刻的市场报酬率;

e_{jt} 为公司因素对收益率的影响。

第二,在有关事件发生前选取一定时间间隔(如事件发生前 180 天至事件发生前 30 天)的数据,利用(6-2)式回归计算出 $\hat{\alpha}_j$ 和 $\hat{\beta}_j$ 的估计值。

第三,利用事件前一段时间(如 $t = -30$ 至 $t = -1$)和事件后一段时间(如 $t = 0$ 至 $t = 9$)的数据,用已估算出的 $\hat{\alpha}_j$、$\hat{\beta}_j$ 的值和公式

$$\hat{r}_{jt} = \hat{\alpha}_j + \hat{\beta}_j r_{m,t} \tag{6-3}$$

计算出 j 股票收益的期望值 $\hat{r}_{jt}$。

第四,用这期间内每天股票收益的实际值 r_{jt} 减去期望值 $\hat{r}_{jt}$,算出残差项:

[①] Robert A. Levy, "Random Walks: Reality of Myth", *Financial Analysts Journal*, November-December 1967.

[②] Michael C. Jensen and George A. Bennington, "Random Walks and Technical Theories: Some Additional Evidence", *Journal of Finance*, May 1970.

$$e_{jt} = r_{jt} - \hat{r}_{jt} \tag{6-4}$$

如果 $e_{jt} > 0$，表明实际收益大于预期收益，即事件发生后股票价格的增加大于预期的增加值。

第五，对所有样本股票计算每日收益残差项的平均值：

$$\bar{e}_t = \frac{1}{n} \sum_{j=1}^{n} e_{jt} \tag{6-5}$$

第六，将 $t = -30$ 到 $t = 9$ 这 40 天内的平均残差相加，得到累积平均残差：

$$CAR = \sum_{t=-20}^{9} \bar{e}_t \tag{6-6}$$

如果事件发生前后股票价格没有意外变化，累积残差项应围绕零值波动，且平均值为零。如果事件发生前后股票价格确有意外变化，则累积残差项将有所反映。累积残差项通常称为累积额外收益。

(二) 实证研究结果

1. 拆股

1969 年，Fama 等人发表了他们对公司拆股对股票价格的影响的研究结果。[①] 一般来讲，拆股不会影响股东财富的实际价值，但有可能影响公司股利的发放额。很多人认为伴随拆股而来的是公司股利发放额的增加，因此，股票价格应在拆股日之前或拆股之时上升，以反映人们的这种预期。Fama 等人的研究结果如图 6-2 所示。研究的时间段是从拆股前 29 个月 ($t = -29$) 到拆股后 30 个月 ($t = 30$)，研究对象是全部拆股、拆股后股利增加和拆股后股利减少三类。图 6-2a 是全部拆股的情形，图中 U_m 表示累积平均残差 CAR。从图中可看出，在拆股之前，股票收益高于预期收益 ($U_m = CAR > 0$)，但拆股后 ($t = 0$ 后)，收益已没有任何显著变化。这说明市场是能够对拆股及其对股利的影响在事前做出正确的预期，并不断对股票价格做出调整的。从图 6-2(b) 和图 6-2(c) 可看出，拆股后股利确实增加的股票的意外收益 (CAR) 要大于拆股后股利减少的股票，且后者的 CAR 在拆股后迅速下降。

2. 购并

Keown 和 Pinkerton[②] 对企业购并消息公布前后被收购公司股票的额外收益进行了研究，研究结果如图 6-3 所示。作者对 194 个样本企业做了研究，结果与 Fama 等人所做的关于拆股的研究十分相似。在正式公布收购消息之后，累积额外收益不再有显著变化，而在消息正式公布前约 15 天内，累积额外收益有显著的增长。这一现象与效率市场假说是一致的。

[①] Eugene F. Fama, Lawrence Fisher, Michael C. Jensen, and Richard Roll, "The Adjustment of Stock Prices to New Information", *International Economic Review*, February 1969.

[②] Arthur Keown and John Pinkerton, "Merger Announcements and Insider Trading Activity", *Journal of Finance* 36, September 1981.

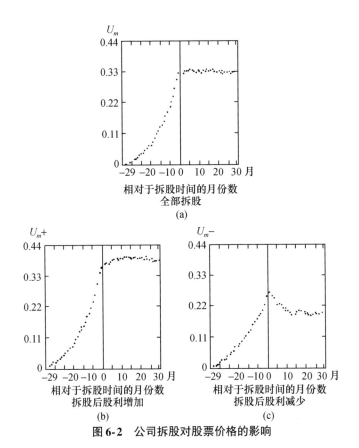

图 6-2 公司拆股对股票价格的影响

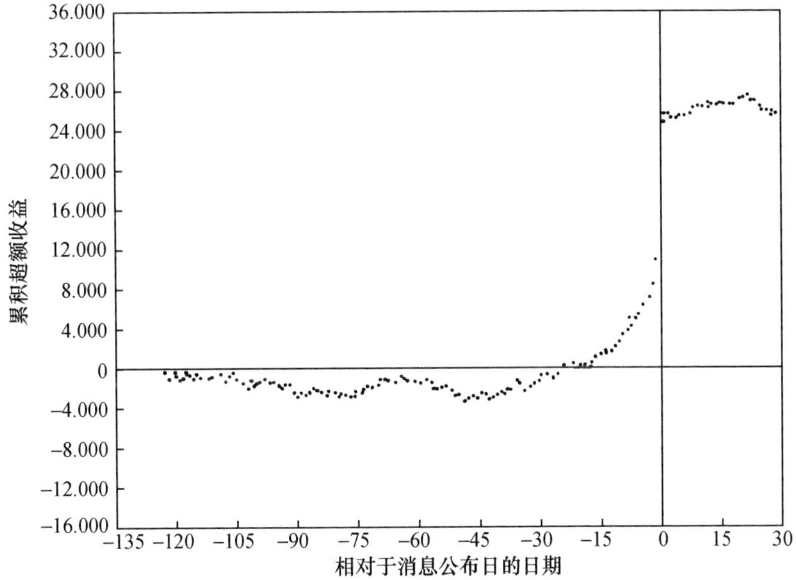

图 6-3 企业购并消息公布前后被收购公司股票的额外收益

3. 收益变化

当企业通过其定期财务报告等形式通告其收益或现金股利分配数额变化时,要对股票的价格产生一定的影响。如果收益或现金股利下降,股价就会下降;如果收益或现金股利上升,股价就会上升。Ball 和 Brown[1]、Latance 和 Johnes 分别对这一问题做了研究。他们的研究结果表明,股价在企业正式宣布其收益变化之前就已按相应的方向做了调整,即在公司正式宣布收益增加或减少之前股价已先行上升或下降,从而肯定了市场的预测能力和效率。

4. 其他研究

关于事件研究的检验很多,除上面介绍的两类外,还有诸如对会计信息的反应(如存货从先进先出变为后进先出等)、大宗股票交易的反应,等等。绝大部分研究对市场中有效率假设是持肯定意见的,但也有少数实验研究提出了相反的意见。

四、关于强效率市场的检验

如前所述,强有效率市场是一个极端的假设,对这一假设的检验主要是对内部人员的股票交易和专业投资机构的股票交易的盈利状况的检验。

公司内部人员从事股票交易要受到严格限制,他们只能在法律允许的范围内从事合法交易。如果公司人员利用内幕消息进行非法交易,他们无疑是可以赚钱的。但是,由于合法与非法的界限非常精细,在实际区分时比较困难。对公司内部人员的合法交易的研究结果是不明确的。有些研究发现公司内部人员从事股票交易可以获得额外利润[2];有些研究发现公司高级职员(如总裁、经理人员等)的股票交易收益要高于其他公司内部人员[3];但也有些研究认为公司内部人员作为一个整体在股票投资收益方面并没有太突出的表现。[4]

专业投资机构由于拥有专业投资人员,具备专门的分析技巧和预测方法,同各股份公司的联系密切。人们通常认为他们能够比一般投资者掌握更多的信息和资料,能够发现一些在股票价格中未曾反映出来的信息,因此其投资收益也应优于一般投资者,但大量事实表明,这些投资机构的表现并不突出。这一发现,是对强有效率市场假设的支持。

总体来看,早期的各项实证研究对弱有效率市场和次强有效率市场假设给予了较充分的肯定,但对强有效率市场假设的支持则明显不足。

---

[1] R. Ball and P. Brown, "An Empirical Evaluation of Accounting Income Numbers", *Journal of Accounting Research*, Autumn 1968.

[2] 比如:Jeffrey F. Jaffe, "Special Information and Insider Trading", *Journal of Business*, July 1974; Gary A. Benesh and Robert A. Pari, "Performance of Stocks Recommended on the Basis of Insider Trading Activity", *Financial Review*, February 1987.

[3] Kenneth P. Nunn, Jr., Gerald P. Madden, and Michael J. Gombola, "Are Some Insiders More 'Inside' than Others?" *Journal of Portfolio Management*, Spring 1983.

[4] Wayne Y. Lee and Michael E. Solt, "Insider Trading: A Poor Guide to Market Timing", *Journal of Portfolio Management*, Summer 1986.

我国股票市场的效率问题近年来也引起了我国一些学者的关注,并对其进行了一些实证研究。研究结果显示,我国股票市场在初期尚未达到次强效率,且弱效率亦不足[①],这说明我国股票市场上还存在着一些利用历史或公开消息获利的机会。由于我国股票市场尚在初创阶段,时间也短,投资者行为很不规范,因此其效率不高是不足为怪的。但随着股票市场的发展与完善,其效率的逐渐提高也是必然的。

五、关于效率市场假说的另一些实证研究

尽管许多实证研究对效率市场假说做出了肯定,但同时也确实存在着相当一部分实证研究的结果对效率市场假说提出了质疑,下面介绍几个典型研究。

(一) 小公司现象与规模现象

自20世纪80年代以来,一些研究结果显示,在排除风险因素之后,小公司股票的收益率要明显高于大公司股票的收益率。比如,最早进行这一研究的Banz[②]发现,不论是总收益率,还是经过风险调整后的收益率,都存在着随着公司规模(根据企业普通股票的市值衡量)的增大而降低的趋势。Banz将纽约股票交易所的全部股票根据公司规模的大小分为五组,他发现规模最小的一组的普通股票的平均收益率比规模最大的一组的普通股票的平均收益率高19.8%。与此同时,Reinganum[③]也发现公司规模最小的普通股票的平均收益率要比根据CAPM模型预测的理论收益率高出18%。

随后,Keim[④]和Reinganum[⑤]、Blume和Stambaugh[⑥]等人也进行了类似的研究。他们发现,小公司现象主要发生在每年1月,特别是1月的头两个星期。因此,这一现象又称为"小公司1月现象"。图6-4给出了Keim的研究结果。

Fama和French[⑦]将1963年7月到1990年12月各种普通股票根据市场价值与账面价值之比(MV/BV)由大到小分成10组,考察其月平均收益率,结果发现MV/BV最小的一组的平均月收益率为1.65%,而MV/BV最大的一组的平均月收益率仅为0.72%,存在着显著差异(见图6-5)。

---

① 比如,吴世农:"我国证券市场的效率分析",《经济研究》,1996.4;吴世农、黄志功:"上市公司盈利信息报告、股价变动与股市效率的实证研究",《会计研究》,1997.4;上海财经大学会计系:"有效市场与会计信息关系研究",《会计研究》,1997.3。

② Rolf Banz, "The Relationship between Return and Market Value of Common Stocks", *Journal of Financial Economics* 9, March 1981.

③ Marc R. Reinganum, "Misspecification of Capital Asset Pricing: Empirical Anomalies Based on Earnings' Yield and Market Values", *Journal of Financial Economics* 9, March 1981.

④ Donald B. Keim, "Size Related Anomalies and Stock Return Seasonality: Future Empirical Evidence", *Journal of Financial Economics* 12, June 1983.

⑤ Marc R. Reinganum, "The Anomalous Stock Market Behavior of Small Firms in Jenuary: Empirical Test for TaxLoss Effect", *Journal of Financial Economics* 12, June 1983.

⑥ Marshall E. Blume and Robert F. Stambaugh, "Biases in Computed Returns: An Application to Size Effect", *Journal of Financial Economics*, Vol. 12, Issue 3, Nov. 1983.

⑦ Eugene F. Fama and Kenneth R. French, "The Cross Section of Expected Stock Returns", *Journal of Finance* 47, 1992.

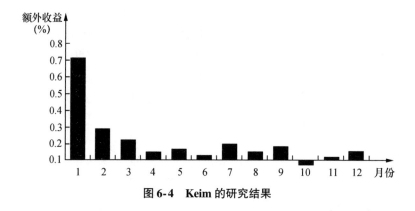

图 6-4　Keim 的研究结果

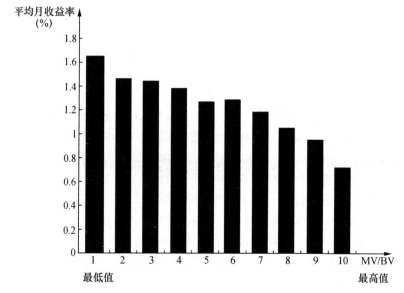

图 6-5　Fama 和 French 的研究结果

（二）期间效应

关于证券市场的另一个值得注意的问题是"期间效应"。French[1] 对在纽约证券交易所上市的 S&P 500 种股票自 1953 年至 1977 年间的收益状况的研究发现，这些股票在星期一的收益率明显为负值，其研究的统计结果如表 6-1 所示。

对这一现象的一种解释是那些要公布坏消息的企业总是在星期五市场关闭之后才公布其坏消息，这样就导致周一股票价格的下跌。而企业之所以要在周五公布坏消息，是希望人们利用周六和周日两天更好地考虑一下这些消息，避免过于冲动，一下子给股价带来过大的影响。但问题是，人们应该能够很快发现这一现象，利用它谋利而使这一现象消

---

[1] French K., "Stock Returns and Weekend Effect", *Financial Economics*, March 1980.

表 6-1　French 研究的统计结果

		星期一	星期二	星期三	星期四	星期五
1953—1977 年	均值	−0.1681	0.0157	0.0967	0.0448	0.0873
	标准差	0.8427	0.7267	0.7483	0.6857	0.6600
	t 检验	−6.823^a	0.746	4.534^a	2.283^b	4.599^a
	观测数	1 170	1 193	1 231	1 221	1 209

a 0.5% 置信区间，b 5% 置信区间。

失，而事实上这一现象却长期存在。对这一现象的另一种解释是由于市场关闭带来的"闭市效应"。但 French 对所有因假日闭市后又开市的现象做了研究，发现除假日后的第一个营业日是星期二之外，其他各天作为假日后的第一个营业日，股票收益均为正值，因而排除了闭市效应的解释。

到目前为止，对这一现象也没有令人满意的解释。另一种解释是由于收益差额不足以抵消交易成本，因此没有人去利用这一机会谋利。即使如此，这种现象也可以看作某种程度的市场无效率，因为人们可以将购买股票的日期放在星期一，将出售股票的日期放在星期五之前，而不是在星期一，这样将能获得一定的好处。另一类与此相似的现象是"年末现象"，即在每年 12 月，公司股票——特别是小企业和那些股票价格在当年已经下跌的公司股票的收益呈下降趋势，而在次年 1 月价格又重新回升。一般来讲，1 月是全年股票价格最高的月份，而 12 月是全年股票价格最低的月份。[①] 对这一现象的一种解释是税收因素，即某些企业为了减少税收而在 12 月有意识地出售股票，造成股价下跌。同时，投资者可利用这一效应调整自己买卖股票的时机以获得一定的好处。

(三) 反向投资策略

一些研究显示，选择那些不被市场看好的股票进行投资，可以明显地获得高额投资收益。如选择低市盈率(P/E)的股票(Basu[②]；Jaffe、Keim 和 Westerfield)，选择股票市场价值与账面价值比值低、历史收益率低的股票(De Bondt 和 Thaler)，往往可以得到比预期收益率高很多的收益。

比如 De Bondt 和 Thater[③] 的研究发现，如果把股票根据其过去 5 年的投资业绩分成不同的组别，则过去 5 年表现最差的一组("失败"组，由最差的 35 只股票组成)在未来 3 年的收益率要比表现最好的一组("胜利"组，由最好的 35 只股票组成)平均高出 25%（累积收益)。这种"失败"者重新崛起、"胜利"者走向"失败"的现象提示人们：应采取"反向"投资策略，即"选择那些最近表现不佳的股票，放弃那些近来表现优异的股票"可以获

---

① Richard J. Rogalski and Seha M. Tinic, "The January Size Effect: Anomaly or Risk Measurement?" *Financial Analysts Journal*, November—December 1986.

② Basu, S., "Investment Performance of Common Stocks in Relation to Their Price-Earnings Ratio", *Journal of Finance*, 32(3), 1977.

③ Werner F. M. DeBondt and Richard Thaler, "Does the Stock Market Overreact?", *Journal of Finance* 40, 1985.

得超额的投资收益。

对上述有悖于效率市场假说的实证研究结果人们给予了不同的解释。Fama 和 French 认为有关异常是对额外风险的补偿,他们运用套利定价模型(APT)对公司规模或市场价值与账面价值之比等因素进行了分析,发现收益率较高的股票对应于较高的 β 值(因素系数)。他们认为,尽管公司规模或市场价值与账面价值之比并不是市场风险因素,但它们可能反映了某些更基本的风险因素,因此,风险与收益是对称的,市场效率假说是成立的。但是,De Bondt 和 Thaler 以及 Lakonishok、Shleifer 和 Vishney[1] 以及其他一些人认为,上述情况的出现是因为市场对最近发生的事情总是容易做出过度反应,说明了市场效率假说的失败,市场在一定程度上是无效率或低效率的。上述情况需要用新的理论解释(下一节我们将论及的行为财务理论就是对这种现象的一种新的理论解释)。

第三节　有效率资本市场的启示[2]

通过对证券市场效率水平的研究,投资者和股份公司财务管理人员可以得到一些有益的启示。

一、市场没有记忆

弱有效率市场假说指出证券的市场价格与其历史状况无关。就是说,不论证券价格过去是如何变化的,都不会对当前的市场价格产生影响。很多投资者在股价下跌后不愿出售手中的股票,希望价格回升。有些企业在公司股票价格下降时不愿发行股票,而在股价上升时则拼命增资发行,美其名曰"抓住市场时机"。实际上,在较发达的证券市场上的证券价格与它的历史状况无关,投资者和企业所依赖的价格变动趋势并不存在。某种股票可能连续下跌了一段时间,但其市场价格仍高于其实际价值,这时,不论是股东出售股票还是公司发行新股,都是有利可图的。而连续上涨的股票的市场价格也可能仍低于其实际价值,这时购入股票就是个好时机。靠对证券历史价格的分析确定当前和未来的股价走势,是靠不住的。

二、相信市场价格

在有效率市场上,人们可以相信市场价格的正确性。证券的市场价格反映了所有关于该证券的信息。有效率市场并不是说投资者不能在某次投资活动中获取超额利润,而

---

[1] Lakonishok, Josef, Andrei Shleifer, and Robert W. Vishney, "Contratrian Investment, Extrapolation, and Risk", *Journal of Finance* 50, 1995.

[2] Richard A. Brealey and Stewart C. Myers, *Principles of Corporate Finance*, 5th. ed., Chapter 13, 1996, McGraw-Hill.

是说投资者不能始终一贯地在证券投资中获取超额利润。要想始终如一地获取超额利润,就要始终比每一个投资者知道得更多。而除非总是能利用禁止利用的内幕消息,否则,人们是无法做到这一点的。因此,投资者可能在一次投资中获取暴利,也可能在另一次投资中蒙受巨额损失。平均来讲,市场是正确的,股票交易是一场公平竞争,投资者也只能得到平均利润。

三、市场没有幻觉

在有效率市场上,投资者关注的是证券的实际价值,他们是从投资的实际现金流入来判断证券的价值的。因此,企业无法通过拆股、改换会计方式、调整财务报表等手段欺骗投资者,影响股票价格。

四、股票价格的弹性大

当某一产品的替代物很多时,其价格弹性很大。在证券市场上,每一种股票都是一个拥有很多替代物的商品。投资者购买某种股票并不是因为它有什么与众不同之处,而是因为它能够提供与其风险水平相当的收益。如果风险收益低于风险水平,这种股票将无人问津。如果风险收益高于风险水平,这种股票将使人争相购买。因此,股份公司要想保持其股价的合理,就必须保证公司的公开性,让公众了解公司的状况,认识到公司股票确实是物有所值。否则的话,将难以保证股票价格的合理,也难以吸引投资者。

五、不要越俎代庖

在有效率市场上,投资者并不会为别人帮助他干了他自己能干的事情而支付报酬。比如,如果投资者能自己进行多样化投资而降低投资风险,那么他不会要求企业经理们为之代劳。投资者之所以购买某一公司的股票,很可能是因为这一公司的风险程度和收益状况符合他的要求,因此,企业盲目进行多样化经营,分散风险,并不一定符合其股东的要求。事实上,企业兼并、多样化经营也不会对公司股票的价格产生实质性影响。在股票市场上,各类公司的股票都有,投资者完全可以根据自己的风险偏好和资金状况选择合适的股票,而不必要公司操心此事。

六、寻找规律者自己消灭了规律

市场有效率是非常有趣的假说。这一假说强调的是证券价格充分反映了所有有关信息。如果证券的市场价格不能充分反映有关的信息,则投资者可以通过对这些信息的分析找出价格变化的规律和投资机会加以利用。如果证券的市场价格已经充分反映了有关信息,则投资者通过努力获取超额利润的希望就会落空。但问题是,如果人人都相信市场是有效率的,都不去做市场分析,那么证券价格肯定不能充分反映各种信息,市场就是无效率的,进行市场分析者就会有利可图。如果人人都认为市场是无效率的,认为通过市场分析等种种努力可以发现价格变化的规律和投资机会,并因此而对市场"战而胜之",获取巨额利润(这正是许多投资者自己所认为的),则在大家的努力之下市场就变成有效率的了,就能够充分反映各种有关信息了。比如,如果只有一个人经过对某一股票价格历史数据的分析判断该股票在一周后价格将上升20%,并因此在股票市场上买入股票等待获利,那么,若这一判断是正确的,他一定可以获利。但如果许多人都用同样的方法(各种分析方法并不是由某些人所独有的),对同样的数据和资料(这些数据和资料也都是对所有感兴趣的人公开的)进行分析得出了同样的判断,大家都希望马上购入股票以待获利,则该股票的价格在疯狂的购买压力之下立刻就会上涨到应有的水平,从而使获利的机会化为泡影。由此可见,市场有效率正是由那些认为市场无效率或效率不高的人的努力工作所促成的,这些人越多,工作越努力,市场就越有效率。

有效率市场假说的一个根本结论是信息就是金钱,即只有新的信息才能带来价格的新的变化,掌握并利用人所不知的内幕信息进行交易是在证券交易中始终如一地获取巨额利润的唯一保证。但为了保证证券市场的公正,管理机构和法律所要限制的正是这种利用内幕消息进行的交易,否则证券市场就无法维持下去。因此,对一般投资者来说,想通过证券交易,通过对市场的分析掌握交易规律而获取巨额利润是非常困难的,或者说是不现实的。正如西方金融证券学界一句流行的话所说的:"很多研究人员因此(研究证券)而名闻天下,但没有一个人因此而富甲天下。"

第四节 行为金融

一、行为金融理论的提出

由于前一节所论及的否定效率市场假说的实证研究结果的不断出现,人们开始对效率市场假说提出质疑,并试图提出一些新的理论解释。行为金融(behavior finance)理论就是其中一个非常重要的流派。

赞成行为金融理论的一些研究人员认为,效率市场假说是建立在经典的现代金融(财务)理论基础上的,而这些经典的现代金融理论的某些基本假设与投资者在证券市场上的实际投资决策行为是不相符合的,主要表现在:

第一,经典的现代金融理论认为人们的决策是建立在理性预期(rational expectation)、风险回避(risk aversion)、效用函数最大化以及不断更新自己的决策知识等假设之上的。但是大量的心理学研究表明人们的实际投资决策却并非如此。[1] 比如,人们总是过分相信自己的判断,人们更多的是根据其对问题(如投资)的支付状况的

---

[1] 最著名的一项研究为:Daniel Kahneman and Amos Tversky,"Noice Trader Risk in Financial Markets",*Journal of Political Economy* 98,1990。

主观判断进行决策的,等等。尤其值得指出的是,研究表明这种对理性决策的偏离是系统性的,并不能因为统计平均而消除。所以人们的总体决策也就会偏离经典现代金融理论的假设。

第二,经典现代金融理论和效率市场假说是建立在有效的市场竞争基础之上的。经典现代金融理论认为,在市场竞争过程中,理性的投资者总是能抓住每一个由非理性投资者创造的套利机会,使得非理性的行为人在市场竞争中不断丧失财富,并最终被市场淘汰。因此,能够在市场竞争中幸存下来的只有理性的投资者,证券市场的投资行为是由理性的投资者主宰的。而由于证券市场上投资者人数众多,交易成本很低,因此这一假设是成立的。对上述假设持怀疑态度的研究者认为,假设证券市场上的投资者由两部分人组成,一部分是完全理性的投资者,一部分是"不那么理性的"投资者,则证券市场由完全理性的投资者主宰需要满足下列条件[①]:① 在时刻 T 证券的真实价值将为投资者所了解;② 在包含 T 时刻在内的足够长的时间内可以无成本地卖空;③ 投资者的投资期间将包含时刻 T;④ 没有"太多"的"不那么理性的"投资者;⑤ 只有理性投资者才卖空。但在实际中上述条件并不能得到满足:人们并不知道何时能够知道证券的真实价值;长时间无成本卖空也是不现实的;投资者的投资期间是否会持续到 T 时刻(如果从投资某证券到了解该证券的真实价值的时刻 T 之间有很长的时间间隔的话)也是不确定的;而证券市场上更不一定只有理性投资者才从事卖空活动。其次,这些研究人员还认为,轻易地假设随着时间的推移,非理性投资者将在与理性投资者的交易过程中成为失败者也是危险的。De Long、Shleifer、Summer 和 Waldmann(1990,1991)的研究表明,在某些情况下,非理性投资者实际上可以获得比理性投资者更高的收益。另外,由于淘汰过程本身是较为缓慢的,因此,即使非理性的投资者得到的期望收益确实较低,它们仍然可以影响证券(资产)的价格。而且,如果把"理性"看作一个选择过程的话,则不论人们如何做出决策,投资者能够生存下来本身就证明了他们的决策是"理性"的。

事实上,现代金融理论要解决两个问题:第一,通过最优决策模型解释什么是最优决策;第二,通过实际决策模型讨论投资者的实际决策过程。在解决第一个问题方面现代金融理论所取得的成就是无可置疑的,而且,如果人们的实际决策过程就是最优决策过程,则现代金融理论也同时提供了一个关于投资者实际决策过程的很好的描述性模型。但是,如果人们的实际决策过程并不是(或在很多情况下并不是)如最优决策模型所描述的那样,则用最优决策模型作为描述性决策模型将不能正确地描述和讨论投资者的实际决策过程,从而不能对证券市场的实际运行状况给予合理的解释。行为财务(金融)理论的支持者认为,人们的实际决策过程并没有很好地遵从最优决策模型。因此,不但需要讨论人们应该如何决策(最优决策),而且需要建立一套能够正确反映投资者实际决策行为和市场运行状况的描述性模型来讨论投资者实际上是如何决策的,这就是行为金融要解决

---

① De Long, Shleifer, Summers and Waldmann,"The Survival of Noise Traders in Financial Markets", *Journal of Business* 64,1991.

的问题。

二、行为金融理论关于投资者决策行为特点的研究与讨论

行为金融是从人们在决策过程中的实际心理活动研究入手讨论投资者的投资决策行为的,其投资决策模型是建立在对人们投资决策时的心理因素的假设的基础上的(当然,这些关于投资者心理因素的假设是建立在心理学实证研究结果基础上的)。行为金融发现投资者在进行投资决策时常常表现出以下一些心理特点:

(1)过分自信。行为金融理论的研究者指出,心理学研究发现人们较多地表现出过分自信,过分地相信自己的能力。比如,在瑞典进行的一项调查显示,在被调查的司机中,有90%的司机认为自己的驾驶水平要"高于平均水平"。特别是有研究发现,在实际预测能力未改变的情况下,人们更为相信自己对较熟悉的领域所做的预测。

(2)非贝叶斯预测。现代金融理论中的最优决策模型要求投资者按照贝叶斯规律修正自己的判断并对未来进行预测。但是行为金融的研究发现,人们在决策过程中并不是按照贝叶斯规律不断修正自己的预测概率,而是对最近发生的事件和最新的经验给予更多的权重,从而导致人们在决策和做出判断时过分看重近期事件的影响。

(3)回避损失和"心理"会计(mental accounting)。对于收益和损失,投资者更注重损失带来的不利影响。有的实证研究显示,人们对损失赋予的权重是收益的两倍,而这将造成投资者在投资决策时按照心理上的"盈利"和"损失",而不是实际收益和损失采取行动。比如,如果某投资者拥有 A、B 两种股票各 1 000 股,其当前市场价格均为 20 元,但其中股票 B 的买入价为 10 元,股票 A 的买入价为 25 元。如果投资者分别出售两种股票,由于不愿意遭受损失,他将保留股票 A。但如果投资者将两只股票同时出售,由于会有净收益产生,将大大削弱分别出售时遭受损失的感觉,甚至不认为投资遭受了损失。投资者的这种心理活动将对其投资决策产生影响。

(4)减少后悔,推卸责任。当投资决策失误后,投资者的后悔心情是难以避免的。因此,即使是同样的决策结果,如果某种决策方式可以减少投资者的后悔情绪,则对投资者来说,这种决策方式将优于其他决策方式。减少决策失误后的后悔情绪的决策方式有多种,比如,委托他人代为进行投资决策;"随大溜",仿效多数投资者的投资行为进行投资;等等。而如果委托他人投资可以减少因自身决策失误造成的后悔情绪,则这种委托代理关系将会产生负的代理成本,提高委托人的效用。

行为金融理论的支持者认为,正是由于投资者在进行投资决策时存在着上述种种心理背景,从而使他们的实际决策过程并非经典现代金融理论所描述的最优决策过程,进而导致证券市场上证券价格的变化偏离建立在最优决策模型等经典现代金融理论假设基础上的效率市场假说。

三、行为金融对某些市场无效率现象的解释

1. 对证券交易行为与主动性投资管理的解释

如果市场上所有的投资者都是理性的,而且这种理性已经成为公共信息,则证券市场上将不会有交易行为。因为理性的投资者是不会同同样理性的投资者进行交易的(简单地说,既然他要买,我为什么要卖呢)。事实上,正是不同投资者对同样的信息给予不同的解释,并且各自都更加相信自己的判断是正确的,才会形成大量的证券交易和主动性投资管理。1987 年,S&P 500 公司股票的全球交易成本达到这些公司年利润总额的 17.8%,而这些交易主要是由机构投资者完成的。同时,每年有大量的投资基金从事主动型投资管理,但其中经营业绩高于 S&P 500 指数的基金却为数不多。行为金融理论认为,这些现象恰恰说明了投资者并不是真正理性的,他们总是过分高估了自身的能力。

2. 对反向投资策略的解释

我们在前一小节介绍了一些研究结果显示通过采取反向投资策略可以获得超额投资收益。行为金融理论认为,这种现象是由于人们预测时的心理偏差造成的。企业的未来收益状况的预测是一件很困难的事情,虽然我们很难指出怎样才能较为可靠地预测企业的未来,但至少仅根据企业的近期表现和经验进行预测是不充分的。但在实际投资决策中,许多投资者恰恰是过分注重证券发行者(股份公司)的近期表现,仅仅根据企业的近期表现对其未来做出预测,对近期业绩较差的企业的未来过分悲观,对近期表现较好的企业的未来过分乐观,从而造成预测的系统性偏差,为实行反向投资策略提供了可能。尽管效率市场的支持者认为反向投资策略所指出的异常应该解释为投资的风险报酬,并不是真正意义上的超额收益,但行为金融的支持者认为实证研究并不能发现相应的风险因素。

3. 公司股票报酬之谜

研究表明,美国自 1926 年至 20 世纪 90 年代初,公司股票的总收益与无风险收益之差约为 7%,而同期公司长期债券的这一收益仅为 1%。公司股票的风险报酬与公司长期债券的风险报酬之间如此大的差异是否真正反映了二者的风险程度的差异引起了许多学者的怀疑,Mehra 和 Prescott 首先于 1985 年正式提出了这一疑问。Benartzi 和 Thaler[①] 给出了关于这一谜团的行为金融的解释:这是由于投资者对投资损失的回避心理(loss aversion)和对收益与损失的心理会计(mental accounting)计量的结果。回避损失的心理导致一单位投资损失带来的效用减少是同样一单位收益带来的效用增加的两倍;心理会计导致投资者心目中一个风险投资项目的风险大小取决于其评估风险状况的频繁程度。比如,如果一个投资者每天检查他的投资组合的价值,由于股票价格每日升降的可能各占

---

① S. Benartzi and R. H. Thaler,"Myopic Loss Aversion and the Equity Premium Puzzle",Working Paper,Johnson Graduate School of Management,Cornell University,1993.

一半,而投资损失对投资者效用的影响两倍于投资收益,这会使投资者感到股票投资的风险很高,很不可取;相反,如果另一个投资者买完股票后 20 年置之不理,则他几乎不会感受到价格下跌(投资损失)的影响,从而会觉得股票投资的风险很低,是一项很吸引人的投资。Benartzi 和 Thaler 根据这一思路进一步分析了如果让企业债券和公司股票对投资者具有同样的吸引力,那么股票投资者需要一年评估一次股票投资的价值。因此,他们认为由于投资者过分频繁地评估手中股票的价值,股票投资的心理风险大大增加,从而不能正确认识股票投资真正风险的大小,对股票投资要求了过高的投资回报(或对企业债券投资要求了过低的投资回报)。

四、两个行为金融理论模型

1. Barberis、Shleifer 和 Vishny 模型(BSV 模型)[①]

BSV 模型是从人们进行投资决策时的两种心理判断偏差出发解释投资者的决策模式如何导致证券的市场价格变化偏离效率市场假说的,这两种偏差是:① 选择性偏差(representative bias),即投资者过分重视近期数据的变化模式,而对产生这些数据的总体的特性重视不够;② 保守性偏差(conservatism),投资者不能及时根据变化了的情况修正自己的预测模型。根据 BSV 模型,收益变化是随机的,但上述两种判断偏差使投资者对收益变化做出两种错误的判断——判断 A 与判断 B。根据判断 A,投资者认为收益变化只是一种暂时的现象,因此他们并未根据收益变化充分调整自身对股票未来收益状况的预期(反应不足,under-reaction),而当后来的实际收益状况与投资者先前的预期不符时,投资者才再次做出调整,从而导致证券价格对收益变化的滞后反应。这一价格反应机制可以较好地解释股票价格对公司收益公告的反应迟缓的现象。[②] 根据判断 B,投资者认为近期股票价格的变化反映了其未来变化的趋势,从而错误地对价格变化做了外推,导致过度反应(over-reaction)。由于收益变化是随机的,因此过度反应导致长期收益率降低。这一价格反应机制可以较好地解释反向投资策略[③]、长期投资收益反转[④],以及增发新股[⑤]和新股上市[⑥]时股票价格的变化等现象。

[①] Barberis Nicholas, Andrei Shleifer and Robert Vishny, "A Model of Investor Sentiment", CRSP Working Paper 443, Graduate School of Business, University of Chicago.

[②] Ball Ray and Philip Brown, "An Empirical Evaluation of Accounting Income Numbers", *Journal of Accounting Research* 6, 1968; Bernard Victor. L And Jacob K. Thoma, "Evidence that Stock Prices Do not Fully Reflect the Implications of Current Earnings for Future Earnings", *Journal of Accounting and Economics* 13, 1990.

[③] Lakonishok Josef, Andrei Shleifer and Robert W. Vishny. "Contrarian Investment, Extrapolation and Risk", *Journal of Finance* 49, 1994.

[④] Debondt Werner F. M., and Thaler Richard H., "Does the Stock Market Overreact", *Journal of Finance* 40, 1985.

[⑤] Loughran Tim and Jay R. Ritter, "The New Issues Puzzle", *Journal of Finance* 50, 1995.

[⑥] Dharan Bala G. and David L. Ikenberry, "The Long-run Negative Drift of Post-listing Stock Returns", *Journal of Finance* 50, 1995.

2. Daniel、Hirshleifer 和 Subramanyam 模型(DHS 模型)①

该模型将投资者分为有信息的和无信息的两类,其中无信息的投资者不存在判断偏差,有信息的投资者存在过度自信和对自己掌握的信息过分偏爱这两种判断偏差,而证券价格由有信息者决定。过度自信导致投资者过分相信自己对股票价值判断的准确性(即他们对自己对股票价值的判断能力的信心超过其实际判断能力);过分偏爱自己掌握的信息使投资者在判断股票价格时对自己掌握的信息做出过度反应,对公共信息则反应不足,即投资者会低估公共信息在判断股票价值时的作用(当公共信息与投资者的个人信息相一致时,投资者的信心增加;但当公共信息与投资者的个人信息不一致时,投资者信心的降低幅度较小)。在这种判断偏差指导下的投资行为导致市场对股票价格近期的反应过度和远期的回调,因此 DHS 模型较好地解释了股票价格过度反应的问题。同时,DHS 模型还对证券价格和企业融资方面的其他一些实证研究结果(如 Opler 和 Titman 提出的"资本结构之谜",major capital structure puzzle②)做出了自己的解释。

五、效率市场与行为金融模型的争论

尽管行为金融模型较好地解释了许多市场异常现象,但效率市场的支持者仍然对行为金融理论是否真正解释了市场异常现象,是否比效率市场假说更接近证券市场运行的实际提出了疑问。这些疑问主要表现在以下几个方面[3]:

第一,解释的普适性问题。赞成效率市场假说者认为,尽管行为金融模型可以较好地解释某些市场异常现象,但这些解释都仅适用于某种或某几种市场异常现象,对不同的市场异常现象往往需要不同的行为假设和不同的模型进行解释,缺乏一种能够普遍地解释各类市场异常现象的理论或模型。与此相反,效率市场假说通过股票价格的随机游走普遍地解释了各种异常现象(效率市场认为那些市场异常只不过是对价格变化的一种偶然偏离,价格的过度反应和远期回调恰恰可以认为是围绕价格变化趋势的一种波动)。

第二,实证研究结果的支持问题。赞成效率市场假说者认为,尽管行为金融较好地解释了市场对股票价格的过度反应等现象,但综合考察所有实证研究结果后显示,某事件发生后股票市场上价格反应不足现象与反应过度现象的出现频率接近,正好说明价格变化是随机的。

第三,效率市场的支持者认为所谓"异常的超额收益"与对正常收益的计量方法有很大关系,不同的计量方法可以导致"超额收益"的出现与消失,因此,是否存在长期的超额

---

① Kent D. Daniel, David Hirshleifer and Avanidhar Subrahmanyam, "A Theory of Overconfidence, Self-attribution and Security Market Under-and Over-reactions", *Journal of Finance*, Dec 1998, Forthcoming.
② Opler, Tim C. and Sheridan Titman, "The Debt-equity Choice", Working Paper, Fisher College of Business, Ojio State Universty, April 24,1998.
③ Eugene F. Fama, "Market Efficiency, Long-term Returns, and Behavioral Finance", CRSP Working Paper, Graduate School of Business, University of Chicago,1997.

收益本身也是不可靠的。在研究市场效率问题时面临的一个重大难题是所谓的"坏模型"(bad model)问题。"坏模型"问题有两层含义：一是任何一个资产定价模型都仅仅是一个模型，它不一定能够完全准确地描述投资者的期望收益；二是即使存在一个能够完全描述投资者期望收益的资产定价模型，研究时所选择的样本也可能会与模型的预测产生系统偏差。因此，选择不同的资产定价模型或参数，就会产生不同的期望收益，从而使人们难以测量出真正的"异常收益"。

习　题

1. 在半强型有效市场中，下列说法正确的是(　　)
   A. 因为价格已经反映了所有的历史信息，所以，技术分析是无效的。
   B. 因为价格已经反映了所有公开获得的信息，所以，技术分析是无效的。
   C. 因为价格已经反映了包括内幕信息在内的所有信息，所以，基本分析和技术分析都是无效的。
   D. 因为价格已经反映了所有公开获得的信息和所有历史信息，所以，基本分析和技术分析都是无效的。

2. 既然是有效市场，那么投资者在挑选股票时就不用进行分析，随机挑选就行。这种说法是否正确？为什么？

3. 行为金融学与传统金融学的最本质差别体现在什么方面？

第七章 债券投资收益分析与债券合成

第一节 债券的特征

债券具有偿还期、票面利率、面值三个基本特征,有很多债券还有内含选择权。

一、偿还期

(一) 偿还期的划分

债券通常都有一个固定的到期日,在到期日,债务人要清偿债券的本息。用偿还期通常可以将债券划分为短期债券、中期债券、长期债券等。短期债券通常在 1 年以内到期,中期债券在 1—10 年到期,而长期债券则是在 10 年以上到期。有的债券没有确定的偿还期,只要发行者不清偿本金,这类债券就永远不到期,这类债券被称为永久性债券。

(二) 偿还期的重要性

偿还期是债券的一个重要特征,重要性表现在以下三个方面:

(1) 偿还期与债券利息支付密切相关。

(2) 偿还期与债券的到期收益率的高低密切相关。如果到期收益率曲线向右上方倾斜,那么长期债券给投资者带来的回报率通常会高一些;反之,短期债券的收益率会更高一些。正因为如此,投资者为了获得理想的收益,不可能不考虑偿还期。

(3) 偿还期与债券的价格风险相关。一般来讲,债券偿还期越长,价格风险越大。也就是说,通常情况下,10 年期债券的价格波动要高于 5 年期债券。另外,如果投资期较长,则偿还期越长,再投资收益率风险越低;偿还期越短,再投资收益率风险越高。举例说来,如果投资期为 10 年,那么,5 年期债券在 5 年后本息收回后还要进行再投资,而这就有很高的不确定性。而投资于 10 年期债券的再投资收益率风险就没有这样严重,因为不需要用本金再投资,只需要用每年获得的利息进行再投资。

二、面值

面值与债券到期日的价值是一致的,也许是债券投资收益中最主要的部分。如果是零息债券,那么投资者的全部收益都只来自面值。如果债券的票面利息率低于市场到期收益率,那么债券就将折价交易,因此,资本利得就成为债券投资者的重要获利来源。

在债券投资中,债券价格应该反映债券票面利率(coupon rate)与市场到期收益率(yield)之间的关系,具体而言,如果

$$平价交易,则 coupon\ rate = yield$$
$$折价交易,则 coupon\ rate < yield$$
$$溢价交易,则 coupon\ rate > yield$$

举例 一个债券的票面利率为5%,期限为3年,面值为100元,一年支付一次利息。如果该债券的价格为100元,属于平价交易,那么该债券的到期收益率就是5%;如果债券的价格为102元,属于溢价交易,那么该债券的到期收益率则应该低于5%;而当债券价格为98元时,该债券的到期收益率则要高于5%。

三、票面利率

(一)票面利率与付息频率

票面利率一般是指按单利方法计算的年利息率,但利息的支付频率会有很大差别。例如,美国国库券和公司债券的利息通常半年支付一次,而欧洲债券的利息则是一年支付一次。住房抵押贷款支持证券(MBS)的利息为每个月支付一次。

利息支付频率不同,会引起最终实际利率水平的差别。例如,票面利率8%,一年支付一次,那么最终的年利息率也是8%。而如果是半年支付一次,那么投资者每半年就可以获得4%的利息,而利息又可以投资获利,那么相当于年利息率就是8.16%(利息获利能力也是半年4%)。住房抵押货款支持证券的利息是按月来支付的,如果票面利率也是8%,那么相当于年利息率8.3%。

(二)零息债券

零息债券是票面利率为零的债券。如果一种证券规定了所谓的利息率,但规定投资者只能到期一次性获得本息,那么这样的利息只是表面上的利息。本质上,这种利息属于证券买卖的差价。我国过去发行的绝大部分债券都属于零息债券,只是给人的感觉是附息债券。例如,一种债券期限为5年,票面利率为3.14%,但规定到期一次性获得本息,并且单利计息,那么这种债券就零息债券。具体而言,如果在发行日该债券的价格为100元,那么该债券到期日的价值为115.7元。

(三)浮动利率与逆浮动利率

浮动利率是指债券票面利率与一个基准利率挂钩,并在基准利率之上加上一个贴水,即

$$利息率 = 基准利率 + 贴水 \tag{7-1}$$

基准利率通常是被市场广泛认同的短期利率,包括伦敦同业拆借利率(LIBOR),以及1年期国债到期收益率,等等。贴水的大小取决于该债券违约风险和流动性风险的大小。

有时浮动利率的确定是在基准利率的某一个倍数之上,再加上一个贴水,即

$$利息率 = b \times 参考利率 + 贴水$$

这种浮动利率债券被称为杠杆化的浮动利率债券。

与浮动利率确定相反,逆浮动利率的确定则是在一个最高利率的基础上减去基准利率,即

$$利息率 = 固定值 - 1 \text{ 个月的 LIBOR} \tag{7-2}$$

基准利率越高,逆浮动利率就越低;相反,基准利率越低,则逆浮动利率就越高。

有时逆浮动利率的确定是在固定值之上,减去基准利率的某一个倍数,即

$$利息率 = 固定值 - m \times 1 \text{ 个月的 LIBOR}$$

这种逆浮动利率债券被称为杠杆化的逆浮动利率债券。

为什么会有浮动利率与逆浮动利率呢?因为浮动利率债券和逆浮动利率债券,也许更受某些投资者欢迎。比如,商业银行的负债基本上是短期的,为了降低利率风险,商业银行希望它的资产不是固定利率而是利率敏感的,或者说是浮动利率的。这样一来,不管利率发生怎样的变化,商业银行资产的收益总能与其负债成本相匹配,并且能够提供稳定的利差。

四、内含选择权

随着金融市场的发展和金融创新能力的进步,更多的债券中包含了选择权,其中有赋予发行者的选择权,也有赋予投资者的选择权。

(一) 赋予发行者的选择权

1. 回购条款

通常,长期债券都设有可回购的条款,即债券的发行者可以在债券到期之前按事先约定的价格买回债券。这一回购权利是很有价值的,因为在利率水平相对较高的时候,利率向下波动的力量要强于继续向上走的力量。如果未来利率真的下降了,那么发行者按照降低了的市场利率筹资的话,其筹资成本将下降。

回购条款对投资者是不利的,需要给予投资者补偿。具体而言,在回购债券发行时,发行者要提供更高的票面利率,或者说,投资者可以按更低的价格购买这种债券。

通常情况下,回购价格不止一个,而是有一串。这一串回购价格对应于不同的回购日。回购价格通常会随着偿还期的靠近而不断下降,最终的价格就是债券的面值。

2. 提前偿还

对于分期偿还的债券,单个借款人一般都有提前还款的权利。他可以提前偿还贷款本金的一部分,也可以全部偿还。提前偿还的权利对于借款人是很有价值的,本质上,该权利与回购选择权是相同的。但二者也有不同之处,主要是提前偿还的选择权中没有回购价格。通常都是借款本金的面值,没有溢价。有提前偿还选择权的证券包括住房抵押贷款支持证券和资产支持证券等。

3. 偿债基金条款

偿债基金条款主要是为了保护债权人。因此，有些债券特别是有违约风险的长期债券都设有偿债基金条款。在早些时候，偿债基金条款会要求发行者把钱存到一个专设的账户下，用这一账户所形成的资产来偿还到期债务。而现在，偿债基金仅仅意味着发行者从债权人那里买回债券，而不必把资金放入一个专设的账户。

偿债基金条款要求发行者在偿还期到来之前注销部分或者全部的既存债券。在债务到期之前，偿债基金条款要求发行者买回的部分一般介于20%至100%之间。在私募债务中，通常要求发行者在偿还期到来之前把债务全部赎回。而一般情况下，一个偿债基金将明确地规定发行者每年赎回债券的数额，因此，偿债基金条款会有规则地注销债券。有时，偿债基金在债券发行5年后才开始启动。

偿债基金条款也是为了保护债务人。为什么要保护债务人？很明显，由于债务人到一定时候必须赎回一定数额的债券，如果对债务人不给予保护，那么投资者特别是大的投资者沆瀣一气，合力抬高债券的价格，债务人就将受到很大的损失。此时给予债务人多种赎回的选择权，有利于市场的公平。

偿债基金是暗含的买入期权。尽管发行者必须有规则地赎回其一部分债券，但发行者有如何赎回的选择权。发行者既可以在交易市场上按交易价格买回债券，也可以与某些投资者进行协商按双方认可的价格赎回。而且，发行者也可以向其受托人支付现金，按固定价格，通常是债券的面值来赎回债券。如果债券是按照大于面值的价格发行的，那么这一赎回价格也许就是发行价格。随着时间的推移，赎回的价格通常会不断地下降，直至债券面值。

4. 浮动利率的顶

浮动利率的顶就是发行者的选择权。假如浮动利率的顶是8%，那么当市场利率升高到10%时，浮动利率支付者就可以执行他的选择权，按照8%的利率而不是10%的利率来支付。

（二）赋予投资者的选择权

1. 可转换的权利

可转换债券赋予了投资者将该债券转化为股票的权利。可转换债券的价值由不可转化债券价值和转变成股票后的价值共同决定。可转换债券联结了债券和股票，成为现代金融中的一个重要工具。

2. 可交换的权利

可交换的债券是指投资者有权将所持债券调换为另外一种债券，或者发行者手里持有的其他金融工具(包括股票)。

3. 可回卖的权利

可回卖债券，赋予债券投资者按事先规定的价格回卖给债券发行者的权利。这种债券无疑增加了债券的价值。在我国，可转换债券绝大多数都设有回卖条款。

4. 可延期的权利

可延期债券赋予投资者一项选择权,即当债券到期时,投资者有权要求发行者偿还债券本息,也有权按原来的利率继续持有一定时间。如果在债券到期时市场利率较低,那么投资者获得债券本息就只能以比较低的收益率进行再投资。如果投资者有展期的权利,那么他就可以按较高的收益率继续获得收益。

5. 浮动利率的底

浮动利率的底,是投资者的一项权利,在市场利率低于一定水平的时候,投资者按照更高的利率——底,来获得利息。浮动利率的底相当于投资者购买了利率下降的保险。

第二节 到期收益率与到期收益率曲线

一、到期收益率

(一) 一般债券的到期收益率

到期收益率(yield)是债券投资的一个价格指标。如果债券的利息是一年支付一次,那么到期收益率为

$$P_0 = \sum_{t=1}^{n} \frac{C}{(1+y)^t} + \frac{F}{(1+y)^n} \tag{7-3}$$

其中:y 为到期收益率;

C 为一年所获得的利息;

P_0 为当期价格;

F 为固定收益证券的期末偿还价格;

n 为偿还期。

举例 一种债券期限为 5 年,票面利率为 5%,面值为 100 元,一年支付一次利息,目前的价格为 95.787 元。求该债券的到期收益率。

$$95.7876 = \sum_{t=1}^{5} \frac{100 \times 5\%}{(1+y)^t} + \frac{100}{(1+y)^5}$$

$$y = 6\%$$

(二) 约当收益率

如果债券不是一年支付一次利息,而是更为普遍的一年支付两次利息,那么到期收益率的计算公式为

$$P_0 = \sum_{t=1}^{n} \frac{C}{(1+y/2)^t} + \frac{F}{(1+y/2)^n} \tag{7-4}$$

其中:y 为到期收益率;

C 为半年所获得的利息;

t 为附息日距 0 时点的时间间隔(多少半年);

P_0 为当期价格;

F 为固定收益证券的期末偿还价格;

n 为距 0 时点有多少个半年。

此时得到的到期收益率 y,属于约当收益率(equivalent yield)。很明显,约当收益率是按照单利方法计算出来的年收益率。债券收益率经常用 b.e.b.(bond equivalent basis)来表示收益率是约当的,而不是实际的。

举例 一个债券期限为 5 年,票面利率为 5%,面值为 100 元,一年支付两次利息,目前的价格为 104.4913 元。求该债券的到期收益率。

$$104.4913 = \sum_{t=1}^{10} \frac{100 \times 2.5\%}{(1+y/2)^t} + \frac{100}{(1+y/2)^{10}}$$

$$y/2 = 2\%$$

$$y = 4\%$$

约当收益率是债券价格最普通的表示方式。如果约当收益率为 4%,那么在半年付息一次的情况下,半年到期收益率就是 2%。如果约当收益率是 6%,在按月付息的情况下,月到期收益率就是 0.5%。

(三) 年实际收益率

年实际收益率(effective annual yield)是指考虑到各种复利情况下,债券一年内的收益率。如果半年的收益率为 2%,那么一年的实际收益率是多少呢?应该是 4.04%,即

$$(1+2\%)^2 - 1 = 4.04\%$$

如果月收益率为 1%,那么年约当收益率是多少?实际收益率又是多少呢?

年约当收益率为 12%,即

$$1\% \times 12 = 12\%$$

年实际收益率为 12.6825%,即

$$(1+1\%)^{12} - 1 = 12.6825\%$$

二、到期收益率的缺陷分析

(一) 到期收益率的假定

到期收益率的计算包括四个假定,它们是:

(1) 投资者持有证券至偿还期;

(2) 全部现金流量如约实现,即不存在违约风险;

(3) 再投资收益率等于到期收益率,即利率的期限结构呈水平状;

(4) 没有回购条款,即证券发行者不能在偿还期到来之前回购证券。

(二) 对假定的分析

以上四个假定都很苛刻。对于短期债券,投资者持有至偿还期还可以理解,而长达

10年、20年,甚至30年的债券,投资者持有至偿还期就很难理解了。正因为如此,投资者也许更为关注的是持有期间的收益率,而不是到期收益率。有些债券,即使投资者想持有到期,都没有多大机会,因为许多长期债券都设有回购条款。对于这类债券,投资者计算到期收益率的意义本来就不大。

除了国债之外,债券都存在着违约风险,只是程度不一而已。因此,现金流量就不是如约实现了。

最为重要的是,如果不是零息的,那么债券就必然有利息的支付,有些债券的本金也是逐年偿还的,因此再投资收益率的高低,在很大程度上会影响债券的实际收益率。通常情况下,再投资收益率不会等于到期收益率本身。因为即使到期收益率不发生变化,只要到期收益率曲线不是水平的,那么随着时间的推移,再投资收益率就一定会偏离债券最初计算出来的到期收益率。

由于到期收益率的计算公式为

$$P_0 = \sum_{t=1}^{n} \frac{C_t}{(1+y)^t} + \frac{F}{(1+y)^n}$$

因此,该公式可以调整为

$$P_0(1+y)^n = C_1(1+y)^{n-1} + C_2(1+y)^{n-2} + \cdots + C_{n-1}(1+y)^1 + C_n + F$$

$$= \sum_{t=1}^{n} C_t(1+y)^{n-t} + F$$

这一公式说明,到期收益率计算假定了各期现金流量的再投资都按照到期收益率本身来获得收益。

举例 一债券期限为5年,票面利率为8%,面值为100元,一年支付一次利息,目前价格为100元。到期收益率曲线(见图7-1)是:1年期5%,2年期6%,3年期7%,4年期8%,5年期8.5%。

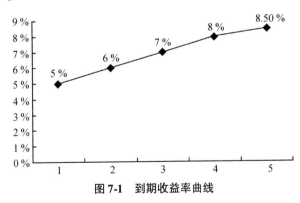

图7-1 到期收益率曲线

该债券的到期收益率恰好为8%,因为

$$100 = \sum_{t=1}^{5} \frac{8}{(1+y)^t} + \frac{100}{(1+y)^5}$$

$$y = 8\%$$

这也意味着再投资收益率为8%,因为

$$100(1+8\%)^5 = 8(1+8\%)^4 + 8(1+8\%)^3 + 8(1+8\%)^2 + 8(1+8\%)^1 + 8 + 100$$

但即使市场利率根本不发生变化,再投资收益率一般也不会等于到期收益率8%。例如,1年之后,投资者得到利息8元,他的投资期还剩下4年,他选择4年期零息债券的收益率为8%,碰巧等于到期收益率;2年之后,他剩余的投资期为3年,而对应于3年的收益率是7%;3年后,剩余的投资期为2年,收益率为6%;4年后他只能按照1年零息债券的收益率5%获得收益。如果到期收益率曲线不发生变化,那么投资者在第5年年底的总收益为7.87%,而不是到期收益率的8%。

$$100(1+y\%)^5 = 8(1+8\%)^4 + 8(1+7\%)^3 + 8(1+6\%)^2 + 8(1+5\%)^1 + 8 + 100$$
$$= 146.0730$$

$$y = 7.87\%$$

事实上,市场利率一定会发生变化,到期收益率曲线一定会移动,因此,再投资收益率几乎不会等于到期收益率,从而使投资者实现的收益率与到期收益率会有差别。

由于到期收益率不能真实地反映固定收益证券投资收益,因此,到期收益率不应该成为衡量投资收益的客观指标。但需指出的是,到期收益率可以用来衡量债券的价格,这一价格衡量标准要比债券的绝对价格好得多。

(三) 合理定价时,债券到期收益率也不一定相等[①]

一个附息债券,可以理解为零息债券的复合物。而由一串利息流构成的零息债券,我们可以称之为年金证券(annuity bond),它是票面利率极大情况下的债券。例如,一个附息债券的期限为5年,面值为100元,票面利率为8%,半年支付一次利息。这一债券可以拆分为两个债券,一个是年金债券,期限为5年,每半年都有4元的现金流入,共有10个点的现金流入。另一个债券是5年的零息债券,面值是100元。用表7-1来表示。

表7-1 附息债券拆分为年金债券和零息债券

时间点	0	0.5	1	1.5	2	2.5	3	3.5	4	4.5	5
年金证券		4	4	4	4	4	4	4	4	4	4
零息债券		0	0	0	0	0	0	0	0	0	100
附息债券		4	4	4	4	4	4	4	4	4	104

n期年金证券的价格完全取决于零息债券的到期收益率,也就是即期利率$R_1, R_2, \cdots, R_n$。因此,年金证券的到期收益率也就取决于$R_1, R_2, \cdots, R_n$。给定到期收益率曲线,即

[①] 参见 Stephen M. Schaefer, The Problems with Redemption Yields, *Financial Analysts Journal*, July—August 1977.

给定零息债券的到期收益率,那么年金证券的到期收益率曲线也就可以得到。例如,假定即期利率1年为5%,2年为6%,3年为6.5%,4年为7%,5年为7.3%,那么2年到5年期年金证券(一年一次现金流量)的到期收益率可以很容易计算出来,见表7-2和图7-2。

表7-2 即期利率与年金证券的到期收益率   单位:元

时间点	即期利率	现金流量	现值	年金证券的价值	年金证券的到期收益率
1	5%	100	95.238		5%
2	6%	100	89.000	184.238	5.6517%
3	6.50%	100	82.785	267.023	6.0563%
4	7%	100	76.290	343.312	6.4062%
5	7.30%	100	70.307	413.620	6.6743%

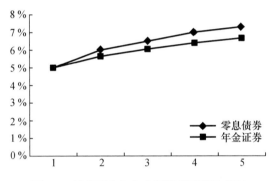

图7-2 即期利率与年金证券的到期收益率

从上例可以看出,如果零息债券到期收益率曲线或者说即期利率是向右上方倾斜的,那么年金证券到期收益率曲线也向右上方倾斜,并且居于即期利率曲线的下方;如果即期利率曲线向右下方倾斜,那么年金证券到期收益率曲线也向右下方倾斜,但居于即期利率的上方;如果即期利率曲线先上升后下降,那么年金证券到期收益率曲线也先上升后下降,但最初居于即期利率曲线的下方,与即期利率曲线相交后,居于即期利率曲线的上方。

实际上,年金证券可以被理解为票面利率极大化的债券,零息债券是票面利率最小化的债券,因此,一般附息债券可以被理解为这两种债券的合成品。因此,附息债券的到期收益率是这两个证券到期收益率的某种平均。既然如此,附息债券到期收益率一定介于这两个证券到期收益率之间。而且,票面利率越低,年金证券的权重越小,该附息债券的到期收益率越靠近零息债券;票面利率越高,年金证券的权重就越大,那么附息债券的到期收益率就越靠近年金证券,见图7-3。

在图7-3中,我们可以看出,当即期利率曲线与年金证券到期收益率曲线相交时,各

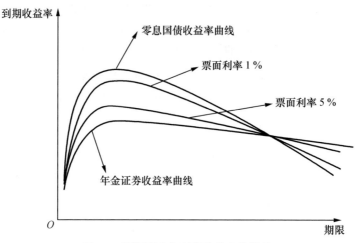

图 7-3　票面利率与到期收益率的关系

种票面利率的附息债券的到期收益率都相等,并且等于即期利率和年金证券的到期收益率。

当即期利率 R_n 与年金证券的到期收益率相等时,就意味着

$$a_n = \sum_{i=1}^{n} d_i = \frac{1}{(1+R_1)} + \frac{1}{(1+R_2)^2} + \cdots + \frac{1}{(1+R_n)^n}$$

另外,

$$a_n = \frac{1}{(1+R_n)} + \frac{1}{(1+R_n)^2} + \cdots + \frac{1}{(1+R_n)^n}$$

等式两边同时乘以 $(1+R_n)$,得

$$(1+R_n) \times a_n = (1+R_n)\left[\frac{1}{(1+R_n)} + \frac{1}{(1+R_n)^2} + \cdots + \frac{1}{(1+R_n)^n}\right]$$

两式相减

$$a_n \times R_n = 1 - \frac{1}{(1+R_n)^n}$$

$$R_n = \frac{1-d_n}{a_n}$$

其中

$$d_n = \frac{1}{(1+R_n)^n}$$

$$a_n = \sum_{i=1}^{n} d_i$$

例如,当零息债券到期收益率分别为 1 年期 6.58%,2 年期 12%,3 年期 10% 时,只要偿还期是 3 年,那么各种票面利率的附息债券的到期收益率都一样,都是 10%,见表 7-3。

表 7-3 偿还期相同时各种票面利率的附息债券到期收益率也相同

时间点	即期利率 R_n	折现因子 d_n	年金证券价格 a_n	年金证券到期收益率 y_n
1	0.0658	0.9383	0.9383	0.0658
2	0.12	0.7972	1.7353	0.10
3	0.10	0.7513	2.4868	0.10

由于满足上面的条件,即

$$\frac{1-d_3}{a_3} = \frac{1-0.7513}{2.4868} = 0.1 = R_3$$

所以在偿还期为 3 年的情况下,各种票面利率的债券的到期收益率都是 10%,举例见表 7-4。

表 7-4 不同票面利率债券的到期收益率都相等情况的举例

	现金流量			价格	到期收益率
	1 时点	2 时点	3 时点		
票面利率 5%	5	5	105	87.564	10%
票面利率 6%	6	6	106	90.0508	10%
票面利率 7%	7	7	107	92.5376	10%
票面利率 8%	8	8	108	95.0244	10%
票面利率 10%	10	10	110	100.0000	10%

三、到期收益率曲线

(一) 到期收益率曲线的作用

到期收益率曲线(yield curve)是指各种期限无风险的零息债券到期收益率所构成的曲线。这条曲线也被称为即期利率(spot rate)曲线,或者利率期限结构(term structure of interest rates)。

由于各种债券都可以计算出到期收益率,因此每一类债券都会有自己的到期收益率曲线。但只有无风险零息债券的到期收益率曲线最为重要,因此,通常意义上讲的到期收益率曲线就专指零息债券的到期收益率曲线。

到期收益率曲线在金融市场中有着非常重要的作用,包括以下几个方面。

1. 给其他证券定价

由于有了无风险零息债券的到期收益率,因此就可以给无风险的附息债券定价了。一年付息一次的附息债券的定价公式为

$$V_0 = \sum_{t=1}^{n} \frac{C}{(1+y_t)^t} + \frac{F}{(1+y_n)^n} \tag{7-5}$$

其中:y 为零息债券的到期收益率;

n 为偿还期;

t 为年限;

C 为年利息;

F 为面值。

举例 假定有一种国债,面值为 1 000 元,票面利率为 5%,期限为 3 年,一年付息一次,那么该国债的现金流量如图 7-4 所示。

图 7-4 该国债的现金流量

这种债券相当于三个零息债券的组合,其一面值为 50 元,期限为 1 年;其二面值为 50 元,期限为 2 年;其三面值为 1 050 元,期限为 3 年。因此,该种国债的价值一定等于这三个零息债券价值之和。因此,只要能够计算出每种零息债券的价值,将这三个零息债券的价值加起来,就可以得到该国债的价值。根据前面得到的零息债券到期收益率曲线,则本例中的国债价值为 985.41 元,计算过程见表 7-5。

表 7-5 附息债券的价值计算 单位:元

时点	现金流量	到期收益率	现值
0			
1	50	4.17%	48.00
2	50	5.41%	45.00
3	1 050	5.57%	892.42
合计			985.41

由于有些债券存在着违约风险,因此债券的收益率中必须要包含违约风险溢价。如果已经计算出某种债券的违约风险溢价——静态利差 y_{ss},那么根据债券定价的原理,就可以计算出这一债券的价格。

$$P_0 = \sum_{t=1}^{n} \frac{C_t}{(1+y_t+y_{ss})^t} + \frac{F}{(1+y_n+y_{ss})^n} \tag{7-6}$$

举例 已知即期利率曲线为:1 年期 5%,2 年期 6%,3 年期 7%,4 年期 8%,5 年期 8.5%。有一个债券 A,面值为 100 元,期限为 5 年,票面利率为 10%。债券 A 的静态利差为 1.5%,那么,它的价值为 101.129 元,见表 7-6。

衍生产品的定价,也要基于到期收益率曲线。例如,在给利率的顶和底的定价时,需要借助于利率期限结构,只是该利率曲线结构不是一条曲线,而是二项式利率树图,不过二项式树图也是根据即期利率曲线得到的。

表7-6 到期收益率曲线、静态利差与有风险债券的定价

时点	现金流量（元）	即期利率	加上静态利差后的利率	折现因子	现值（元）
0					
1	10	0.05	0.065	0.9390	9.390
2	10	0.06	0.075	0.8653	8.653
3	10	0.07	0.085	0.7829	7.829
4	10	0.08	0.095	0.6956	6.956
5	110	0.085	0.100	0.6209	68.301
合计					101.129

四、收益率溢价

不同债券到期收益率之差,被称为收益率溢价,或者简称为利差(yield spread)。利差的影响因素很多,包括违约风险、流动性风险、税收待遇、市场利率的绝对水平、债券的偿还期等。

违约风险越大,利差就会越大。很明显,AAA债券相对于国债的利差,一定会小于AA债券相对于国债的利差;流动性越强,利差就会越低。由于刚刚发行的债券的流动性最强,而已经发行的债券的流动性降低,因此,后者相对于前者就会有利差。假定公司债券与国债的违约风险相同,但由于公司债券的流动性不如国债,因此,公司债券相对于国债而言,也会有利差;税收待遇越低,利差会越大,因为投资者关心的是扣除税收之后的收益率;除了以上因素之外,影响利差的因素还包括利率的绝对水平高低、债券的含权与否、含权的程度等。

利差的计量主要有以下方式。

(一) 绝对利差与相对利差

1. 绝对利差

绝对利差,顾名思义,就是某一债券到期收益率与某一基准收益率之差。例如,某个5年期债券的到期收益率为6%,而5年期国债的到期收益率为4%,那么绝对利差,或者利差,就是2%。

2. 相对利差

相对利差表示的是绝对利差相对于基准收益率的倍数。计算公式为

$$相对利差 = (\text{yield on } A - \text{yield on } B)/\text{yield on } B \tag{7-7}$$

例如,某个5年期债券 A 的到期收益率为6%,而5年期国债 B 的到期收益率为4%,

那么相对利差为 0.5,即

$$相对利差 = (\text{yield on } A - \text{yield on } B)/\text{yield on } B = (6\% - 4\%)/4\% = 0.5$$

3. 收益率比率

收益率比率为某一债券到期收益率与某一基准收益率之比,即

$$收益率比率 = \text{yield on } A / \text{yield on } B \tag{7-8}$$

例如,某个 5 年期债券 A 的到期收益率为 6%,而 5 年期国债 B 的到期收益率为 4%,那么收益率比率为 1.5。

(二) 市场间利差与市场内利差

固定收益证券市场可以划分为多个子市场,例如,在美国,固定收益证券市场可以分为政府债券、政府机构债券、市政债券、公司债券、住房抵押贷款支持证券、资产支持证券、外国债券等。不同子市场之间可比债券到期收益率之差被称为市场间利差。例如,5 年期公司债券的到期收益率为 6%,而 5 年期国债的到期收益率为 3.5%,那么市场间利差为 2.5%。同样,10 年期公司债券的到期收益率为 8%,而 10 年期住房抵押贷款支持证券的到期收益率为 7%,这样,两者的利差为 1%。

市场内利差是指在共同的子市场内不同类别债券的到期收益率之差。例如,刚刚发行的 5 年期国债的到期收益率为 3.5%,而早就发行了但偿还期还剩 5 年的债券的到期收益率为 4%。这样,两者利差为 0.5%。又比如,AAA 债券的到期收益率为 6%,而 BBB 债券的到期收益率为 9%,这样,两者的利差为 3%。

(三) 税后收益率与等税收益率

有些证券是免税的,有的则必须纳税;有些投资者是免税的,更多的则必须纳税;有些投资者收入多而税率高,有些投资者收入少而税率低。税收问题很复杂,但分析利差时,不得不考虑税收对收益率的影响。

由于投资者千差万别,税率档次差别也很大,因此本书无法分析这一问题,仅对一般情况做些分析。这需要建立两个概念:税后收益率与等税收益率。

税后收益率是指相同投资者购买不同证券纳税之后的收益率,税后收益率的计算公式为

$$税后收益率 = 税前收益率 \times (1 - 边际税率) \tag{7-9}$$

例如,投资国债的利息是免税的,而一般公司债券的利息税为 20%,这样,投资公司债券的税后收益率就是

$$公司债券税后收益率 = 税前收益率 \times (1 - 20\%) = 0.8 \times 税前收益率$$

(四) 静态利差

利差仅仅比较了在相同偿还期情况下,某一证券与基准证券,主要是国债的收益率差别,但由于该证券的现金流量与用来比较的国债的现金流量有着很大的不同,因此,这样的比较没有多大的意义。例如,同样都是 10 年期限,国债的票面利率为 2%,而公司债

券的票面利率为10%。由于公司债券的现金流量相对而言更靠前,因此,简单比较利差就忽略了现金流量的影响。

正确的方法,则必须考虑现金流量。假定一种公司债券期限为30年,那么该债券将向投资者提供30个不同时间点上的现金流量。因此,可以在市场中找到30个零息国债,而且这些国债产生的现金流量与那个公司债券的现金流量完全一致。那么,该公司债券的价值将等于其现金流量现值之和。如果该公司债券的现金流量是无风险的,那么,其价值将等于前面30个零息国债的现值之和。但由于该公司债券存在着违约风险,因此,其价值要低于国债组合的价值。这一价值会反映在价格上,表现为该公司债券价格将低一些。但价格到底低多少,可以用静态利差这一指标来反映。

静态利差(static spread)是指假定投资者持有债券至偿还期,债券所实现的收益会在国债到期收益曲线之上高多少个基点。静态利差不是公司债券到期收益率与国债到期收益率简单相减,而是反映债券到期收益率曲线超过国债到期收益率曲线的程度。静态利差也被称为Z-利差,Z代表zero,是指波动率为零时的利差。波动率为零是指利率变化没有任何其他可能,变化确定无疑。

静态利差的计算公式为

$$P_0 = \sum_{t=1}^{n} \frac{C_t}{(1 + r_t + r_{ss})^t} + \frac{F}{(1 + r_n + r_{ss})^n} \tag{7-10}$$

用图形来表示会更为清楚,见图7-5。

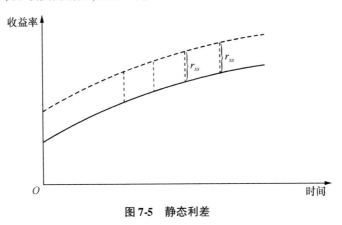

图7-5 静态利差

第三节 持有收益率与总收益分析

前面分析了到期收益率指标的若干问题,结论是在一般情况下到期收益率不能作为投资指导的指标,而只能成为衡量价格高低的指标。衡量债券投资在一个投资期内实现的收益率的指标为持有收益率,而要计算持有收益率通常要估计未来再投资收益率。

一、持有收益率

持有收益率(holding period return,HPR)是指在某一投资期内实现的收益率。这一收益率取决于三个来源,一是获得的利息,二是利息再投资获得的收益,三是资本利得或者资本损失。

如果投资期为一个单期,则持有收益率的计算很容易。

$$P_{t+1} + C_{t+1} = P_t(1 + HPR_t)$$

$$1 + HPR_t = \frac{P_{t+1} + C_{t+1}}{P_t}$$

$$HPR_t = \frac{P_{t+1} - P_t + C_{t+1}}{P_t} \tag{7-11}$$

其中:HPR_t 为 t 期的持有收益率;

P_t 为债券发行或购买时的价格;

P_{t+1} 为债券到期日或者出售的价格;

C_{t+1} 为 $t+1$ 时点上获得的利息。

举例 假设某投资者在 2012 年 1 月 1 日购买了一张债券,面值为 1 000 元,价格为 800 元。票面利率为 6%,每半年支付一次利息。利息支付日为 1 月 1 日和 7 月 1 日。该投资者将这张债券于 7 月 1 日售出,价格是 803 元。则持有收益率为

$$HPR_t = \frac{P_{t+1} - P_t + C_{t+1}}{P_t} = \frac{803 - 800 + 0.03 \times 1 000}{800} = 0.375\% + 3.75\% = 4.125\%$$

由于持有期为半年,因此按年计算的约当持有收益率为 8.25%。

如果持有期较长,或者现金流量的形成与前面的不同,那么持有收益率的计算公式应该做出调整。假定投资者在 2013 年 1 月 1 日出售了债券,价格是 805 元。持有期刚好为一年。但由于债券是半年支付一次利息,因此持有收益率应该按照下面的方法计算:

$$P_{t+2} + C_{t+2} + C_{t+1}(1 + HPR_t) = P_t(1 + HPR_t)^2$$

$$805 + 30 + 30(1 + HPR_t) = 800(1 + HPR_t)^2$$

得

$$HPR_t = 4.06\%$$

则约当持有收益率为 8.12%。

读者已经注意到,在上面计算持有收益率时,假定第一笔利息的再投资收益率与要计算的持有收益率相等。这与计算到期收益率时的假定是一样的。这同样会产生问题,因为一般情况下再投资收益率很难等于想要计算的持有收益率。如果持有期不是很长,那么误差不会太大;但如果持有期很长,那么误差就会很大。因此,必须改变这样的假定。为了计算持有收益率,需要估计再投资收益率。

二、总收益分析

由于债券投资获得收益的来源有三个,因此我们对这三个来源进行分解。

首先,计算全部利息收入累积到投资期末的总价值。

我们利用年金等式确定全部利息收入累积到期末时的价值,公式为

$$C\left[\frac{(1+y)^n - 1}{y}\right] \tag{7-12}$$

其中:C 为利息支付(半年);

n 为至偿还期或者出售债券时利息支付次数;

y 为半年基础上的再投资收益(我们先假定各期再投资的收益率都是 y)。

其次,计算利息的利息。

利息总价值中,全部静态利息之和为 nC。因此,利息的利息为

$$C\left[\frac{(1+y)^n - 1}{y}\right] - nC \tag{7-13}$$

最后,计算资本利得,即

$$P_n - P_0 \tag{7-14}$$

举例 分解折价债券。某人投资于期限 20 年的债券,票面利率 7%(半年支付),价格 816 元(面值 1 000 元),到期收益率 9%。已知到期收益率为 9%,则每半年收益率为 4.5%。

如果 9% 的到期收益率,即每半年 4.5% 的收益率确定无疑,那么到期日,累积收入为 4 746 元,即

$$816 \times (1.045)^{40} = 4\,746$$

因此,总收益为 4 746 - 816 = 3 930(元)。

我们做以下分解:

(1) 利息加上利息的利息为 3 746 元。

$$35\left[\frac{(1.045)^{40} - 1}{0.045}\right] = 3\,746$$

(2) 利息的利息为 2 346 元(3 746 - 40 × 35)。

(3) 资本利得为 184 元(1 000 - 816)。

也就是:总利息 1 400 元,利息的利息 2 346 元,资本利得 184 元,总收益 3 930 元。我们简单看一看就会知道,该债券的主要收益是利息的利息,因此,利率的变化,进而再投资收益率的变化,将在很大程度上影响投资者实现的收益率。

三、总收益的敏感性分析

市场利率的变化对总收益的影响非常大,这里用敏感性分析的方法,说明这一道理。

举例 某人投资于一张债券,债券期限 20 年,票面利率 7%(半年支付),购买价格

816 元（1 000 元的面值），到期收益率 9%。但假定购买之后，再投资收益率降低为 6%（半年 3%），则对总收益的影响如何？

(1) 利息加上利息的利息为 2 639 元。

$$35\left[\frac{(1.03)^{40}-1}{0.03}\right]=2\,639$$

(2) 利息的利息 1 239 元（2 639 − 40×35）。

(3) 资本利得 184 元（1 000 − 816）。

此时，全部利息 1 400 元，利息的利息 1 239 元，资本利得 184 元，总收益 2 823 元。读者可以计算此时该债券的持有收益率为 7.6%，明显小于 9% 的到期收益率。

第四节 债券合成与套利

一、零息债券的定义

零息债券是到期一次偿还本金和利息的债券，是一种极端的折现债券。零息债券的英文名称很多，其中有：CATs，LIONs，STRIPS，TIGRs，Zeros。

零息债券有很独特的地方，那就是没有再投资风险。如果再没有违约风险，那么投资者就一定欢迎这类债券。但中长期国债，很少属于零息债券。为了满足投资者的需要，中介机构在附息国债的基础上创造出零息债券。

假设有一个 10 年期附息国债，票面利率为 6%，一年支付一次利息，总面值为 10 亿元。其现金流量如图 7-6 所示。

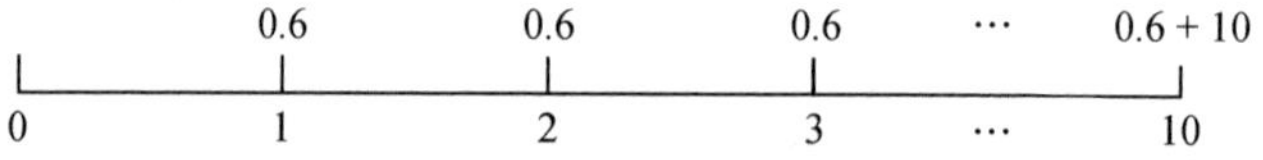

```
            0.6      0.6      0.6   …   0.6+10
         ┼────────┼────────┼────────┼────────┼
         0        1        2        3   …    10
```

图 7-6 附息债券的现金流

该债券的现金流量相当于 10 个零息债券的现金流量，前 9 个零息债券的面值都是 0.6 亿元，期限分别为 1 年、2 年，直到 9 年。第 10 个零息债券的期限为 10 年，面值为 10.6 亿元。

中介机构就以这一附息债券为依托，发放 10 个零息债券。而且零息债券的到期时间与附息国债利息支付时间一一对应。由于这些零息债券完全由附息国债来支撑，不存在违约风险，而零息债券没有再投资收益率风险，另外，这些债券的流动性很好，因此，投资者很愿意购买和持有这些零息债券。零息债券的发行价格会稍高一些，这样中介机构就可以从中获得一定的利益。

在美国，这样的零息债券是通过一个特别的渠道来发行的，这个渠道被称为"登记了的本金和利息证券分开交易"（Separate Trading of Registered Interest and Principle Securities，STRIPS）渠道。所以，复制的零息债券也被称为 STRIPS。

基于国债而复制的零息债券,被称为 treasury strips,其中由国债利息复制的零息债券被称为 coupon strips,用"ci"表示,而由国债本金复制的零息债券被称为 principle strips,其中本金来自国库票的用"np"表示(n 代表 note),本金来自国库债的用"bp"表示(b 代表 bond)。之所以有这样的区分,是因为税收方面的问题。一个纳税主体购买了基于国债而复制的零息债券,必须按年支付利息税,即使它根本没有得到利息。这样,该机构持有这种证券,在偿还期到来之前其现金流量是负的。不同国家对本金和利息的税收待遇是不同的。有些国家把投资于本金复制的零息债券所产生的收益,定义为资本利得,享受优惠的税收待遇。

二、债券合成

附息债券是零息债券的合成物,也是年金债券与零息债券的合成物;零息债券也是附息债券的合成物。本节利用合成的概念把零息债券、附息债券、年金债券等非含权债券统一起来。这一合成的概念,有利于债券的定价和套利机会的寻找。

(一)用零息债券复制附息债券

一般附息债券是指不含权的附息债券。例如,一种债券的面值是 100 元,票面利率为 6%,一年支付一次利息,期限是 20 年。现金流量如图 7-7 所示。

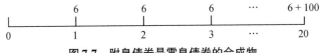

图 7-7 附息债券是零息债券的合成物

在利率期限结构如表 7-7 所示的情况下,该附息债券的价值计算为 98.12 元。具体方法是,将期限 20 年的附息债券分解为 20 个无风险的零息债券,期限分别为 1 年,2 年,…,20 年,零息债券的面值分别为 6,6,6,…,106。用数学公式来表示为

$$V = \sum_{t=1}^{20} d_t \times C_t = 98.12$$

表 7-7 到期收益率与折现因子

期限(年)	到期收益率	折现因子
1/365	4.2387%	0.9999
0.5	4.4181%	0.9786
1	4.5056%	0.9569
1.5	4.5914%	0.9349
2	4.6753%	0.9127
2.5	4.7574%	0.8903
3	4.8377%	0.8679

（续表）

期限(年)	到期收益率	折现因子
4	4.9927%	0.8229
5	5.1404%	0.7783
6	5.2807%	0.7344
7	5.4136%	0.6914
8	5.5391%	0.6497
9	5.6570%	0.6094
10	5.7675%	0.5708
11	5.8705%	0.5339
12	5.9659%	0.4989
13	6.0537%	0.4658
14	6.1340%	0.4345
15	6.2067%	0.4052
16	6.2718%	0.3778
17	6.3292%	0.3523
18	6.3790%	0.3285
19	6.4212%	0.3065
20	6.4557%	0.2862

计算过程见表7-8。

表7-8　附息债券的定价

期限	到期收益率	折现因子	现金流量	现金流量现值
1/365	4.2387%	0.9999	0	0
0.5	4.4181%	0.9786	0	0
1	4.5056%	0.9569	6	5.74
1.5	4.5914%	0.9349	0	0
2	4.6753%	0.9127	6	5.48
2.5	4.7574%	0.8903	0	0
3	4.8377%	0.8679	6	5.21
4	4.9927%	0.8229	6	4.94
5	5.1404%	0.7783	6	4.67

(续表)

期限	到期收益率	折现因子	现金流量	现金流量现值
6	5.2807%	0.7344	6	4.41
7	5.4136%	0.6914	6	4.15
8	5.5391%	0.6497	6	3.90
9	5.6570%	0.6094	6	3.66
10	5.7675%	0.5708	6	3.42
11	5.8705%	0.5339	6	3.20
12	5.9659%	0.4989	6	2.99
13	6.0537%	0.4658	6	2.79
14	6.1340%	0.4345	6	2.61
15	6.2067%	0.4052	6	2.43
16	6.2718%	0.3778	6	2.27
17	6.3292%	0.3523	6	2.11
18	6.3790%	0.3285	6	1.97
19	6.4212%	0.3065	6	1.84
20	6.4557%	0.2862	106	30.33
合计				98.12

实际上,任何确定的现金流都是零息债券的复合物。

举例 有这样一个证券,期限为5年,年底产生的现金流量为:第一年200万元,第二年300万元,第三年500万元,第四年250万元,第五年150万元。这是一种很特殊的债券。但对于银行、保险公司、社保基金等机构而言,这样的现金流是很正常的。

假如不考虑违约等风险,那么这种债券就可以按照零息债券的复合物来看待。其价格为1 221.58万元。计算见表7-9。

表7-9 不规则现金流的定价

期限	到期收益率	折现因子	现金流量	现值
1	4.5056%	0.9569	200	191.38
2	4.6753%	0.9127	300	273.80
3	4.8377%	0.8679	500	433.93
4	4.9927%	0.8229	250	205.73
5	5.1404%	0.7783	150	116.75
合计				1 221.58

(二) 用附息债券复制零息债券

附息债券是零息债券的组合,那么用零息债券自然可以构建出附息债券来。但是否可以用附息债券构建出零息债券呢?结论是可以!

举例 有下面三种附息债券和一种零息债券,见表7-10。

表 7-10 债券基本信息   单位:元

时间点	现金流量	A	B	C	D
0	$-P$	-100.47	-114.16	-119.31	-95.95
1	C_1	5	10	15	100
2	C_2	5	10	115	
3	C_3	105	110	0	

现在的问题是,如何用上述三种附息债券构建出一个面值为100元、期限为1年的零息债券?投资者怎样投资?

我们可以将这一问题换成:确定 A、B、C 三种附息债券的投资量 N_A、N_B、N_C,使得投资组合的现金流量符合下面的要求:

$$5N_A + 10N_B + 15N_C = 100$$
$$5N_A + 10N_B + 115N_C = 0$$
$$105N_A + 110N_B + 0N_C = 0$$

解上面的方程,得

$$N_A = -25.3$$
$$N_B = 24.15$$
$$N_C = -1$$

计算的结果有两个特点,一是需要卖空,二是有小数点。但如果投资数额非常大,那么小数点也就不是一个问题。关于卖空,对于一般的投资者而言,也许存在一定问题,但对于大的机构投资者而言,就不一定是个问题。

那么刚才合成出来的零息债券的成本是多少呢?

计算结果为95.69元,见表7-11。

表 7-11 计算结果   单位:元

	A	B	C	
投资数量	-25.3	24.15	-1	
每个债券的价格	100.473	114.160	119.310	
价值	$-2\,541.97$	$2\,756.964$	-119.31	95.69
零息债券价值			95.69	

由于复制出来的零息债券的成本为95.69元,而市场上已经有的零息债券的成本是

95.95 元,在不考虑交易成本的情况下,投资者选择复制零息债券,而不是购买市场上现成的零息债券,因为这样会更为有利。不仅如此,如果投资者卖空市场上的零息债券,通过债券合成的办法购买"自己制造"的零息债券,那么每一张债券的买卖交易,投资者可以获得 0.26 元的利益。如果把交易规模放大 1 万倍,投资者可以获得 2 600 元。放大得越大,他获得的利益就越大。这就是套利,投资者获利,但一点风险都不承担。

在一般情况下,如何构建合成债券呢?

令 C_{it} 为债券 i 在时点 t 产生的现金流量,在全部 Q 个时点上,有 Q 个产生不同现金流量的债券。一个债券由 Q 个债券组成,数量分别是 N_1, N_2, $\cdots$, N_Q。

投资者希望在时点 1 产生 W_1 的现金流量,在时点 2 产生 W_2 的现金流量,$\cdots$,在时点 Q 产生 W_Q 的现金流量。

因此,投资者可以构建

$$N_1 C_{11} + N_2 C_{21} + \cdots + N_Q C_{Q1} = W_1$$
$$N_1 C_{12} + N_2 C_{22} + \cdots + N_Q C_{Q2} = W_2$$
$$\cdots$$
$$N_1 C_{1Q} + N_2 C_{2Q} + \cdots + N_Q C_{QQ} = W_Q \tag{7-15}$$

这是一个联立方程组,有 Q 种变量、Q 个方程,投资者知道了全部的 C_{it} 和 W_t,唯独不知道 N_i。

如果市场上有超过 Q 种的债券,那么投资者可以实现期望现金流的机会更多,他可以用优化方法来求取。

(三) 用年金证券与零息债券复制附息债券

1. 基于到期收益率比较不同附息债券

举例 有三个债券,都是 10 年期,面值都是 100 元,到期日也完全相同,这三个债券都在同一个时点支付利息。票面利率和现价如表 7-12 所示,则哪种债券应该投资,或者不应该投资?

表 7-12 债券的票面利率和现价信息

债券	票面利率(%)	价格(元)
A	8	117.83
B	6	103.64
C	4	87.46

前面我们讨论了到期收益率的问题,结论是不能简单地根据到期收益率的高低来决定债券的优劣。在本例中,因为有了债券的现金流量和价格,可以很容易地计算出债券的到期收益率,见表 7-13。

表 7-13 债券的到期收益率计算

债券	票面利率(%)	价格(元)	到期收益率(%)
A	8	117.83	5.62
B	6	103.64	5.52
C	4	87.46	5.68

2. 通过模拟再投资收益率来评价债券的优劣

如果再投资收益率分别为 4%、6%、8%，那么可以分别计算出三种债券的总收益率（持有收益率），见表 7-14。

表 7-14 三种债券的总收益率

债券	票面利率	再投资收益率		
		4%	6%	8%
A	8%	5.22	5.72	6.24
B	6%	5.20	5.62	6.07
C	4%	5.40	5.73	6.09

从表中可以看出，B 债券的到期收益率最低，而且在给定持有收益率的情况下，B 债券的持有收益率也都低于 A 债券和 C 债券。C 债券在再投资收益率为 4% 时，持有收益率高于 A 债券；但在再投资收益率为 8% 时，A 债券实现的持有收益率高于 C 债券，原因是 A 债券的票面利率较高，可以获得较高的再投资收益。

根据再投资假定，可以得出的结论是，投资者不选择 B 债券。而 A 债券和 C 债券之间的选择，则取决于对未来市场利率的预测。

3. 用年金证券与零息债券复制附息债券

前面分析了债券合成方法中，把附息债券分解为若干个零息债券。实际上，我们可以把债券分解为年金证券和零息债券。由等额利息生成的现金流，我们称之为年金证券。例如，前面例子中的 A 债券，就由期限 10 年、每年现金流为 8 元的年金证券，再加上一个期限 10 年、到期价值为 100 元的零息债券构成。而 C 债券是由期限 10 年、每年现金流为 4 元的年金证券，再加上一个期限 10 年、到期价值为 100 元的零息债券构成的。用数学公式表示如下：

$$117.83 = 8 \sum_{t=1}^{10} d_t + 100 d_{10}$$

$$87.46 = 4 \sum_{t=1}^{10} d_t + 100 d_{10}$$

两个等式相减，得

$$30.37 = 4 \sum_{t=1}^{10} d_t$$

因此

$$7.5925 = \sum_{t=1}^{10} d_t$$

该等式的右边实际上是 10 年期的 1 元的年金的现值。这也意味着 10 年期零息债券的价值是 57.09 元。

现在我们用这样两个参数,来估计 6% 票面利率的 B 债券的价值:

$$V_B = 6\sum_{t=1}^{10} d_t + 100 d_{10} = 6 \times 7.5925 + 57.09 = 102.645(元)$$

而现在 B 债券的报价是 103.64 元。B 债券相对于 A、C 债券而言,是高估了。

我们也许不知道 A、B、C 哪个债券定价不合理,但我们根据债券合成的办法,确实能够判断出某一个债券相对于其他两个债券而言是否定价合理。在本例中,投资者是不应该购买 B 债券的。这与到期收益率分析以及再投资收益率分析的结论是一致的。由于到期收益率分析有种种问题,因此不能成为债券判别的标准。而再投资收益率分析需要对利率变化进行预测。但把债券拆分成年金证券和零息债券,则可以给债券相对定价。

三、寻找套利机会

(一) 套利的定义

套利是指利用证券定价之间的不一致,进行资金转移,从中赚取无风险利润的行为。实现套利必须满足以下条件:

第一,存在价差。之所以能够套利,是因为一项资产在不同的市场上有不同的价格,或者相同市场上某项资产与其他相同资产或其衍生资产之间存在定价上的不一致。简单来讲,一物二价,就产生了套利机会。

第二,同时性和等额性。为了实现无风险利润,套利操作需要实施反向操作,同时买卖等额的资产,从资产的差价中赚取利润,这是套利操作的重要内容。套利与一般投资最主要的区别是套利一点风险都不承担。如果一个投资者动用自己 1 元钱的资金,获得了 1 000 元,我们可以称之为收益高达 1 000 倍,但这不是套利。套利不动用自己的资本,而且自己的资本将不受任何损害。如果我们把套利理解为"空手套白狼",也许更为贴切一些。

用现金流量图来表示,套利可以有以下方式。

第一种情况如图 7-8 所示。

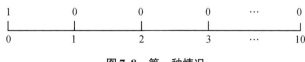

图 7-8 第一种情况

在时点 1,2,…,10,投资者权益资金的现金流量都是 0,也就是说,他持有的资产所产生的现金流,与他应该支付的负债的现金流完全一致,投资者不必动用自己的钱。但在时点 0,投资者却得到 1 元的净现金流量。这是套利。

第二种情况如图 7-9 所示。

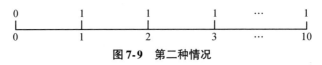

图 7-9　第二种情况

在这张图上,在时点 0 投资者通过融资的办法得到资金,全部用来购买某种无风险债券。也就是说在时点 0,投资者不必动用自己的钱。但在时点 1,2,…,10,投资者每期都获得 1 元的净现金流量。这也是套利。

读者也许立即想到,如果我从银行按照固定利率每年 5%借来资金,全部用来购买债券,债券的票面利率为 6%,而且平价交易,那么我不就获得这样的现金流了吗?不错,如果你购买的债券是无风险债券,而从银行借来的资金属于固定利率,那么这就是套利。但如果下面众多情形中有一种发生,就不属于套利。

(1) 你购买的债券有违约风险,到时你可能得不到利息和本金;

(2) 银行利率不是固定利率,而是浮动利率;

(3) 债券不是平价交易,而是溢价交易,这使得你将来归还银行的本金与债券偿还给你的本金数额不相等;

(4) 债券可以被提前回购。

第三种情况如图 7-10 所示。

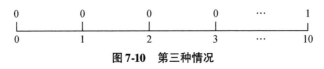

图 7-10　第三种情况

在时点 0,1,2,…,9,投资者权益资金的现金流量都是 0,也就是说,投资者资产的现金流与他的负债的现金流完全一致,投资者不必动用自己的钱。但在时点 10,投资者却得到 1 元的净现金流量。这是套利。

(二) 套利机会的寻找

举例　假定到期收益曲线向下倾斜,有效年收益率如下:

$$y_1 = 9.9\%$$
$$y_2 = 9.3\%$$
$$y_3 = 9.1\%$$

到期收益率是根据三个到期时间分别为 1 年、2 年、3 年的零息债券的价格计算出来的。已知票面利率 11%、期限 3 年的债券的价格为 102 元。是否存在套利机会?如何得到这一机会?

由于债券价格为 102 元,而价值应当是 104.69 元,因此,价格明显低估!也就是

$$\frac{11}{1.099}+\frac{11}{1.093^2}+\frac{111}{1.091^3}=104.69>102$$

如何获利？购买这一低估债券，出卖一组零息债券，该组零息债券的现金流量与所购买债券的现金流量相吻合，即卖空面值11元的1年期零息债券，卖空面值11元的2年期零息债券，卖空面值111元的3年期零息债券，这样，投资者今天就可以得到104.69元。与此同时，该投资者用102元购买价值被低估的债券，则他今天得到2.69元。而未来的现金流入与现金流出完全吻合，这2.69元就是无风险收益。

举例 在时点0有无风险债券A和B。A债券在时点1、2、3各支付1元。A债券的价格为2.24元。B债券在时点1和3支付1元，在时点2支付0元。B债券的价格为1.60元，见表7-15。

表7-15 债券A、B的基本信息 单位：元

时点	0	1	2	3
A	2.24	1	1	1
B	1.60	1	0	1

（1）计算2年期零息债券的到期收益率。

（2）如果存在债券C，在时点2支付1元，价格为0.74元。如何获得2元的无风险收益？A、B、C三个债券都可以卖空。

这两个问题都很容易回答。

由于要计算2年期零息债券的到期收益率，因此必须先构建一个2年期的零息债券。根据A、B两个债券的现金流量的分布，用A债券的现金流量减去B债券的现金流量，就可以得到2年期的零息债券，见表7-16。

表7-16 构建2年期的零息债券 单位：元

时点	0	1	2	3
A	2.24	1	1	1
B	1.60	1	0	1
$A-B$	0.64	0	1	0

由于

$$0.64(1+y_2)^2=1$$
$$y_2=25\%$$

因此，2年期零息债券的到期收益率为25%。

如何获得2元的无风险收益？

很简单，卖空一张C债券，购买一张复制的债券$(A-B)$，就可以获得0.1元。如果把这一交易放大20倍，投资者就可以获得2元的无风险收益。具体而言，卖空20张C债

券,卖空20张B债券,买入20张A债券。

举例 有三种无风险债券A、B、C,它们的价格和现金流量见表7-17。

表7-17 三种债券的基本信息　　　　　　　　　　　　　单位:元

	0	1	2
A	90	100	0
B	75	0	100
C	155	100	100

假定不允许卖空,请回答以下问题。

(1) 是否有一组折现因子,与上述债券价格相对应?

(2) 张三想构建一个组合,该组合在时点1产生200元的现金流量,在时点2产生100元的现金流量,他应如何选择,被选中的组合的成本是多少?

(3) 张三为了让组合在时点1多产生100元的现金流量而额外增加的100元的收益率(年复利)是多少? 如果额外现金流量发生在时点2,情况又会怎样?

(4) 李四想构建一个组合,该组合在时点1产生100元的现金流量,在时点2产生200元的现金流量,他应如何选择,被选中的组合的成本是多少?

(5) 李四为了让组合在时点1多产生100元的现金流量而额外增加的100元的收益率(年复利)是多少? 如果额外现金流量发生在时点2,情况又会怎样?

(6) 二人收益率差别的主要原因是什么?

解答:

(1) 如果存在一组折现因子,那么应该有下面的联立方程

$$90 = 100 d_1$$
$$75 = 100 d_2$$
$$155 = 100 d_1 + 100 d_2$$

很显然,不存在与上述债券价格相匹配的一组折现因子。

(2) 张三为了让组合在时点1产生200元的现金流量,在时点2产生100元的现金流量,共有两个选择:一是持有1张A债券和1张C债券,二是持有2张A债券和1张B债券。第一种选择的成本是245元,而第二种选择的成本是255元。因此,张三应该选择第一个方案,即持有1张A债券和1张C债券。

(3) 张三为了让组合在时点1多产生100元的现金流量,而且不能卖空,应该持有另外1张A债券,价格是90元。年收益率为11.11%,即

$$90(1 + y_1) = 100$$
$$y_1 = 11.11\%$$

张三为了在时点2产生额外100元的现金流量,有两个选择:一是直接购买一张B债券,价格是75元;二是出售A债券,然后购买C债券。之所以可以出售A债券,是因为他

手里有。这不是卖空,而是调整自己的债券组合。这样的成本是 65 元(155 - 90)。所以,张三应该出售 A 债券,然后购买 C 债券。收益率为 24.03%,即

$$65(1 + y_2)^2 = 100$$
$$y_2 = 24.03\%$$

(4) 李四想构建一个组合,该组合在时点 1 产生 100 元的现金流量,在时点 2 产生 200 元的现金流量,有两个选择:一是持有 1 张 B 债券和 1 张 C 债券,成本为 230 元;二是持有一张 A 债券和 2 张 B 债券,但成本为 240 元。因此,李四应该持有 1 张 B 债券和 1 张 C 债券。

(5) 李四为了让组合在时点 1 多产生 100 元的现金流量,有两个选择:一是额外持有 1 张 A 债券,成本为 90 元;二是卖掉组合中的 B 债券,然后购买 C 债券,这样做的成本为 80 元(155 - 75)。当然,李四应该选择后一种做法。收益率为 25%,即

$$80(1 + y_1) = 100$$
$$y_1 = 25\%$$

李四为了在时点 2 增加 100 元的现金流量,可以额外持有 1 个单位的 B 债券,成本为 75 元。收益率为 $r = 15.47\%$

$$75(1 + y_2)^2 = 100$$
$$y_2 = 15.47\%$$

(6) 张三和李四的收益率曲线见图 7-11。

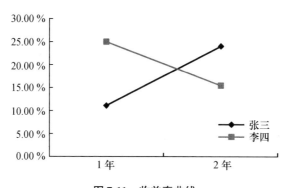

图 7-11 收益率曲线

二者的差别很大,主要是由于 C 债券的低定价。当将 C 债券放入一个组合中时,由于 C 债券的低定价,新组合的收益率就会增大。但只能用 A、B 债券来构成组合时,收益率就偏低。由于张三和李四的组合不同,利用 C 债券的方式也不同,因此其收益率曲线不同。

举例 假定你是一个无风险套利者。现有四个债券,都没有违约风险,而且都在时点 3 或者之前到期。这四个债券的价格与现金流量的情况见表 7-18。

表 7-18　四个债券的价格与现金流量　　　　　　　　单位:元

	0	1	2	3
A	100.20	10	10	110
B	93.00	100		
C	92.85	5	105	
D	110.00	15	15	115

问题:是否存在套利机会? 如果有,如何实现这一机会?

解答:

如果这四个债券按照表 7-7 中的价格来交易,就存在着套利机会。我们可以通过折现因子的求取,然后给其他债券定价。如果定价的结果与市场价格不一致,那么就产生了套利机会。

B 债券属于 1 年期的零息债券,通过计算,$d_1 = 0.93$。

$$93 = 100 \times d_1$$
$$d_1 = 0.93$$

C 债券是 2 年期附息债券,通过计算,$d_2 = 0.84$。

$$92.85 = 0.93 \times 5 + d_2 \times 105$$
$$d_2 = 0.84$$

A 债券是 3 年期附息债券,通过计算,$d_3 = 0.75$。

$$100.2 = 0.93 \times 10 + 0.84 \times 10 + d_3 \times 110$$
$$d_3 = 0.75$$

由于各个时点上的折现因子都已经得到,我们就可以给 D 债券定价,价格为 112.8 元。而市场价格却是 110 元,很明显 D 的定价偏低了,存在套利机会。

套利的办法是购买 D 债券,发行或者卖空 A、B、C 债券的某种组合,该组合的现金流量与 D 债券的现金流量完全一样,即

$$10N_A + 100N_B + 5N_C = 15$$
$$10N_A + 105N_C = 15$$
$$110N_A = 115$$

得

$$N_A = \frac{23}{22}$$
$$N_B = \frac{10}{231}$$
$$N_C = \frac{10}{231}$$

如果我们把规模放大 462 倍,则与 462 个 D 债券有相同的现金流,需要购买 483 个 A 债券、20 个 B 债券、20 个 C 债券。

习 题

一、思考题

1. 债券的内含期权有哪些?
2. 债券投资中到期收益率指标的缺点有哪些?
3. 到期收益率曲线有哪些作用?

二、计算题

1. 一张3年期零息债券,面值是1 000元,年到期收益率为8.5%(半年复利一次)。计算该债券的市场价格。

2. 假定一张浮动利率债券(半年支付一次利息)的利率确定日是每年的1月1日。利率的计算标准是 LIBOR+1.25%。如果 LIBOR 是6.5%,计算半年支付的利率水平。

3. 假定到期收益率曲线是水平的,都是5%。一个债券面值为100元,票面利率为6%,每年支付一次利息,期限3年。如果到期收益率曲线平行上升1个百分点,请计算债券价格的变化。

4. 假定某债券面值为100元,期限为3年,票面利率为年6%,一年支付两次利息。请计算债券本息累积到第3年年底的总价值(再投资收益率为半年3%)。

5. 假设某人于2013年1月1日购买了一张债券,面值为1 000元,价格为1 050元,票面利率为8%,每半年支付一次利息,付息日分别是1月1日和7月1日。这个人于7月1日将这一债券出售,出售价格是1 060元,请计算该投资者半年的持有收益率,并计算年收益率是多高。

6. 下表是关于三种无违约风险债券交易价格和现金流量情况。所有债券都在时点2或者在此之前到期。

单位:元

债券	今天的价格	时点1的现金流量	时点2的现金流量
A	915	1 000	0
B	800	0	1 000
C	955	100	1 100

如果你可以买空和卖空,那么这些债券价格存在套利机会吗?如果有,你如何利用这种机会?

7. 有下面三种债券:

债券	票面利率	期限	价格(面值100元)
A	6%	5	100元
B	3%	5	94元
C	5%	5	96元

请分析这三个债券的定价是否合理,如果不合理,请说明理由。

8. 平价收益率是指证券价格等于面值时的到期收益率,假定当期的平价到期收益曲线如下:

到期日	平价收益率
1	10%
2	15%
3	20%
4	23%
5	25%

假设平价到期收益率的单位为年,按年复利计息。

利用上面提供的信息,计算下面的债券在时点0的价格。该债券的面值为100元,票面利率为10%(一年支付一次利息),期限为3年。

第八章　债券风险与避险策略

债券投资有很多风险,包括违约风险、利率风险、流动性风险、税收风险、通货膨胀风险等,正是因为债券投资有那么多的风险,尽量回避这些风险,也就成了债券品种创新的根本原因。本章在概述这些风险的基础上,重点阐述利率风险中的价格风险。衡量价格风险的主要是久期和凸性两个指标。这两个指标可以广泛地应用在组合免疫和避险上。组合免疫是让资产的价格风险与负债的价格风险相同,使得组合自身的权益价值不受市场利率变化的影响。组合避险是指为了避免组合中某种流动性较差的资产的价格风险,而出售另外一种流动性较好的债券,间接回避组合中那种资产的价格风险。

第一节　债券投资的风险类别与品种创新

一、债券投资的风险类别

债券投资存在很多风险,包括违约风险、利率风险、流动性风险、购买力风险等。

(一) 违约风险

一般来讲,违约风险包括两层含义。

第一,违约的可能性。一般来讲,一国中央政府在本国所发行的债券是没有信用风险的,而在国外发行的主权债券则有信用风险。地方政府债券由于其偿还来源不同,违约风险有很大的区别。例如,地方政府发行的一般义务债券是以其税收作为偿还来源的,信用风险低;而地方政府发行的收益债券,是以某一投资项目所产生的收益或者说净现金流量作为偿还来源的,风险较高。金融债券、公司债券、资产支持证券、住房抵押贷款支持证券也都有信用风险。

违约风险一般用债券的信用级别来表示,而债券信用级别不是一成不变的。债券级别可能提升,也可能下降。如果债券信用级别发生出乎意料的下调,将扩大违约风险溢价,从而降低债券价格。

第二,违约风险溢价发生变化。即使债券信用级别不发生改变,违约风险溢价增大,债券的市场价值也将变小。

表8-1是穆迪公司(Moody's)、标准普尔公司(S&P)、惠誉公司(Fitch)关于债券级别

的标准。

表8-1 国际著名信用评级公司设定的信用级别

Moody's	S&P	Fitch	说明
投资级别——高信用级别			
Aaa	AAA	AAA	金边债券,最安全
Aa1	AA +	AA +	
Aa2	AA	AA	信用好
Aa3	AA −	AA −	
A1	A +	A +	
A2	A	A	中高级别
A3	A −	A −	
Baa1	BBB +	BBB +	
Baa2	BBB	BBB	中下级别
Baa3	BBB −	BBB −	
投机级别——低信用级别			
Ba1	BB +	BB +	
Ba2	BB	BB	投机性
Ba3	BB −	BB −	
B1		B +	
B2	B	B	高投机性
B3		B −	
高度投机性级别——风险极高,或者处于违约当中			
Caa	CCC +	CCC +	
	CCC	CCC	风险很高,处境不妙
Ca	CC	CC	很容易违约,非常高的投机性
C	C	C	极度投机性
	CI		收益性债券——已经不支付利息
	D	DDD	
		DD	已经违约
		D	

(二) 利率风险

首先,利率变化会导致债券价格发生变化。通常情况下,债券价格受利率变化的影响,主要是:① 证券的价格与市场利率呈反方向变化;② 偿还期越长,债券价格波动幅度越大;③ 票面利率越低,价格波动越大;④ 相同幅度的利率变化,引起债券价格上升与下降的幅度不同,即利率下降引起债券价格上升的幅度,要超过利率上升引起债券价格下降的幅度。

其次,利率变化会导致再投资收益率的变化。由于市场利率下降,利息的收益能力也就下降了,因此,票面利率越高的债券,再投资收益率风险越高。

再次,利率变化会导致某类债券本金流量发生变化。某些债券的本金支付与市场利率密切相关。例如,在市场利率下降时,可回购债券的发行者就会倾向于回购债券,这就缩短了债券的期限,产生了收缩风险,这一风险使得债券的投资者不可能获得由市场利率下降带来的资本利得。而当市场利率上升时,债券发行者就不回购债券,这样,债券投资者就不可能按已经上升了的市场利率进行大数额的再投资,投资者受到了更大的损失。这就产生了扩张风险。

最后,利率风险会引发信用风险。为了回避利率风险,商业银行可以发放浮动利率贷款,从而与其短期负债相匹配。通过减少固定利率贷款,增加浮动利率贷款,将利率风险转移给借款人。但当市场利率大幅上升后,借款人的偿还负担迅速增加,不少借款人就会发生偿还困难。例如,美国次贷危机与市场利率的上升有很大的关系。利率上升,住房贷款的违约率增大,商业银行贷款资产质量变坏。在此间发行的住房贷款支持证券的投资者就不得不承受违约风险。

(三) 流动性风险

流动性风险是指债券因其流动性不足而在交易证券时所可能遭受的损失。流动性风险与证券自身的特点有很大的关系。如果债券符合大多数投资者的需求,那么投资者购买和持有的积极性就高。流动性风险与债券交易场所能够吸引的投资者数量有关。如果债券在交易所交易,由于投资者或潜在投资者分散而且为数众多,交易必然活跃,流动性风险就低。流动性风险与该种证券的发行规模有很大关系。比如,国库券发行量大,发行周期固定而且规律性强,投资者众多,流动性自然强;而相比之下,某些公司发行的债券由于发行量小,投资者人数少,其流动性自然受到影响。

(四) 税收风险

一般来讲,不同的投资者有不同的边际税率,不同的债券也有不同的税收待遇;不同时期投资者的税收环境和债券的税收环境也会发生变化。这些不确定性影响着债券的价格。这种影响就是税收风险。

(五) 购买力风险

由于一般债券的利息收益是固定的,因此购买者只能获得名义上固定的利息。这就给投资带来了很高的风险。因此,投资债券很难回避物价上涨带来的影响,而相比之下,股票投资回避物价上涨的能力要强得多。股票的收益主要来自股价的变动。尽管影响股票价格的因素数不胜数,但股价最终是股票价值的反映。股票价格一方面取决于公司的收益,另一方面取决于投资的机会成本——权益资本成本的高低。公司的收益通常与经济环境密切相关,其中也与物价水平相关。上市公司通常有多种手段回避通货膨胀风险。

二、风险回避与债券品种创新

风险回避是债券创新的根本原因。创新的类别主要分为五种:信用风险转移型、价格风险转移型、流动性提高型、税收风险回避型和购买力风险回避型。

尽管信用风险属于个别风险,而个别风险可以通过组合投资的办法来回避或者降低,但是从事组合投资的主体大多是机构投资者,而个人投资者由于受到资金、信息等条件的限制,很难从事组合投资。为了降低债券投资的信用风险,需要增加偿还保证。因此,抵押债券、质押债券和保证债券就应运而生了。为了判断一个债券,特别是公司债券的信用风险,投资者可以利用资信评定机构所评定的级别。因此,投资级债券、非投资级债券以及垃圾债券等不同类别也就出现了。

价格风险回避有多种途径,每一种途径都需要各自的金融工具。例如,发行浮动利率债券来替代固定利率债券,而发行者自己承担价格风险。由于不同偿还期的债券,价格风险不同,因此,为了适应投资者的需求,就应该发行不同偿还期的债券。由于价格风险与债券的票面利率有直接的关系,因此,就应该发行不同票面利率的债券。这在一定程度上说明了为什么在债券市场中,存在着各种期限和各种票面利率的债券。

发行者为了降低自己的价格风险,可以创造出新的金融工具。例如在市场利率很低时,发行者可以重新发行债券以增加自己的利益。正是为了这一目的,发行者增设了回购条款,即在经过一定的时间后,发行者可以在任何时候按事先约定的价格买回自己发行的债券。同样,有些投资者担心自己购买的债券,在市场利率上升后价格下降幅度过大,期望发行者按照事先约定的价格买回,这就是产生了可回卖债券。为了回避利率风险,可以使用利率互换,为此,各种形式的债券互换也就产生了。

为了增强流动性,做市商和债券交易所必不可少。有些债券是公开发行的,发行规模巨大,可以在交易所集中交易。有些债券虽是公开发行,但只能在柜台进行交易。有些债券是私募的,因此也只能在柜台进行交易,或者只能在投资者之间进行转让。投资者对流动性的要求不同,市场也就创造出不同流动性的债券。

由于有税收风险,而且不同投资者的边际税率不同,因此,不同票面利率的债券被创造了出来。这些债券适应不同类别的投资者。例如,高税率的投资者购买低收益免税债券,低税率的投资者购买高收益但不免税的债券。有时国家对资本利得和利息的税收待遇不同,因此公司为了吸引投资者,就发行溢价债券、平价债券、折现债券甚至是零息债券。

由于有购买力风险,有些投资者试图回避它。许多新品种债券被创造出来,其中包括指数债券、保值债券、浮动利率债券、逆浮动利率债券等。我国曾经发行过保值公债。英国政府发行过指数债券。而浮动利率债券更是常见。

第二节 影响债券价格-利率敏感性的因素

一、利率与债券价格的关系

简单来讲,债券价格与市场利率是相反的关系,利率越高,债券价格越低;利率越低,债券价格越高。用图 8-1 来表示则更为直观。

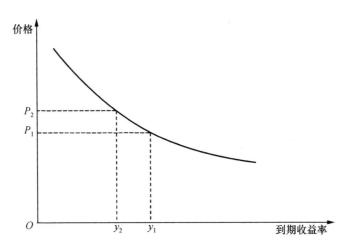

图 8-1 债券价格与市场利率的关系

二、影响价格-利率敏感性的主要因素

有很多因素影响债券价格-利率之间的敏感性。这些因素主要包括偿还期、票面利率、利率水平等。通常有以下规律。

第一,一般情况下,假定其他因素不变,偿还期越长,债券价格-利率之间的敏感性越强。但随着偿还期的延长,敏感性增强的速度在下降。

例如,15 年期、10 年期、5 年期三种债券相比,市场利率的相同变化,引起 15 年期债券价格的变化,要高于 10 年期债券,而 10 年期债券价格的变化,要高于 5 年期债券价格的变化。但是 10 年期相对于 5 年期、15 年期相对于 10 年期而言,前者的价格波动之差,要高于后者。

举例 假设有三种债券,基本情况见表 8-2。

假定每种债券对应的到期收益率都下降 10%,分别达到 8.1%、9%、9.9%。债券的新价格变成 1 035.84 元、1 000 元、931.15 元。价格波动幅度分别为 3.58%、6.55%、8.76%。因此,偿还期越长,价格波动幅度越大。

表 8-2　债券价格与偿还期的关系

	A	B	C
年利息(一年一次)	90 元	90 元	90 元
面额	1 000 元	1 000 元	1 000 元
风险	无风险	无风险	无风险
偿还期	5 年	10 年	15 年
到期收益率	9%	10%	11%
价格	1 000 元	938.55 元	856.18 元
新到期收益率	8.1%	9%	9.9%
新的价格	1 035.84 元	1 000 元	931.15 元
价格波动幅度	+3.58%	+6.55%	+8.76%

另外,10 年期和 5 年期债券价格波动率之差为 2.97%(6.55% - 3.58%),而 15 年期与 10 年期债券价格的波动率之差则为 2.21%(8.76% - 6.55%)。所以,期限增加,价格波动率下降。

第二,假定其他因素不变,票面利率越低,债券价格-利率之间的敏感性越高。但市场利率同样幅度的上升与下降,引起债券价格波动的幅度却是不同的。利率下降引起债券价格上升的幅度,要高于同样幅度的利率上升引起债券价格下降的幅度。例如,票面利率 5% 的债券与票面利率 10% 的债券相比,市场利率的相同变化引起 5% 票面利率的债券价格的变化,要大于票面利率 10% 的债券价格的变化。

举例　有下面两种债券,基本情况见表 8-3。

表 8-3　票面利率与债券价格波动

	A	B
年利息(一年一次)	60 元	100 元
面额	1 000 元	1 000 元
风险	无风险	无风险
偿还期	10 年	10 年
到期收益率	12%	12%
价格	660.98 元	886.99 元
新到期收益率(1)	13%	13%
新的价格(1)	620.16 元	837.21 元
价格波动幅度(1)	-6.18%	-5.61%
新到期收益率(2)	11%	11%
新的价格(2)	705.52 元	941.95 元
价格波动幅度(2)	+6.74%	+6.20%

假定两种债券的到期收益率都上升 1 个百分点,都从 12% 上升到 13%。债券的新价

格变成620.16元、837.21元。价格波动幅度分别为-6.18%和5.61%。因此,票面利率低的债券,价格波动幅度要更大一些。

又假定两种债券的到期收益率都下降1个百分点,都从12%下降到11%。债券的新价格变成705.52元、941.95元。价格波动幅度分别为+6.74%和6.20%。而前面的分析表明,市场利率上升1个百分点,引起债券价格下降的幅度分别为-6.18%和5.61%。所以有这样的结论:市场利率同样幅度的上升与下降,引起债券价格波动的幅度是不同的。利率下降引起债券价格上升的幅度,要高于同样幅度的利率上升引起债券价格下降的幅度。

第三,假定其他因素不变,市场利率水平越低,债券价格-利率之间的敏感性越高。

假定有下面的债券,见表8-4。

表8-4 债券基本信息

	A
年利息(一年一次)	60元
面额	1 000元
风险	无风险
偿还期	10年
到期收益率	6%
价格	1 000元

到期收益率分别在6%、5%、4%、3%、2%的情况下,利率有25个基点的变化,债券价格波动幅度是不同的,而且在市场利率越低的情况下,同样幅度的利率变化,引起债券价格波动的幅度越大,见表8-5。

表8-5 利率的变化与债券价格的波动

到期收益率(%)	价格(元)	波动率(%)
2.00	1 359.30	
2.25	1 332.48	-1.97
3	1 255.91	
3.25	1 231.62	-1.93
4	1 162.22	
4.25	1 140.19	-1.90
5	1 077.22	
5.25	1 057.22	-1.86
6	1 000.00	
6.25	981.82	-1.82

为了更清楚地说明我们的结论,我们再举个例子。有四种债券,每种债券的到期收

益率都为9%(b.e.b),利息半年支付。价格分别为100元、100元、84.175元和63.1968元。偿还期、票面利率与债券价格的关系见表8-6。

表8-6 偿还期、票面利率与债券价格的关系　　　　　　　　　单位:%

新收益率	基点变化	9% 5年	9% 20年	5% 5年	5% 20年
6.0	-300	12.8	34.67	13.73	39.95
8.0	-100	4.06	9.90	4.35	11.26
8.9	-10	0.4	0.93	0.42	1.05
9.01	1	-0.4	-0.092	-0.042	-0.14
9.5	50	-1.95	-4.44	-2.09	-5.01
10.0	100	-3.86	-8.58	-4.13	-9.64
12.0	300	-11.00	-22.60	-11.90	-25.10

从表8-6中可以看出前面分析到的结论:偿还期越长,价格风险越大;票面利率越低,价格风险越大;利率下降引起债券价格上升的幅度,大于同样幅度的利率上升引起债券价格下降的幅度。

第三节　久期

一、金额久期

(一) 定义与数学解释

久期(duration)是债券价格风险的重要指标。金额久期是指市场利率发生1个百分点的变化,债券价格变化的金额。

如果到期收益曲线呈水平状,那么债券价格

$$P = \sum_{t=1}^{n} \frac{C_t}{(1+y)^t}$$

如果到期收益率发生微小变化,债券价格变化为

$$dP = \sum_{t=1}^{n} \frac{-t \cdot C_t}{(1+y)^{t+1}} \cdot dy = -\frac{1}{1+y} \sum_{t=1}^{n} \frac{t \cdot C_t}{(1+y)^t} \cdot dy$$

如果到期收益曲线不是水平的,债券价格计算公式为

$$P = \sum_{t=1}^{n} C_t \cdot d_t$$

$$P = \sum_{t=1}^{n} \frac{C_t}{(1+y_t)^t}$$

如果到期收益率有一个微小的变化,债券价格的变化应该是债券价格的全导数。

$$dP = \sum_{t=1}^{n} \frac{-t \times C_t}{(1+y_t)^{t+1}} \times dy_t \tag{8-1}$$

如果到期收益曲线是平行移动的,即各期利率都波动 dy,那么

$$dP = \sum_{t=1}^{n} \frac{-t \cdot C_t}{(1+y_t)^{t+1}} \cdot dy \tag{8-2}$$

我们把 $\frac{1}{1+y}$ 当作共同的因子,从(8-2)式中提出来。当然,这种处理不符合严格的数学推导,但为了建立一个简单的金额久期的概念,我们不做严格的数学推导,而是求取债券价格变化的近似等式。

$$dP = \sum_{t=1}^{n} \frac{-t \cdot C_t}{(1+y_t)^{t+1}} \cdot dy$$

$$dP \approx \frac{1}{1+y} \sum_{t=1}^{n} \frac{-t \cdot C_t}{(1+y_t)^{t}} \cdot dy$$

$$dP = -\frac{1}{1+y} \sum t \cdot V(C_t) \cdot dy \tag{8-3}$$

其中:

$$V(C_t) = \frac{C_t}{(1+y_t)^t}$$

这样,在到期收益率曲线不是水平的时候,估计当市场利率发生微小变化时引起债券价格变化的等式,与到期收益率曲线为水平的情况下估计债券价格变化的等式是相同的。

我们可以用金额久期(dollar duration)来反映市场利率变化1个百分点而引起的债券价格变化的数额,即

$$\Delta_{金额} = \sum t \cdot \frac{C_t}{(1+y_t)^t} = \sum t \cdot V(C_t) \tag{8-4}$$

其中:$\Delta_{金额}$ 为金额久期;

t 为现金流量距离时点 0 的长度;

$V(C_t)$ 为债券的现金流量的现值。

由于

$$dP \approx -\frac{1}{1+y} \cdot \sum_{t=1}^{n} t \cdot V(C_t) \cdot dy$$

$$\Delta P \approx -\frac{1}{1+y} \cdot \sum_{t=1}^{n} t \cdot V(C_t) \cdot \Delta y$$

因此

$$\Delta P \approx -\frac{1}{1+y} \cdot \Delta_{金额} \cdot \Delta y \tag{8-5}$$

为了与债券价格计算公式相匹配,债券的金额久期的计算更应该为

$$\Delta_{金额} = \sum t \cdot \frac{C_t}{(1+y_t)^t} = \sum t \cdot V(C_t) = \sum t \cdot C_t \cdot d_t \tag{8-6}$$

(二) 久期的几何解释

久期的几何解释可参见图 8-2。

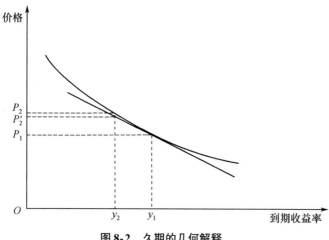

图 8-2 久期的几何解释

如果用短期利率 y 表示到期收益率曲线,目前的短期利率为 y_0。当市场利率下降到 y_2 时,债券的时间价格应该上升到 P_2,但通过金额久期的计算,债券价格上升到 P_2'。债券实际价格与估计价格之间的差距为 P_2 到 P_2'。当市场利率变化不是很大的时候,债券时间价格与利用久期估计的债券价格之间的误差不大。但是,当市场利率波动较大时,二者之间的误差就会很明显。这也说明了利用持续期估计债券价格风险的局限。

金额久期的计算举例。有一个 20 年期的附息债券,面值 100 元,票面利率 10%,一年支付一次利息。到期收益率曲线事先给定。该债券的金额久期为 15.5。经济含义是,如果到期收益率曲线水平移动 1 个百分点,那么债券价格将变化 15.5 元,见表 8-7。之所以是 15.5 元,而不是 1 550 元,道理很简单,因为市场利率波动 1 个百分点,所以要把 1 550 除以 100,才能得到金额久期。

表 8-7 金额久期的计算

期限	到期收益率(%)	折现因子	现金流量(元)	现值(元)	t 倍现值(元)
1	4.5056	0.9569	10	9.57	9.57
2	4.6753	0.9127	10	9.13	18.25
3	4.8377	0.8679	10	8.68	26.04
4	4.9927	0.8229	10	8.23	32.92
5	5.1404	0.7783	10	7.78	38.92
6	5.2807	0.7344	10	7.34	44.06
7	5.4136	0.6914	10	6.91	48.40
8	5.5391	0.6497	10	6.50	51.97

(续表)

期限	到期收益率(%)	折现因子	现金流量(元)	现值(元)	t倍现值(元)
9	5.6570	0.6094	10	6.09	54.85
10	5.7675	0.5708	10	5.71	57.08
11	5.8705	0.5339	10	5.34	58.73
12	5.9659	0.4989	10	4.99	59.87
13	6.0537	0.4658	10	4.66	60.55
14	6.1340	0.4345	10	4.35	60.84
15	6.2067	0.4052	10	4.05	60.79
16	6.2718	0.3778	10	3.78	60.45
17	6.3292	0.3523	10	3.52	59.89
18	6.3790	0.3285	10	3.29	59.14
19	6.4212	0.3065	10	3.07	58.24
20	6.4557	0.2862	110	31.48	629.57
价格				144.46	1 550.11
金额久期					15.50

二、比率久期

为了分析1个百分点的利率波动对债券价格波动幅度所造成的影响,需要建立债券价格波动率这一指标,这一指标可以用比率久期 Ω 来表示。

由于

$$\frac{\Delta P}{P} \cdot \frac{1}{\Delta y} = -\frac{1}{1+y} \cdot \Delta_{金额} \cdot \Delta y \cdot \frac{1}{P} \cdot \frac{1}{\Delta y} = -\frac{1}{1+y} \cdot \Delta_{金额} \cdot \frac{1}{P}$$

因此将比率久期定义为 Ω,并且

$$\Omega = \frac{\Delta_{金额}}{P} \tag{8-7}$$

比率久期在很多固定收益证券书籍中,被称为麦考利久期(Macauly duration)。之所以有这样的称谓,是因为 Macauly 在久期方面的贡献。[1]

接前面一年支付一次利息的例子,由于金额久期为15.5,而债券价格为144.46元,因此,比率久期为10.73,即

---

[1] Frederick Macauly, "Some Theoretical Problems Suggested by the Movement of Interest Rates, Bond Yields, and Stock Prices in the U.S. Since 1856", New York: National Bureau of Economics Research, 1938.

$$\Omega = \frac{\Delta_{金额}}{P} = \frac{15.5}{144.46} = 10.73\%$$

有些书籍把比率久期的经济含义理解为加权平均的回收期,这样的理解有些问题。从简单的数学分析中,我们可以清楚地得到结论,比率久期是债券价格受市场利率波动的影响程度。

在债券中,零息债券的比率持续期是债券期限本身。

因为

$$\Omega = \frac{\Delta_{金额}}{P} = \frac{\sum t \cdot V(C_t)}{P} = \frac{t \cdot V(C_t)}{P}$$

$$= \frac{t \cdot V(C_t)}{V(C_t)} = t$$

零息债券的比率久期等于期限本身,而附息债券的比率久期一定小于期限本身,票面利率越高,比率久期与期限的差距越大。这与我们在前面阐述的债券价格-利率敏感性的结论是一致的。这一结论很简单,但很重要。说明零息债券的价格风险非常高,而附息债券的价格风险相对于零息债券而言会略低一些。

三、修正久期

修正久期在比率久期的基础上考虑短期利率的影响。我们将修正久期定义为

$$D_M = \frac{\Omega}{1+y} \tag{8-8}$$

举例 一个债券的金额久期为 15.5,债券价格为 144.46 元,一年期利率为 4.5056%,请计算修正持续期。

久持续期

$$\Omega = \frac{15.5}{144.46} = 10.73\%$$

再计算修正久期

$$D_M = \frac{\Omega}{1+y} = \frac{10.73\%}{1+4.5056\%} = 10.27\%$$

四、债券组合的久期

(一)组合的金额久期

当得到各种债券金额久期之后,可以用下面的方法求得一个组合的金额久期。

$$\Delta_{组合金额} = \sum N_i \cdot \Delta_{i金额} \tag{8-9}$$

其中:N_i 为 i 种证券的投资数量,$\Delta_{i金额}$ 为 i 种证券的金额久期。N_i 可以是负数。当 N_i 为负数时,表明这种证券不是投资者的资产,而是负债。也就是说,投资者通过发行这种证券筹措资金,并投资于其他证券。

(二) 组合的比率久期

当得到包括各种债券的比率久期之后,可以用下面的方法求得一个组合的比率久期。

$$\Omega_{组合} = \sum \omega_i \cdot \Omega \tag{8-10}$$

其中:ω_i 为 i 种证券的投资比重,Ω_i 为 i 种证券的比率久期。

举例 有一个组合由三个债券构成,A 债券的期限 5 年,票面利率 10% ; B 债券的期限 15 年,票面利率 8% ; C 债券的期限 30 年,票面利率 14%。三种债券都是一年支付一次利息。这三个债券的其他信息见表 8-8。

表 8-8 三个债券的基本信息

债券	价格(元)	到期收益率(%)	面值(万元)	市场价值(万元)	比率持续期
A	100.00	10	100	100	3.86
B	84.63	10	200	169.2	8.05
C	137.86	10	300	413.58	9.17

该组合的投资比重分别为

$$\omega_1 = 14.6\%$$
$$\omega_2 = 24.8\%$$
$$\omega_3 = 60.6\%$$

组合的比率久期为

$$\Omega_{组合} = \sum \omega_i \cdot \Omega = 0.146 \times 3.86 + 0.248 \times 8.05 + 0.606 \times 9.17 = 8.11$$

经济含义是,如果市场利率上升 1 个百分点,该债券组合的价值将下降 8.11%。

第四节 凸性

一、金额凸性

(一) 金额凸性的定义与由来

凸性是债券价格变化曲线的曲度,也就是说,凸性是利率一个微小的变化而引起的债券久期的变化比率。金额凸性是指利率一个微小的变化而引起的债券价格的额外变化,这一额外变化是在久期引起债券价格变化之上的。

凸性直接来自泰勒扩展序列公式。根据泰勒扩展序列公式,债券价格的变化可以用下式来表示

$$\Delta P = \frac{\partial P}{\partial y} \cdot \Delta y + \frac{1}{2!} \cdot \frac{\partial^2 P}{\partial y^2} \cdot (\Delta y)^2 + \frac{1}{3!} \cdot \frac{\partial^3 P}{\partial y^3} \cdot (\Delta y)^3 + \cdots$$

如果只取该等式的前两项,那么债券价格的变化可以近似地表示为

$$\Delta P \approx \frac{\partial P}{\partial y} \cdot \Delta y + \frac{1}{2} \cdot \frac{\partial^2 P}{\partial y^2} \cdot (\Delta y)^2 \tag{8-11}$$

在到期收益率曲线为水平的情况下,债券价格为

$$P = \sum_{t=1}^{n} \frac{C_t}{(1+y)^t}$$

$$\frac{\partial P}{\partial y} = -\frac{1}{1+y} \cdot \Delta_{\text{金额}}$$

$$\frac{\partial^2 P}{\partial y^2} = \sum_{t=1}^{n} \frac{t \cdot (t+1) \cdot C_t}{(1+y)^{t+2}} = \frac{1}{(1+y)^2} \cdot \sum_{t=1}^{n} t \cdot (t+1) \cdot V(C_t)$$

定义金额凸性

$$\Gamma = \sum_{t=1}^{n} t \cdot (t+1) \cdot V(C_t) \tag{8-12}$$

则

$$\frac{\partial^2 P}{\partial y^2} = \frac{1}{(1+y)^2} \cdot \Gamma$$

因此

$$\Delta P = -\frac{1}{1+y} \cdot \Delta_{\text{金额}} \cdot \Delta y + \frac{1}{2} \cdot \frac{1}{(1+y)^2} \cdot \Gamma \cdot (\Delta y)^2 \tag{8-13}$$

在到期收益率曲线不是水平的情况下,债券价格为

$$P = \sum_{t=1}^{n} \frac{C_t}{(1+y_t)^t}$$

如果定义 y 为短期利率,可以有

$$\frac{\partial P}{\partial y} \approx -\frac{1}{1+y} \cdot \Delta_{\text{金额}}$$

$$\frac{\partial^2 P}{\partial y^2} = \sum_{t=1}^{n} \frac{t \cdot (t+1) \cdot C_t}{(1+y_t)^{t+2}} \approx \frac{1}{(1+y)^2} \cdot \sum_{t=1}^{n} t \cdot (t+1) \cdot V(C_t)$$

同样定义金额凸性为 Γ

$$\Gamma = \sum_{t=1}^{n} t \cdot (t+1) \cdot V(C_t)$$

则

$$\frac{\partial^2 P}{\partial y^2} = \frac{1}{(1+y)^2} \cdot \Gamma$$

因此

$$\Delta P = -\frac{1}{1+y} \cdot \Delta_{\text{金额}} \cdot \Delta y + \frac{1}{2} \cdot \frac{1}{(1+y)^2} \cdot \Gamma \cdot (\Delta y)^2$$

有了凸性,投资者就可以相对准确地分析市场利率变化引起债券价格变化的幅度。

(二) 金额凸性的经济含义

金额凸性的经济含义是由于凸性特征的存在引起债券价格的额外变化。

举例 有一种 20 年期的附息债券,面值 100 元,票面利率 10%,一年支付一次利息。到期收益率曲线是给定的,请计算该债券的金额凸性。

计算过程见表 8-9。

表 8-9 金额凸性的计算　　　　　　　　　　　　　单位:元

期限	到期收益率	折现因子	现金流量	现值	t 倍的现值	$t(t+1)$ 倍的现值
1	4.5056%	0.9569	6	5.74	5.74	11.48
2	4.6753%	0.9127	6	5.48	10.95	32.86
3	4.8377%	0.8679	6	5.21	15.62	62.49
4	4.9927%	0.8229	6	4.94	19.75	98.75
5	5.1404%	0.7783	6	4.67	23.35	140.10
6	5.2807%	0.7344	6	4.41	26.44	185.06
7	5.4136%	0.6914	6	4.15	29.04	232.31
8	5.5391%	0.6497	6	3.90	31.18	280.66
9	5.6570%	0.6094	6	3.66	32.91	329.09
10	5.7675%	0.5708	6	3.42	34.25	376.72
11	5.8705%	0.5339	6	3.20	35.24	422.86
12	5.9659%	0.4989	6	2.99	35.92	466.96
13	6.0537%	0.4658	6	2.79	36.33	508.61
14	6.1340%	0.4345	6	2.61	36.50	547.53
15	6.2067%	0.4052	6	2.43	36.47	583.56
16	6.2718%	0.3778	6	2.27	36.27	616.64
17	6.3292%	0.3523	6	2.11	35.93	646.81
18	6.3790%	0.3285	6	1.97	35.48	674.17
19	6.4212%	0.3065	6	1.84	34.94	698.88
20	6.4557%	0.2862	106	30.33	606.68	12 740.21
总和				98.12	1 159.00	19 655.75
债券价值				98.12		
金额久期					1 159.00	
金额凸性						1.97

那么,该债券的金额久期为 11.59。经济含义是,如果到期收益率曲线水平移动 1 个百分点,那么债券价格将波动 11.59 元。而该债券的金额凸性为 1.97。经济含义是,如果

到期收益率曲线水平下降 1 个百分点,那么债券价格因为凸性的存在,除在久期作用下上升 11.59 元之外,还要上涨 0.985 元。之所以是 0.985 元,而不是 9 850 元,很明显是因为市场利率波动了 1 个百分点,1 个百分点的平方,就是万分之一。所以,要把 9 850 除以 10 000,才能得到金额凸性。

(三) 金额凸性的引入与债券价格估计的精确性

金额凸性的引入可以大大提高债券价格估计的精度。但本书必须强调:引入持续期和凸性概念,绝不是为了计算债券的价格,而是为了债券投资的风险管理。

紧接前面的例子。该债券是 20 年期的附息债券,面值 100 元,票面利率 10%,一年支付一次利息。该债券的价格为 98.12 元,金额久期为 11.59,金额凸性为 1.97。我们来验证一下金额凸性的引入对于提升债券价格估计精确性的作用。

如果到期收益率曲线平行上升 200 个基点,债券的实际价格为 79.38 元,下降 18.74 元。如果到期收益率曲线平行下降 200 个基点,则债券的实际价格为 123.91 元,上升 25.79 元。而通过金额久期估计债券价格波动为 23.18 元(11.59 × 1 = 11.59)。可见与债券实际价格误差更大。但当引入金额凸性后,结果就会发生变化。当到期收益率曲线下降 2 个百分点时,利用久期和凸性两个指标估计债券价格上升,结果为 25.788 元,与实际价格波动 25.79 元基本一致。

$$\Delta P = -\frac{1}{1+y} \cdot \Delta_{金额} \cdot \Delta y + \frac{1}{2} \cdot \frac{1}{(1+y)^2} \cdot \Gamma \cdot (\Delta y)^2$$

$$= \frac{1}{1+4.5056\%} \times 11.59 \times 2 + \frac{1}{2} \times \frac{1}{(1+4.5056\%)^2} \times 1.97 \times 2^2$$

$$= 25.788(元)$$

如果到期收益率曲线平行上升 200 个基点,利用持续期和凸性两个指标估计债券价格下降为 18.57 元,与实际价格下降 18.74 元非常接近。

$$\Delta P = -\frac{1}{1+4.5056\%} \times 11.59 \times 2 + \frac{1}{2} \times \frac{1}{(1+4.5056\%)^2} \cdot 1.97 \cdot 2^2$$

$$= 18.57(元)$$

二、比率凸性

比率凸性是指,凸性的作用使得在市场利率波动 1 个百分点的情况下债券价格发生多少个百分点的波动,计算公式如下:

在一年支付一次利息的情况下

$$\Gamma_{Ratio} = \frac{1}{P} \times \sum_{t=1}^{n} t \cdot (t+1) \cdot V(C_t) \tag{8-14}$$

三、修正凸性

修正凸性是考虑到短期利率大小对比率凸性的影响,具体而言,

在一年支付一次利息的情况下

$$\Gamma_{\text{Modefied}} = \frac{1}{(1+y)^2} \times \frac{1}{P} \times \sum_{t=1}^{n} t \cdot (t+1) \cdot V(C_t) \tag{8-15}$$

当得到修正持续期和修正凸性后,债券价格波动率就可以按照下式来计算

$$\frac{\Delta P}{P} = -D_m \cdot \Delta y + \frac{1}{2} \cdot \Gamma_m \cdot (\Delta y)^2 \tag{8-16}$$

四、债券组合的凸性

(一) 债券组合金额凸性

债券组合金额凸性是组合资产金额凸性的加权总和,权数是单个债券的数量,即

$$\Gamma_{\text{金额}} = \sum_{i=1}^{n} N_i \Gamma_i \tag{8-17}$$

N_i 可以是负数。当 N_i 为负数时,表明这种证券不是投资者的资产,而是负债。

(二) 组合的比率凸性

当得到包括各种债券的比率凸性后,可以用下面的方法求得一个组合的比率持续期。

$$\Gamma_{\text{组合Ratio}} = \sum \omega_i \cdot \Gamma_{i,\text{Ratio}} \tag{8-18}$$

其中:ω_i 为 i 种证券的投资比重,$\Gamma_{i,\text{Ratio}}$ 为 i 种证券的比率凸性。

五、凸性的特征

凸性衡量的是价格-收益率曲线的弯曲的程度。凸性一般具有以下特征:

第一,非含权债券的凸性都是正数,因此凸性的存在改善了债券价格的风险状况,也就是说,债券价格下跌,但没有持续期估计得那么严重,而当市场利率下降时,债券价格上升,但上升幅度要大于持续期估计的水平。因此,Grantier, J. B. 写了一篇名为"Convexity and Bond Performance: The Benter the Better"的文章。[1] 固定收益证券管理中存在着努力实现组合凸性最大化的动机。[2]

第二,凸性会随着到期收益率的增加而降低。这一点,我们从价格-收益率曲线的几何图形上就可以看出来。

第三,在给定到期收益率和修正持续期的情况下,票面利率越低的债券凸性越小。这将引入 barbell 与 bullets 两种投资策略的比较。在大多数情况下,barbell 的策略会更好一些。

---

[1] Grantier, J. B., "Convexity and Bond Performance: The Benter the Better", *Financial Analyst Journal* 44, 1988.

[2] 参见 Douglas, L. G., "Bond Risk Analysis: A Guide to Duration and Convexity," New York Institute of Finance, 1990。

第五节 免疫与避险

一、持续期与平衡点

平衡点是指债券投资者面临的价格风险与再投资收益率风险刚好相等,因而投资者所获得的收益基本稳定,而不管利率如何发生变化。

举例 一个投资者在时点0购买票面利率7%的债券,价值1 000元。该债券期限10年,一年支付一次利息。投资期为7.5年。我们可以得到结论,不管在时点0市场利率发生了怎样的变化,在时点7.5,投资者累积的财富将大致相等。

我们可以计算该债券的比率持续期,大约为7.5,见表8-10。

表8-10 债券比率持续期的计算 单位:元

期限	到期收益率	折现因子	现金流量	现值	t倍现值
1	7.0000%	0.9346	7	6.54	6.54
2	7.0000%	0.8734	7	6.11	12.23
3	7.0000%	0.8163	7	5.71	17.14
4	7.0000%	0.7629	7	5.34	21.36
5	7.0000%	0.7130	7	4.99	24.95
6	7.0000%	0.6663	7	4.66	27.99
7	7.0000%	0.6227	7	4.36	30.51
8	7.0000%	0.5820	7	4.07	32.59
9	7.0000%	0.5439	7	3.81	34.27
10	7.0000%	0.5083	107	54.39	543.93
				100.00	751.52
价格				100	
比率久期					7.51

我们也可以计算在时点7.5投资者的总财富。

假定在时点0利率为7%:

$$70(1.07)^{6.5} + 70(1.07)^{5.5} + \cdots + 70(1.07)^{0.5} + \frac{70}{1.07^{0.5}} + \frac{70}{1.07^{1.5}} + \frac{1070}{1.07^{2.5}}$$

$$= 626.6 + 1034.4 = 1661(元)$$

假定在债券购买(零时点)后,利率立即降到4%:

$$70(1.04)^{6.5} + 70(1.04)^{5.5} + \cdots + 70(1.04)^{0.5} + \frac{70}{1.04^{0.5}} + \frac{70}{1.04^{1.5}} + \frac{1\,070}{1.04^{2.5}}$$

$$= 563.8 + 1\,104.7 = 1\,668.5(元)$$

如果在债券购买(零时点)后,利率立即上升到10%:

$$70(1.1)^{6.5} + 70(1.1)^{5.5} + \cdots + 70(1.1)^{0.5} + \frac{70}{1.1^{0.5}} + \frac{70}{1.1^{1.5}} + \frac{1\,070}{1.1^{2.5}}$$

$$= 696.5 + 970.6 = 1\,667.1(元)$$

为什么投资者在投资期末的时候,累积的财富基本相等呢?主要原因在于投资者面临的价格风险被再投资风险抵消了。

二、免疫

(一) 免疫的定义

免疫(immunization),顾名思义,就是打预防针,目的是让被免疫的肌体不受某些病毒的侵害。债券投资的免疫,其目标就是让来自投资组合的收益满足负债的支付,而在投资之后不必再增加额外资本。简单地讲,债券投资免疫就是使资产和负债的现金流量相吻合(cash matching)。在不特别限制投资选择的情况下,免疫目标比较容易实现。

通常情况下,免疫的主体包括退休基金、寿险公司、商业银行等。

退休基金和寿险公司的负债期限很长,这些机构免疫就是要让它们的资产的期限也很长。在债券投资理论中,就是通过让资产的久期与负债的久期相等,来确保权益资本价值的稳定。

商业银行的负债期限很短,而如果资产期限较长的话,就会面临利率风险。而在利率环境不稳、变化方向莫测的情况下,商业银行最好是采取免疫的策略,让资产的久期与负债的久期相等,进而实现免疫。

退休基金、寿险公司、商业银行要进行免疫,但不是说这些机构始终都要免疫。免疫是为了预防某种不利情况的发生。如果能够预测未来利率的变化趋势,就不需要进行免疫了,而是需要积极的主动投资策略,从而实现更大的收益。如果能够判断利率变化,但不知道利率往什么方向变,那就需要进行免疫。如果一个机构什么都不知道,最好的办法就是采取被动的投资策略,持有债券到偿还期。

(二) 免疫步骤

免疫通常有以下四个步骤:

(1) 找到负债的久期;

(2) 选择一个组合,该久期等于前面负债的久期;

(3) 选择每个证券投资的数量,使得组合的现值等于负债的现值;

(4) 当市场利率发生变化,或者负债偿还,组合中短期债券到期等情况发生后,要调整投资组合。

投资者可以从修正久期、比率久期、金额久期出发,来寻找免疫的策略。但无论利用哪种久期,资产与负债久期的定义都要保持一致!

举例 单一负债的免疫。假定一个投资者10年后必须偿还1931元。到期收益率曲线是水平的,为10%。负债的现值为745元,即

$$1931/1.1^{10} = 745(元)$$

负债的久期为10。20年期债券,面值1000元,票面利率7%(一年支付),价格745元。久期大约为10。那么,投资者可以选择这一债券实现负债的免疫。因为当利率发生变化后,这一债券的价值可以足够满足负债的价值。换句话说,投资者可以随时卖掉手里的债券,偿还负债。市场利率变化对债券和投资者负债的影响,见表8-11。

表8-11 到期收益曲线在投资后立即发生变化对债券以及负债价值的影响

到期收益率(%)	债券价值(元)	负债价值(元)
4	1 409	1 305
6	1 115	1 078
8	902	895
10	745	745
12	627	622
14	536	521
16	466	438

当然,假定利率不是一次性变化,而是这样变化:

(1) 利率立即降到4%,并一直保持9年;

(2) 在9.5年后利率涨到16%。

读者们可以计算,组合与负债不能很好地匹配了。但这能证明免疫这种策略不行吗?当然不能! 一旦市场利率发生变化,组合就得重新免疫。为了再免疫,投资者需要出售原来的债券,再买回久期为10的新债券或者债券组合。

三、避险

(一) 避险的定义

避险(hedging)是指利用一种证券给另外一种证券的价格变化提供保护。相当于给一个证券找一个保镖。在债券市场中,有些债券的流动性较差,或者由于各种各样的原因,投资者不想出售这种债券。而他又担心这种债券价格下降,给自己带来损失。投资者有一种办法,就是卖空市场中流动性高的另外一种债券。如果市场利率上升,债券价格就会下降。投资者持有的那种债券价格下降了,他当然遭受了损失。但他卖空另外一种债券会给他带来收益。这样一来,投资者的总体收益就得到了保证。当然,投资者实现避险的方法很多,包括利用一些衍生金融工具等。

(二) 利用久期避险

举例 一公司债券做市商在某交易日末尾,拥有5年期公司债券面值100万元,票面利率6.9%(半年支付),价格为平价。该债券流动性很差,因此出售该债券会遭受很大的损失。而隔夜持有该债券也有很大风险,因为如果市场利率上升,该债券价格会下降。投资者卖空流动性很强的国债来避险。具体情况是,市场中有下面两种债券:

10年期,利率8%的国债,价格$P = 1109.0$元(面值1000元);

3年期,利率6.3%的国债,价格$P = 1008.1$元(面值1000元)。

问题:

a. 为了避险,应该卖空多少10年期国债?如果卖空3年期国债,卖空多少?

b. 如果所有债券到期收益率一夜之间上升1%,该做市商在了结自己的卖空头寸之后,自己的交易结果如何?

c. 如果他要卖空这两种国债,那么10年期和3年期国债各卖空多少?

解答:

为了回答问题a,我们这样操作:

(1) 找到被避险债券的修正持续期;

(2) 找到卖空债券的修正持续期;

(3) 找到避险系数(hedge ratios)。

对于5年期公司债券而言,票面利率6.9%,平价交易。因此,$y = 6.9\%$ (b.e.b.),修正持续期$D_m = 4.1688$;

对于10年期国债而言,票面利率8%,价格1109.0元。因此,$y = 6.5\%$ (b.e.b.),修正持续期$D_m = 7.005$;

对于3年期国债而言,票面利率6.3%,价格1008.1元。因此,$y = 6.00\%$ (b.e.b.),修正持续期$D_m = 2.700$。

设10年期国债卖空数量为z,则

$$7.005 \times z = 1\,000\,000 \times 4.1688$$

得

$$z = 593\,861.5$$

设3年期国债卖空数量为y,则

$$2.7 \times y = 1\,000\,000 \times 4.1688$$

得

$$y = 1\,540\,720$$

对问题b的回答:

如果全部债券的到期收益率一夜之间都上升了1%,做市商在了结卖空头寸后的交易结果如下:

5年期公司债券的到期收益率上升到7.9%,价格下降到959.344元(面值1000元)。

投资者损失了 40 656 元,即

$$1\,000\,000 \times (1 - 0.959344) = 40\,656(元)$$

10 年期国债的到期收益率上升到 7.5%,价格上涨到 1 034.74 元(面值 1 000 元),相当于原来价格的 93.304%(1 034.74/1 109)。卖空 10 年期国债实现的收益为 39 765.7 元,即

$$(1 - 0.933) \times 593\,861.5 = 39\,765.7(元)$$

3 年期国债的到期收益率上升到 7%,价格为 981.35 元(面值 1 000 元),相当于原来价格的 97.346%(981.35/1 008.1)。卖空 3 年期国债实现的收益为 40 891 元,即

$$(1 - 0.97346) \times 1\,540\,720 = 40\,891(元)$$

对问题 c 的回答:

设 x 为 10 年期国债卖空的比重,那么,为了避险,资产和负债的持续期应该相等,即

$$x(7.005) + (1 - x)(2.7) = 4.1688$$

得

$$x = 34.12\%, \quad 1 - x = 65.78\%$$

就是说,10 年期国债卖空的比重为 34.12%,价值为 34.12 万元;3 年期国债卖空的比重为 65.78%,价值为 65.78 万元。

四、久期与凸性在投资组合风险管理中的应用

假定其他因素都一样,凸性被认为是好的,对投资者是有价值的。固定收益证券管理中存在着努力实现组合凸性最大化的动机。一般情况下,假定其他因素都一样,一次性支付(bullet paymen)的凸性要小于杠铃式——现金流量两头分布(barbell payments)的凸性,因此,barbell 投资会给投资者带来凸性利益。

举例 bullet 与 barbell 策略。有以下国债,均为平价交易,见表 8-12。

表 8-12 三种国债的基本信息

债券	票面利率(%)	偿还期(年)	收益率(%)	修正持续期 D_m	修正凸性 Γ_m
A	8.50	5	8.50	4.00	19.81
B	9.50	20	9.50	8.88	124.20
C	9.25	10	9.25	6.43	55.45

有两种国债组合策略:

(a) 只投资于债券 C(bullet strategy);

(b) 投资于债券 A 和 B,且投资比重各占 50%。此时组合的久期大体等于 C 的。

$$0.50 \times 4.00 + 0.5 \times 8.88 = 6.44$$

投资者期望在市场利率变化后,barbell 表现得更好一些,所以他或许愿意舍弃一点收益率,而获得较高的凸性。bullet 的到期收益率为 9.25%,而 barbell 的到期收益率大约等

于9%。

我们计算在到期收益率曲线平行移动、变陡、变得平缓三种情况下 bullet 策略相对于 barbell 策略的优劣。其中,变得平缓的意思是 5 年期到期收益率比水平移动多涨 25 个基点,而 20 年期到期收益率比水平移动少涨 25 个基点。变陡的意思是 5 年期到期收益率比水平移动少涨 25 个基点,而 20 年期到期收益率比水平移动多涨 25 个基点。具体结果见表 8-13。

表 8-13 bullet 策略与 barbell 策略的比较

利率波动	水平移动	变平缓	变陡
-5.00	-7.19	-10.69	-3.89
-4.00	-4.00	-6.88	-1.27
-3.50	-2.82	-5.44	-0.35
-2.00	-0.59	-2.55	1.25
-1.00	0.06	-1.54	1.57
0.00	0.25	-1.06	1.48
2.00	-0.31	-1.18	0.49
2.75	-0.73	-1.46	-0.05
3.00	-0.88	-1.58	-0.24
3.75	-1.39	-1.98	-0.85

表 8-13 中的数字是指在 6 个月的持有期间内,bullet 策略的收益率减去 barbell 策略的收益率。如果为负数,说明 Bullet 策略较差;数值为正,说明 Bullet 策略较好。

在表 8-13 中,barbell 策略在一般情况下要好于 bullet,因为 barbell 策略更能够获得凸性利益。但 barbell 策略不是永远好于 bullet。在利率变化比较小时,bullet 策略会更好,因为 bullet 的到期收益率要更高一些。利率变化比较小时,bullet 策略会更好,因为 bullet 的到期收益率要更高一些。利率变化比较大时,barbell 策略会更好,此时凸性起了作用。而在到期收益曲线变平缓或变陡峭的情况下,结果会更鲜明:曲线变平缓时,barbell 更好;曲线变陡峭时,bullet 在利率波动不是特别过分时效果更好。此时,绝不是凸性在起作用,而是普通意义上的久期产生了问题。久期的定义是收益率曲线平行移动情况下债券价格的波动幅度,而在收益率曲线不是平行移动时,普通意义上的久期指标是有问题的,此时要选择诸如关键利率久期等风险指标。

习 题

一、思考题

1. 债券投资有哪些风险?违约风险表现在哪些方面?

2. 回避利率风险的途径有哪些？分析这些途径的利弊。

3. 债券投资策略的主要思路是什么？

二、计算

1. 一个债券当前价格为 105 元，如果利率上升 0.5 个百分点，价格降到 103 元；如果利率下降 0.5 个百分点，价格上升到 107.5。请计算该债券在利率下降 1 个百分点时的价格。

2. 刚刚发行的一只 6 年期浮动利率债券，半年支付一次利息。假定到期收益率曲线是水平的，为 6%。请说明该债券的比率久期是接近 0.3，还是 0.5，抑或是 6。

3. 某债券面值 100 元，期限 3 年，票面利率为 10%（一年支付一次利息）。假定到期收益曲线如下表所示，请计算该债券的金额久期和比率久期。

0	即期利率
1	4%
2	4.6%
3	5%

4. 投资者目前的资产负债内容如下表所示。

资产	负债
305 个 3 年期的零息债券，价值 30 500 元	300 个单位的 20 年期附息债券，价值 30 000 元
	权益 500 元

根据目前的利率期限结构，已经计算出了这些债券的金额久期，结果如下：

债券	金额持续期
3 年零息	3
15 年零息	15
20 年附息	9

投资者的目标是用久期避险，即组合的金额久期为零。他希望持有 20 年的附息债券，但愿意调整 3 年期零息债券的头寸。投资者也愿意购买或者发行 15 年期的零息债券（价格也是 100 元）。请问该投资者应该如何调整自己的资产和负债？

5. 假定你管理着一个退休基金账户，所有的资产都是随时可以交易的，现在的总规模是 11 000 万元。你的手下通过计算，可以精确地告诉你将来要支付多少金额。明年没有人退休，当然不需要支付现金。但从后年开始，需要支付的金额迅速增加，具体数额如下表所示。

时点	1	2	3	4
需支付的资金(元)	0	2 000	4 500	8 000

你作为资产管理人,必须满足资金的支付。经过一番思考,你决定通过建立精确组合来免除风险。精确组合(dedicated portfolio)是指完全吻合负债现金流的资产组合。多余的资金可以购买股票等风险资产。根据零息债券的价格得到的折现因子如下表所示。

时点	1	2	3	4
折现因子	0.9091	0.8000	0.7143	0.6250

(1) 问,每一种零息债券分别购买多少?

(2) 假定不用零息债券构建这一精确组合,而只能依赖于下面四种债券,又应如何操作?

单位:元

	价格	现金流量			
		1	2	3	4
A	98.0874	11	11	111	
B	99.0805	12	12	12	112
C	104.4055	10	12	15	120
D	106.6940	35	35	35	35

6. 一家公司3年后要支付2 000万元,7年后要支付1 000万元。你是该公司的财务总监,要确保未来的现金支付。你需要构建一个资产组合,其中可供选择的资产包括下面两种债券:

(1) 2年期零息债券,价格为82.645元(面值100元);

(2) 10年的零息债券,价格为38.554元(面值100元)。

请计算:

a. 资产组合的价值是多少?

b. 每种债券投资多少?

c. 如果利率突然上升,你构建的组合是盈还是亏,抑或是无所谓?

第九章　股票价值评估

第一节　股票价值评估概述

从价值投资的角度看,投资者在投资(买卖)股票之前,应该对股票的价值做一个评估,即对自己可能买卖的股票的内在价值以及目前该股票的市场价格是否合理做出判断。如果投资者认为股票的内在价值超过其市场价格,表明该股票可能被低估,投资者可以考虑买进;如果股票价值低于市场价格,表明该股票可能被高估,投资者可以考虑卖出(或卖空)。

股票价值的评估过程可如图 9-1 所示。

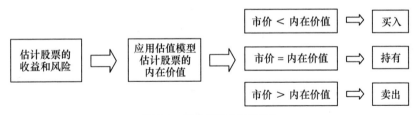

图 9-1　股价评估过程图示

评估股票价值的关键在于预测(估计)股票可能给投资者带来的收益和相应的风险。在第三章,我们讨论了有关证券的收益与风险的概念。对于股票投资来说,它的收益主要来自两个部分:公司定期派发的股利(包括现金股利、股票股利、财产股利以及有偿配股权等各种权利)和股票买进与卖出价之间的差价利润(即资本利得,capital gains)。而它的风险则要复杂得多,包括利率风险(指市场利率变化引起股价波动,从而影响投资报酬的风险)、购买力风险(又称通货膨胀风险,指由于物价水平变动而导致的股票实际收益率的变化)、经营风险(指股票发行公司经营不善或公司所处外部环境发生不利变动,导致公司盈余减少,影响股利发放;或股价下跌使投资者蒙受损失的风险)、财务风险、政治风险、经济景气风险,等等。

评估股票内在价值就是要考虑影响股票未来收益和风险的因素,在此基础上对股票未来的收益和风险做出量化的预期,然后运用某种方法进行价值评估。常见的普通股股价评估方法有折现法、每股收益法和资产价值法,等等。以下各节将具体介绍上述股价评估方法。

证券的风险和收益不是一成不变的。当新的影响股票收益和风险的信息出现时,投资者会调整对未来股票收益和风险的预期,从而调整对股票内在价值的预期。因此,整个股价评估的过程是动态的,即有关股票的新信息一出现,股票的内在价值就可能会改变。这也会导致股票价格的波动,并进而驱使对股票未来内在价值的预期的不断修正。

第二节 折现法

折现法是按照某一折现率把发行公司未来各期盈余或股东未来各期可以收到的现金股利折现成现值,作为普通股的评估价值。针对不同的折现对象和不同的折现率决定方法,可以有不同的折现方法。例如,将盈余折现成现值或将现金股利折现成现值。在这一点上,证券分析专家各持己见,有些认为股价主要取决于公司未来的盈余,股票评价模式应就公司未来盈余加以折现;有些专家则认为投资者如无限期持有股票,其收益只来自现金股利,所以现金股利折现更加合理。传统上,分析专家们大都重视现金股利,并就现金股利加以折现。不过,近些年来,随着短期操作的活跃,投资者更多地重视资本利得,故而公司盈余显得更为重要。不过,盈余折现与股利折现方法相近,因此本节主要介绍股利折现估价法。

股价评估中所用的折现率(discount rate)是指经过风险调整的收益率(risk adjusted rate of return)。由于股价评估的目的是判断股票的内在价值,进而判断目前股票的市场价格是否合理,因此必须把未来可能带给投资者的报酬予以折现,这样才能在相同的时点上相互比较。

显然,某种股票的风险越大,折现率也应越大;风险越小,折现率也越小。

一、基本估价模式

假设投资者 A 购买了某公司的股票并准备持有一年,预计该公司在年末将发放 DIV_1 的现金股利,而股票在发放现金股利后的价格为 P_1,k 为折现率,则该公司股票预计的内在价值为

$$V_0 = \frac{DIV_1 + P_1}{1+k} \tag{9-1}$$

但是,一年后的股票价值 $V_1(P_1)$ 怎样决定呢?根据(9-1)式

$$V_1 = \frac{DIV_2 + P_2}{1+k}$$

因此,如果投资者持有 n 期,则

$$V_0 = \frac{DIV_1}{1+k} + \frac{DIV_2}{(1+k)^2} + \frac{DIV_3}{(1+k)^3} + \cdots + \frac{DIV_n + P_n}{(1+k)^n} \tag{9-2}$$

虽然投资者 A 可以出售股票给投资者 B 取得 P_1 或 P_n 的现金收入,但新的投资者 B 所能得到的收益只能是在他的持有期内所得到的公司发放的现金股利和他在未来 m 时

刻将股票出售给下一个投资者的现金收入 P_m,这样无限替换下去,得到下面的公式(9-4)

$$V_0 = \frac{\text{DIV}_1}{1+k} + \frac{\text{DIV}_2}{(1+k)^2} + \frac{\text{DIV}_3}{(1+k)^3} + \cdots \tag{9-3}$$

其中:V_0 为普通股的现值,DIV_i 为第 i 期股利,k 为投资者的期望报酬率(即折现率)。

公式(9-3)表明,股票的内在价值就是未来无穷期公司发放的现金股利的现值。也就是说,当投资者在公司发行股票时将资金投入公司,这些资金在公司内的使用成果并最终以现金股利的方式回报给股东,就决定了股票的内在价值。

在应用这一股票内在价值估值公式时,需要对未来现金股利做出预测。一个最简单的假设是,未来各期的现金股利保持为常数 DIV,则(9-3)式变为

$$V_0 = \frac{\text{DIV}}{k} \tag{9-4}$$

例如,每年的每股现金股利为 2 元,折现率为 16%,那么 $V_0 = 2/0.16 = 12.50$ 元,即股票内在价值为每股 12.50 元。由于普通股每年的现金股利很难保持稳定不变,因此这一零成长率的股票价值衡量模式应用并不太广,只是在股利政策比较稳定的普通股估价和优先股分析时采用。

二、股利增长率固定的估价模式

由于现金股利不变的假设过于强烈,因此可以对其做一些简单的改进,使之更接近于实际。其中的一种改进是固定现金股利增长率模型。

假设预期每股现金股利每年以一个固定的增长率 g 增长,则

$$\text{DIV}_1 = \text{DIV}_0(1+g)$$
$$\text{DIV}_2 = \text{DIV}_0(1+g)^2$$
$$\cdots\cdots$$
$$\text{DIV}_\infty = \text{DIV}_0(1+g)^\infty$$

因此,(9-3)式可以改写为

$$V_0 = \frac{\text{DIV}_0(1+g)}{1+k} + \frac{\text{DIV}_0(1+g)^2}{(1+k)^2} + \frac{\text{DIV}_0(1+g)^3}{(1+k)^3} + \cdots \tag{9-5}$$

(9-5)式可简化为

$$V_0 = \frac{\text{DIV}_0(1+g)}{k-g} = \frac{\text{DIV}_1}{k-g} \tag{9-6}$$

(9-6)又称戈登模型。显然,如果现金股利增长率 $g = 0$,(9-6)式就回到了(9-4)式。因此,固定现金股利的估价模型是固定现金股利增长率估价模型的一个特例。

举例 某公司刚刚分配的现金股利(DIV_0)是每股 0.5 元,如果预期公司现金股利将按照每年 6% 的增长率持续增长,投资者要求的回报率(贴现率)为 12%,则该公司股票的内在价值是多少?

由于公司刚刚分配了现金股利,相当于 $\text{DIV}_0 = 0.5$ 元,因此

$$DIV_1 = DIV_0(1+g) = 0.5 \times (1+0.06) = 0.53(元)$$

股票的内在价值为

$$V_0 = \frac{0.53}{0.12-0.06} = 8.83(元)$$

细心的读者会注意到,(9-6)式只有在 g 较小(小于 k)时才成立。如果 $g>k$,(9-6)式中股票的内在价值将趋于无穷大。在实际中,一个企业是无法持久保持一个很高的增长率的,因此其现金股利也无法持久保持一个很高的增长率,能够持续保持的股利增长率一定是一个较小的值。当然,在短期内增长率完全可以保持一个较高的数值,但这时需要使用的模型是多阶段增长模型。

(9-6)式在股票估值中运用得较为普遍。它的基本含义是:每股现金股利越多,股票的价值就越高;每股现金股利的增长率越高,股票的价值就越高。当然,如果投资者要求的回报率(贴现率)降低,股票的价值也会上升。

假设股票的市场价格 P_0 等于其内在价值 V_0,利用(9-6)式可以推出

$$k = \frac{DIV_1}{V_0} + g = \frac{DIV_1}{P_0} + g \tag{9-7}$$

如果没有未来的增长,公司全部收益都作为现金股利分配,股票的价值为

$$V = \frac{EPS_1}{k} = \frac{DIV_1}{k}$$

用上例中的数据,$V = 0.5/0.12 = 4.17(元)$。

有增长机会时的股票价值与无增长机会时的股票价值之差,称为股票的增长机会现值(present value of growth opportunities,PVGO),也即

$$V_0 = \frac{DIV_1}{k} + PVGO \tag{9-8}$$

根据上例中的数据,增长机会现值 PVGO = 8.83 - 4.17 = 4.66(元)。

三、多阶段股利增长估价模型

固定股利增长率模型是一个最基本的简化模型。事实上,由于企业在不同的发展阶段对资金的需求和盈利的增长都会有很大的差异,其现金股利分配也难以始终保持一个稳定不变的增长率。比如,在企业发展的早期,其发展前景相对广阔,有较多的高盈利的投资机会,企业会将大量资金用于这些可以为股东创造高回报的投资机会。这时,企业需要较多的权益资本投入,很难高比例派发现金股利,这时公司的现金股利支付比率低,但增长率低。当公司进入成熟阶段后,生产能力和盈利水平都已达到一个较高的水平,而新的高盈利的投资机会减少,这时公司就可以拿出较多的现金进行股利分配,但现金股利的增长率却会随着盈利机会的减少而降低。

考虑到企业发展过程中不同阶段的增长率差异,可以采用多阶段股利增长模型进行股票价格的估计。假设股利增长率在一定时期(如 n 期)内维持在一个较高的水平 g_1,其

后恢复为正常的增长率水平 g_2。那么股票估价模式如下：

$$V_0 = \sum_{t=1}^{n} \frac{\mathrm{DIV}_0(1+g_1)^t}{(1+k)^t} + \frac{P_n}{(1+k)^n} \quad (9\text{-}9)$$

$$P_n = \frac{\mathrm{DIV}_{n+1}}{k-g_2} \quad (9\text{-}10)$$

举例 鸿达公司目前(即 0 时刻)现金股利为 2 元,股东的要求报酬率为 16%,预计未来 5 年中股利的增长率为 20%,在第 5 年后股利增长率降低到 6% 的可以长期维持的水平,求该公司股票的内在价值。

解 鸿达公司现金股利的变化如下：

$$\mathrm{DIV}_0 = 2.0$$
$$\mathrm{DIV}_1 = 2.0(1+20\%) = 2.4$$
$$\mathrm{DIV}_2 = 2.0(1+20\%)^2 = 2.88$$
$$\mathrm{DIV}_3 = 2.0(1+20\%)^3 = 3.456$$
$$\mathrm{DIV}_4 = 2.0(1+20\%)^4 = 4.147$$
$$\mathrm{DIV}_5 = 2.0(1+20\%)^5 = 4.977$$
$$\mathrm{DIV}_6 = \mathrm{DIV}_5(1+g_2) = 4.977(1+6\%) = 5.276$$
$$\cdots\cdots$$

$$V_0 = \sum_{t=1}^{5} \frac{\mathrm{DIV}_0(1+g_1)^t}{(1+k)^t} + \frac{P_5}{(1+k)^5}$$

$$= \sum_{t=1}^{5} \frac{2.0(1+0.2)^t}{(1+0.16)^t} + \frac{2.0(1+0.2)^5(1+0.06)}{0.16-0.06} \times \frac{1}{(1+0.16)^5}$$

$$= 2.069 + 2.14 + 2.214 + 2.29 + 2.37 + 25.122 \times 0.476$$

$$= 23.04(元)$$

从本例可看出,股票价值等于未来 5 年现金股利的现值加上在第 5 年股价的现值。

四、留存收益固定的股票评价模式

公司的盈余除了用于派发现金股利外,还会有一部分用于企业的再投资,称为留存收益。下面讨论留存收益固定时的股票估值模型。

1. 留存收益额固定模式

令 EPS 为每股税后净利润;r 为留存收益再投资的收益率;DPS 为每股现金股利额;留存收益额固定,即

$$\mathrm{EPS}_t - \mathrm{DPS}_t = \mathrm{EPS}_{t-1} - \mathrm{DPS}_{t-1} = \cdots = \mathrm{EPS}_1 - \mathrm{DPS}_1; \quad 且 \frac{E_1 - D_1}{E_1} = a$$

那么,每个时期的盈余与股利关系如下：

$$D_1 = E_1 - aE_1$$
$$E_2 = r(E_1 - D_1) + E_1 = raE_1 + E_1 = E_1(1+ra)$$

又因为 $E_2 - D_2 = E_1 - D_1 = aE_1$

那么

$$D_2 = E_2 - aE_1, \quad D_2 = E_1(1 + ra) - aE_1$$

同理，

$$E_3 = E_1(1 + 2ra), \quad D_3 = E_3 - aE_1$$
$$D_3 = E_1(1 + 2ra) - aE_1$$

把上述 $D_1, D_2, D_3 \cdots$ 代入公式(9-1)中得

$$V_0 = \frac{E_1 - aE_1}{1 + k} + \frac{E_1(1 + ra) - aE_1}{(1 + k)^2} + \frac{E_1(1 + 2ra) - aE_1}{(1 + k)^3} + \cdots$$

$$= \frac{E_1 - aE_1}{1 + k} + \frac{(E_1 - aE_1) + E_1 ra}{(1 + k)^2} + \frac{(E_1 - aE_1) + 2E_1 ra}{(1 + k)^3} + \cdots$$

上式是求永久年金等额递增复利现值，由公式可得

$$V_0 = \frac{E_1 - aE_1}{k} + \frac{E_1 ra}{k^2} = \frac{D_1}{k} + \frac{r(E_1 - D_1)}{k^2} = \frac{D_1 + \frac{r}{k}(E_1 - D_1)}{k}$$

因此，留存收益额固定的股票估值模型为

$$V_0 = \frac{D + \frac{r}{k}(E - D)}{k} \tag{9-11}$$

举例 设某公司预期 $EPS_1 = 1.5$ 元/股，$DIV_1 = 0.5$ 元/股，留存收益 $= EPS_1 - DIV_1 = 1.0$ 元，且预期此后始终保持这一留存收益额不变，公司的权益投资收益率 $r = 10\%$，股东要求的投资回报率 $k = 8\%$，则该公司股票的价值为

$$V_0 = \frac{0.5 + \frac{0.10}{0.08}(1.5 - 0.5)}{0.08} = \frac{1.75}{0.08} = 21.875(元)$$

2. 留存收益率固定模式

令每期的留存收益率固定，即 $(E_t - D_t)/E_t = (E_1 - D_1)/E_1 = b$，那么，每期的现金股利为

$$D_1 = E_1 - bE_1 = E_1(1 - b)$$
$$E_2 = r(E_1 - D_1) + E_1 = rbE_1 + E_1 = E_1(1 + rb)$$
$$D_2 = (1 - b)E_2, E_3 = E_2(1 + rb) = E_1(1 + rb)^2$$
$$D_3 = (1 - b)E_3 \cdots$$

代入公式(9-1)得

$$V_0 = \frac{(1 - b)E_1}{1 + k} + \frac{(1 - b)E_1(1 + rb)}{(1 + k)^2} + \frac{(1 - b)E_1(1 + rb)^2}{(1 + k)^3} + \cdots$$

$$= (1 - b)E_1 \left[\frac{1}{1 + k} + \frac{1 + rb}{(1 + k)^2} + \frac{(1 + rb)^3}{(1 + k)^3} + \cdots \right]$$

因此
$$V_0 = (1-b)E_1 \frac{1}{1+k-(1+rb)} = \frac{D_1}{k-rb} \quad (9\text{-}12)$$

(9-9)式就是公司留存收益比率固定情况下的股票估值模型。

举例 设某公司预期 $EPS_1 = 1.5$ 元/股,现金股利分配比率 $b = 40\%$,且预期此后始终保持这一分配比率不变,公司的权益投资收益率 $r = 10\%$,股东要求的投资回报率 $k = 8\%$,求该公司股票的价值。

解:

公司1期的现金股利分配额为 $DIV_1 = 40\% \times 1.5$ 元/股 $= 0.6$ 元/股。

股票价值
$$V_0 = \frac{0.6}{0.08 - 0.10 \times 0.40} = \frac{0.6}{0.04} = 15(元)$$

第三节 市盈率与每股收益估价法

市盈率与每股收益估价法就是把市盈率乘以每股收益所得的乘积作为普通股的估值。所谓每股收益,即归属于每股股票的税后净利润,等于公司的净利润除以发行在外的普通股股数。由于现金股利的来源是企业的税后净利润,即每股收益,因此股票价值与每股收益的关系极其密切。另外,由于现金股利的未来变化很难预期(在我国股票市场上尤其如此),而每股收益和市盈率的计算则较易进行,故每股收益估价法能更方便地用于估算股票价值。

一、模型及分析

每股收益估值模型(earning per-share valuation model)为

股价 = 市盈率 × 每股收益,即

$$P_t = \left(\frac{P}{EPS}\right) \times EPS_t \quad (9\text{-}13)$$

其中:P_t 代表第 t 期时某一普通股的每股股价,EPS_t 代表第 t 期时的正常每股收益。

每股收益模型由每股收益和市盈率两者构成,通过这两者的估计来间接估计股价。影响每股收益的因素主要有经济形势、行业特性、公司经营状况以及管理人员的能力,等等;影响市盈率的主要因素是盈余或现金股利增长率(也即公司未来的增长潜力)。每股收益估价法的运用关键在于市盈率和每股收益的估计。市盈率与每股收益的估计方法很多,不同方法可能导致不同的预估数字,从而得到不同的预估股价。下面将分别介绍一些每股收益和市盈率的预估方法。

二、每股收益的预估方法

1. 估计每股收益对销售收入的回归分析法

这种方法是想通过回归分析法求出每股收益与销售收入之间的函数关系,其中销售收入是自变量,每股收益是因变量。得到两者的函数关系式后,就可以通过对全年销售收入的估计,由关系式预估每股收益数额。因此,投资者先得求出每股收益的回归方程估计式。

根据每股收益与销售收入的关系,我们可以得到如下的回归方程

$$\text{EPS}_t = \alpha + \beta S_t + \varepsilon_t \tag{9-14}$$

其中:EPS_t 为 t 年某公司每股收益;

S_t 为 t 年某公司全年销售收入;

ε_t 为随机扰动项;

α 和 β 均为回归系数。

(9-14)式可用最小二乘法加以估计(演算过程在此略去),公式为

$$\hat{\beta} = \frac{n\sum_{t=1}^{n} e_t s_t - \sum_{t=1}^{n} e_t \sum_{t=1}^{n} s_t}{\sum_{t=1}^{n} s_t^2 - \left(\sum s_t\right)^2} = \frac{\sum (S_t - \hat{S}_t)(e_t - \hat{e}_t)}{\sum (S_t - \hat{S}_t)^2}$$

$$\hat{a} = \frac{\sum_{t=1}^{n} e_t}{n} - \beta \frac{\sum_{t=1}^{n} s_t}{n} = \hat{e} - \hat{\beta} \bar{S}_t$$

由此,可得每股收益 EPS 的估计式

$$\hat{e} = \hat{a} + \hat{\beta}S \tag{9-15}$$

上述估计式的原理就是运用 n 年内 EPS 和 S 的实际数值,运用回归分析的方法,求出两者的关系,然后再用于估计第 $n+1$ 年或以后几年的每股收益值。

运用回归关系式时,要考虑相关系数 R^2 的数值,R^2 反映了自变量对因变量的解释能力。只有 R^2 达到一定数值,才能认为销售收入变化对每股收益的变化确实具有较强的解释能力,这样的估计才有意义。

$$R^2 = \frac{\left[\sum e_t S_t - \frac{\sum e_t \sum S_t}{n}\right]^2}{\left[\sum e_t^2 - \frac{\left(\sum e_t\right)^2}{n}\right]\left[\sum S_t^2 - \frac{\left(\sum s_t\right)^2}{n}\right]}, \quad 0 < R^2 \leq 1$$

举例 鸿源公司最近12年内每股收益与销售收入的资料如表9-1所示,第13年销售收入值估计为10.5亿元,则第13年的每股收益值约为多少?

表9-1 鸿源公司近12年每股收益与销售收入额

年度	1	2	3	4	5	6	7	8	9	10	11	12
每股收益(元)	1.25	1.40	1.50	1.70	1.85	2.10	2.50	2.60	2.90	3.25	3.60	3.90
销售收入(百万元)	354	392	415	463	511	556	621	643	721	815	890	972

把上述资料代入公式,就可求出 $\hat{a}$、$\hat{\beta}$,即

$$\hat{a} = 0.3169, \quad \hat{\beta} = 0.0044$$

所以,

$$\hat{e} = 0.3169 + 0.0044S$$

又因为第 13 年的销售收入 S 预计为 10 500 万元,

$$\hat{e}_{13} = -0.3169 + 0.0044 \times 10\,500 = 4.3031(元)$$

经检验 $R^2 = 0.9936$,说明该公司销售收入对每股收益的变化有很强的解释力。因此,可以估计在销售收入 $\hat{S}_{13} = 10\,500$ 万元的条件下,每股收益 $\hat{e}_{13} = 4.3031$ 元。

2. 估计每股收益的趋势线法

这种方法是假定各年度每股收益有一趋势存在的前提下,利用回归分析方法,分析每股收益的时间序列变化趋势,由过去年度的每股收益估计将来年度的每股收益。这种方法适用于增长状况比较稳定的公司股票每股收益的估计。如果预期未来的状况与过去会有很大的不同,即每股收益并非按照某一趋势而变动,则不适宜采用这种方法。

在估计每股收益的趋势线法中,年度是自变量,每股收益是因变量,其回归方程如下:

$$e_t = a + \beta T_t + \varepsilon_t \tag{9-16}$$

其中:T_t 表示 t 年度。

公式(9-13)中系数 α 和 β 的估计方法与前面相同,可得

$$\hat{\beta} = \frac{n\sum_{t=1}^{n} e_t T_t - \sum_{t=1}^{n} e_t \sum_{t=1}^{n} T_t}{n\sum_{t=1}^{n} T_t^2 - \left(\sum_{t=1}^{n} T_t\right)^2}$$

$$\hat{a} = \frac{\sum_{t=1}^{n} e_t}{n} - \hat{\beta}\frac{\sum_{t=1}^{n} T_t}{n}$$

举例 根据某公司过去10年的资料估计出的 α 和 β 值分别为 0.80 和 0.25,则 $\hat{e}_{11} = 0.80 + 0.25T_t$,即每股收益平均每年增加 0.25。据此,第 11 年的每股收益就应该是 3.55 元,即

$$e_{11} = 0.80 + 0.25 \times 11 = 3.55$$

3. 指数平滑法

指数平滑法是把每股收益时间序列中以前各期每股收益值按照某一权数计算所得的加权平均数,作为下一期每股收益的估计值。一个时间序列的影响因素可以分为长期趋势、季节变动、循环变动以及偶然变动等四类。指数平滑法作为分析时间序列的方法之一,根据不同的需要,可以把时间序列中偶然变动等因素中的某一项也列入模型,考虑的因素越多,模型就越复杂。分析人员不必一味地追求全面、复杂,而应在不同情况下选择适当的模型。

下面介绍只考虑偶然变动的指数平滑模型。

设 $\hat{e}_{t+1}$ 为第 t 期时预估第 $t+1$ 期的每股收益，α 为权数[$\alpha \in (0,1)$]，则

$$\hat{e}_{t+1} = \hat{e}_t + a(e_t - \hat{e}_t) \tag{1}$$

$$\hat{e}_t = \hat{e}_{t-1} + a(e_{t-1} - \hat{e}_{t-1}) \tag{2}$$

$$\hat{e}_{t-1} = \hat{e}_{t-2} + a(e_{t-2} - \hat{e}_{t-2}) \tag{3}$$

……

把 $\hat{e}_t, \hat{e}_{t-1}, \hat{e}_{t-2}\cdots$ 代入(1)式,可得

$$\hat{e}_{t+1} = a\sum_{i=0}^{I}(1-a)^i e_{t-i} + (1-a)^{i+1}\hat{e}_{t-i} \tag{9-17}$$

在此，α 越大,表示越重视近期资料;α 越小,表示越重视远期资料。

为便于计算,通常将(1)式变为 $\hat{e}_{t+1} = ae_t + (1-a)\hat{e}_t$，并用 e_1 代替 $\hat{e}_2$。

例如，$\alpha=0.3$，则鸿源公司每股收益资料和预估值如表9-2所示。

表9-2 鸿源公司每股收益资料和预估值

	1	2	3	4	5	6	7	8	9	10	11	12
e_t	1.25	1.40	1.50	1.70	1.85	2.10	2.50	2.60	2.90	3.25	3.60	3.90
$0.3e_t$		0.42	0.45	0.51	0.56	0.63	0.75	78	0.87	0.98	1.08	1.17
$0.7\hat{e}_t$		0.88	0.91	0.95	1.02	1.11	1.22	1.38	1.51	1.67	1.86	2.06
$\hat{e}_t+1$	1.25	1.30	1.36	1.46	1.58	1.74	1.97	2.16	2.38	2.65	2.94	3.23

从表9-2可见,在第12年时预估的鸿源公司第13年每股收益值为3.23元。

此外,由于该公司各年度每股收益呈现逐渐增长的长期趋势,而简单指数平滑模型未考虑长期趋势,因此预估所得的每股收益出现偏低现象,需要进行调整,即把长期趋势因素考虑进预估模型中。利用指数平滑预估每股收益时,权数值的选取也很重要,这由分析人员根据时间序列的不同特点而分别决定。

4. 估计每股收益的增长率法

如果某股票历史上每股收益按某一固定增长率增长,且未来每股收益仍然会保持这一增长率增长,就可以按照估算的固定增长率的数字来推算以后各期的每股收益。

在实际中,由于影响未来收益增长率的因素很多,增长率是很难固定不变的。投资者需要考虑经济循环变动、竞争者数量变化、消费者偏好变化等因素对增长率进行适当修正。下面介绍一种最简单的方法:确定过去每股收益按某一固定增长率增长后,利用最后一期每股收益与第一期每股收益的关系,估算出增长率。

令 g 为固定增长率,n 为增长期间,e_t 为第 t 期每股收益,则 g、e_1 和 e_n 的关系如下:

$$e_n = e_1(1+g)^{n-1}, \quad 即(1+g)^{n-1} = \frac{e_n}{e_1} \tag{9-18}$$

举例 已知鸿源公司第1年和第12年的每股收益分别为1.25元和3.90元,代入

(9-16)式,得

$$(1+g)^{11} = 3.90 \div 1.25$$

所以 $g = 0.1089$

又因为 $\hat{e}_{n+1} = e_n(1+g)$

所以 $\hat{e}_{13} = e_{12}(1+g)$
  $= 3.90 \times (1+0.1089) = 4.3247$

这就是说,鸿源公司每股收益增长率为10.89%,由此可以推断第13个年度每股收益预估值为4.3247元。

三、市盈率与增长率和风险

1. 市盈率与增长率

市盈率的倒数 EPS/P 反映的是股票投资的静态收益率,即用 P 的价格买到了 EPS 这么多的利润。2010 年 5 月上市时创下 A 股最高发行价格每股 148 元的海普瑞公司,其发行市盈率达到了 73.27 倍(每股收益为 2.02 元),其倒数为 1.36%。如果其后公司的每股收益保持不变,投资者的投资收益率只有 1.36%。

显然,任何一个以追求合理投资收益的投资者都不会接受如此之低的投资回报水平。但是如果其后公司的每股收益不断增长,则结果就完全不同了。假设上市 5 年后海普瑞公司的每股收益增长了 10 倍,达到了 20 元,相比于 148 元的发行价格,其投资收益率为 13.5%。显然,这是一个完全可以接受的投资收益率水平。

由此可以看出,市盈率反映的是投资者对被投资企业(股票)未来盈利增长的预期,对未来盈利增长的预期越高,市盈率就会越高。这也是为什么市场上将高市盈率股票叫作增长型股票的原因。

2. 市盈率与投资风险

投资的一个基本法则是"高风险、高收益"。如果被投资对象的风险高,投资者就会要求一个较高的投资回报率,对应于同一每股收益,投资者要求的投资回报率越高,股票的价格就越低,其市盈率也就越低。

由于高增长往往与高风险相对应,因此,一方面,高增长率预期可能导致较高的市盈率;另一方面,高增长伴随的高风险会提高投资者的回报率要求,从而降低市盈率。所以,市盈率是增长与风险的一种均衡的表现。

四、每股收益与市盈率法要注意的问题

第一,每股收益是一个会计数字,因此其大小受到会计方法选择的影响。比如,在通货膨胀率较高的时期,采用历史成本提取折旧和计量存货价值都会导致对这二者实际价值的低估和每股收益的高估。第二,市盈率和每股收益受经济周期的影响较大。前述的一些每股收益预估方法(如趋势线法)不能很好地考虑经济周期变化对每股收益的影响。

第三,也是特别重要的一点,市盈率本身反映了投资者对企业未来盈利能力变化的预期。因此,当未来的每股收益按照投资者的预期增加时,股票价格并不会增加,市盈率也因此而下降。

第四节　其他估价方法

一、资产价值法

资产价值法是根据公司清算时发行在外的每一普通股可分配到的净资产价值来估计股票的内在价值。其计算公式为

$$普通股每股净值 = 股东权益／发行在外普通股股数 \qquad (9-19)$$

举例　兴业公司净资产为 500 万元,而发行在外的普通股股数为 1 万股,则每股净值为 500 元。这就是说,如果公司的账面资产价值能够合理地反映其资产的清算价值,则将公司清算,该公司的股东每股股票至少可以获得 500 元(这里暂不考虑清算费用)。因此,如果市场上股价低于 500 元,就认为该公司的股价被低估了。

上例表明,资产价值法评估股票内在价值是以其账面价值为基础的,而账面价值反映的是投资者的历史投入,并没有反映公司的未来盈利能力。由于投资者购买股票实际上购买的是公司的未来收益,而不是历史投入,因此,在正常情况下,投资者不会也不应把眼光集中在公司的清算价值上,而要重视公司未来的盈利能力。

二、资本结构与公司价值法

根据 Modigliani 和 Miller 对公司资本结构的研究,公司的价值为债务价值与股东权益价值之和。公司权益资本的价值(即普通股票的价值)为公司现有资产能够为股东带来的全部未来净现金流量的现值与所有未来的投资的净现值之和。如果给定公司现有资产和未来的投资方案,则公司的股利分配政策和筹资方案只影响现有普通股股东未来获取收益的方式(是现金股利还是资本利得),并不影响未来的净现金流入量。

依据这一结论,可以用以下方法估计公司普通股的价值:首先估计出公司的整体价值,从中减去债务的价值,即可得到公司普通股的价值。其具体做法是,按照全部权益投资假设计算出全部税后现金净流量的现值,再加上负债带来的税收屏蔽价值即为公司的价值。

举例　已知 A 公司上年税前经营现金流入为 2 000 万元,且预计这一收益能按照每年 5% 的速率永远增长下去。但是,为保证税息前收益这一增长速率,公司需要将每年税前现金流量的 12% 进行追加投资。公司所得税税率为 30%,年折旧额为 200 万元,并将与税前经营现金流入同比例增长。设 A 公司无负债时权益资本要求的贴现率为 10%,A

公司目前的负债额为 4 000 万元。A 公司本年年末预计现金流量状况如表 9-3 所示。

表 9-3 A 公司本年年末预计现金流量状况   单位：元

项目	金额
税前经营现金流量	21 000 000
折旧	2 000 000
税前利润	19 000 000
所得税（30%）	5 700 000
无负债税后净利润	13 300 000
税后经营现金流量（无负债税后净利润 + 折旧）	15 300 000
新增投资（税前经营现金流量的 12%）	2 520 000
净现金流入量（税后经营现金流量 - 新增投资）	12 780 000

表中最后一行净现金流入量是假设 A 公司无负债经营时的情况，没有考虑负债经营的利息支出与税收屏蔽（因支付债务利息而减少的所得税支出）价值。上述现金流量的现值为

$$V_0 = \frac{CF_1}{r-g} = \frac{12\,780\,000}{0.10-0.05} = 255\,600\,000(元)$$

由于 A 公司的负债额为 4 000 万元，故 A 公司普通股的价值为 21 560 万元。如果公司负债的税收屏蔽的价值为 1 000 万元，则 A 公司的总价值将为 26 560 万元，股东权益的价值为 22 560 万元。

三、现金股利收益率法

现金股利收益率，又称股利报酬率，指公司当期每股的现金股利，除以市场价格之比，计算公式如下：

现金股利收益率 = 每股现金股利 / 每股市价

分析某公司现金股利收益率的历史，可借以评估其股价是否合理。例如，某公司历年现金收益率为 5% 左右，2010 年度现金股利为 1.8 元/股，则可由公式求出每股合理股价约在 36 元左右。

$$普通股股价合理水准 = \frac{本期每股股利}{正常现金收益率} = \frac{1.8}{5\%} = 36(元)$$

习　题

一、思考题

1. 如果一家公司的盈利情况很好，但却永远不进行现金股利分配，则该公司的股票价格会是多少？为什么？

2. 为什么说未来现金流量是决定公司股票价格的基础？
3. 固定股利增长模型对增长率的假设是什么？
4. 高市盈率反映了投资者对公司未来状况的什么预期？

二、计算题

已知无风险收益率为6%，市场组合的期望收益率为12%，公司最近一个年度的每股收益 $EPS_0 = 5$ 元，现金股利分配率为40%，公司的股权再投资收益率为8%。假设这一情况会始终保持下去，求公司股票的价值。

投资者对某公司股票的要求收益率为15%，该公司即将支付年末每股0.5元的现金股利。如果该公司股票的价格为20元，按照固定股利增长模型，市场对其现金股利增长率的预期是多少？

预计今年年底A公司的现金股利 $DIV_1 = 1.2$ 元/股，且每年以6%的速率增长，如果公司股东要求的投资回报率为10%，问：

（1）该股票的内在价值是多少？

（2）如果该公司股票现在的市场价格等于其内在价值，下一年的预期价格是多少？

（3）如果一个投资者一年后收到1.2元的现金股利后将股票出售，他的资本利得率（股票价格的增长率）是多少？

某公司的再投资比率为60%，股权投资收益率为15%，预期的每股收益 EPS_1 为5元，股东要求的投资收益率为12%，计算公司股票的增长机会现值。

某公司股票的预期收益率为12%，预期每股收益为1.5元，预期每股现金股利为1.2元，投资者对该股票的要求的投资收益率为10%，问：

（1）该股票的预期增长率 g、价格和市盈率各是多少？

（2）如果公司的再投资比率为40%，预期每股现金股利、增长率价格和市盈率各是多少？

寻找一家A股上市公司，根据该公司上一年的每股现金股利和当前的股票价格，利用固定股利增长模型，估计依据什么样的增长率 g 和要求的投资回报率 r，公司股票的市场价格才合理？

第十章 股票投资基本因素分析

第一节 股票投资分析概述

股票投资分析的方法,按照前提假设与分析数据的不同,可以分为基本分析和技术分析两种不同的方法。

一、基本分析

基本分析(fundamental analysis)是通过对影响上市公司创造收益能力的基本因素,如宏观经济状况、行业竞争状况、行业发展前景、公司财务结构、公司经营状况等进行分析,估计股票的内在价值作为投资的依据。基本分析认为:股票的价值就在于它可以为投资者带来现金形式的投资回报,因此,上市公司为股东创造收益的能力就决定了其"内在价值"(intrinsic value),而公司创造收益的能力又取决于前述种种"基本因素"。股票的市场价格可以经常偏离内在价值,但也会不断向内在价值调整。因此,基本分析较多地从影响股价变动的基本因素角度出发来估计股票的内在价值,进而指导投资决策。

由于公司创造收益的能力是一种长期能力,因此基本分析也偏重于长期分析。上市公司的招股说明书、财务报告、各项相关公告、行业发展前景、宏观经济形势变化、政治环境变化、国际经济形势变化等诸多因素都是基本分析需要考虑的。

二、技术分析

技术分析(technical analysis)是通过对股市行情(主要是成交价和成交量)的历史变化分析股票价格的未来变化趋势,探讨股价变化的可能轨迹,进而指导投资决策。由于早期的技术分析工具是利用记录价格实际波动的图表来研究市场行为,以预测股市未来的动向的,因此,技术分析又称图表分析方法。当今的技术分析对传统的图表分析方法进行发展、创造,增加了许多数理分析方法,并充分使用电子计算机软件进行辅助分析,已成为股市中实务操作者使用的主要分析方法。

技术分析注重股票价格和交易量的变动。技术分析认为:股票价格由市场上股票的供给与需求关系决定;供求关系又受许多理性和非理性因素的影响;股价的变动趋势可以持续一段时间;供求关系的改变又会引起股价趋势的变动;不管影响股票供求关系变动的原因是什么,迟早可从表示市场活动的图形中察觉出来;历史会不断重演,面对同样的情况,不同时期的投资者会有同样的反应,某些股价变动形态会重复出现。因此,投资者可以通过对股票价格和交易量的历史变化中显示出的某些汇率来预测股价未来的变动,从而指导投资。技术分析方法的倡导者和信奉者认为市场上的投资者在决定其交易行为时,已经仔细考虑了影响股价变动的各种因素,对股价变动趋势给出了自己的判断;股票价格就是市场上各种类型投资者综合评估的结果。因此,每个投资者的交易行为均趋于一定的模式,不同时期的投资者在相同环境和背景下会有类似的反应,以至于历史会不断重演,过去价格的变动方式在未来也将不断地发生。技术分析的工具和方法很多,有些专用于预测整个股市走势,有些用于预测单个股价走势,还有些两者都可预测。投资者可以根据不同目的,分别选取股价指数或单一股价资料进行分析。

三、基本分析与技术分析的关系

基本分析与技术分析在定价基础和分析方法上都存在着较大的差异,反映了两种不同的确定股票价格的思想。一般来说,基本分析注重股票未来所能产生的现金收益,通过折现的方法考虑未来现金收益的现值,关注股票的内在价值,是价值投资思想的体现,适合长期投资分析;而技术分析侧重于历史现象的统计与归纳,关注短期内股票价格的变化趋势,而不是其内在价值。但是,股票市场千变万化、错综复杂。股票的市场价格是不同类型的投资者对股票的内在价值和股票价格的未来变化趋势的不同判断的综合结果,其背后受到种种理性与非理性因素的影响。因此,股票价格与股票的内在价值经常会出现一定程度的背离(有时甚至是严重的背离)。尤其是在投机气氛浓厚的市场中,股价与公司业绩脱钩,超涨超跌的现象时有发生。因此,依靠基本分析很难对股票价格的短期变化做出判断。总体来说,在投资实务中需要将上述两种分析方法结合起来,通过基本分析判断股票的内在价值,发现真正具有投资价值的股票,通过技术分析判断股票价格的短期变化趋势,选择买卖时点。

第二节　市场因素分析

市场因素(market factor)指对股票市场上绝大多数股票价格都会产生影响的相关因素。这些因素的影响面涉及整个大市,常可被用来分析和确定股市走向。影响股票价格变动的市场因素主要有以下几个。

一、经济周期或景气变动

任何一个国家的经济都有周期性。有市场景气、经济增长的年月,也有市场萎缩、经济衰退的年月。经济景气的周期波动直接影响整个社会的投资、生产和消费,影响上市公司的经营业绩和股市上投资者的心理预期,从而也将影响股票价格的变动。在市场经济成熟的国家,股票市场是整体经济状况的晴雨表,经济活动的有利和不利变化都会在股价上显示出来,而且股价还会对可能的经济景气变动提前做出反应。当经济由萧条开始走向复苏乃至繁荣时,整个社会的需求扩大,公司经营活跃;投资者预测景气好转,生产者的利润将会上升,股票收益也可望增加;公司产品价格上涨在时间上又领先于利率和工资等生产要素价格的上涨,生产者的实际利润也会增加。投资者将把这种预期转化为实际的投资行为,从而导致股票价格的提前上涨。相反,当经济即将进入衰退时,投资者预测景气会变坏,生产者的利润会下降,股票收益自然受影响,同样,投资者的预期会导致股价提前下跌。因此,投资者能否提前正确预期到经济形势的变化,在股票价格反映景气波动之前做出投资决策,是决定投资能否获利的重要因素。为了早一步预测景气变化,投资者就要随时注意反映景气状况的指标。只是在分析这类指标时,投资者应特别注意以下几点:

(1) 要结合市场预期来分析经济指标对股价的影响。一般情况下,显示经济增长的指标有利于股价上扬,而预示经济衰退的指标会导致股价下挫;但有时的实际结果正好相反。例如,1990年年末,投资者预测美国经济衰退,美联储为了刺激经济会降低利率,从而股价将上涨。因此,一看到公布的失业率很高,投资者就大量购买股票,结果使衰退期的股价反而上涨了。

(2) 在长期不景气时期,突然出现股价大幅升高,说明经济已快走出不景气,是景气回复的前兆;同理,也可判断出景气向不景气的转变。这种景气交接点的把握对投资者来说是至关重要的。

(3) 注意宏观经济政策的影响。由于经济存在着周期性,政府往往会出台各类经济政策(财政政策与货币政策),试图熨平经济周期或减少经济周期的影响。这些经济政策将会导致一些重要的经济变量(如利率、货币供应量、预算赤字等)发生变化,从而对股市产生影响。

二、政治因素

政治因素指足以影响股票价格的国内外政治活动和政府的政策与措施。在当今世界,政治与经济是密不可分的,政治上的变化会引起经济变化,自然也将波及股市。影响股价变动的政治因素主要有对外关系变化、政权更替、战争爆发、政策变动以及国际政治的重大变化等。政治因素有时成为影响股价变动的决定性因素。在美国,总统选举四年一次,而总统的上任可能会导致政策的变更,因此这种对政策改变对股市的影响的预测往往使得美国在选举年股价发生较大幅度的波动。自1968年以来,总统竞选年股价平均上涨13.7%,而正常年份平均上涨仅4.2%。其中1968年尼克松当选总统,标准普尔指数上涨了7.7%;1972年尼克松再次当选,股价上涨15.6%;1976年卡特入主白宫,股价上涨19.1%;1980年里根竞选获胜,股价上涨25.8%;1988年布什就任美国第四十任总统之时,股价上涨了12.4%。此外,一个国家的政策与发展计划对经济活动和证券市场的影响也是巨大的。我国股市长期以来对政治因素变动非常敏感,股市行情与政治的相关性很强,政府换届,政府主要官员有关股市的言论,国家财政、金融政策的一丝动静,都可能导致股市行情的变化。当然,在分析政治因素的影响时,分析人员也要看普通投资者对政治事件的分析和反应是否有些夸张。如果反应过度,则稍过一段时间,待投资者冷静下来后,股价自然会做出调整。

三、心理因素

投资者心理的变化也会影响股价的变动。一般投资者对股市前景过分悲观时,会忽视上市公司的内在价值而大量抛股,致使股价下跌;投资者对股市前景持乐观看法时,会拼命买进,炒高股价。

四、通货膨胀或物价

通货膨胀导致货币的实际购买力下降,这会对整个社会的政治、经济产生影响,从而也会对股价产生影响。股票价格受通货膨胀的影响,在不同阶段有着不同的结果。在通货膨胀初期,投资者出于保值考虑,有可能把资金从股市转移到房地产或黄金等保值商品市场,从而股市上卖出股票的数量大于买入股票的数量,股价会因此下跌。尤其在物价猛烈上涨时,股民会因过于恐慌而做出过度反应,争相抛股,导致股价大幅下跌。但是在物价处于温和上涨时,如果物价上涨率高于借款利率上涨率,上市公司可能由于存货价值上升和产品价格上涨幅度超过借款成本及原料上涨而使利润增加,带动股价上涨。这时,物价上涨反而有利于股价的涨升。因此,物价上涨在不同时期,对股价产生的到底是利多还是利空影响,取决于当时的特定形势和其他因素的综合作用。

五、利率

利率是一个很敏感的信号,是重要的经济杠杆。利率变动与股价变动的关系也非常密切,股价随着利率的提高而下跌,随着利率的下调而上涨。利率对股价产生的这种影响主要表现在以下几方面:

(1) 利率上升时,上市公司的借款利息增加,融资成本上升,公司盈利减少,股价也会因此而下挫;反之,利率下降时,公司的借款利息减少,融资成本下降,公司盈利增加,股价也将因此而上涨。

(2) 利率上升时,投资者用于评估股票价值所用的折现率(即预期投资报酬率)上升,如果未来取得的收益不变,则股票的内在价值下跌,股票的市场价格也会跟着下降。反之,利率下降时,投资者购买股票的机会成本下降,对折现率的要求也可低些,股价上升。

(3) 利率上升时,货币供应量减少,通货紧缩,社会上投机性资金的供给将减少,股市资金供应也将下降。这样,过少的资金就难以支撑很高的股价,股价会下跌。反之,利率下降时,股市资金相对丰裕,资金供给的增加也会导致股价的上涨。从投资者的信心来说,低利率将刺激经济发展,使投资者对未来充满信心,股价上涨潜力增大。

六、货币供应量

一般来说,货币供应量与股价同向变动。当货币供给增加时,可用于股市投资的资金供给就会增加,股价容易上涨。当然,影响股价的因素是同时起作用的,它们可能相互干扰,使得投资者很难看出某一个因素的作用效果。货币供应量就容易受物价上涨等因素干扰,使其效果不显著。

第三节 行业因素分析

行业因素(industry factor)又称产业因素,其影响范围只涉及某一特定行业或产业中上市公司的股票价格变化。这些因素包括行业生命周期、法令措施、行业景气变动、淡旺季以及来自国外的政治、经济因素的影响,等等。

一、行业生命周期

任何一个行业都要经历开创、扩张、停滞和衰退的行业生命周期。同行业不同公司的业绩状况虽有不同,但与该行业所处的整体发展阶段有很大关联。当公司所处行业蒸蒸日上时,该行业所有公司的成长性都看好;当公司所处行业开始衰退时,即使有些公司能够做到经营有方,行业内大多数公司的整体状况还是很难令人乐观。股价在行业不同生命周期的表现为:

(1)在行业开创期,大量的新技术被采用,新产品被研制但尚未大批量生产。这时,公司因为新产品尚缺乏竞争对手而具有一定的垄断性,其垄断利润较高,但风险也很大。在开创期,由于行业发展前景并不很明朗,有些公司可能因实力不如人而被迫中途退出或被合并,但保留下来的公司则发展潜力巨大。

(2)在行业扩张期,各项技术已经成熟,经营管理也日益规范化,产品的市场也基本形成并不断扩大,公司利润开始稳定上升,行业整体渐趋稳定、成熟,股价也可能有较大幅度的上涨。

(3)在行业停滞和衰退期,产品呈现饱和,公司停止成长,拥有更新技术和产品的相关或替代行业逐步兴起,旧行业的整体表现从缓慢增长、停滞到渐趋衰退。这一期间,公司股价相当平稳,并渐趋下跌,是投资者见好就收、逐步撤出的好时候。

当然,并非每个行业的发展历程都与上述三阶段完全吻合。不同行业在每个阶段内发展的时间长短也有所不同。此外,有些企业在行业面临停滞期时,能够及时地进行自我技术改造和产品更新,从而实现成长。也有些行业本该进入高速发展时期,但可能受非经济因素影响而未能成功。投资者对整个行业所处阶段的把握,有利于在股市中做长远规划时,不迷失方向。

二、政府的政策措施

政府颁布的法令措施,有些是针对所有企业的,也有一些则是针对不同行业的。这些针对特定行业的法令措施就会对该行业公司的股价产生影响。通常,政府会对经济发展做出长远规划,在不同的时段会提出不同的产业政策,鼓励发展某些行业,限制发展另一些行业。对于鼓励发展的行业,政府通常会在税收、信贷、产品定价权、原材料保证、进出口自主权等方面给予某些优惠,以促进这些行业的优先发展,这会连带地刺激该行业股价上涨。相反,对于限制发展的行业,政府会在税收、信贷等方面出台一些限制性的政策,这些政策措施会影响到该行业的盈利能力,从而影响该行业上市公司的股价。我国政府近年来在所谓新能源产业、环保产业方面的鼓励性措施与房地产行业的调控措施就是这种情况的真切表现。

三、行业景气变动

在市场因素中,我们分析了整体经济景气变动对股价的影响。然而,一般经济的景气变动又可以细分成行业的景气变动,且不同行业所面对的景气变动趋势和幅度大小并不完全相同,甚至相反。因而,股价受行业景气影响,变动状况也各有差异。例如,在整体经济环境正常情况下,纺织品行业可能受棉花收成不好等影响,而发生原材料问题,造成纺织品行业股价下降。

影响不同行业景气状况的因素各有区别,同一行业在特定时期也有特殊影响因素,投资者在决定买卖何种股票时,应认真分析,同时也要注意国家公布的经济信息、统计指标、国际经济形势及行业景气预测等。

四、国际政治经济因素

随着经济的全球化和各个国家日益融入世界经济,国际政治经济因素对本国经济及股市的影响也不断增大。这些因素有时影响所有行业,有时仅波及少数几个特定行业。比如,国际经济的景气变化及国际市场对我国出口产品的限制与反倾销,会对相关产业内的企业造成冲击;2012年以来欧盟和美国对我国多晶硅产品的"双反"调查以及欧洲经济的不景气,使得我国的多晶硅产业遭受重大损失,多家以多晶硅为主业的上市公司股价受到大幅度冲击。与此类似,由于我国钢铁业对国际铁矿石的过度依赖,2003—2012年间国际铁矿石价格的巨大变化,对我国钢铁企业的盈利也产生了重大的影响。随着我国进一步融入世界经济体系,这些因素的影响力也将愈发凸显。

五、其他因素

除了前面分析的四个因素外,其他因素如淡旺季、消费者偏好变化、气候变化、原料价格变化、新技术发明与产品需求的变化、价格调整等也会影响行业股价变动。其中淡旺季因素,如百货经营业及大宗物资经销业在第一、四两个季度是旺季,而家电业和食品饮料业的旺季在第二、三两季,每年二月和第二、三季则是水泥业及建筑业的淡季。在行业旺季中,股价当然坚挺;在行业淡季中,股价可能疲软。

第四节 公司因素分析

公司因素是指影响面只波及某一公司股价的因素。影响单一公司股价的因素有很多,主要有以下几个。

一、利润

利润是一个公司经营的成果,是业绩好坏的主要标志,它的大小决定着该公司可供派发的现金股利大小和股票内在价值的高低。因此,利润的增减会影响该公司股票价值以及价格的变化。理论上,公司的利润增多,股价上涨;利润减少,股价下跌。

利润与股价的变化过程并不是完全一致的,变动幅度也不可能完全吻合。此外,由于影响股价的因素很多,当各种因素同时或部分出现时,利润与股价的关系可能受到其他因素的影响而表现不明显。当利润变动对股价变动的影响力大于其他因素对股价变动的影响力时,两者的关系表现得比较清晰;当利润变动对股价变动的影响力小于其他因素对股价变动的影响力时,两者的关系就不太明显了,此时股价变动的方向主要取决于其他因素的影响。影响公司利润的因素主要有产品竞争力、获利能力、营业效率、财务结构、技术水平、管理人员的能力及品德等。通过对这些因素的分析,投资者可以预测利润的变化方向和幅度。

二、现金股利

投资者用现金购入上市公司股票,所期望得到的就是现金回报,而这一现金回报最终是要靠上市公司的现金股利分配来实现的。因此,现金股利是股票价格的基础。现金股利的发放一方面使投资者定期地获得投资回报,另一方面也成为投资者了解公司经营状况,预测公司未来前景的一个重要依据。现金股利的发放与公司的未来投资机会、公司治理水平等多种因素相关。一般来讲,现金股利增加,预示着公司的盈利前景向好,股价上涨的可能性大;现金股利减少,预示着公司未来的盈利前景不够乐观,会引起投资者的疑虑,股价也会因此受挫。在美国等成熟的股票市场上,这种情况表现得相当明显。

与成熟的资本市场相比,我国的股票市场长期以来是另一种景象。一方面,股票市场上投机气氛浓郁,很多中小投资者对公司现金股利分配关注不够,而更注重从股票价格变化中获取收益。另一方面,上市公司则更多地关注如何从股票市场上获取资金,却不注重对股东的现金回报。上述情况导致我国股票市场上现金股利与股票市值之比(现金股利收益率)一直处于一个较低的水平。比如,2013年1月中国证监会主席郭树清就表示,"在中国,确实上市公司股票分红是比较少的。尤其是对蓝筹公司,比如说300成分股里面的公司,它们的分红收益率也就是2%多一些,我想只有81家公司的股票分红收益率超过了3%"[①]。现金股利的数量太少,就使得股票的价格缺乏价值基础的支撑,因此,股票市场也就容易发生大起大落。近几年来,从监管部门到广大投资者都开始重视上市公司的现金股利回报,从多个方面要求上市公司增大现金股利的分配力度,这对中国股票市场的健康发展无疑是有积极意义的。

三、公司管理层

公司管理层是公司的经营者,也是各项重大决策的提出者和执行者,公司管理层的素质、能力和表现直接决定着公司业绩的好坏。因此,对公司管理层能力的判断也是投资者判断股价变化趋势的重要依据。

四、股票分割(拆股)

上市公司把一股股票分割成几股股票,其总价值不变的行为称作股票分割,又叫拆股。股票分割对股票价值的影响主要表现在两个方面:一是流动性,二是信息的传递。除了未来的现金收益外,另一个影响股票价格的重要因素是股票的流动性。在由未来现金收益决定的内在价值相同的情况下,流动性好的股票的价值(价格)要高于流动性差的股票。当股票价格达到很高水平时,一成交单位(一手,100股股票)交易所需的资金量也很大,这在一定程度上会降低股票的流动性。通过股票分割(拆股),公司股票的总价值没有变化,但股票的总股数大幅度上升,从而导致每股股票的价格下降,一成交单位所需的金额减少,股票的流动性得到改善,从而会提升股票的价值(价格)。从信息传递的角度讲,由于很多投资者非常关注股票的每股收益,认为每股收益越高,上市公司的盈利能力越强,但股票分割只会增加流通中的股票数量,却不能改变企业的盈利能力,因此,股票分割会导致每股收益的降低,这与投资者的期望相反。上市公司的决策者了解投资者的上述心态,当他们做出股票分割的决策时,就意味着他们认为上市公司未来的利润也会有一定的增长,从而在一定程度上抵消股票分割造成的每股收益下降的影响。这样,股票分割决策就同时传递了公司盈利增长的信息,从而导致股票价格的上升。

影响股价变动的公司因素除了上面列举的几个因素外,还有除息除权、公司的投资行为、公司资本结构的变化、公司合并,等等。总之,公司自身的行为导致公司盈利能力变化的因素,都可以归纳为影响股票价值的公司因素,此处就不一一赘述了。

如前所述,基本分析是对股票价格长期走势的分析。它能否成功,很大程度上取决

---

① 2013年1月16日中国证监会主席郭树清在经济学人峰会上的讲话。

于股票价格能否真正成为其内在价值的表现形式。如果某些特殊因素导致股票价格严重背离其内在价值(我国股市中目前许多股票都不同程度地存在着这一问题),则有可能造成股票价格走势与经济走势相偏离的情况。比如,如果原来股票价格过高,远远超过了其内在价值,则它必然会逐渐向其内在价值回归,使整个股市由高向低运动。这时,即使经济走势很好,也难以改变股价向其内在价值回归的趋势,从而出现经济形势好,而股市却不能与之配合的现象。

习　题

1. 基础分析与技术分析的根本区别是什么?
2. 结合宏观经济学的相关知识,讨论在经济衰退时政府可能使用什么样的宽松的货币政策?这些政策可能对股市产生什么影响?
3. 固定成本高、变动成本低的企业对经济周期的敏感性高,还是固定成本低、变动成本高的企业对经济周期的敏感性高?为什么?
4. 找出一个在中国处于成长期的行业,并讨论为什么你认为该行业处于成长期。
5. 在前面找出的处于成长期的行业中找出一个股价表现不佳的上市公司,分析为什么这家处于成长行业的上市公司的股价表现不佳。
6. 你认为现金股利分配对中国上市公司的价值决定重要吗?为什么?

第十一章 财务报表分析

股价是发行公司的价值的体现。发行公司的获利能力、偿债能力、成长力等财务状况是决定该公司股价的基础。因此,财务分析是股票投资基本分析的重要组成部分,是确定公司股票内在价值时必须使用的基本工具之一。

第一节 财务报表分析概述

财务分析又称财务报表分析,就是将公司财务报表及其他有关会计记录中的资料予以适当安排,使之显示各项信息间有意义的相互关系,进而分析和解释各种关系,以帮助分析者了解和评估公司过去的经营业绩,衡量公司目前的财务状况,并预测公司未来发展的前景。财务分析的主要内容可分为两大部分:财务现状分析和财务预测分析。

财务报表分析起源于20世纪初期的美国,当时银行家通过财务报表分析来审核借款人的短期偿债能力。随后,财务报表分析被各阶层人士广泛采用,其本身也成为一门专门的学问。一般说来,财务分析有现代和传统两种,现代财务分析把统计决策理论增加到财务分析中,主要侧重于公司决策分析;传统财务分析以比率为主要分析工具,对这些比率进行纵向与横向比较、与标准比较以及综合比较。股票投资者分析公司财务报表的目的,主要在于评估该公司股票的投资价值。因此,他们主要运用传统财务分析方法。本章从股票投资者角度介绍财务分析方法。

对于股票投资者来说,财务分析的资料主要来自发行公司招股说明书、上市报告书、定期(年中、年末)公布的财务报表和证券交易所公布的资料以及各类新闻媒体上登载的有关信息。

第二节 主要财务报表

财务报表分析的对象是财务报表。所谓财务报表,是会计人员按照相关法律法规、会计准则,以及会计处理程序和方法,对企业一定期间的会计事项所做的系统的汇总表示,用来显示企业的财务状况和经营业绩。公司对外提供的财务报表主要有资产负债表、损益表和现金流量表。

一、资产负债表

资产负债表(balance sheet)是反映企业在某一特定时刻财务状况和资本结构的报表,它可以综合反映企业期末的全部资产、负债和权益资本的存量情况,是分析、检查企业财务状况和偿债能力的重要依据。资产负债表是资产、负债及股东权益三类账户的平衡表,根据下列会计基本方程式编制而成:

$$资产 = 负债 + 股东权益$$

资产负债表的左边列示了公司的资产,即公司所拥有的可用货币表示的用来为投资者创造未来收益的各项经济资源,包括流动资产、固定资产、无形资产等。其中,流动资产包括货币资金(现金与银行存款)、应收账款、应收票据、存货、预付货款、预交所得税等;固定资产包括固定资产原值、累计折旧(固定资产减项)和固定资产净值;无形资产包括土地使用权、专有技术及专利权、商誉等;其他资产包括长期投资、递延资产等。企业运用这些资产为投资者创造投资回报。资产负债表的右边列示了公司为取得各项经济资源的资金来源。公司资金的来源主要包括两部分:对外负债和股东投资。对外负债包括流动负债和长期负债,流动负债指那些在一年内必须偿付的债务,如应付账款、应付职工工资等;长期负债指偿还期在一年以上的债务,如应付长期债券和长期银行借款等。股东投资包括股东认购公司股份时的投入以及历年留存在公司内的利润,在会计上统称为股东权益。

企业的资金来源又可以分为资本投资项和非资本投资项。资本又分为债务资本和权益资本,债务资本指企业的全部带息负债(即全部要支付利息的债务资金),包括企业的银行借款与对外发行的债券;权益资本指企业的全部股东投入。而非资本资金来源,则指企业不需要支付利息的各项商业信用,如应付账款、应付工资,等等。表11-1是我国某上市公司的资产负债表。

表 11-1 资产负债表

编制单位:××××股份有限公司   单位:人民币元

项目	附注	2011年12月31日	2010年12月31日
流动资产			
货币资产	五、1	4 214 462 566.21	5 373 510 933.81
交易性金融资产			
应收票据	五、2	595 843 902.42	321 861 686.00
应收账款	五、4	1 364 986 184.84	981 878 469.85
预付款项	五、6	1 107 938 363.13	1 970 814 807.15
应收股利	五、3	70 000.00	
其他应收款	五、5	404 279 714.86	292 190 052.74

(续表)

项目	附注	2011年12月31日	2010年12月31日
存货	五、7	5 878 914 987.35	6 651 194 451.77
一年内到期的非流动资产	五、10	124 716 859.58	52 036 225.04
其他流动资产	五、8	113 525 436.28	11 256 164.42
流动资产合计		**13 804 738 014.67**	**15 654 742 790.78**
非流动资产			
可供出售金融资产	五、9	134 764 524.72	179 485 212.24
长期应收款	五、10	254 500 239.56	57 844 993.13
长期股权投资	五、12	937 322 003.67	537 995 691.41
固定资产	五、13	7 983 944 850.12	4 092 683 608.18
在建工程	五、14	1 384 112 562.99	2 003 852 964.07
无形资产	五、15	2 792 825 691.24	1 527 279 739.96
开发支出	五、15	484 188 003.63	259 154 375.03
长期待摊费用	五、16	78 118 059.13	26 520 756.10
递延所得税资产	五、17	240 916 819.55	271 175 472.87
其他非流动资产	五、19	26 023 538.88	30 736 333.50
非流动资产合计		**14 316 716 293.49**	**8 986 729 146.49**
资产总计		**28 121 454 308.16**	**24 641 471 937.27**
流动负债			
短期借款	五、21	3 110 950 000.00	200 000 000.00
交易性金融负债			
应付票据	五、22	172 260 000.00	41 000 000.00
应付账款	五、23	6 258 172 000.31	6 058 501 314.45
预收款项	五、24	2 137 096 754.66	4 654 065 617.01
应付职工薪酬	五、25	387 010 973.37	847 649 366.05
应交税费	五、26	-355 015 471.40	-336 626 631.35
应付利息	五、27	16 025 578.08	14 200 000.00
应付股利		3 956 800.00	3 956 800.00
其他应付款	五、28	146 889 231.90	1 366 152 118.81
一年内到期的非流动负债	五、29	290 397 764.37	275 397 764.37
流动负债合计		**14 167 743 631.29**	**13 124 296 349.34**

（续表）

项目	附注	2011年12月31日	2010年12月31日
非流动负债			
长期借款	五、30	1 842 243 033.97	1 381 765 284.11
应付债券	五、31	991 848 300.00	989 160 100.00
长期应付款	五、32	239 584 370.33	
递延所得税负债	五、17	13 163 457.79	19 871 560.92
其他非流动负债	五、33	1 774 751 624.62	1 064 997 075.66
非流动负债合计		4 861 590 786.71	3 455 794 020.69
负债合计		19 029 334 418.00	16 580 090 370.03
股东权益			
股本	五、34	2 109 671 600.00	1 054 835 800.00
资本公积	五、35	3 685 151 657.82	3 723 323 772.32
减:库存股			
专项储备			
盈余公积	五、36	1 141 008 981.99	886 733 216.15
未分配利润	五、37	1 944 754 683.51	2 396 777 822.64
外币报表折算差额		-33 573 197.89	-289 043.87
归属于母公司权益合计		8 847 013 725.43	8 061 381 567.24
少数股东权益		245 106 164.73	
股东权益合计		9 092 119 890.16	8 061 381 567.24
负债和股东权益总计		28 121 454 308.16	24 641 471 937.27

二、利润表

利润表又称损益表,是综合反映企业在某一段时期内发生的各项经营收入与支出,以及公司盈亏(收入与支出之差)实现情况的报表。它反映了公司的盈亏状况,是分析企业经济效益和经营业绩的依据。损益表的编制方式是自上而下,列出收入及成本和费用的累积金额,两者相减得出净利润。

损益表中的成本和费用支出根据其类别可以分成四类:一是产品的销售成本,即企业在生产所销售的产品的过程中所发生的各项成本;二是各项费用,包括销售费用和管理费用,如广告费、一般管理费用、管理人员的工资以及公司的生产运营所需而又不与生产直接相关的费用,等等;三是公司为借债所支付的利息支出;四是上交政府的各项税收。表11-2是我国某上市公司的利润表。

表 11-2　利润表

编制单位:××××股份有限公司　　　　　　　　　　　　　　　　　　　　单位:人民币元

项目	附注	2011 年度	2010 年度
一、营业收入	五、38	51 645 734 937.85	53 492 052 402.52
减:营业成本	五、38	46 952 853 924.82	47 166 401 791.96
营业税金及附加	五、39	185 267 228.52	244 998 872.98
销售费用	五、40	1 533 275 450.10	1 817 336 280.00
管理费用	五、41	1 725 185 762.34	2 206 649 746.51
财务费用	五、42	173 214 756.63	64 169 242.29
资产减值损失	五、43	68 232 915.78	174 674 699.78
加:公允价值变动收益(损失以"－"号填列)			
投资收益(损失以"－"号填列)	五、44	－35 275 674.77	－70 161 935.63
其中:对联营企业和合营企业的投资收益		－35 273 889.20	－70 906 703.69
二、营业利润(损失以"－"号填列)		972 429 224.89	1 747 659 833.37
加:营业外收入	五、45	402 014 884.78	225 343 637.51
减:营业外支出	五、46	32 191 575.27	58 351 927.44
其中:非流动资产处置损失		22 025 101.44	30 221 656.87
三、利润总额(损失以"－"号填列)		1 342 252 534.40	1 914 651 543.44
减:所得税费用	五、47	189 863 449.07	268 639 856.71
四、净利润(损失以"－"号填列)		1 152 442 450.71	1 646 011 686.73
归属于母公司股东的净利润		1 152 442 450.71	1 646 011 686.73
少数股东损益		－53 365.38	

三、现金流量表

现金流量表是反映企业在一个时期内现金流入流出及净现金流入状况的报表,是为会计报表使用者提供企业一定会计期间内现金和现金等价物流入流出的信息,以便于报表使用者了解、评价企业获取现金和现金等价物的能力,并据以预测企业未来现金流量。现金流量表中的"现金流量"根据其产生和使用的原因,可分为经营现金流量、投资现金流量和筹资现金流量三类。

现金流量表的作用,主要有以下几个方面:

现金流量表可以为其使用者提供企业的现金流量信息。现金是企业的"血液",在激烈的市场竞争中企业的投资活动、经营活动和投资回报的核心是要有相应的现金流量与之相对应。如果企业的投资不能得到相应的现金回报,企业现金流转就会出现问题,其财务状况(如流动性、偿债能力)就会日趋恶劣。通过现金流量表,可以了解企业的经营状况和现金流转是否顺畅。

通过现金流量表,不但可以了解企业当前的财务状况,还可以预测企业未来的发展情况。如果现金流量表中经营现金流量、投资现金流量和筹资现金流量等各部分现金流量结构合理,现金流入流出无重大异常波动,一般来说企业的财务状况就是基本良好的。另一方面,企业最常见的失败原因、症状也可在现金流量表中得到反映,比如,通过比较当期净利润与当期净经营现金流量,可以分析企业利润质量的高低,评价企业经营活动产生净现金流量的能力。表 11-3 是我国某上市公司的现金流量表。

表 11-3 现金流量表

编制单位:××××股份有限公司　　　　　　　　　　　　　　　　　单位:人民币元

项目	附注	2011 年度	2010 年度
一、经营活动产生的现金流量:			
销售商品、提供劳务收到的现金		26 280 242 951.82	31 980 691 156.64
收到的税费返还		352 572 383.34	318 622 462.03
收到其他与经营活动有关的现金	五、50	450 619 249.65	231 620 716.87
经营活动现金流入小计		27 083 434 584.81	32 530 934 335.54
购买商品、接受劳务支付的现金		19 935 114 069.04	24 681 866 939.23
支付给职工以及为职工支付的现金		2 676 011 270.07	2 240 541 607.24
支付的各项税费		1 757 353 426.46	1 843 551 225.12
支付其他与经营活动有关的现金	五、50	3 239 927 262.87	2 689 285 423.57
经营活动现金流出小计		27 608 406 028.44	31 455 245 195.16
经营活动产生的现金流量净额		-524 971 443.63	1 075 689 140.38
二、投资活动产生的现金流量:			
收回投资收到的现金			
取得投资收益收到的现金			141 513.39
处置固定资产、无形资产和其他长期资产收回的现金净额		8 583 025.50	3 293 336.55
处置子公司及其他营业单位收到的现金净额			
收到其他与投资活动有关的现金	五、50	958 323 724.99	1 008 352 343.40
投资活动现金流入小计		966 906 750.49	1 011 787 193.34
购置固定资产、无形资产和其他长期资产支付的现金		4 129 984 742.57	3 085 577 698.83
投资支付的现金		441 700 000.00	15 970 557.29
取得子公司及其他营业单位支付的现金净额			
支付其他与投资活动有关的现金	五、50		147 030 000.00
投资活动现金流出小计		4 760 218 035.23	3 252 899 493.66
投资活动产生的现金流量净额		-3 793 311 284.74	-2 241 112 300.32

(续表)

项目	附注	2011 年度	2010 年度
三、筹资活动产生的现金流量：			
吸收投资收到的现金		245 000 000.00	2 457 997 038.00
其中:子公司吸收少数股东权益性投资收到的现金			
取得借款收到的现金		4 310 302 836.20	1 433 659 738.64
发行债券收到的现金			
收到其他与筹资活动有关的现金	五、50	30 318 759.34	
筹资活动现金流入小计		4 585 621 595.54	3 891 656 776.64
偿还债务支付的现金		923 506 841.04	679 294 803.79
分配股利、利润或偿付利息支付的现金		548 479 340.11	302 866 021.92
其中:子公司支付少数股东的现金股利			
支付其他与筹资活动有关的现金	五、50	28 976 860.26	17 790 620.86
其中:子公司减资支付给少数股东的现金			
筹资活动现金流出小计		1 500 963 041.41	999 951 446.57
筹资活动产生的现金流量净额		3 084 658 554.13	2 891 705 330.07
四、汇率变动对现金及现金等价物的影响		-38 051 945.87	-340 208.08
五、现金及现金等价物净增加额		-1 271 676 120.11	1 725 941 962.05
加:期初现金及现金等价物余额		5 261 352 066.47	3 535 410 104.42
六、期末现金及现金等价物余额		3 989 675 946.36	5 261 352 066.47

为了保证财务报表确实可靠,各国法律均规定,公司对外的财务报表必须经过符合资格的会计师事务所注册会计师的查核与鉴证,才能对外公布。会计师查核后,还应出具审计报告。

第三节　财务比率分析

财务比率分析就是通过对财务比率的比较和讨论,分析企业的财务状况和发展潜力等。主要有偿债能力分析、资产运用能力分析(周转率分析)、盈利能力分析和市场比率分析,等等。

一、偿债能力分析

偿债能力分析又可以分为短期偿债能力分析与长期偿债能力,短期偿债能力分析又称为流动性分析或流动比率分析。

(一) 流动比率分析

用于企业流动比率分析的常用指标有流动比率、速动比率、现金比率等。

1. 流动比率

$$\text{流动比率} = \frac{\text{流动资产}}{\text{流动负债}}$$

流动比率是衡量企业短期偿债能力最常用的一种比率,它以流动资产除以流动负债而得。企业流动资产通常包括现金、有价证券、应收账款以及存货等一年内可以变现的资产,而流动负债则包括应付账款、短期应付票据、一年内到期的长期负债、应付未付工资以及应付未付所得税等一年内需要偿还的债务。因此,这一比率反映了企业偿还短期债务的能力。显然,这一比率越高,企业偿还短期负债的能力越强。

可以计算出,表 11-1 所述××××股份有限公司 2011 年的流动比率 = 138.04 亿元/142.68 亿元 = 0.97,2010 年的流动比率 = 156.55 亿元/131.24 亿元 = 1.19。

2. 速动比率

$$\text{速动比率} = \frac{\text{速动资产}}{\text{流动负债}}$$

在流动资产中,由于存货资产相对于现金、短期投资、应收票据和应收账款等资产而言,其变现的时间较长,变现的价值也存在着较大的不确定性,因此,在有些情况下(如企业遇到财务危机),存货变现的市场价值可能与其账面价值有较大的差距。为了更有效地衡量企业偿付短期负债的能力,人们引入了"速动资产"这一概念,即在流动资产中扣除存货部分,将剩余的较易按照接近其账面价值变现的流动资产称为"速动资产",以此反映企业偿付短期债务的能力。

表 11-1 所述××××股份有限公司 2011 年的速动比率为 0.48,2010 年为 0.53。需要指出的是,该公司的流动资产中有预付款项,通常这一项也是变现能力较差的流动资产,故在计算速动资产时应将预付款项与存货一起从流动资产中扣除,所以其 2011 年的速动比率 = 68.18 亿元/142.68 亿元 = 0.48,2010 年的速动比率 = 70.33 亿元/131.24 亿元 = 0.53。

3. 现金比率

$$\text{现金比率} = \frac{\text{现金资产}}{\text{流动负债}}$$

现金是企业立即可以动用偿还负债的资产。

可以计算出,表 11-1 所述××××股份有限公司 2011 年的现金比率 = 42.14 亿元/142.68 亿元 = 0.29,2010 年的现金比率 = 53.73 亿元/131.24 亿元 = 0.41。

从上述三个指标来看,该公司 2011 年的短期偿债能力有所不足。该流动比率小于 1,表明公司一年内可以变现的资产的账面价值小于一年内需要偿还的债务的价值。与 2010 年相比,公司的三个比率都呈较明显的下降趋势,这表明 2011 年公司的流动性比 2010 年有所下降。

流动性比率越高,企业的短期偿债能力越强。但这并不意味着流动性比率越高越好。流动性比率过高,可能表明企业在流动资产上占用资金太多,比如过多的现金占用。而将大量资金放在收益率较低的流动资产上(如现金资产完全没有投资回报),将会降低企业的资金使用效率,降低投资者的投资回报。因此,企业应该在保证良好的短期偿债能力和较高的资金使用效率即风险控制与投资收益之间取得一个好的平衡。

(二) 长期偿债能力分析

用于企业长期偿债能力分析的财务比率主要有公司资本结构比率和利息保障倍数两大类。

常用的资本结构比率有资产负债率和资本结构比率两个。

1. 资产负债率

$$资产负债率 = \frac{总负债}{总资产}$$

资产是用于偿还负债的资金来源,显然,资产负债率越低,企业的长期偿债能力就越强。

可以计算出,表11-1所述××××股份有限公司2011年的资产负债率 = 190.29亿元/281.21亿元 = 68%,2010年的资产负债率 = 165.80亿元/246.41亿元 = 67%。

2. 长期负债比率[长期负债/(长期负债 + 权益资本)]

由于短期负债更多地属于流动性问题,同时短期负债的变化也较大,因此,在考虑长期偿债能力时,分析人员往往更注重长期负债。长期负债比率的定义如下:

$$长期负债比率 = \frac{长期负债}{长期负债 + 权益资本}$$

显然,由于长期负债和权益资本都是企业的长期资金来源,因此,长期负债比率反映了企业长期资金来源(长期资本)中负债(长期债务资本)所占的比例。显然,这一比率越低,企业的长期偿债能力越强。可以计算出,表11-1所述××××股份有限公司2011年的长期负债比率 = 48.62亿元/(48.62 + 90.92)亿元 = 35%,2010年的资本结构比率 = 34.56亿元/(34.56 + 80.61)亿元 = 30%。

3. 利息保障倍数

$$利息保障倍数 = \frac{息税前收益}{利息支出}$$

利息保障倍数由公司支付利息和所得税前的利润(简称息税前收益或付息付税前收益)除以利息支出总额而得,反映的是企业通过经营活动产生的现金流量偿还长期债务的能力。所谓"息税前收益",是指"营业收入-营业成本-营业税金及附加-销售费用-管理费用"。这一项目反映的是企业通过主营业务经营获取的为债权人和股东创造收益的能力。这一比率越高,企业偿还长期负债的能力越强。

表11-1和表11-2所述××××股份有限公司2011年的利息保障倍数 = 12.49亿元/1.73亿元 = 7.21,2010年的利息保障倍数 = 20.56亿元/0.64亿元 = 32.05。

资产负债率和长期负债比率两个指标反映的是企业通过出售资产偿还债务的能力，是一个静态的指标。利息保障倍数反映的是企业通过经营活动创造的现金收入偿还债务的能力，是一个动态的指标。由于企业借入资金是为了经营活动，因此，如果投资者要考虑企业的长期经营能力和盈利能力，就更要重视企业利息保障倍数这一指标。

从前述公司的指标可以看出，尽管公司的资产负债率较高，达到67%，但公司的长期负债数量相对较少，特别是公司的利息保障倍数较高，具有较强的长期偿债能力。

二、资产运用能力分析

资产运用能力反映的是企业的经营效率，主要通过各项资产周转率指标来反映。常见的分析指标有：

1. 总资产周转率

$$总资产周转率 = \frac{销售收入}{平均总资产}$$

反映的是企业产生一单位销售收入所要占用的资产数量。显然，总资产周转率越高，企业资产利用效率越高。由于企业年初总资产与年末总资产是不同的，通常用平均总资产(年初和年末总资产和的二分之一)作为分母。

表11-1和表11-2所述××××股份有限公司2011年的总资产周转率 = 516.46亿元/263.81亿元 = 1.96。这表明公司的资产大约一年周转两次。

2. 应收账款周转率

$$应收账款周转率 = \frac{赊销净额}{平均应收账款}$$

应收账款实际上是销售企业给予购买企业的一种无息贷款(商业信用)，其目的是获得更多的销售收入。应收账款周转率反映的是企业利用应收账款获取销售收入的效率，由于由应收账款产生的销售收入是"赊销收入"，因此，应收账款周转率应该是用赊销净额除以期初期末应收账款的平均余额。周转次数越多，说明经营效率越好。由于财务分析人员几乎无法将销售收入分为赊销和现金销售两类，因此，在实际应用中常用销售收入除以平均应收账款计算应收账款周转率，即

$$应收账款周转率 = \frac{销售收入}{平均应收账款}$$

前述公司2011年的应收账款周转率 = 516.46亿元/11.73亿元 = 44。这是一个很高的周转率。

3. 平均收账期

应收账款周转率的另一种变现形式为平均收账期，反映的是企业收回应收账款所需要的时间。

$$平均收账期 = \frac{365天}{应收账款周转率}$$

平均收账期与公司授信期(公司给予客户的账期)相比,可看出应收账款的品质好坏。平均收账期越短,表示应收账款的质量越好。

前述公司2011年的平均收账期为365天/44=8.3天。

4. 存货周转率

$$存货周转率 = \frac{销售收入}{平均存货}$$

平均存货指期初与期末存货的平均值。显然,存货周转率越高,企业的存货利用效率越高。

前述公司2011年的存货周转率=516.46亿元/62.65亿元=8.24次。

5. 存货周转期

$$存货周转期 = \frac{365天}{存货周转率}$$

存货周转期越短,存货的利用效率越高。

前述公司2011年的存货周转期为365天/8.24=44.3天。

除上述三种常用的资产周转率指标外,投资者还可以对其他各类资产用同样的方法分析其使用效率。如现金周转率(=销售收入/平均现金余额),流动资产周转率(=销售收入/平均流动资产),固定资产周转率(=销售收入/平均固定资产),等等。

三、盈利能力分析

盈利能力分析考察的是各种利润率比率,常用的有净资产收益率、总资产收益率、销售利润率,等等。

1. 净资产收益率(权益收益率,ROE)

$$净资产收益率(ROE) = \frac{净利润}{股东权益}$$

净资产收益率反映了股东单位投入的回报高低。净资产收益率越高,表明股东单位投入的回报越高。由于期末与期初的股东权益的数量不同,通常用平均股东权益作为净资产收益率的分母。

净资产收益率的高低不仅与企业的经营效率相关联,而且与企业的财务杠杆(负债水平)相关联。在其他条件相同的情况下,企业的财务杠杆越高,股东的净资产收益率越高,但股东的财务风险也随之加大。

表11-1和表11-2所述公司2011年的净资产收益率=11.52亿元/85.77亿元=13.43%。

2. 总资产收益率

总资产收益率的一般定义是净利润除以总资产

$$总资产收益率(ROA) = \frac{净利润}{平均总资产}$$

总资产收益率反映的是一单位资产产生净利润的能力。与净资产收益率不同的是,净资产收益率反映的是股东单位投入所产生的回报水平,而总资产收益率的分母是股东和债权人的所有投入,分子是属于股东的利润回报(净利润),反映的是股东和债权人的共同投入所产生的股东回报水平。显然,这一指标的投入与产出(利润)是不相匹配的,尽管总资产收益率高也反映了股东投入的回报高,但其财务意义是不够明确的。

有时我们还可以计算另外一种总资产收益率,用息税前收益(EBIT)除以总资产,这里暂称之为总资产收益率2。

$$总资产收益率2 = \frac{息税前收益}{平均总资产}$$

总资产收益率2反映的是企业运用股东和债权人的共同投入为这两类投资者创造收益的能力。

表11-1 和表11-2 所述公司2011年的总资产收益率 ROA = 11.52亿元/263.81亿元 = 4.37%,但总资产收益率2 = 12.49亿元/263.81亿元 = 4.73%。

从上面的计算可以看出,该公司的息税前收益为12.49亿元,与其税后净利润11.52亿元的差距只有约1亿元,但从公司的利润表上可以看到,公司2011年的财务费用(作为利息支出的代表)为1.73亿元,所得税支出为1.90亿元,二者之和远远超过了1亿元。造成这一现象的原因是该公司除了主营业务创造的利润外,还有一部分利润来自公司的营业外收入超过营业外支出的部分(非经常性损益)。

由于净利润中包含了企业的投资收益和非经常性损益(营业外收入和支出之差),因此净利润并不能很好地反映企业通过其正常经营活动(主营业务)为投资者创造回报的能力。而总资产收益率 ROA 由于其分子分母的投入产出关系的不匹配,也不能很好地反映企业利用投资者投入的全部资本(权益资本和债务资本)为其创造收益的能力。相比之下,总资产收益率2较好地反映了企业利用投资者的全部投入(债务与权益)为他们创造投资回报(利息和净利润)的能力。

3. 销售利润率

销售利润率是净利润除以销售收入。

$$销售利润率 = \frac{净利润}{销售收入}$$

销售利润率也称为"盈利边际"(profit margin),反映的是企业所生产的产品或提供的服务产生净利润的能力。这一比率越高,说明企业产品或服务的利润含量越高,盈利能力越强。

前述公司的销售利润率 = 11.52亿元/516.46亿元 = 2.23%,即该公司100元的销售收入可以产生2.23元的净利润。这表明该公司产品的盈利能力并不很高。

四、市场价格比率分析

市场价格比率是指股票市场价格与某些账面指标的比率。常见的市场价格比率有市盈率和市净率,另外还有市价销售比率等。

1. 市盈率

如第一章所述,市盈率是股票的市场价格除以每股收益。

$$市盈率 = \frac{股票价格}{每股收益} = \frac{股票市价总值}{净利润}$$

前述公司2011年的每股收益为0.546元,如果2012年1月初该公司的股票价格是5.80元,则其市盈率为:5.80/0.546 = 10.6(倍)。

2. 市净率

如第一章所述,市净率是指股票价格除以每股净资产。

$$市净率 = \frac{股票价格}{每股净资产}$$

前述公司2011年的每股净资产88.47亿元/21.09亿股 = 4.195元,如果其2012年1月初的股票价格为5.80元,则其市净率为:5.80/4.195 = 1.38(倍)。

五、杜邦分析

权益收益率反映了投资者单位投资回报的高低,是股权投资者最为关注的一个指标。所谓杜邦分析,就是把权益收益率分解为几个重要的财务比率,从而更清晰地了解哪些因素会影响权益收益率的高低,帮助投资者了解公司的财务状况。

权益收益率=净利润/股东权益,可以做如下分解:

$$权益收益率 = \frac{净利润}{股东权益} = \frac{净利润}{销售收入} \times \frac{销售收入}{总资产} \times \frac{总资产}{股东权益}$$

其中:净利润/销售收入=销售利润率,销售收入/总资产=总资产周转率,总资产/股东权益=权益乘数。

因此,权益收益率=销售利润率×总资产周转率×权益乘数。

前面已经对销售利润率和总资产周转率的内涵做过讨论,这里解释一下权益乘数的含义。权益乘数反映了公司的财务杠杆水平,即一单位股东投入所对应的公司总的资金投入。比如,如果权益乘数等于1,即总资产=股东权益,表明公司的全部资金均为股东投入,没有借入资金,资产负债率为0。如果权益乘数等于2,则总资产=2×股东权益,表明公司资产的一半是靠借入(债务)资金购置的,1元钱股东投入对应着公司2元的资金投入,资产负债率为50%。显然,权益乘数越高,公司投入中债务资金所占的比例就越高,公司的资产负债率(财务杠杆)也越高。与此对应,公司的财务风险也越大。

通过上述分解可以看出,权益收益率(股东的投资回报率)取决于三个因素,一个是由销售利润率反映的公司产品或服务的盈利能力,即一单位销售收入可以为股东创造多少净利润;一个是由总资产周转率反映的公司的资产(资金)使用效率,即投资者的一单位资金(资产)投入可以产生多少销售收入;另一个是由权益乘数反映的财务杠杆率,即股东的一单位投入撬动了多少总的资金投入。

不难看出,通过提高公司产品或服务的盈利能力(提高销售利润率)来提高权益收益率意味着公司经营效率的提升,对股东回报产生的是正面影响。通过提高公司的资产(资金)使用效率(提高总资产周转率)来提高权益收益率,意味着公司资产使用效率的提升,对股东回报产生的也是正面影响。但是,通过提高公司的财务杠杆(提高权益乘数)来提高权益收益率,代表着股东面临的财务风险的增大,是通过提高股东承担的风险水平来提高其投资回报率,并不意味着一定是对股东有利的事情,公司的股票价值也不一定因此会提升。

表 11-1 和 11-2 所述公司 2011 年的平均总资产为 263.81 亿元,平均股东权益为 85.77 亿元,2011 年的销售收入为 516.46 亿元,净利润为 11.52 亿元。可以计算出,该公司按照平均股东权益计算的权益收益率 = 13.43%,销售利润率 = 2.23%,总资产周转率 = 1.96,权益乘数 = 263.81 亿元/85.77 亿元 = 3.08。可以看出,该公司产品本身的盈利有限,主要依靠较高的总资产周转率和财务杠杆才获得了一个较高的权益收益率水平。特别是,如果我们进一步分析该公司的利润表(可以参看下一节的共同比利润表),我们会发现,公司有相当一部分利润来自营业外收入。这表明,如果不考虑营业外收入的贡献,2011 年该公司依靠其主业为股东创造收益的能力会显得更弱。

第四节 共同比财务报表

共同比财务报表分析(common size analysis)指以财务报表中的总资产(资产负债表)或销售收入(利润表)为 100%,把其他构成要素的金额换算为总资产或销售收入的百分比,以显示各构成要素的相对比重。下面就来介绍一下共同比资产负债表和共同比利润表(损益表)。

一、共同比资产负债表

编制共同比资产负债表时,只需将原来用金额表示的资产负债表,换算为以总资产(或负债加股东权益之和)为 100%,用其他各构成项目的金额除以总资产(或负债加股东权益之和),得到各构成项目占总资产的百分比率。通过共同比资产负债表,投资者可以了解企业各项资产占资产总额的百分比以及负债与权益的组成比例,并可由此研究该企业长、短期偿债能力等。为了分析各项目的变动状况及趋势,投资者还可以进行共同比的纵向比较,即把共同比财务报表上各科目历年的百分比并列在一起,加以比较。表 11-4 就是根据表 11-1 做出的 ××× 股份有限公司 2010 年 12 月 31 日和 2011 年 12 月 31 日的共同比资产负债表。

表 11-4　共同比资产负债表

编制单位：××××股份有限公司

项目	2011年12月31日		2010年12月31日	
	数值(万元)	共同比	数值(万元)	共同比
流动资产：				
货币资金	421 446	15.0%	537 351	21.8%
应收票据	59 584	2.1%	32 186	1.3%
应收账款	136 499	4.9%	98 188	4.0%
预付款项	110 794	3.9%	197 081	8.0%
应收股利	7	0.0%	0	0.0%
其他应收款	40 428	1.4%	29 219	1.2%
存货	587 891	20.9%	665 119	27.0%
一年内到期的非流动资产	12 472	0.4%	5 204	0.2%
其他流动资产	11 353	0.4%	1 126	0.0%
流动资产合计	**1 380 474**	**49.1%**	**1 565 474**	**63.5%**
非流动资产：				
可供出售金融资产	13 476	0.5%	17 949	0.7%
长期应收款	25 450	0.9%	5 784	0.2%
长期股权投资	93 732	3.3%	53 800	2.2%
固定资产	798 394	28.4%	409 268	16.6%
在建工程	138 411	4.9%	200 385	8.1%
无形资产	279 283	9.9%	152 728	6.2%
开发支出	48 419	0.0%	25 915	0.0%
长期待摊费用	7 812	0.3%	2 652	0.1%
递延所得税资产	24 092	0.9%	27 118	1.1%
其他非流动资产	2 602	0.2%	3 074	0.3%
非流动资产合计	**1 431 672**	**50.9%**	**898 673**	**36.5%**
资产总计	**2 812 145**	**100.0%**	**2 464 147**	**100.0%**
流动负债：				
短期借款	311 095	11.1%	20 000	0.8%
应付票据	17 226	0.6%	4 100	0.2%
应付账款	625 817	22.3%	605 850	24.6%
预收款项	213 710	7.6%	465 407	18.9%

(续表)

项目	2011年12月31日 数值(万元)	共同比	2010年12月31日 数值(万元)	共同比
应付职工薪酬	38 701	1.4%	84 765	3.4%
应交税费	-35 502	-1.3%	-33 663	-1.4%
应付利息	1 603	0.1%	1 420	0.1%
应付股利	396	0.0%	396	0.0%
其他应付款	214 689	7.6%	136 615	5.5%
一年内到期的非流动负债	29 040	1.0%	27 540	1.1%
流动负债合计	**1 416 774**	**50.4%**	**1 312 430**	**53.3%**
非流动负债:				
长期借款	184 224	6.6%	138 177	5.6%
应付债券	99 185	3.5%	98 916	4.0%
长期应付款	23 958	0.9%	0	0.0%
递延所得税负债	1 316	0.0%	1 987	0.1%
其他非流动负债	177 475	6.3%	106 500	4.3%
非流动负债合计	**486 159**	**17.3%**	**345 579**	**14.0%**
负债合计	**1 902 933**	**67.7%**	**1 658 009**	**67.3%**
股东权益:				
股本	210 967	7.5%	105 484	4.3%
资本公积	368 515	13.1%	372 332	15.1%
盈余公积	114 101	4.1%	88 673	3.6%
未分配利润	194 475	6.9%	239 678	9.7%
外币报表折算差额	-3 357	-0.1%	-29	0.0%
归属于母公司股东权益合计	884 701	31.5%	806 138	32.7%
少数股东权益	24 511	0.9%	0	0.0%
股东权益合计	**909 212**	**32.3%**	**806 138**	**32.7%**
负债和股东权益总计	**2 812 145**	**100.0%**	**2 464 147**	**100.0%**

二、共同比利润表

编制共同比利润表时,将营业收入或销售收入作为100%,然后再将利润表中各项目的绝对数字,逐一除以营业收入或销货净额,就可求得各项目的共同比百分率。表11-5是××××股份有限公司的共同比利润表。

表11-5 共同比利润表

编制单位:××××股份有限公司

项目	2011年度		2010年度	
	数值(万元)	共同比	数值(万元)	共同比
一、营业收入	5 164 573	100.0%	5 349 205	100.0%
减:营业成本	4 695 285	90.9%	4 716 640	88.2%
营业税金及附加	18 527	0.4%	24 500	0.5%
销售费用	153 328	3.0%	181 734	3.4%
管理费用	172 519	3.3%	220 665	4.1%
财务费用	17 321	0.3%	6 417	0.1%
资产减值损失	6 823	0.1%	17 467	0.3%
加:投资收益(损失以"－"号填列)	－3 528	－0.1%	－7 016	－0.1%
其中:对联营企业和合营企业的投资收益	－3 527	－0.1%	－7 091	－0.1%
二、营业利润(损失以"－"号填列)	97 243	1.9%	174 766	3.3%
加:营业外收入	40 201	0.8%	22 534	0.4%
减:营业外支出	3 219	0.1%	5 835	0.1%
其中:非流动资产处置损失	2 203	0.0%	3 022	0.1%
三、利润总额(损失以"－"号填列)	134 225	2.6%	191 465	3.6%
减:所得税费用	18 986	0.4%	26 864	0.5%
四、净利润(损失以"－"号填列)	115 239	2.2%	164 601	3.1%

从共同比利润表中,投资者可以看出,在销售收入中,销售成本、营业费用、非营业损益等项目所占的比重。由此,也可看出每期利润增减的原因是来自销售成本的增减还是其他。从表11-5中可以看出,公司净利润仅占销售收入的2.2%,反映公司产品的盈利能力不高。进一步可以看到,其营业利润(税前利润)仅占销售收入的1.9%,如果不是营业外收入减营业外支出的差额占到了销售收入的0.7%,公司的净利润将会进一步降低。

投资者可以通过共同比利润表的编制,发现企业经营中存在的问题,对企业的未来发展做出某些预测。另外,对多年来利润表的共同比纵向比较也会对投资者有所启发(见表11-6)。

表 11-6　某公司简化共同比利润表

	2010	2011	2012
销售收入	100%	100%	100%
销售成本	70%	69.17%	67.33%
销售毛利	30%	30.83%	32.67%
销售和管理费用	20%	19.17%	18%
息税前收益	10%	11.66%	14.67%
利息费用	2%	2.08%	2%
税前利润(利润总额)	8%	9.58%	12.67%
所得税	3.2%	3.89%	5.07%
净利润	5.08%	5.75%	7.60%

从表 11-6 可见,该公司销售成本、营业费用在销售收入中所占比重不断下降,而销售毛利、息税前收益、税前利润、净利润等所占比重却逐年上升,表明公司的获利能力不断增强。

习　题

一、思考题

1. 某公司的净利润上升,但经营现金流却下降了,可能是什么原因？为什么说经营现金流量是反映公司盈利质量的重要指标？

2. 哪些因素(财务比率)会影响权益收益率的提高？

3. 权益收益率越高越好吗？为什么？

4. 流动性比率越高,企业偿付短期债务的能力越强。企业是否应该保持尽可能高的流动性比率？为什么？

5. 资产负债率和利息保障倍数分别从哪两个角度反映了企业的长期偿债能力？为什么？

6. 找一家上市公司的财务报表进行分析。

二、计算题

计算下述报表中的各项财务比率,将报表转化为共同比财务报表,讨论其变化趋势。

资产负债表

单位:万元

	2012	2011	2010		2012	2011	2010
流动负债				流动负债			
现金与银行存款	1 800	3 500	8 000	银行借款	1 500	1 400	2 000
应收账款	9 200	8 200	7 500	应付账款	3 800	5 200	3 500
存货	6 100	6 500	6 500	应付工资	1 700	1 600	1 300
流动资产合计	17 100	18 200	22 000	流动负债合计	7 000	8 200	6 800
长期资产				长期负债	4 400	4 400	9 200
固定资产	17 700	15 500	13 000	负债总计	11 400	12 600	16 000
长期资产合计		15 500	13 000	股东权益	23 400	21 100	19 000
资产总计	34 800	33 700	35 000	负债与股东权益	34 800	33 700	35 000

利润表

单位:万元

	2012 年	2011 年	2010 年
销售收入	127 050	118 800	110 000
销售成本	92 000	86 200	81 350
销售与管理费用	27 000	25 460	21 350
财务费用	150	140	800
税前利润	7 900	7 000	6 500
所得税	2 670	2 380	2 200
净利润	5 230	4 620	4 300

公司 A 和公司 B 的资产负债率分别为 40% 和 30%,总资产收益率 1(ROA = 净利润/总资产)分别为 12% 和 10%,两家公司的权益收益率(ROE)各是多少?

某公司的财务比率如下:权益收益率(ROE) = 15%,总资产周转率 = 1.2,总资产收益率(ROA) = 10%。公司的资产负债率是多少?

某公司流动资产 250 万元,流动负债 100 万元。现在公司需要通过借款购买原材料(补充存货),如果要求公司的流动比率不低于 2.0,公司可以补充多少存货?

某公司每年的赊销销售收入为 5 000 万元,为保持应收账款周转期不低于 30 天,该公司的应收账款余额最多能够是多少?

第十二章 股票投资技术分析

第一节 道氏理论

道氏理论(Dow Theory)创立于19世纪末,是美国投资者预测股票市场价格涨落最常用的方法,也是最古老、最著名的技术分析理论之一。其基本原理由查尔斯·道创立,并由萨缪尔森·A.纳尔逊(Samuelson A. Nelson)和威廉姆·P.汉密尔顿(William P. Hamilton)等人加以补充和发展。

道氏理论利用道·琼斯工业股价平均数和铁路股价平均数的分析与解释来判断股价的波动和走势。道·琼斯铁路及工业股价平均数可以反映商品的运输状况和全国生产状况。理论上,这两种股价平均数上升时,说明各发行公司业绩状况较佳,股市将是多头市场;这两种股价指数下降时,说明各发行公司业绩转坏,股市将进入空头市场。

道氏理论成功运用的典型例子是,1929年10月23日《华尔街日报》刊登"A Turn in the Tide"一文,该文以道氏理论为基础对股市动向进行预测,正确地指出牛市(bull market)已经结束,熊市(bear market)已经来临。这以后,果然发生了众所周知的1929年美国股市大崩溃,并对全球经济都带来了灾难性的影响。

一、证券市场的三种运动

道氏理论认为证券市场上同时存在着三种运动。它们相互影响,共同决定着股价的走势。

1. 主要运动

主要运动,又叫作主要趋势(primary trends),表示股票市场价格长期上涨趋势,形成多头市场(股价看涨);或长期下跌趋势,形成空头市场(股价看跌)。主要趋势一经形成,通常持续一年或一年以上。汉密尔顿认为多头市场的平均长度为27个月,空头市场的平均长度为15个月。一般情况下,在股价平均数波动起伏过程中,如果下一个股价平均数高峰高于前一个高峰,且下一个股价平均数低谷也高于前一个低谷,股价平均数长期呈现上涨走势,那么就可判定股市已进入牛市,股市行情将上涨;相反,如果下一个股价平均数低谷低于前一个低谷,且下一个股价平均数高峰也低于前一个高峰,股价平均数长期呈现下跌走势,那么就可判定股市已进入熊市,股价变动将以下跌为主。

长期上升的趋势通常又包括三个阶段,也称牛市一、二、三期。第一阶段,有远见的投资者看出股市上涨的前景,开始买进悲观投资者抛售的股票,使股价徐徐上涨。此时,股票交易并非很活跃,但成交量已开始增加。第二阶段,经济前景更加明朗,公司经营业绩已显著好转,股价稳步上涨,成交量也显著增加。第三阶段,利好消息不断传来,股市呈现一片大好形势。投资者竞相购买股票,股价急速上升,成交量也大幅增加;企业趁机发行新股票,投机者也趁机哄抬股价。这使股价上涨达到高峰,是多头市场快要结束的预兆。

长期下跌趋势通常也包括三个阶段,又称熊市一、二、三期。第一阶段,有远见的投资者预测股市前景不佳,开始抛售手中的股票,使股价稍有下跌;一般投资者以为是上涨行情中的回档整理,就趁机买进,使股价反弹。但毕竟是夕阳西下,成交量逐渐减少,股价也逐渐下跌。第二阶段,股价下跌趋势日渐明朗,买气减弱,卖压日增,交易量大幅减少。但其间也可能在股价重跌之后出现次级运动的反弹现象。第三阶段,市场上利空消息不断传来,股价持续暴跌,投资者纷纷抛售手中的股票。但持续一阵后下跌趋势变缓,某些绩优股的市价走向平缓,只是投机股股价下跌较为剧烈。这是空头市场快要结束的预兆。

在股价主要趋势的发展过程中,有时会回档,暂时改变一下原来的走势,然后又继续原来的趋势,这就是次要运动的影响。每一个主要趋势中包含着多个次要运动。

2. 次要运动

次要运动又叫作次要趋势(secondary trends),指在主要趋势中,股价持续上涨过程突然出现的中期回跌现象,或者在股价持续下跌过程中突然出现的中期反弹现象。次要趋势持续时间为两周到一个月左右。次要运动与主要趋势相配合,并在短时期内起相反方向的作用。次要运动一般可以调整一种主要趋势的1/3、1/2或2/3。对于投资者来说,次要运动也很重要。在长期上涨趋势中,中期回档的次要运动,往往就是追加购股的好时机;在长期下跌趋势中,中期反弹上涨的次要运动,又是投资者抛空的好时机。

3. 日常运动

日常运动(daily movements),指股价每天的小幅波动(见图12-1)。这种运动不太重要,也很难预测,一般持续数小时至几天。当然,分析人员也必须跟踪每天的股价运动,这样才能发现股价的主要趋势或次要运动。

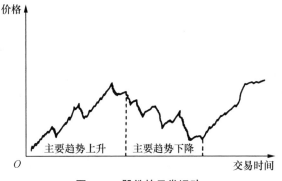

图 12-1 股份的日常运动

二、两种股价平均数的互证

道氏理论认为,股市的走势只有在互证的情况下,才能明确地显示出来。所谓互证,是指道·琼斯铁路和工业股价平均数向同一方向变动时,表示一个股价平均数被另一个股价平均数确认,则主要趋势或次要运动便会产生;如果两种股价平均数反向变动,就说明相互间不确认。互证现象可用两种方法表示,第一种是两种股价平均数同时出现新的高峰或新的谷底,可以用来判断主要趋势是牛市还是熊市;第二种是两种股价平均数在小幅度的升降波动后,突然一同上升或下滑,主要用以判断次级运动。

(1)在第一种方法下,两种股价平均数出现新波峰后,又步步高升,而且同一时间内两种指数出现的新高峰都超过以前的旧高峰时,如果股市原来是空头市场,那么可能转为多头市场;如果股市原来是多头市场,那么仍为多头市场。反之,两种股价平均数出现的波谷不断下跌,且同一时间内两者的新谷底都低于以前的旧谷底时,若股市原来是多头市场,那么此时可能转为空头市场;若原来是空头市场,那么仍为空头市场。如果两种股价平均数变动方向相反,那么股价运动缺乏互证,无法判断股市走势。

(2)在第二种方法下,两种股价平均数都小幅度波动,上下幅度一般不超过5%,期间可能持续数周。这种现象说明买卖双方势均力敌,股市起伏不大。当两种股价平均数突然间同时突破原来的波动范围,并同向变动时,股市将会有变化。如果两者都上升,表示股市行情看涨;如果两者都下降,表示股市行情看跌;如果两者变动方向相反,说明未发生互证现象,无法判断股市走势。

三、道氏理论评价

作为一种系统性的股价分析理论,道氏理论曾被人们广泛应用于股市长期趋势的预测,取得过理想的效果。道氏理论的许多分析方法也被广泛借鉴,融会在其他许多分析方法中。但是,股票市场的发展是很迅速的,股价变动的规律也更加难以把握,而道氏理论毕竟过于古老,存在着一些不容忽视的缺点,已很难胜任目前的股市投资分析。下面,综合各方意见,分析一下道氏理论的缺点,使投资者能更全面地了解道氏理论,以便扬长避短,发挥其最大效用。

(1)缺乏准确性。在两种股价平均数互证时,对于后一高峰超过前一高峰多大幅度或后一谷底低于前一谷底多大幅度才具有明确的市场走势的指示意义,道氏理论未能确切说明。此外,对何时产生新高峰或新低谷的预测,也不能获得答案。

(2)道氏理论主要用于预测股市的长期趋势而不是中、短期变动,这就使得该理论提示的投资机会太少,对于准备持有数周或几个月的中期投资者或抢短线的短期操作者并无大帮助。

(3)道氏理论仅依赖铁路及工业股价平均数观察市场股价变动。实际上,影响股价变动的因素很多,绝不能只以少数股价指标反映股市的全面状况。更何况,铁路运输在经济中的地位已不再如以往那样重要,道氏理论使用铁路股价平均数已显得不太合适。

(4)当两种股价平均数在一段相当长时期内无法出现互证现象时,道氏理论就无法判断股市的走势了。

此外,道氏理论虽然指明了股市长期趋势的变动方向,却并不能指示应购买的股票种类,仍缺乏可操作性。

第二节 K线图分析

K线图分析法最早被应用于日本德川幕府时代的大阪米市交易,后被广泛应用在股市技术分析中,并流传到新加坡、中国香港、中国台湾等国家和地区。K线图所表达的含义较为细腻、敏感,使投资者容易掌握短期股价的变动,也易于判断市场上买卖双方的强弱状态,可作为进出场交易的参考。

K线又称红黑线、阴阳线、蜡烛线,一般由上影线、下影线和中间实体三部分组成,可以准确地反映当天股价的涨跌及其幅度,适合于短线投资分析。根据使用的股价资料不同,K线图也有每日K线图、每周K线图和每月K线图之分。本节主要分析每日K线图。

一、K线的基本画法

K线的绘制要点是:

(1)把开盘价和收盘价用粗线表示,绘成直立的长方形,称为实体。如果收盘价高于开盘价,则用红色长方形或中空表示,称为红线或阳线;如果收盘价低于开盘价,则用黑色长方形或实体长方形表示,称为黑线或阴线;如果收盘价与开盘价相等,则用一条横线表示,称为平盘线。

(2)在最高价高于实体高价时,最高价所在点与实体上端中间点相连,构成上影线。

(3)在最低价低于实体低价时,把最低价所在点与实体下端中间点相连,构成下影线。

举例 1992年8月20日,深圳物业A股,开盘价为27.95元,最高价为28.30元,最低价为27.90元,收盘价为28.20元,是一个带有上、下影线的阳线[见图12-2(a)];安达A股开盘价为27.60元,最高价为27.70元,最低价为27.30元,收盘价为27.40元,是一个带上、下影线的阴线[见图12-2(b)];万科A股开盘价为27.60元,最高价为28.00元,最低价为27.35元,收盘价为27.60元,是一个带上、下影线的平盘线[见图12-2(c)]。

把每日的K线按时间顺序画在以交易日为横轴、以交易价格为纵轴的坐标系上,就成了一幅每日K线图。

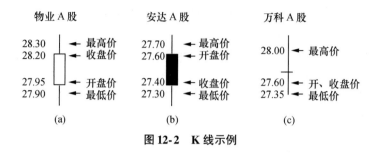

图 12-2 K 线示例

二、K 线形态与其研判技巧

K 线图比较复杂和富于变化。例如同一根阳线在股价高档区和低档区代表的意义，可能正是相反的，而且经过一连串的排列组合之后，同一根阳线的意义也会不同。投资者既可以根据单个的或组合的 K 线形态选择买卖时点，也可以根据 K 线组成的特殊的反转、整理等形态，进行买卖决策。下面详细介绍 K 线的基本形态和部分组合形态。

（一）基本形态

图 12-3(a) 称为大阳线或长红线，表示开盘价即为当天最低价，而收盘价为当天最高价，开低走高，说明股价涨势很强。阳线的长短，代表着买盘的强劲程度。阳线越长，说明买盘越强，股市行情看涨。

图 12-3(b) 称为大阴线或长黑线，表示当天股市以最高价开盘，以最低价收盘，说明股价跌势很强。阴线的长短，代表着卖盘的强劲程度。阴线长，说明买盘势力很弱，股市看跌。

图 12-3(c) 实体红线有下影线，表示当天开盘后，股价先下跌，后来又上涨到开盘价以上，涨势持续到收盘，以收盘价为当天最高价，预示着买盘势力较强，次日股价仍有继续上升的势头。

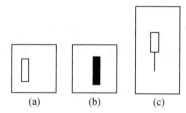

图 12-3 K 线的基本形态 (a) (b) (c)

图 12-3(d) 实体黑线有下影线，表示当天开盘后，股价先下跌，后来跌势获得支撑，又涨回到收盘价，但收市时，仍未超过开盘价，说明后市可能反弹。

图 12-3(e) 属上升抵抗型，实体红线有上影线，表示当天开盘后，股价先上涨，后遇到阻力，开始下跌，但收盘时仍未跌破开盘价，预示着后市可能下跌。

图 12-3(f) 实体黑线有上影线，表示当天开盘后，股价先上涨，后开始下跌，且跌破开盘价，说明卖盘势力很强，下降趋势较强。

图 12-3(g)实体红线上下都有影线,是一种反转信号。如果当时处于空头市场,则预示着股价在大跌之后可能反弹,出现转机;如果在多头市场或上升趋势中出现,则预示着股价在大涨之后可能下跌。

图 12-3(h)实体黑线上下都有影线,是一种反转试探。如果股市持续大跌之后,出现这种形态,说明股价下档有人承接,后市可能反弹;如果这种形态出现在大涨之后,说明股价波动不明朗,有待于静观后市变化。

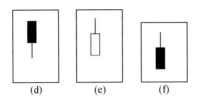

图 12-3　K 线的基本形态(d)(e)(f)

图 12-3(i)上影线比下影线长,实体红线较短,说明多头稍占上风,但股价欲振乏力,后市可能下跌。

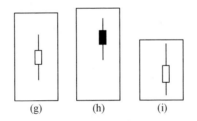

图 12-3　K 线的基本形态(g)(h)(i)

图 12-3(j)上影线比下影线长,实体黑线很短,表示开盘后,股价先上涨,后又有下跌,说明行情并不乐观,空头略占上风。

图 12-3(k)称为小阳线或短红线,属于欲涨乏力型,说明股市将出现小幅盘坚,即股价有小幅上涨。

图 12-3(l)称为小阴线或短黑线,属于先涨后小跌型,表示股价将呈小幅盘软,后市可能有小跌。

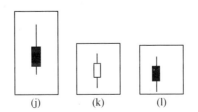

图 12-3　K 线的基本形态(j)(k)(l)

图 12-3(m)下影线比上影线长,实体红线较短,属于先跌后小涨型。这种下影阳线如果在长期涨势后出现,股价将可能再上涨;如果在长期跌势后出现,股价有可能反弹。

图 12-3(n)下影线比上影线长,实体黑线较短,属于欲跌不能型。这种下影阴线,如果在股价持续下跌后出现,则股价可能反弹;如果在持续上涨后出现,则股价可能继续上升。

图 12-3(o)称为大十字,通常属于转机形态(高档行情回档或低档行情反弹)。这种形态,开盘价与收盘价相同,上下影线长度相等,说明当日多空较量,势均力敌,后市常有变化,应静观。

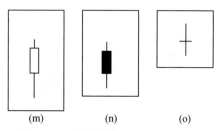

图 12-3 K 线的基本形态(m)(n)(o)

图 12-3(p)称为小十字星,表示当日股价小幅升降波动,开、收盘价相等,后市可能发生行情反转,应静观其变。

图 12-3(q)开盘价等于收盘价,下影线比上影线长,表示买盘较强劲,股市行情看好。

图 12-3(r)开盘价等于收盘价,上影线比下影线长,表示卖盘较强劲,股市行情看跌。

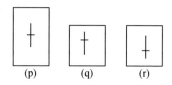

图 12-3 K 线的基本形态(p)(q)(r)

图 12-3(s)称为 T 字型,说明当日股市开盘后,股价下跌,但下档支撑力很强,股价回升,达到最高价,以开盘价收盘,表示卖方力量虽强,但买力更强。

图 12-3(t)称为反 T 字型,说明当日开盘后,股价一直上涨,但遇到上档卖方压力,股价下跌,最低价以开盘价收市,表示买方虽强,卖压更甚,也说明某一时期股价已达到一定水平,即将反转回跌,待整理完毕才可能再涨。

图 12-3(u)称为四价合一型,说明整日交易,股价一直未变,这种形态国外只有冷门股或交易很稀少时才偶尔出现,而我国上海股市放开限价前,常有这种形态出现。

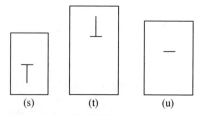

图 12-3 K 线的基本形态(s)(t)(u)

图12-3(v),这种形态出现在不同情形下,有不同的含义。如果在股价出现高档后,遇到此形态,说明第一天卖压势力很强,次日买方虽然剧烈反抗,回升有力,但仍未能突破前一日的开盘价,后市行情看跌;如果在股价低档区出现此形态,说明买方实力开始增强,后市行情看涨;如果在中档时出现,说明买卖双方争斗激烈,后市可能进入盘局整理。

图12-3(w)属于实体红线后出现实体黑线,表示第一天股价暴涨后,次日暴跌,说明前一天的上涨,可能是一种假需求,是大户故意抬价引诱散户跟进,达到出货目的,预示着后市看跌。

图12-3(x)实体红线后出现小阴线,表示股市处于多头清理浮筹中或多头在引诱空头抛空后再轧空,预示着后市行情看涨。

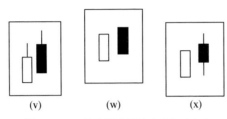

图12-3　K线的基本形态(v)(w)(x)

(二) 转机形态

图12-4(a)属于高档转机型。第一天上影线很长,卖盘强盛,次日买方力量转弱,出现一根长黑线,预示着后市看跌。

图12-4(b)属于高档转机型。第一天卖盘很强,而次日开盘价又低于前一日开盘价,说明买盘势力更加薄弱,预示着后市看跌。

图12-4(c)第一天出现十字星,第二天长红实体又未突破前一日收盘价,说明股市欲振乏力,后市看跌。

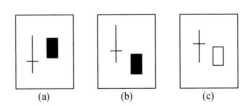

图12-4　K线的转机形态(a)(b)(c)

图12-4(d)第一天平盘,第二天出现实体黑线,说明股价大幅下跌,预示着后市可能继续下跌。

图12-4(e)第一天的下影线很长,买气很强;第二天的长红线又是低价开盘,高价收市,预示着后市看涨。

图12-4(f)第一天的下影线很长,买盘强盛,股价已有上扬的先机;第二天长红线又以高于第一天收盘价开盘,一路上扬到收盘,说明买方力量更强,预示着后市看涨。

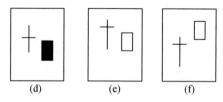

图 12-4　K 线的转机形态(d)(e)(f)

图 12-4(g)第一天出现十字星,第二天出现长红实体,股价大幅上升,后市看涨。

图 12-4(h)第一天开收平盘,第二天出现长黑实体,但收盘价高于前一日收盘价,预示着后市看涨。

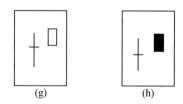

图 12-4　K 线的转机形态(g)(h)

(三) 其他形态

图 12-5(a)是典型的上涨形态,称为红三兵,三根大阳线连续出现,且收盘价一天高过一天,说明买气极盛。但股价在三天大涨后,有可能开始下跌,所以要仔细分析。

图 12-5(b)是典型的下跌形态,称为黑三兵,三根大阴线连续出现,且收盘价一天更比一天低,卖盘很强。同时,股价经过三天大跌,有可能遇到底价,开始反弹上涨。

图 12-5(c)是著名的五白六黑七高图,是一个很有利的图形。当这种 K 线形成后,后面的股价将是前面六根低价的倍数。因此,从这个图形中可以看到该股票或股市未来的走向。

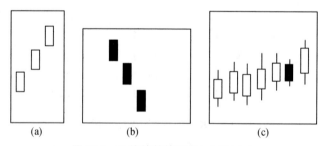

图 12-5　K 线的其他形态(a)(b)(c)

图 12-5(d)为包线的一种,包住前一天的阳线,是卖出的信号。当天开盘价高出前一天阳线的最高价,并且开盘后还往上涨了一段,但后来股价下跌,终以阴线结束,而且收盘价低于前一天的最低价。这种图形在高价圈、天价圈常出现,是卖出信号。

图 12-5(e)为包线的一种,包住前一天的阴线,是买进信号。当天的开盘价低于前一天阴线的收盘价,但随后股价逐渐升高,收盘价高出前一天开盘价,最后以阳线结束。这

是股价再涨的信号,常在低价圈、底价圈出现,是买进信号。

图12-5(f)为盖线,前一天是阳线,而当天是阴线,开盘价比前一天收盘价高;收盘价在前一天大阳线中心以下。这是股价下跌信号,应该卖出。

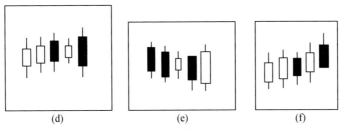

图 12-5　K 线的其他形态(d)(e)(f)

图12-5(g)为楔线,前一天是阴线,而当天是阳线。具体地,当天开盘价低于前一天收盘价,随后股价上涨,以高于前一天中心价收盘。这是行情看涨的信号,适合买进。

图12-5(h)(i)为缠线,前一天可以是阴线[如图12-5(h)],也可以是阳线[如图12-5(t)],但十字线应接近前一天阴线或阳线的中央。这种缠线在高价区出现时,预示着股价下跌,是卖出信号;在低价区出现时,预示着股价上涨,是买进信号。

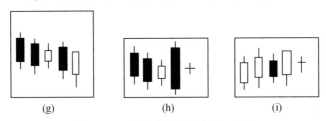

图 12-5　K 线的其他形态(g)(h)(i)

图12-5(j)A线是阴线,而B、C是两根短阳线,表示在行情下跌过程中,有些投资者趁价格便宜买进一批股票,使行情上涨,但仍未超过A线,说明股市行情还可能继续下跌。

图12-5(k)A线是阳线,而B、C是势力很强的阴线,且B、C的最高价均未超过A线收盘价,这是行情下跌的预兆。

图12-5(l)A、B、C、D都是阳线,且D线远超过C线,在中间出现跳空。这种形态被称为傍晚出现的金星,暗示着行情将继续上涨。

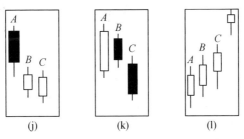

图 12-5　K 线的其他形态(j)(k)(l)

图 12-5(m)A、B、C、D 连续出现四条阴线,而 E 出现了小阳线。这种形态被称为黎明时分出现的金星,预示着下跌行情的终止和反弹行情的开始,是买进的好时机。

图 12-5(n)A 的阳线之后,接连出现四条跳空而下的阴线,这种形态在日本酒田五法中,被称为"三空打入",说明卖盘追击抛空,往往暗示着卖盘已接近结清,股市行情即将从低价圈反弹上升。

图 12-5(o)与图 12-5(n)相反,A 之后,B、C、D、E 接连跳空而上,出现"三空买回"的形态,暗示着可能出现行情反转。此时,谨慎的投资者应把股票卖出,然后再静观其变。

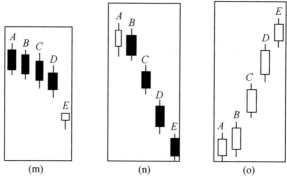

图 12-5 K 线的其他形态(m)(n)(o)

图 12-5(p)四条阳线顺势而上,B 在 A 之后成孕育形态。表示上涨的力量已经减退,暗示着最近可能会下跌。

图 12-5(q)与图 12-5(p)相反,四条阴线顺势而下,B 在 A 之后成孕育形态,表示卖盘势力将尽,暗示着最近可能会上涨。

图 12-5(r)A、D 两根大阴线之间,夹着 B、C 两个连续发生的短阳线。说明行情下跌后遇到买盘抵挡,但终究因为卖盘太强,跌势并未结束,后市可能继续下跌。

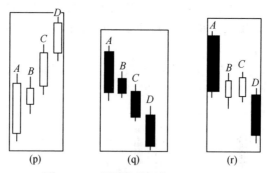

图 12-5 K 线的其他形态(p)(q)(r)

图 12-5(s)A、B 两根大阳线之间,夹着 C、D 两根短阴线。这是上涨行情继续的暗示,说明买气很盛,后市可能大涨。

图 12-5(t)A 线是大阴线,随后,B、C、D、E、F、G、H 夹杂出现短阴阳线,且都在 A 的大

阴线中心点以下平稳变动,说明上涨的力量已很弱,暗示着可能会继续下跌。

图 12-5(u)与图 12-5(t)相反,A 是大阳线,随后 A 中心点以上夹杂出现短阴阳线,暗示着股价可能继续强劲地上涨。

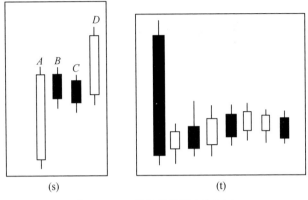

图 12-5 K 线的其他形态(s)(t)

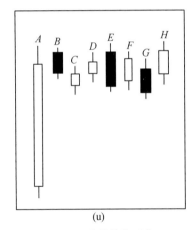

图 12-5 K 线的其他形态(u)

三、K 线应用示例

根据上述 K 线形态在不同价位区出现的情况,投资者可以判断次日或未来几天某种股价的变动方向。如果能配合使用其他方法,则效果更佳。

图 12-6 是深发展 1991 年 10 月份股价变化 K 线图。从图上可见,该股票 10 月份股价先大涨,呈现牛市青年期行情;随后股价回档整理,出现三角形态;三角形态突破后股价重又大涨,势头更猛。整体上,股价变动呈现螺旋上升之势。短期操作的投资者除了判断股市整体走势外,还要根据每个交易日 K 线的形状寻找买卖时机,应做如下分析。

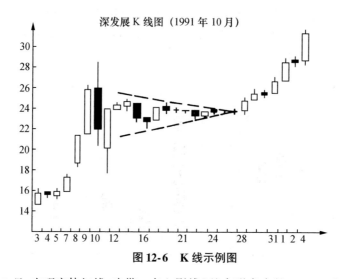

图 12-6　K 线示例图

10月3日,出现实体红线,略带一点上影线[基本形态中的12-3(e)],说明开盘后股价一直上涨,随后遇到卖盘阻力,股价开始下跌。但收市时,股价仅出现小回落,预示着次日可能出现小跌。10月4日,实体黑线有下影线,股价虽然下跌,但未破底,说明多头的防守仍非常坚固,后市股价可能上升。实际上10月4日、5日是小幅调整,这是牛市青年期行情开盘战的典型特征:先小涨,后整理,再大涨;预示着后市要持续大涨。10月7日、8日、9日股价在利好消息支持下,连续跳空而上,出现三根大阳线。这是因为股价急速上升,使许多散户大胆跟进,他们第二天就显示出丰厚的影子利润,于是在示范效应作用下,更多的股民跟进,买盘汹涌而至,股价像坐飞机一样,一天中涨了4元。上述K线组合就是其他形态中的图12-5(n):股价在连续猛涨几日后,买方力量基本用尽,许多投资者急于变现盈利,卖盘追击抛出,股价可能迅速停止上涨而反转下跌。牛市青年期开盘战中,拉出三四条大阳线后,股价将自然回落整理。如果不看组合形态,光看9日大阳线出现上影线,就可预感次日股价会回档整理。理智的投资者此时就应在10日开盘后迅速抛空(尤其在股价开始出现跌势,而抛出后既得利润已很丰厚时),不要恋战。当然,在8日、9日时抛出,就显得过于谨慎了。因为当时涨势很强,尤其是8日阳线只有下影,没有上影,以最高价收盘,表示上涨气盛,9日将继续上涨。10日、11日出现12-5(g)所示的楔线,表示股价大幅下跌后,买盘趁低入场,股价重新反弹上升;11日以最高价收盘,预示着次日还将上涨。此时可以入市买进股票。12—26日股价进入小幅波动的回档休整阶段,呈现三角形形态。三角形是重要的反转形态,我们将在形态分析中专门研究。三角形的顶点是股价反转的起点,投资者跟随股价脱离平稳波动时的方向,能收到很好的战果。所以一看到三角形形态,就要迅速找到突破的方向。本例中,上升三角形反转向上,后市进入牛市壮年涨升期。K线图上除了三角形态给投资者提供买进信号外,还有一个极其重要的反转信号——开盘价与收盘价相同的K线。"T++"等K线在天价圈或高价圈出现时,可以视作墓标,股价将要下跌,是卖出信号;在低价圈或底价圈出现时,是买入信号。本例中,投资者看到26日的十字标记,看到三角形的向上突破后,就可以大胆吞进。这次上涨比较有基础(股价经过整理),上涨时间和幅度都将很可观。本例可以印证运用K线基本形态分析我国股市行情有一定的实用价值。

第三节　形态分析与买卖点研究

从某种意义上说,股价变动是有规律可循的。股价在买方支撑和卖方压力的相互影响下,会顺着某种趋势而变动,这就自然而然地会形成各种不同的形态。这些特定形态代表着特定的意义,可以给投资者提供该买进或卖出的信号。历史性的图形会反复出现,通过形态分析,投资者可以发现市场心理、投资偏好的倾向和股价变动的特征与阶段,可以在股价趋势顺着历史线路移动时,及时把握、准确投资。

本节中,我们将介绍一些特定形态及其买卖点的选择办法,并结合我国深圳、上海股市的部分实例做些说明和分析。

一、反转形态

(一) 头肩形

头肩形(ders)在日本又称三尊(阿弥陀、观世音、大势至)形,是最重要、最常见的股价反转形态之一,分头肩顶和头肩底两种,分别代表向下和向上的反转趋势。

1. 头肩顶

头肩顶由一个主峰、两个低峰组成,其形状很像人的头和两肩。头肩顶的形成开始于一个很强的上升趋势,那时成交量很大;股价在上升一段后开始一个次级下跌,成交量也开始减少,这样一涨一跌就形成了一个左肩。随后股价和成交量第二次上升,且在超过左肩顶点所在价位时,再次下跌,并接近前一次下跌的底部价位,形成一个"头"。第三次上升,形成右肩,但成交量相对较少。在第三次下跌穿过颈线,而且收盘价在这条线下距离约为市价的3%左右时,头肩顶正式完成。头肩顶的形成是一种卖出信号,表示股价已经到达顶部,不久股市将进入下跌行情。但一般还有一次小幅反弹,这是股民抛股的最后一次好机会,被称作逃命线。在判断头肩顶是否已经形成时,考察成交量的变化是很重要的,它是市场人气的显示。头肩顶形成过程中成交量的特点是左肩和头部的成交量很正常,右肩的成交量有明显的下降,显示市场上购买力已大为减少,使股价下跌;突破颈线时成交量又有显著增加,显示市场抛售力量突增,股价跌势正式形成。

在头肩顶中,一旦颈线形成,投资者可在图上画一条与颈线平行的线,穿过头部到达右肩,这是右肩大约能达到的高度,是股民可以卖出股票的股价价位。

如图12-7所示,在 a 点不可贪心,要冷静观察;在股价跌破 b 点的颈线时,要卖掉股票;在股价回档到 c 点时,要把手中的股票抛空。

2. 头肩底

头肩底是股市累积期常出现的见底形态。它的组成形式与头肩顶一样,只是倒转过来,头部在颈线下方。头肩底的形成过程与头肩顶正好相反,在此不再细述。

图 12-8 是一个头肩底形态。其中,d 点是第一次买进机会(先试探性买入);当股价超过 e 点(颈线)时,如果有大成交量相配合,头肩底正式形成,投资者可以放心增购股票;f 点表示股价突破颈线,回档后又开始上升,是安全的买入点。

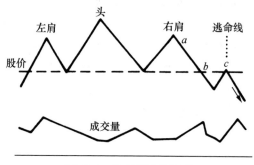

图 12-7 头肩顶形示意图

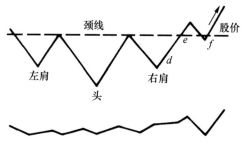

图 12-8 头肩底形示意图

3. 多重头肩形

股价在变化过程中,有时还会出现复合形态,即多重头肩形,有两个头、两个左肩或者两个右肩,甚至更多(见图 12-9)。多重头肩形的判断和投资策略与单纯头肩顶或头肩底类似。

(二) 双重形

双重形有双重顶和双重底两种,也即 M 头和 W 底,分别是典型的卖出和买入信号。双重形的特点是两顶或两底高度基本上相等,形状很像英文字母"M"和"W",由此得名。双重顶的形成过程与头肩顶类似,只是股价形成两个差不多高的峰顶后,就突破颈线,进入下跌行情。双重顶中,股价向下突破颈线 3% 时,反转确立。此时也常会有几次股价小回弹,形成一个平台,然后跌势才正式形成。

双重底的情形正好相反,在股价形成两个差不多高的底谷后,就突破颈线,进入上涨行情。但有时也会回跌形成一个平台后再往上攀升,正式确立上涨势头。

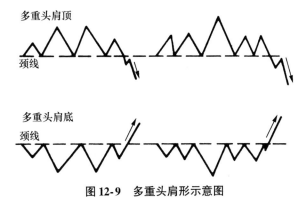

图12-9 多重头肩形示意图

在图12-10(1)中,当下跌超过夹在两个头间的低价 A 时,才能确认 M 形头已经形成。此时,成交量骤减,应该迅速卖出。图12-10(2)中,当股价上升超过夹在两底之间的高价 B 时,才能确认 W 底已经形成。此时买进比较安全、稳妥。

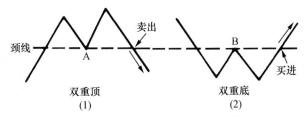

图12-10 多重形示意图

双重形的延长,可以演化出三重形(三顶形与三底形)或多重形。这种形态形成所需时间更长、幅度更大,起落的潜力很大。

图12-11 就是三重形示意图。

图12-11 三重形示意图

(三) V形

V形有V形顶和V形底两种,分别是反转形态中下降和上升幅度较大、速度极快的一种,属迫不及待的反转形态。V形只有一个尖顶或一个尖底。投资者如果能够及时把握,那么差价利润相当可观;但是当 V 形正式形成时,股市已下跌或上涨一大截了。因此,投资者要配合成交量、趋势线及其他分析工具,提前确认,以免错过了买卖时机。不过,V 形常会在右边出现一个小平台,给投资者提供一个及时辨认的好机会(见图 12-12)。

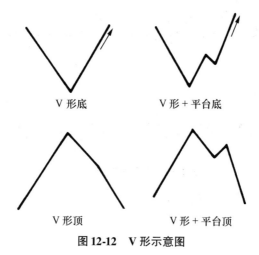

图 12-12　V 形示意图

1992 年 5 月、6 月间深圳各家股票均出现过 V 形顶,如图 12-13 中的石化、锦兴和康佳。

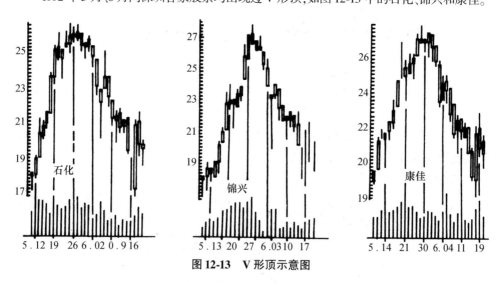

图 12-13　V 形顶示意图

(四) 圆形

圆形也叫碗形、碟形,包括圆形顶和圆形底两种。圆形底代表缓慢回升的技术形态,圆形底越大,将来突破颈线后上涨的潜能越大。在形成圆形底的初期,卖盘压力开始减轻,原来很大的成交量,现在开始减少;股价虽仍在下跌,但跌势趋缓,并逐渐接近水平。到了圆形底部后,供需力量不相上下,成交量更加稀少。股价在圆形底部酝酿一阵后,随着低价入市者的增多,开始全面回升,成交量也随之快速增加,这种涨势在顶点遇到大量卖盘压力后才趋缓。圆形底中成交量会形成与股价大致相似的弧形。圆形顶与圆形底恰好相反,是一种空头形态。它的出现是股价即将进入空头市场的标志。在圆形顶形成过程中,股价先上涨,后在顶部遇卖压,而买方纷纷退出,股价在天价圈或高价圈徘徊、酝酿,形成一个反转的碗形。经过一番较量,买方实在无力支撑,败下阵来,卖盘则铺天盖地袭来,股价开始全面下挫,颈线被突破,熊态显现,圆形顶正式形成。不过,圆形顶中,成交量并不太明显。

圆形反转的趋势开始时比较缓慢,当反转突破时,会出现短暂的激升或剧降,然后又继续缓慢变动。圆形的完成需要相当长的时间,但一旦形成,就是一个很确实的图形。担心风险的投资者比较适合运用圆形,来决定买卖时机。

如图12-14(a)所示,投资者可以在①点买进,待股价涨到②时,先卖出,观察行情走向。如果态势明朗,则再进场买入,如图12-14(b)所示,投资者可以在③点卖出,待股价跌到④时再补回一些,观察行情走向。如果态势明朗,则全部抛空。当然,为了防止圆形底或圆形顶破裂而失算,投资者可以确认圆形完成后再买卖。

图 12-14　圆形示意图

图12-15是个圆形底,图12-16则是个圆形顶。

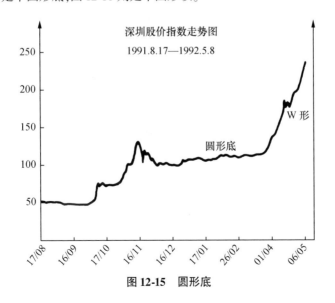

图 12-15　圆形底

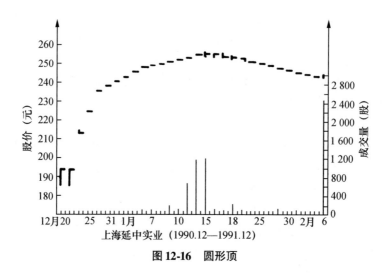

图 12-16　圆形顶

（五）三角形反转

当股票最高和最低价的变动幅度逐渐缩小时，上、下两条倾斜趋势线共同约束股价发展，最终形成尖顶的三角形。三角形的出现，一般表示上涨或下跌趋势的暂时停止，所以三角形态也被归类为调整形态。由于三角形突破后，股价会发生大的反转，因此，我们把它作为反转形态，对其进行分析。三角形有上升三角形、下降三角形、直角三角形、对称三角形等形式。

1. 对称三角形

在对称三角形（symmetrical triangle）形成过程中，由于买卖双方势均力敌，坚持不下，股价变动幅度逐渐变小，成交量也很低，变动过程中高价连线与低价连线近乎对称，分别作为上、下斜边，约束股价波动，形成锐角三角形轨迹。当股价突破对称三角形，向上或向下发展时，成交量会大量增加（见图 12-17）。

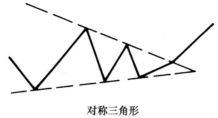

对称三角形

图 12-17　对称三角形

2. 直角三角形

直角三角形（right angle triangle），是由一条水平界线和另一条倾斜界线，在顶点相交而形成，分上升直角三角形与下降直角三角形两种。上升直角三角形的股价有一个水平上限，当股价突破上限后，升幅会增大；下降的直角三角形股价有一个水平下限，下降走势突破后,股价反转下跌。上升直角三角形突破之后,常伴有成交量的增大,否则就要小心。但是,下降直角三角形突破之后,并不必然发生成交量增大的情形。成交量一旦增大,就使股价加速远离原先的形态。直角三角形在能看出其形状时,就可以预先知道今后股价向上或向下的走势,是一种比较稳妥、有把握的反转图形(见图12-18)。

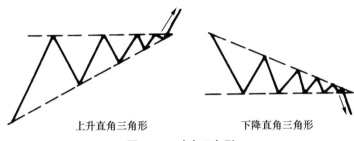

图 12-18　直角三角形

3. 其他三角形态

上升三角形:股价变动的低谷一个比一个高,股价呈现顶点偏上的三角形,包括上升的直角三角形和其他三角形。上升三角形突破后,股价大幅上涨(见图12-19)。下降三角形是上升三角形的相反图形,后市看淡(见图12-20)。

倒置三角形:是对称三角形的倒置,它的股价变动幅度日益扩大,高点一个比一个高,低点一个比一个低,是一种走势极不稳定的图形(见图12-21)。

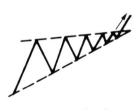 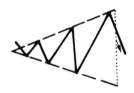 

图 12-19　上升三角形　　　图 12-20　倒置三角形　　　图 12-21　下降三角形

三角形态可以过最外一点,画平行于另一条斜边的虚线,预测股价可能到达的价位。

股价变动有时会呈现近似楔形(wedges)的形状,其原理和判断技巧与三角形很相近,在此不再专门分析。图12-22就是一个楔形(深圳万科1991年8月1日至9月9日)。

(六) 潜伏底

潜伏底,也称作直线长底,是一种很特殊的底部形态,它有一个在底价圈持续很长时间而形成的很平坦的底。但这个底一旦突破,则涨势惊人,故而也是一种值得投资者发掘和关注的反转形态。

潜伏底通常在只有少数流通不多的股票或股市长期疲软、冷清时才会出现。其特征是,盘底时成交量不大,价格变化更小,在股价图上显现如水平线的小斑点;然而这种潜伏底的状态,总有一天会出现一个突出的大成交量,并引发股价大升,然后再小回落几天,待

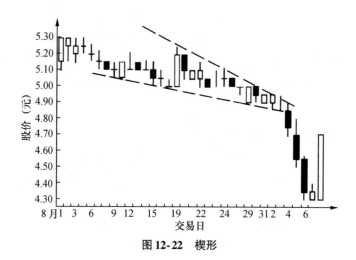

图 12-22　楔形

市场上浮筹清理完后,进入大涨行情。

1991年8月17日,深发展放开股价起,就进入了一个长达两个多月的潜伏底走势。该潜伏底于10月7日正式突破,开始了深圳1991年第一波牛市涨势(见图12-23)。

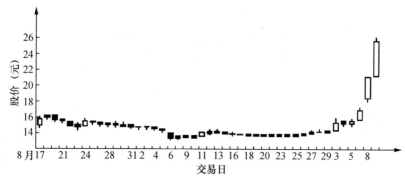

图 12-23　深圳1991年第一波牛市涨势

(七) 矩形反转

股价在小幅波动时,其高点的连线和低点的连线有时会近似平行,整个股价走势形成矩形。矩形常在股价变动中途转入整理阶段时出现,属调整期出现的形态。但当整理结束,股价突破矩形后,股市行情就会反转上涨或下跌。矩形越长,说明股票买卖双方对峙时间越长,预示着突破上限,引起上涨,或突破下限,导致下跌的幅度也越大。矩形形态比较容易辨认,投资者在股价图上出现矩形时,要特别注意它的突破点及其突破方向,以便及时地买进或卖出。图12-24所示的矩形是向上突破。

(八) 菱形反转

在连续涨升,进入高档价位区后,股价常会发生忽高忽低、动荡剧烈的波动,股价走势在不稳定的发展中形成一个菱形。菱形有时也称作钻石形,由一个对称三角形和一个

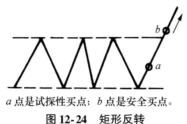

a 点是试探性买点；b 点是安全买点。

图 12-24　矩形反转

倒置三角形合并而成,经常是股价强烈地反转变动的暗示。这种反转变动幅度可以大到菱形对角线的长度。与矩形一样,菱形有时也被归类为调整形态,加以分析。

此外,还有扇形、扩大形、孤岛等反转形态。总之,反转形态预示着股价将出现反向变动,是投资者进入股市买卖吞吐的好时机。只要图形确认完成,按既定模式进行操作,一般不会出现错误。

二、整理形态

任何一种股票的价格在上升或下跌过程中,由于买卖双方势均力敌,或者股价变动得太快、幅度太大,常会回档,再继续朝原来的走势发展。此时,股价的变动趋势并没有反转,而是下跌到一个能够支撑或上升到一个有足够压力的股价水平,由一些不重要的因素促成股价横向变动,这就是股价的整理(consolidations)。整理形态的出现,表示原来趋势的继续。重要的整理形态有三角形、矩形、W 形、M 形、旗形和细长三角形等。有时,某些调整形态也可能演变成反转形态(即经过调整后趋势改变了),如三角形、矩形等。

(一) 旗形

旗形是比较常见的整理形态,多在行情急速上升或下跌之后发生。旗形就是指股价趋势发展途中,出现的形如小旗的狭窄而且倾斜的小长方形,其急速上升或下跌的前段变动过程形成旗杆。旗杆在上涨趋势中形状下倾,称为上升旗形[见图 12-25(a)],是后市极为看好的调整形态;在下跌趋势中形状上倾,称为下降旗形[见图 12-25(b)],是后市极为看淡的调整形态。股价走出旗形后,继续涨跌的幅度,一般是原来已经涨跌幅度的一倍,即等于旗杆的长度。

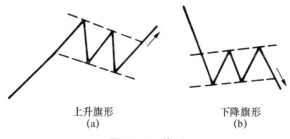

上升旗形　　　　　下降旗形
(a)　　　　　　　(b)

图 12-25　旗形

(二) 尖形旗状

尖形旗状又叫细长三角形,分上升尖旗形和下降尖旗形两种。上升尖旗形的整理形态往往出现在下跌行情出现反弹时,股价经尖形旗状整理后仍将下跌;与此相对应,下降尖旗形出现在上升行情中途,整理完成后,股价仍会继续上升。尖形旗状不同于旗形之处在于前者的两条界线是收敛的。成交量在尖形旗状完成的过程中,依次大量减少,直到股价突破时为止。不然,下一步股价就将反转而不是整理。尖形旗状价格目标的衡量也可以用旗杆的长度,来预测上升或下跌的幅度(见图 12-26)。

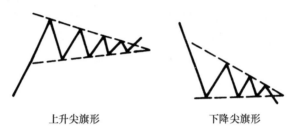

上升尖旗形　　　　　下降尖旗形

图 12-26　尖形旗状

三、缺口

缺口指股市中的跳空行情,也就是股价快速变动所形成的一段没有交易的价格范围。在日线图中,缺口表示某种股票某天最低成交价比前一天最高价还高或最高价比前一天最低价还低的情形。缺口对股价日后的发展趋势具有很大的影响,通过对缺口的分析,投资者可以掌握最有利的投资机会。

股价走势图上的常见缺口有以下几种:

(一) 普通缺口或区域缺口

在价格密集的形态中,大部分交易集中在顶线和底线,在中间的区域出现无成交地带,从而形成普通缺口或区域缺口。这种缺口常发生在整理形态中,一般几天之内就会被填上。普通缺口的认定可以协助短线投资者判断出盘局形态正在酝酿。

(二) 突破缺口

突破缺口常发生在价格密集形态完成后,股价开始突破盘局区域的界限,而有急速大幅的上涨或下跌时。头肩形颈线的突破、三角形界线的突破等常会出现这种缺口。

大量成交是股价上升、突破缺口的强有力保证。如果在缺口发生之前,股市中已有很大的成交量,而在缺口发生之后,成交量反而变得很少,那么股价很可能在下一个次级波动中回到原来形态的边界,而把缺口封闭。如果在缺口发生后,还有很大的成交量相配合,那么短期内股价很难回档,缺口不易被封闭。

突破缺口的出现是股价跳离原来形态,进入急速上涨或下跌阶段的信号。投资者此时可以坚定信心,追加买卖的筹码。

(三) 继续或逃逸缺口

继续或逃逸缺口，又叫作测量缺口，它常出现在一段完整走势的半途，也就是发生在股价某个剧烈变动开始和结束之间。投资者可以根据缺口测出股价移动时最有可能到达的地方以及股价的涨跌幅度。一般股价到达缺口后，可能继续变动的幅度等于股价从开始移动到这一缺口的幅度。

逃逸缺口的出现是先由一个大量买进的区域发展出来的。当时，股价加速上涨几天，到达相当程度，造成越来越多的盈利，使卖压增强。在股价突破时，成交量达到顶峰；随后股价继续上涨，但成交量变小。当股价升到某一高度时不再上涨，成交量却又变大。在这种股价变动太快、成交量变动无法配合时，极可能形成缺口。在日线图中，收盘价为当天最高价或接近最高价时，可能出现缺口。

逃逸缺口抗拒力强，不易被轻易封闭。

(四) 竭尽缺口

竭尽缺口表示股价在一个大量上涨或下跌的变动趋势中，力量逐渐耗尽，涨或跌的势头即将停止，开始进入整理或反转形态前，做最后一次跳跃，而使股价的趋势大幅变动。竭尽缺口是股价上涨或下跌行情结束前的信号，是卖出点或买入点出现的标志。

竭尽缺口会很快被填补，这具有很强的技术意义。竭尽缺口的封闭，表现在上升行情结束时，投资者应该卖出；在下跌行情结束时，投资者应该买进。

(五) 除息除权缺口

股价在除息日扣除股息或在除权日扣除权值后，与前一天价格相比，在市价图上会留下一段没有成交的价格区域，构成除息或除权缺口。

每当公司发放股息或派购红股时，都要规定一个除息日或除权日。因此，每种股票在除息、除权之后都会出现股价缺口，它是由制度因素引起的，并没有反映股市中供求关系的新变化，其技术分析的价值不如其他几种缺口大。

图12-27中，深圳金田股、安达股分别于1992年4月17日、4月27日除权，在股价走势图上均曾出现除权缺口。

图12-28是股价普通、突破、逃逸、竭尽缺口示意图。从图中，投资者可大致看出它们的区别。

股价缺口具有重要的技术意义，但不同缺口的辨认和区别却并不容易。区域缺口通常出现在区域密集的价格形态内部，而突破缺口则发生在股价正要突破形态时，逃逸缺口一般没有形态伴随，发生在股价急速或直线变动的时候。从整个股价变动角度看，突破缺口表示这种变动的开始，逃逸缺口是快速变动的中点或接近中点的信号，而竭尽缺口的出现，则表示股价已走到了终点。这些缺口的判断如果能结合成交量的分析，则更为准确。如逃逸缺口与竭尽缺口的区别之一是竭尽缺口发生当日的成交量特别大。

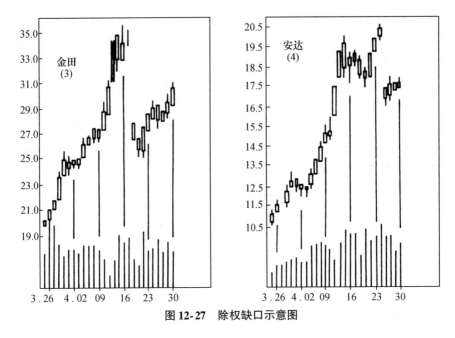

图 12-27 除权缺口示意图

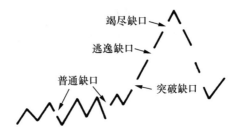

图 12-28 股价普通、突破、逃逸、竭尽缺口示意图

四、股价的支撑与阻力

支撑与阻力的分析,有助于投资者对股价移动的潜力做出正确的估价,对股价的变动趋势进行预测,从而有助于选择买卖股票的种类和时机。

(一) 支撑与阻力的形成

股价的支撑是指股价在下跌到某一价位时,买盘变强,出现很大的需求量,买进了足够多的股票,使股价下跌的势头受到遏制,甚至使股价反转上升。股价的阻力是指股价在上涨到某一价位时,许多投资者开始抛股套现,使股市中实际卖出的足够数量的股票,可以满足所有的出价,从而阻止了股价的继续上涨。

从上述定义看,某一价位有支撑,表示在该价位有足够需求量出现;而某一价位有阻力,表示在该价位有足够供给量出现。支撑带代表着需求的集中,阻力带则代表着供给的集中。

支撑与阻力在心理因素影响下,具有互换的特性。股价顶线一旦被超越,就会变成下一个下跌趋势的底线(支撑);原来的底线一旦被突破,就又会变成下一个上升趋势的顶线(阻力)。举例来说,某种股票从20元开始上升,涨到30元时,遇到大量卖出,上升受阻,股价开始下跌;跌到25元时出现整理;这以后第二轮上涨开始,在35元时又遇到阻力,股价再次下跌,则可预料30元时,将受支撑,阻止下跌趋势。支撑与阻力互换的特性极其重要,它可帮助我们选择入市点。

(二) 支撑与阻力的衡量

支撑与阻力的衡量有许多标准,在此以阻力为例,列举几个衡量的标准。

1. 成交量

股价在上涨过程中,遇到有过大量成交记录的价位,往往会碰到阻力,开始回跌。当然,必须是那些在较低价位买进股票的股民,在那个价位卖出有利可图。这通常是一个有大量卖出的底部,成交量极大,股价大幅下跌,以后一旦回升,碰到原来那个有极大成交量的价位时,就会迎来大量卖出,因而形成阻力。这是投资者各种心理影响的综合结果。

2. 股价差距的大小

股价下跌的程度或者说股价在碰到原来的底部之前能够上升的程度越大,阻力就越大。因为股价下跌到离原来有过支撑的底部太远,那么回升就不太容易,其间遇到的阻力可能较大。

3. 时间的长短和市场的情况

时间距离越远,阻力的作用越强;时间越近,阻力的作用越弱。一个阻力一旦被碰到或突破之后,就会消耗一些力量,它的一些超额供给会在第一次碰到它再回头时用完。因此,第二次上升到这个价位时的卖盘就会减少,当然也会消耗一些阻力。这样,到第三次或第四次上涨时,阻力已经消耗尽了。

根据股市分析经验,较常出现支撑与阻力的区域主要是价格密集形态中有很大成交量的区域,以及过去价格一再重复变动的地带。此外,股价剧烈上升后,回档(回跌)到1/3或1/2(涨幅)的地方是反弹点,有很强的支撑力量;股价剧烈下跌后,中途反弹上涨到原来跌幅的2/3或1/2的地方常会遇到较强的阻力,使股价重又下跌。

支撑与阻力的突破常是趋势改变的警告。对此,投资者要格外留心观察。

(三) 管道测市法

在支撑线上方或阻力线下方,选择最外的一点画一条平行虚线,则可构成管道。管道也被称作通道,常在趋势线分析中介绍,但由于管道可用于预测股价上涨的目标和可能遇到的阻力或股价下降的目标及其可能获得的支撑,我们在本节中将会对此予以介绍。

图12-29就是几种常见的管道。

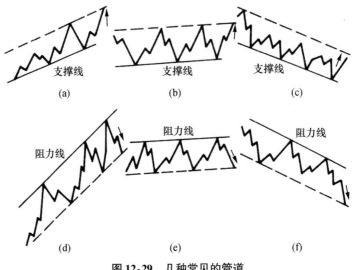

图 12-29 几种常见的管道

投资者在股市交易中应用管道,要注意以下几个方面的问题:首先,要判断出股市的基本走势,并决定交易方向。股市基本走势上升,就以买进为主;股市基本走势下跌,则以卖出为主。其次,在基本走势向上时,以管道的支撑线作为买入水平,平行阻力线作为短期套利目标。在股市基本走势向下时,以管道的阻力线作为卖出依据,平行支撑线则为短期回补的价位目标。再次,管道中平行于支撑线或阻力线的虚线所显示的只是股市可能达到的升降目标,这些目标仅供参考,因为它们可能超越,也可能无法达到。最后,在股市走势方向已经变化、股价突破幅度超过3%,或突破后无法再回到支撑线上或阻力线下时,管道的支撑线与阻力线被突破,投资者在交易方向上要做出相应改变。

在股票投资技术分析中还有很多方法,如条形图分析、点形图分析等,这里不再赘述。

第四节 趋势线

股价是按趋势而变动的,这个趋势可能上升、下跌或持平发展;持续时间可能很短,也可能很长。投资者如果能在趋势开始上升或下跌时买入或卖出,等到趋势反转时再分别卖出或买入,就可以获得较丰厚的利润;反之,如果逆势而行,就会处处碰壁,损失惨重。

一、趋势线的绘法

从股价走势图上,我们可以看到,股价在上升行情中会出现一波比一波高的高价和一波比一波高的低价;股价在下跌行情中,会出现一波比一波低的高价和一波比一波低的低价。趋势线的绘制,原则上只需把两个低点或两个高点连起来就可以。因此,在股价上升时,把两个以上的低价点连接成线,就有了上升趋势线;在股价下跌时,把两个以上的高价点连接成线,就有了下跌趋势线。也就是说,上升趋势线看底,下跌趋势线看顶。当然,趋势有时沿水平线走,形成牛皮市,即盘局(见图 12-30)。

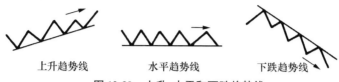

图 12-30　上升、水平和下跌趋势线

虽然有两个低点或两个高点就能连成一条趋势线,但股价触及趋势线的次数越多,该趋势线就越可靠。

趋势线除了有直的以外,还有弯曲的趋势线和内趋势线(见图 12-31)。

图 12-31　弯曲的趋势线和内趋势线

趋势线有时还需要修正。假如原来的趋势线只是依据两个底部而形成,而且股价第三次回到趋势线时,产生了非决定性的穿越,那么趋势线最好以第一个底部和第三个底部为基准重画一次。有时,以第二、第三两个底部为基准重画。也就是说,趋势线要尽可能精确反映股价变动方向。

二、趋势线的研判技巧

在具体谈及趋势线应用时,首先得介绍趋势线的突破这一概念。所谓突破,是指股价移动时穿越趋势线,这通常显示股市将进行调整,甚至是转势的预兆。趋势线的突破具有很强的技术意义,上升趋势线若跌破,便是卖出的信号;股价反弹突破下降趋势线,则是买入的信号。但投资者也得注意,有时股价暂时突破趋势线,马上又会回返到原来趋势中,继续发展,也就是假突破。因此,判断穿过(或突破)趋势线的有效性必须把握两点:① 不但要穿过趋势线,而且还要有 3% 的市价差价。② 股价上升穿越趋势线时,必须有大成交量配合;而股价下跌突破原来的上升趋势线时,就不必如此。

因此,股价顺着趋势线上升很长时间后,跌破至趋势线以下,还有 3% 的市价差价,是反转信号,应该卖出;股价沿着趋势线下跌一段时间后,突破趋势线,收盘价与趋势线还有 3% 的价差幅度,成交量又很大,显示价格开始反弹,是买进信号。

当然,股价顺着趋势发展,就顺势操作。

此外,如果趋势线由距离很近的两个顶点所形成,那么它的准确性较低;如果趋势线由距离较远的两个顶点所形成,那么它的准确性相对较高。趋势线的斜率也值得重视。一条很陡的趋势线很容易被一个很短的横向整理形态突破;而如果一条较平坦的趋势线被突破,则说明股价反转的可能性极大。

因此,从趋势线的效力看,一条中级上升的趋势线如果由较多底部所形成,持续时间较长,而且角度较为平坦,则其代表的上升趋势的准确性较高。下降趋势线也是同理。

图12-32是宝安股1991年11月份的K线图,我们可画出趋势线,并找到突破点。图中两条趋势线的势力都不小。

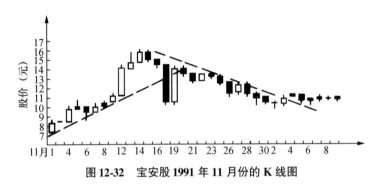

图12-32　宝安股1991年11月份的K线图

三、扇形线的研判

支撑线或阻力线在突破后,随着一个原点转移,形成所谓的扇形线(见图12-33)。投资者在分析扇形线时要着重记住两点:① 扇形线突破之后,将成为支撑线或阻力线;② 第三条扇形线突破后,预示着整个走势即将反转。这两点都很有应用价值。

图12-33就是扇形线示意图。上升扇形线[见图12-33(b)]的画法是从涨升时的高点分别连接跌落后的三个高点,形成三条短期下降趋势线。

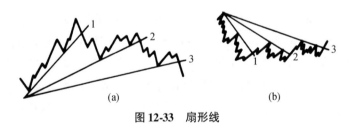

图12-33　扇形线

四、二分法和三分法

二分法和三分法也是比较实用的预测股价趋势变化的方法。

二分法也称50%调整法则。其基本原理是,股价不可能偏离长期趋势太远。一般来说,股价平衡点在中间,即50%的地方。如果离开这一点,那么股价又会反转。因此,在一个上升中的股市,其调整幅度不应超过其上升幅度的一半,否则就会失去它原来上涨的趋势而发生大趋势反转[见图12-34(a)]。同理,在一个下降中的股市,其中途次级运动的调整幅度(在下降趋势发展过程中的一次次小上涨)不应超过其下降幅度的一半,否则就会失去它原来下跌的趋势从而整个股市走向发生大逆转[见图12-34(b)]。

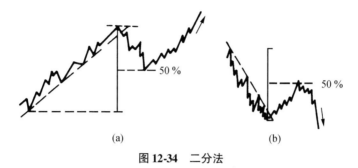

图 12-34 二分法

三分法的原理与二分法类似,它把上升或下跌的垂直幅度分成三等分,从低点或高点,即可连成所谓的三分之一和三分之二速度线,并可以此衡量股价上升或下跌的速度。在一个走势向上或向下的股市中,如果三分之二速度线被突破(向上或向下),表示股价升势或跌势均已缓和;如果三分之一速度线被突破,表示股价走势发生逆转,开始由升转降或由降转升(见图12-35)。

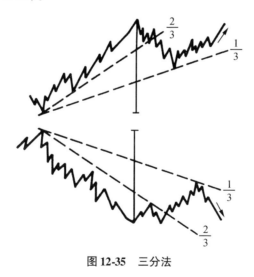

图 12-35 三分法

第五节 移动平均分析

移动平均分析(moving average analysis)又叫变动率分析(rate-of-change analysis),是利用统计学上移动平均的原理,对每天的股价资料,根据需要天数进行平均化处理,绘制出移动平均线,以便消除偶然变动,减弱季节和循环变动,在图上显示出长期趋势,进行买卖点分析的方法。投资者运用移动平均线,可以看出市场上的股票平均成本,判断股价的真正趋势,预测利润和风险。移动平均线按时间长短,可分为短期、中期和长期三种。短期移动平均线一般以6天或10天为计算期间,10天移动平均线应用相对较广,能较准确地反映短期股价平均成本变动情况和趋势。中期移动平均线有月线(30天)和季线(72天)等多种,从交易日角度考虑也有采用26天的。长期移动平均线一般以200天为计算期间。平均期间越短,敏感性越强;在股价涨跌剧烈波动的股市中,宜选择短期移动平均线。

一、移动平均线的绘制

移动平均的计算方法有多种,常用的是算术移动平均。计算公式为:

$$MA_t = \frac{1}{T}\sum_{i=D}^{T-1} I_{t-i}$$

其中:T为移动平均期间,MA_t为第t天的移动平均数,I_{t-i}为第$t-i$天的股票收盘价或股价指数。

此外,为了具体考虑基期中某一天收盘价对未来股价波动的影响分量,喜欢短线操作的投资者可以使用加权平均计算法。加权的方式可分为:阶梯式加权、线性加权、平方系数加权。加权平均法由于计算较复杂,一般中小投资者很少采用。

二、移动平均线买卖时机的确定

移动平均线观察股价趋势的主要着眼点是平均成本,它与K线或其他代表市价的股价线相配合,经过收益、成本的比较分析,投资者可以选择买卖点。美国著名的技术分析专家约瑟夫·葛南维(Joseph Granvile)根据K线与一条移动平均线之间的关系,给出了判断买卖的信号,创立了技术分析经典之论——葛南维移动平均线八大法则。

图12-36所示即为葛南维利用200天移动平均线揭示出的各四个买卖时点。

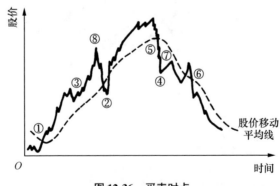

图12-36 买卖时点

(一) 买入时机

(1) 如①点所示,股价线从平均线下方突破平均线时,是买进信号。因为①点之前,股票市价低于成本,投资者处于虚亏状态;①点之后,市价超过成本,投资者处于获利状态。①点是投资者由虚亏向盈利的转变点。

(2) 如②点所示,股价平均线在上升,而股价跌入平均线以下不远处获得支撑,又重新回到平均线以上时为买进信号。因为②点之前,市价线远在平均线上方,投资者获利甚丰;但碰到股市行情暂时回档,市价线跌破平均线,此时平均线在上扬,投资者会趁低价买进股票,所以行情不久就会反弹,是一个很好的买入点。

(3) 如③点所示,市价线在移动平均线上方连续上升一阵后,突然下跌,但股价在快跌破仍处于上升的平均线时,受到强力支撑,再度上升。此时,后市行情看好,是加码买进的信号。

(4) 如④点所示,股价跌破移动平均线,向下远离而去;市价远低于成本。这时股价极有可能因为超跌而再向平均线方向反弹,是买进信号。

(二) 卖出时机

(1) 如⑤点所示,当平均线从上升逐渐走向下跌,而股价从平均线上方往下跌破平均线,即投资者由盈转亏时,是卖出信号。

(2) 如⑥点所示,当平均线处于下跌状态,而股价从平均线下方上升,突破平均线后,又立刻回跌到平均线以下时,卖压将大量增加,是个谨慎的卖出信号。

(3) 如⑦点所示,当移动平均线仍处于下跌状态,而股价在平均线下面开始涨升,但一旦触及平均线,就遇到强大的上升阻力,重新回跌时,是一个卖出信号。

(4) 如⑧点所示,当股价线大幅上升,远远超过上升的平均线时,市价远大于成本,乖离率过大,股价回跌的可能性极大,是个卖出时机。

就股市整体而言,当股价指数趋势线从上往下跌破移动平均线或者股价指数趋势线虽高于移动平均线,但二者差距日益缩小时,都是卖出信号;相反,当股价指数趋势线从下向上突破移动平均线或者趋势线虽低于平均线,但二者日益靠近时,是买入信号。

三、移动平均线的排列与交叉

利用移动平均线分析作为股票买卖决策的依据时,投资者最好短、中、长期平均线并用,这样判断才比较准确。同时有两条或三条不同时期的移动平均线在一个图上,就会有不同的排列方式,其是决定何时买卖的信号。下面以 10 天、30 天、72 天三条移动平均线为例,对排列方式进行分析。

1. 多头排列

当 10 天、30 天、72 天短、中、长三条平均线在处于上升趋势的市价线下方,依次由上往下排列时,构成多头排列。表示股票买得越久,就赚得越多。此时,买盘主要来自中、长期投资者,卖压仅来自想短线获利了结的投资者,行情涨多跌少,对后市有利,是很好的买进时机(见图 12-37)。

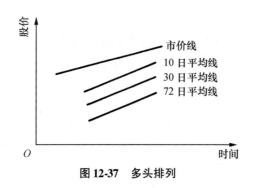

图 12-37 多头排列

2. 空头排列

当移动平均线在处于下跌趋势的市价线下方,依次由下往上排列时,构成空头排列。出现空头排列时,股票买得越久,赔得越多。此时,卖盘是短、中、长期投资者一起出动,而买盘只有短线抢帽子的投机者,行情跌多涨少,后市看淡(见图 12-38)。

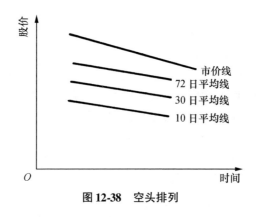

图 12-38 空头排列

3. 黄金交叉

两条移动平均线在上升的市价线下方相交叉,形成多头排列,即短期移动平均线从下方向上穿越长期平均线。这一交叉称为黄金交叉,表示股市行情开始趋向多头,后市看好(见图 12-39)。

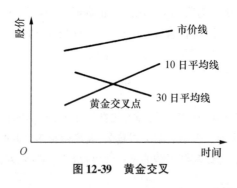

图 12-39 黄金交叉

4. 死亡交叉

两条平均线在下跌的市价线上方相交叉,形成空头排列,即短期平均线从上方向下穿越长期平均线。这一交叉就是死亡交叉,表示后市不再看好(图12-40)。

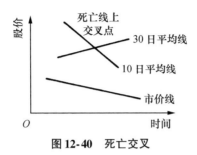

图 12-40 死亡交叉

四、移动平均分析应用实例

图12-41是万科公司1991年6月、7月、8月股价及10日、30日股价移动平均线图。按照葛南维八大法则,投资者很容易找出 A、B、C、D、E、F、G 等买进点和 H、I、J、K、L 等卖出点。从万科股价看,移动平均线呈现空头排列,股价处于下跌行情,预示着后市还是看淡。这与1991年深圳整个股市直到10月份才开始由空头市场进入多头市场的实际状况相符。

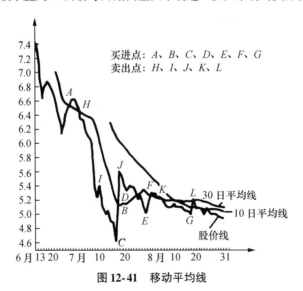

图 12-41 移动平均线

第六节 成交量分析

股价只是股市的表象,而成交量是股市的动能。成交量的大小是人气盛衰的反映,是股价的先行指标。股市的良好走势需要成交量的配合,若得不到成交量支持,良好的走势将无法持续。所以通过成交量分析，投资者可以了解某一股票供给与需求的力量，看出未来股价的走势，从而决定自己进出股市的时机。

衡量成交量的指标有好几种，其中最常见的是 OBV 成交量指标。OBV 指标(on balance volume)又叫累积成交量指标(cumulative volume index)，把成交量看作推动股价涨跌的能量，运用物理中的惯性和重力原理来解释能量潮的变化，是一种极其重要的人气指标，由葛南维创立。

一、OBV 线绘法

OBV 的制作以累积成交量的概念为基础。投资者把每天的收盘价跟前一天的收盘价相比较，如果上涨，则把当天所有成交量都加入到成交量累积值中；如果收盘价下跌，则把当天成交量从累积值中扣除。成交量的累积值可以从任意正的起始值开始。然后，投资者可以日期为横坐标，以成交量为纵坐标，作图把各个交易日累积成交量点连成 OBV 线，与股价趋势线画在同一个图上，进行量价关系分析。

二、OBV 线的研判技巧

(1) OBV 线下降而股价上升时，说明买盘无力，股价缺乏支撑，应该卖出。

(2) OBV 线上升而股价下降时，说明股市中趁低价买进股票的力量很强，投资者可以买进。

(3) OBV 线缓慢上升时，说明买盘逐渐加强，人气趋盛，是买进信号；如果当日股价已经上涨一段时间，则表示跌势已成，后市应小心。

(4) OBV 线急速上升，说明买盘的力量即将用尽，是卖出信号。

(5) OBV 线由上升转为下降或者累积值从正变为负，表示下跌趋势，投资者应该卖出；相反，OBV 线由下降转为上升，或者 OBV 累积值从负变为正时，表示上升趋势已经形成，投资者可以入市买进。

(6) OBV 线累积到达高点时，可能形成股价压力带，应该谨慎卖出。

(7) 配合股价趋势线，判断盘局整理是否成形。例如，当 M 头形态的第二个高峰还没有成形时，若 OBV 线与股价线同步上升，说明能量配合适当，此时股价未必已到达高峰，可能还有最高档出现；若这时 OBV 线无力上升，就可以确定 M 头已经形成。

(8) 股价上涨行情在 OBV 线累积高点附近，经常遇到阻力，开始反转。此外，OBV 线还常可用于盘局整理后，判断何时突破及其走势。

三、OBV 线的修正

OBV 线完全根据当天收盘价与前一天收盘价比较，若股价上涨，则当日成交量全部视作买盘，加入 OBV 累积值中；若收盘价下跌，则把当天的成交量全部从 OBV 累积值中扣除。这种方法在某种程度上存在一些不精确性,因为仅一个收盘价很难反映当天的价格变动和人气指标状况。有可能某一天中,有一大半的成交量是卖盘,只是在收盘时,股价重又反弹,略超过前一天收盘价。现在有些技术分析人员已利用支撑和压力,对 OBV 线进行修正,即根据净支撑的大小决定当天成交量在累积值中加入或扣除及其数量。把当天高低价幅度看作1,收盘价至最高价部分为上档压力;收盘价至最低价部分为下档支撑力。如深发展1991年11月1日收盘价为28.75元,最低价为27元,最高价为29.5元,那么:

上档压力为$(29.5 - 28.75) \div (29.5 - 27) \times 100\% = 30\%$

下档压力为$(28.75 - 27) \div (29.5 - 27) \times 100\% = 70\%$

净支撑为$70\% - 30\% = 40\%$

修正过的 OBV 线持续上升,说明股价有持续上涨动力,可继续持有;股价下跌趋势中,OBV 没有反转向上,投资者就不能进场。

表12-1　1991年11月份深发展 OBV 计算表

日期	当天收盘价(元)	涨(+)或跌(-)	当天成交量(股)	OBV 累计(股)	上档压力(%)	下档支撑(%)	净支撑(%)	修正 OBV
11月1日	28.75		581 000	581 000	30.0	70.0	40.0	232 400.0
11月2日	28.90	+	320 800	901 800	50.0	50.0	0	232 400.0
11月4日	31.55	+	677 400	1 579 200	3.7	96.3	92.6	859 672.4
11月5日	31.40	−	946 000	633 200	100.0	0	−100.0	−86 327.6
11月6日	29.90	−	633 900	9 300	64.0	36.0	−28.0	−261 019.6
11月7日	30.20	+	767 200	767 500	87.0	13.0	−74.0	−828 747.6
11月8日	30.50	+	569 000	1 345 500	11.0	89.0	78.0	−334 927.6
11月9日	32.30	+	498 200	1 843 700	5.3	94.7	89.7	61 957.8
11月12日	35.85	+	623 700	2 467 400	1.5	98.5	97.0	666 946.8
11月13日	36.45	+	770 500	3 237 900	45.0	55.0	10.0	821 046.8
11月14日	36.55	+	458 300	3 696 200	81.2	18.8	−62.4	535 067.6
11月15日	35.70	−	668 400	3 027 800	96.8	3.2	−93.6	−90 554.8
11月16日	34.50	−	347 600	2 680 200	82.8	17.2	−65.6	−318 580.4
11月18日	29.55	−	4 151 000	2 265 100	96.0	4.0	−92.0	−700 472.4
11月19日	32.50	+	576 800	2 841 900	0	100.0	100.0	−123 672.4
11月20日	33.80	+	469 700	3 311 600	13.3	86.7	73.4	221 087.4
11月21日	32.29	−	327 800	2 983 800	67.9	32.1	−35.8	103 735.0

(续表)

日期	当天收盘价(元)	涨(+)或跌(-)	当天成交量(股)	OBV累计(股)	上档压力(%)*	下档支撑(%)*	净支撑(%)	修正OBV
11月22日	31.88	-	411 800	2 572 000	73.3	26.7	-46.6	-1 094 817.0
11月23日	31.92	+	171 700	2 743 700	50.0	50.0	0	-1 094 817.0
11月25日	30.91	-	247 500	2 496 200	63.0	37.0	-26.0	1 159 167.0
11月26日	29.66	-	356 300	2 119 900	100.0	0	-100.0	-1 515 467.0
11月27日	28.79	-	455 000	1 664 900	0	100.0	100.0	-1 060 467.0
11月28日	29.82	+	432 000	2 096 900	83.3	16.7	-66.6	-1 348 179.0
11月29日	27.95	-	306 200	1 790 700	74.2	25.8	-48.4	-1 496 379.8
11月30日	27.73	-	142 900	1 647 800	83.3	16.7	-66.6	-1 591 551.2

四、OBV线及修正OBV线应用实例

下面以深发展股票价格与成交量为例,分析OBV线及修正OBV线的应用。

1. OBV线的应用

根据表12-1收盘价和OBV值绘制OBV线与股价线,如图12-42所示。

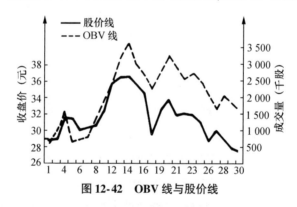

图12-42 OBV线与股价线

图12-42中,OBV线与股价线走势方向基本一致,股价走势得到成交量的支持和确定,说明上涨和下跌都是健全的。只是22日股价上升而OBV线下降,两者呈现反向不确认,说明上升没有成交量支持,这在技术上是一种价格反转的警告信号,22日可以卖出。果然,23日开始,股价下跌。7日开始股价上升,而OBV线也大幅上升,说明两者同向确认,上升实力很强,后市看好。14日股价进入峰顶,OBV线也到顶,而后两者一起下跌,表示股价下跌确是由于资金不断从该股撤离的结果,后市依然看淡。

2. 修正OBV线的应用

根据表12-1上收盘价、修正OBV数据绘制修正OBV线和股价线,如图12-43所示。

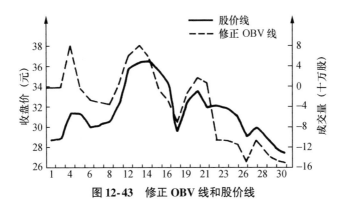

图 12-43 修正 OBV 线和股价线

比较图 12-42 和 12-43 中的两条 OBV 线,发现修正过的 OBV 线在确认趋势方面更加方便。这两种 OBV 分析法都很有用,投资者在不同情况下可以根据需要选用(见图 12-44)。

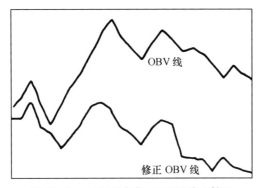

图 12-44　OBV 线与修正 OBV 线比较图

第七节　相对强度指标

相对强度指标(relative strength index),是一种根据一定期内(如 14 天)股价涨跌幅度的变动,来分析股价变动的相对强弱趋势,掌握买卖时机和避免风险的分析工具。RSI 由美国技术分析专家 J. 韦尔斯·魏尔德(J. Welles Wilder)在 1978 年提出,其计算公式为

$$\text{RSI} = 100 \times \frac{t\text{ 日内收盘价上涨幅度平均数}}{t\text{ 日内收盘价上涨与下跌幅度之和}} \tag{12-2}$$

此式可演变为

$$\text{RSI} = 100 - \frac{100}{1+\text{RS}}, \quad \text{其中 RS 是相对强度}$$

$$\text{RS} = \frac{t\text{ 日内上涨幅度的平均数}}{t\text{ 日内下跌幅度的平均数}} \tag{12-3}$$

t 可以是 6 天、9 天、12 天或 14 天，天数太短，RSI 会过于敏感；天数太长，RSI 反应会过于迟钝。

一、RSI 的计算步骤

下面，以 14 天为例，介绍 RSI 的计算步骤：

（1）先计算 RSI_{14} 初值。选定 15 天收盘价，用第 2 天收盘价减去第 1 天收盘价；如果上涨就成为第 2 天上涨幅度，如果下跌就成为第 2 天下跌幅度。依此计算下去，分别把第 2 天到第 15 天的上涨幅度和下跌幅度，加总后除以 14，得到涨跌平均值，代入公式算出 RSI。

（2）第 15 天上涨平均数乘以 13，加上第 16 天上涨幅度，总和除以 14，就可得到第 16 天上涨平均数。

（3）第 15 天下跌平均数乘以 13，加上第 16 天下跌幅度，总和除以 14，就可得到第 16 天下跌平均数。

（4）分别把（2）、（3）计算结果代入公式，可得第二个 RSI。

（5）依次分别用前一天的涨、跌平均值计算当日平均值，然后代入公式，算出 RSI。

如果投资者采用 6 天或 9 天作为计算样本期，那么只需把 14 天内上涨、下跌幅度之和改为 6 天或 9 天，总和也用 6 天或 9 天去除。

二、RSI 的研判技巧

（1）一般 RSI 达到 80，进入超买区（此时若出现 M 头），应卖出；达到 20，进入超卖区（此时若出现 W 底），应买进。但大涨、大跌行情中，RSI 可能突破 80 而回档，或突破 20 而后反弹。为了不出现少赚和套牢，除配合其他技术指标外，还可计算 RSI 超过 80 还上涨的概率和低于 20 还下跌的概率。

（2）盘整时，RSI 一底比一底高，说明买盘很强，后市行情可能再涨；一底比一底低，则说明后市行情看淡。

（3）股价有新高峰，RSI 也同向创新高点，表示后市仍然很强；如果 RSI 不是同向确认，未创新高点，则说明股市可能反转。

（4）股价和 RSI 同时出现新低点，说明后市仍然很弱；如果股价出现新低谷，而 RSI 未创新低点，则股价可能反转。

（5）RSI 也有多种形态，且往往比实际市场股价形态完成得早，可以及时判断。

（6）RSI 可以利用切线画出支撑线或阻力线，判断走势。

（7）RSI 在超买卖区微幅增减，反应较迟钝，应配合其他技术指标，一起判断。

（8）RSI 可与 K 线图配合，寻找背离现象，这是市场转折点即将出现的强烈信号。

（9）在股市发生断头、轧空、股权争夺或出现财务问题时，RSI 应用性降低。

三、RSI 应用示例

根据深发展 1991 年 10 月、11 月的收盘价资料,可以得到下面的 RSI 计算表和 RSI 图。

从图 12-45 中可见,股价与 RSI 图基本同向变动。从 10 月 19 日至 11 月 2 日 RSI 一底比一底高,表示买盘很强,股价处于上升行情;11 月 4 日、11 月 5 日股价攀上新高峰,而 RSI 却进入了超买区,这给投资者提供了一个强烈的卖出信号。11 月 13 日、14 日股价再次创下新高价,而 RSI 进入超买区,投资者可以准确地判断,股价即将反转下跌。11 月 20 日以后,RSI 一底比一底低,此时股价也处于下跌行情中,说明股市中买盘仍然很弱,跌势还将持续。

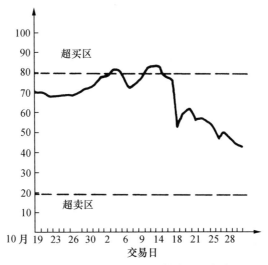

图 12-45 股价与 RSI 图基本同向变动

RSI 计算表如表 12-2 所示。

表 12-2　RSI 计算表

日期	收盘价	升幅	跌幅	平均升幅	平均跌幅	RS	1+RS	100÷(1+RS)	RSI
10 月 3 日	15.75								
10 月 4 日	15.60		0.15						
10 月 5 日	15.90	0.30							
10 月 7 日	17.25	1.35							
10 月 8 日	21.40	4.15							
10 月 9 日	25.95	4.55							
10 月 10 日	22.00		3.95						
10 月 11 日	24.00	2.00							
10 月 12 日	24.30	0.30							
10 月 14 日	24.75	0.45							
10 月 15 日	23.30		1.45						

(续表)

日期	收盘价	升幅	跌幅	平均升幅	平均跌幅	RS	1+RS	100÷(1+RS)	RSI
10月16日	23.00		0.30						
10月17日	24.30	1.30							
10月18日	24.15		0.15						
10月19日	24.00		0.15	1.03	0.44	2.34	3.34	29.94	70.06
10月21日	23.90		0.10	0.96	0.42	2.29	3.29	30.40	69.60
10月22日	23.50		0.40	0.89	0.42	2.12	3.12	32.05	67.95
10月23日	23.85	0.35		0.85	0.39	2.18	3.18	31.45	68.55
10月24日	24.00	0.15		0.80	0.36	2.22	3.22	31.06	68.94
10月25日	24.00			0.74	0.33	2.24	3.24	30.86	69.14
10月26日	23.95		0.05	0.69	0.31	2.23	3.23	30.96	69.04
10月28日	24.9	0.95		0.71	0.29	2.45	3.45	28.99	71.01
10月29日	25.65	0.75		0.71	0.29	2.63	3.63	27.55	72.45
10月30日	25.70	0.05		0.66	0.25	2.64	3.64	27.47	72.53
10月31日	26.90	1.20		0.70	0.23	3.04	4.04	24.75	75.25
11月1日	28.75	1.85		0.78	0.21	3.71	4.71	21.23	78.77
11月2日	28.90	0.15		0.74	0.20	3.70	4.70	21.28	78.72
11月4日	31.55	2.65		0.88	0.19	4.63	5.63	17.76	82.24
11月5日	31.40		0.15	0.82	0.19	4.32	5.32	18.80	81.20
11月6日	29.90		1.50	0.76	0.28	2.71	3.71	26.95	73.05
11月7日	30.20	0.30		0.73	0.26	2.61	3.61	27.70	72.30
11月8日	30.50	0.30		0.70	0.24	2.92	3.92	25.5	74.49
11月9日	32.30	1.80		0.78	0.22	3.55	4.55	21.98	78.02
11月12日	35.85	3.55		0.98	0.20	4.90	5.90	16.95	83.05
11月13日	36.45	0.60		0.95	0.19	5.00	6.00	16.67	83.33
11月14日	36.55	0.10		0.89	0.18	4.94	5.94	16.84	83.16
11月15日	35.70		0.85	0.83	0.23	3.61	4.61	21.69	78.31
11月16日	34.50		1.20	0.77	0.30	2.57	3.57	28.01	71.99
11月18日	29.55		4.95	0.72	0.63	1.14	2.14	46.72	53.27
11月19日	32.50	2.95		0.88	0.59	1.49	2.49	40.16	59.84
11月20日	33.80	1.30		0.91	0.55	1.65	2.65	37.74	62.26
11月21日	31.90		1.90	0.85	0.65	1.31	2.31	43.29	56.71
11月22日	32.10	0.20		0.80	0.60	1.33	2.33	42.92	57.08
11月23日	31.90		0.20	0.74	0.57	1.30	2.30	43.48	56.52
11月25日	31.00		0.90	0.69	0.59	1.17	2.17	46.08	53.92
11月26日	28.80		2.20	0.64	0.71	0.92	1.92	52.08	47.92

(续表)

日期	收盘价	升幅	跌幅	平均升幅	平均跌幅	RS	1+RS	100÷(1+RS)	RSI
11月27日	30.00	1.20		0.68	0.66	1.03	2.03	49.26	50.74
11月28日	29.05		0.95	0.63	0.68	0.93	1.93	51.8	48.19
11月29日	27.85		1.20	0.59	0.72	0.82	1.82	54.95	45.05
11月30日	27.50		0.35	0.55	0.69	0.80	1.80	55.56	44.44

除以上介绍的各种技术工具外，还有艾略特波浪理论、乖离率分析、升降线分析、股票箱理论、几何角度线及百分比值法、巴隆信赖指数原理、三角方式原理等分析工具和理论，由于这些理论和分析行情工具更多适用于专业人士使用，故在此不一一介绍了。

习 题

1. 评价一下道氏理论在分析股市行情走势中的作用与不足。
2. 以下是上证指数2012年11月12日至2013年2月28日的日K线图，试用K线理论，分析此期间上海股市行情的特点和未来走势。

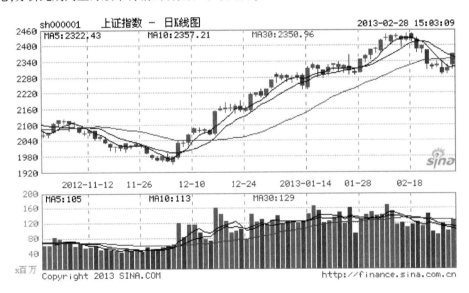

第十三章 期　　货

第一节　期货概述

一、期货交易的产生和发展

（一）商品期货交易的产生和发展

商品的远期合约（forward contract）是由商品买卖双方签订的正式协议，协议中规定买方以某一约定价格从卖方那里购买一定数量的商品，买卖双方并不在签约日交割，而是在未来某一约定的日期交割。这种以签订远期合约来进行的商品买卖，叫作商品的远期交易。远期交易在几个世纪前就已存在[①]，主要是在商品生产者（如农民）和商品收购者之间进行。远期交易的执行依赖于买卖双方履约的信用，一旦远期协议的一方违约，另一方将遭受损失；另外，远期交易的一方经常难以找到合适的交易对象。

为了克服远期交易的种种问题，芝加哥商品交易所（CBOT）在 19 世纪 60 年代开始了期货合约（future contract）的交易，该交易所是由 82 位商人发起并组建的。期货合约与远期协议不同，它是一种对所交易商品的质量、数量、交货地点、时间都有统一规定的标准化合约。同时，交易所建立了保证金制度。合约的标准化和保证金交易，吸引投机者加入市场，使期货交易更加活跃，商品期货交易的范围也不断扩大。19 世纪末 20 世纪初不断涌现出新的交易所，极大地推动了商品期货的发展。当时，上市的商品除谷物外，还包括棉花、黄油、咖啡、可可，并扩大到贵金属、制成品、加工品和非耐用储存商品。

（二）金融期货交易的产生和发展

随着金融体制的变化，金融市场的动荡日益加剧。为适应这一形势，管理好金融资产的价格风险，在商品期货交易的基础上，期货业推出了新型的投资工具——金融期货合约。

第一份金融期货合约是 1972 年美国芝加哥商品交易所推出的货币（外汇）期货，包括英镑、加拿大元、德国马克、法国法郎、日元和瑞士法郎期货合约。1975 年，芝加哥期货

[①]　远期交易的记录，早在公元前 2 000 多年的印度史料中就有记载；17 世纪，英国利物浦及日本的远期合约交易非常盛行。

交易所推出了政府国民抵押协会债券期货合约,同年开始交易美国政府国库券期货合约。此后,多伦多、伦敦等地也开展了金融期货交易。第一份股价指数期货合约的交易于1982年在美国堪萨斯城交易所展开。当前,全世界交易规模最大的股指期货合约是芝加哥商品交易所的 S&P 500 期货合约。1982年,美国商品期货交易委员会允许期货证券交易所开展期货期权(option on futures)的交易。所谓金融期货期权,即期权交易的标的资产是期货合约,包括国库券期货合约、外汇期货合约、股价指数期货合约。金融期货一经引入就迅速发展,在许多方面超过了商品期货。

(三) 商品期货与金融期货比较

商品期货和金融期货在交易机制、合约特征、机构安排方面非常相似。两者的主要不同之处在于:第一,商品期货都具有实物的标的资产,而有些金融期货没有真实的标的资产(如股价指数期货);第二,商品期货可以通过在交割日进行实物所有权的转让来清算,而一些金融期货(如股价指数期货)在交割日只能以现金清算;第三,商品期货合约通常只有短期的合约,而一些金融期货期限比商品期货要长,美国政府长期国库券的期货合约有效期限可长达数年。

二、期货合约和交易制度

(一) 期货合约

期货合约是期货交易所为期货交易而制定发行的标准化合同。如果期货合约成交,则要求购买者和出售者在合同规定的未来时间,按约定价格分别买入和卖出一定数量的某种资产。每种商品期货合约对该商品的等级、数量、交货期、交货地点都有规定,只有商品的价格是由买卖双方协定的。通常来说,期货合约包括以下主要条款:

(1) 合约名称。该合约的品种名称及上市交易所的名称。

(2) 交易数量和单位。商品期货合约规定了标准化的数量和计量单位,称为"交易单位"。例如,美国芝加哥商品交易所规定小麦期货合约的交易单位为 5 000 蒲式耳(每蒲式耳小麦约为 27.24 公斤),如果交易者买进一张(或称为一手)小麦期货合约,就意味着在合约到期日需买进 5 000 蒲式耳小麦;在上海期货交易所交易的期货品种中,铜、铝、天然橡胶的交易单位是 5 吨/手,燃料油的交易单位是 10 吨/手。

(3) 质量和等级。商品期货合约一般采用国际上普遍认可的商品质量等级标准。

(4) 交割地点。期货合约为期货交易的实物交割指定了标准化的、统一的交割仓库,以保证实物交割的正常进行。

(5) 交割期。商品期货合约一般规定几个交割月份供交易者选择。例如,美国芝加哥商品交易所为小麦期货合约规定的交割月份有 7 月、9 月、12 月,以及下一年的 2 月和 5 月。如果交易者买进 12 月份的合约,要么在到期前平仓了结交易,要么在 12 月份进行实物交割。

(6) 最小变动价位条款。期货交易所规定买卖双方报价所允许的最小变动幅度,每次报价时价格的变动必须是这个最小变动价位的整数倍。例如,在上海期货交易所,阴极铜期货、铝期货的最小变动价位是 10 元/吨,天然橡胶期货的最小变动价位是 5 元/吨,燃料油期货的最小变动价位是 1 元/吨。

(7) 每日价格最大波动幅度限制条款,即涨跌停板制度。这一制度是指,每一交易日期货合约的成交价格不能高于或低于该合约上一交易日结算价的一定幅度,达到该幅度则自动限制价格的继续上涨或下跌。

(8) 最后交易日。是指期货合约停止买卖的最后截止日期。

(9) 保证金。交易者只需按期货合约价格的一定比率交纳少量资金作为履行期货合约的担保,便可参与期货合约的买卖。在交易过程中,交易所要求随价格变动情况确定是否需要交易者追加资金。

表 13-1 是上海期货交易所黄金期货的标准合约。

表 13-1　上海期货交易所黄金期货标准合约

交易品种	黄金
交易单位	1 000 克/手
报价单位	元(人民币)/克
最小变动价位	0.01 元/克
每日价格最大波动限制	不超过上一交易日结算价 ±5%
合约交割月份	1—12 月
交易时间	上午 9:00—11:30,下午 1:30—3:00
最后交易日	合约交割月份的 15 日(遇法定假日顺延)
交割日期	最后交易日后连续五个工作日
交割品级	金含量不小于 99.95% 的国产金锭及经交易所认可的伦敦金银市场协会(LBMA)认定的合格供货商或精炼厂生产的标准金锭
交割地点	交易所指定交割金库
最低交易保证金	合约价值的 7%
交易手续费	不高于成交金额的万分之二(含风险准备金)
交割方式	实物交割
交易代码	AU
上市交易所	上海期货交易所

(二) 期货合约的交易

交易者购买或出售了一份期货合约称为"开仓"(opening),这是期货合约的最初买卖,它们导致买方或卖方拥有了期货合约的开仓头寸(position),卖方称为空头,买方称为多头。由于期货合约的买方和卖方都可以自由地将他们在交易中的权利(或义务)转让给第三者,因而期货合约实际上是可流通的金融工具,任何一方都可以通过对冲交易冲销他们的头寸。购买了一份期货合约的投资者在以后出售同样一份期货合约,就算冲销了他的多头头寸,结清了在交易中的权利义务。对出售期货合约的投资者同样如此。因此,与期货交易相关的另外两个重要概念是持仓和平仓。持仓也叫未平仓合约或者未平仓头寸,是指开仓之后没有做平仓处理的合约;对冲平仓是指通过买入或者卖出与其所持货合约的品种、数量及交割月份相同但交易方向相反的期货交易来对冲原有的期货合约,以此了结期货交易。

实际上,只有很少(不足5%)的商品期货合约用实际商品的交割进行清算,金融期货合约实际交割更少。但是,一旦合约的一方要求在到期日那天以实际资产进行交割,那么标的资产的所有权将从卖方转移到买方。与其他有价证券一样,期货合约的实际价格由供求关系决定,期货交易的空方争取以最高价成交,多方则争取以最低价成交。

期货交易的最初目的是为农民或商品制造者提供保值避险的一种手段,以避免商品价格下降带来损失,商品使用者也可用期货交易来避免价格上涨带来的损失,而投机者则通过承担价格涨落的风险来获得投机的收益。因而,在期货市场上存在两类交易者,保值者试图利用期货市场转移风险,投机者则追求利润而承担风险。很少有期货合约真正交割,投机者既作为买者又作为卖者,是市场中重要的流动性提供者。

(三) 期货交易所

期货市场的组织结构是由交易所、会员、客户逐级构成的,是分层化的市场结构。只有交易所会员才能在交易所交易,交易所必须对会员的资信负责,非会员的客户必须通过会员代理进行交易。交易所会员是代理交易的主体,对其所代理的交易负全部责任。会员必须控制好所有客户的资金风险,如果因客户违约造成损失而不能履行赔偿责任,会员必须代为履行赔偿责任并保留追偿的权利。

典型的期货交易所是为其会员服务的、非盈利的会员制组织,交易所的目标是提供一个公平、公正、公开的期货交易市场,其主要业务活动包括制定、修改期货交易规则,维护市场的有效运转。像一般的公司一样,期货交易所也有股东、董事会与管理层。期货交易所的会员主要是投资银行、经纪公司与自营商。由于可以在交易所场内直接交易,因此会员的交易成本低,下单快捷方便。部分会员既做自营交易,又做经纪业务。

与期货市场相对应,期货市场的结算管理体系也是分层次的。首先是交易所结算机构对会员公司的结算,这是第一级结算;其次是会员经纪公司对其代理的客户进行结算,称为第二级结算;最终,将逐笔交易风险分级对应到每个市场参与者身上。

典型的结算公司也采用会员制,属于非营利机构。通常来说,结算公司的会员集合是交易所会员集合的子集。如果交易所的一个会员不是结算公司的会员,那么他必须在结算公司的某个会员那里维持一个保证金账户。部分结算公司可能隶属于某个交易所,其他结算公司完全独立于任何交易所。结算公司的基本功能是负责期货的结算业务,为此,结算公司不仅监视会员的财务状况,而且要求会员在结算公司开设保证金账户,以防止会员违约。

清算公司实际上就是期货合约买卖双方的中介机构,图 13-1 表明了清算公司的作用。图 13-1 中 A 图表示没有清算公司的情况。一旦有了清算公司,对于期货交易的双方而言,清算公司起到了第三方的作用,它是每一份期货合约卖方的买方、买方的卖方,所以期货合约买卖双方无须向交易对方负责,清算公司对每一笔交易的买卖双方负责,如图 13-1B 所示。

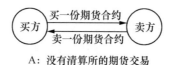

A：没有清算所的期货交易

B：清算所成为买卖双方中介机构

图 13-1　清算所的作用

(四) 保证金和盯市制度

为了降低期货合约履约的信用风险,交易者参与期货合约买卖,必须按期货合约价格的一定比率(通常为 5%—10%)交纳少量资金作为履行期货合约的担保,并根据价格变动情况确定是否追加资金。这种制度就是保证金制度,所交的资金就是保证金。

保证金的收取是分级进行的,可分为期货交易所向会员收取的保证金和期货公司向客户收取的保证金,即分为会员保证金和客户保证金。期货经纪公司与结算公司会员管理其客户的保证金账户,期货结算公司管理其会员的保证金账户。如果交易所的某个会员不是结算公司会员,那么它必须在结算公司的某个会员机构开设保证金账户。因此,期货保证金实际上是一个树状结构,处于最上层的是结算公司,经纪公司的客户处于最下层,结算公司的会员与期货经纪公司则处于树状结构的中间。

交易者开仓交易时交纳的保证金称为初始保证金(initial margin),大约相当于期货合约价值的 5%—10%。保证金的高低影响投资的杠杆效应和交易的活跃程度。初始保证金存入后,随着期货合约价格的变化,期货合约的价值也要随之变化,交易双方在每日市场收盘后,清算公司根据全日成交情况计算出当日结算价,据此计算每个会员持仓的浮动盈亏,对所有客户的持仓根据结算价进行结算,有盈利的划入,有亏损的划出。这种结算方法称为"盯市"(marking to the market)。客户在其账户中,必须维持规定的保证金水平,称为维持保证金(maintenance margin)。若调整后的保证金余额低于维持保证金,客户将被要求在下一个交易日开市之前追加保证金,以使账户达到初始保证金水平。这种要求补交保证金的指令称为追加保证金要求(margin calls)。若不能按时追加保证金,交易所将有权强行平仓。下面举例说明期货交易的保证金和盯市制度。

举例 某投资者购入12月份到期的小麦期货合约一份,合约规模为5 000蒲式耳,价格是每蒲式耳2.5美元,初始保证金为10%,期货合约价值为12 500美元。因此,初始保证金为1 250美元。假如维持保证金为初始保证金的75%,那么账户中至少应维持937.5美元,因此,当价格的下降超过每蒲式耳6.25美分时[即(1 250 – 937.50)/5 000],保证金账户中就须再存入现金。当每蒲式耳价格上升6.25美分时,顾客就可以从账户中提出312.50美元(0.062 5 × 5 000)。期货合约价格变化和清算公司的逐日盯市活动,导致顾客账户每日都会有现金的流入流出。

期货交易保证金对于保障期货市场的正常运转具有重要作用。

第一,保证金交易制度的实施,降低了期货交易成本,使交易者用5%的保证金就可从事100%的远期交易,发挥了期货交易的资金杠杆作用,促进了套期保值功能的发挥。

第二,期货交易保证金为期货合约的履行提供担保。保证金制度可以保证所有账户的每一笔交易和持有的每一个头寸都具有与其面临风险相适应的资金,交易中发生的盈亏不断得到相应的处理。这一制度的严格执行大大降低了履行的信用风险。

第三,保证金是期货交易所控制投机行为的重要手段。投机者和投机活动为期货交易提供流动性,但过度投机则会加大市场风险。当投机过度时,交易所可以通过提高保证金的办法,增大交易成本,以抑制投机行为;反之,当期货市场低迷、交易规模过小时,则可通过降低保证金来吸引更多的市场参与者。

(五) 涨跌停板制度

为了防止期货价格短期过度的波动,交易所通常会为期货交易制定涨跌停板制度。例如,在商品期货市场上,一个柑橘汁期货合约代表15 000磅浓缩冷冻柑橘汁,如果交易所为每日价格波动制定了每磅5美分(上升或下降)的价格涨跌停板,即每个合约涨跌最高为750美元(0.05 × 15 000),则每日每磅的价格波动范围只能是10美分,任何买方询价或卖方开价超过这个范围都要受到禁止。价格涨跌停板的限制明显降低了期货合约价格在短期内的剧烈波动,但在长期内,价格最终反映商品的供求状况。涨跌停板是为了市场的稳定和秩序,这有利于保值者,而对那些希望依靠价格短期波动来获得额外收益的投机者不利。在某些紧急情况下,由于价格有巨大变化或有发生巨大变化的潜在可能性,交易所可能暂停这种期货合约的交易,这叫停牌。

三、期货的经济功能

期货市场之所以能够产生、存在和发展,是因为它具有两个基本经济功能:转移价格风险和价格发现。

在期货市场上,商品生产者和使用者因为担心价格的上涨或下降带来损失而参与商品期货交易。他们通过期货市场将价格风险转移给了投机者。金融期货市场发展起来以后,投资者又可以应用金融期货市场将金融工具价格的风险转移给投机者。

另一个功能是价格发现功能。所谓价格发现,就是指期货市场上供需双方通过公开讨价还价,通过激烈竞争,通过买卖双方对未来供需状况的预测,使价格水平不断更新,并且不断向全世界传播,从而使该价格成为全世界价格的过程。期货市场价格发生作用不应该被肆意夸大。关于这一作用尚缺少有力的实证研究证据。

第二节 远期和期货的定价

一、基本定价原理

在本节中,我们将讨论远期价格和期货价格与其标的资产价格之间的关系。在正式内容之前,我们先明确区分两类标的资产,即投资型资产和消费型资产。投资型资产持有者的目的在于投资(如黄金),而消费型资产持有者的目的在于消费(如铜、石油等)。这两类标的资产的期货定价具有差别。在投资型资产的期货定价时,我们假设持有者的唯一目标是财富的增长,从而愿意实施任何套利策略,期货价格就可以根据无套利的方法准确定价;而对于消费型资产的期货合约,由于持有者持有资产的目的在于消费,因此,即使存在套利机会,持有者也可能不愿意卖出资产而持有期货。因此,我们并不能得到消费型资产期货的准确定价,而只能得到它的上限。在以下内容中,如无特殊说明资产指的是投资型资产。

所谓远期和期货合约的定价,指的是远期合约和期货合约中未来交割价格的确定,我们称该交割价格为远期价格或期货价格。和所有的市场商品一样,远期价格和期货价格也是由市场供求关系决定的。当市场需求大于供给时,价格上涨;当市场需求小于市场供给时,价格下跌。期货价格还受到其他很多因素的影响,因此我们在市场上观察到的期货价格是不断变动的。随着期货合约的交割月份逼近,期货价格收敛于标的资产的现货价格。如果在交割期期货价格高于现货价格,那么就存在一个套利机会,即卖空期货合约,买入资产进行交割。如果交易者实施这个策略,那么期货价格将下降,向现货价格收敛。反之亦然。

在讨论远期价格与期货价格之前,我们有几个有关市场完美性的假设:
(1) 无交易费用和税收;
(2) 交易者能以相同的无风险利率借贷资金;
(3) 没有违约风险;
(4) 允许现货卖空行为;
(5) 保证金账户支付同样的无风险利率。

首先,我们讨论远期合约的定价。无论远期还是期货合约,合约最初签订时无现金交易,即在合约订立时合约本身的价值为0。因此,远期合约的价格就是使合约价值为0的价格。我们做以下约定:F_0 为 0 时刻(当前)期货价格,S_0 为 0 时刻标的资产的现货价格,r 为无风险利率,T 为期货的到期期限。在此例中假定不存在存储成本。

如果在 0 时刻 $F_0 > S_0 e^{rT}$，那么投资者可以以利率 r 借入 T 年的 S_0，买入 1 单位标的资产现货，同时卖空 1 单位的远期合约。对于这个策略，在远期合约到期的时刻，1 单位标的资产售出价为 F_0，其中 $S_0 e^{rT}$ 用于支付借款，投资者可以获得无风险收益 $F_0 - S_0 e^{rT} > 0$。

如果在 0 时刻 $F_0 < S_0 e^{rT}$，投资者可以以 S_0 的价格卖空 1 单位标的资产现货，将该收入用于投资，投资收益率为 r，投资期限为 T，同时买入 1 单位的远期合约。对于这个策略，在远期合约到期的时刻，收回贷款本息 $S_0 e^{rT}$，同时交割远期合约，以 F_0 买回资产，投资者可以获得无风险收益 $S_0 e^{rT} - F_0 > 0$。

总之，如果 F_0 与 $S_0 e^{rT}$ 不相等，那么就存在着套利机会。而且在有效市场的假定下，理性的投资者将利用一切套利机会。若 $F_0 > S_0 e^{rT}$，投资者将都去借款买现货资产，同时卖远期合约，此时现货价格上升，而期货价格下降，直至 F_0 等于 $S_0 e^{rT}$，套利机会消失。反之亦然。因此，有效市场中的理论远期价格为 $F_0 = S_0 e^{rT}$。

虽然期货合约和远期合约有着很多的相同点，但是期货和远期的定价并不是完全相同的。由于远期合约没有每日结算制度，期货合约的持有者在合约到期之前就存在现金流入或流出，这会影响期货价格的确定。在通常情况下，我们假定远期价格与期货价格相同。当利率不确定时，在理论上，两者存在较小的差别：当标的资产的价格与利率高度正相关时，期货价格稍高于远期价格；当标的资产的价格与利率高度负相关时，期货价格稍低于远期价格。本章讨论期货定价，我们视期货价格和远期价格没有差异。

举例 一盎司黄金的价格是 910 美元，无风险利率是 4%。那么标的资产为 1 盎司黄金的 1 年期的期货价格是多少？我们有两种策略来获得 1 年以后的 1 盎司黄金。

策略 A：买入 1 份黄金远期，远期价格为 F_0，投资 $F_0 e^{-rT}$ 于无风险资产。该策略需投入的成本为 $F_0 e^{-rT}$。

策略 B：购买 1 盎司黄金并持有。此种策略需投入的成本为 910 美元。

这两种策略在 1 年以后的结果是相同的，因此成本也应该相同，即有：$F_0 e^{-rT} = 1 = S_0$。因此，$F_0 = e^{rT} S_0 = 947$（美元）。在本例中，由于策略 A 和策略 B 的现金流状况完全相同，策略 A 和 B 互为复制策略。

二、考虑红利收益资产的远期（期货）定价

在上节的定价原理中，远期合约的标的资产为无红利收益的投资型资产，本节则探讨有红利收益资产的远期定价。我们考虑两种情况：第一，标的资产在远期合约期间支付确定的现金红利；第二，标的资产在远期合约期间支付确定红利率。

（一）支付确定现金红利的资产

支付确定现金红利资产的远期价格定价公式为（连续复利）

$$F_0 = (S_0 - I) e^{rT}$$

其中：I 为现金红利在 0 时刻的现值。为得到上述价格公式，我们考虑以下两个策略。

策略 A:0 时刻买入 1 单位以 F_0 为远期价格的远期合约,并同时购买 $F_0 e^{-rT}$ 的无风险资产。此策略需投入的成本为 $F_0 e^{-rT}$。

策略 B:0 时刻买入 1 单位的价格为 S_0 的资产,借入现金 I。此种策略需投入的成本为 $S_0 - I$。

这两种策略在远期合约到期时的现金流相同,即均为 S_T。所以,我们可以得到 $S_0 - I = F_0 e^{-rT}$,从而 $F_0 = (S_0 - I)e^{rT}$。

举例 某股票今天的价格为 10.00 美元,并且 3 个月后将有 1 美元的红利,无风险利率为 3%,在 6 个月后交割的此股票远期合约的价格是多少? 也即 $S_0 = 10, r = 0.03, T = 0.5, I = 1 \times e^{-r/4} = 0.9925$。那么, $F_0 = (S_0 - I)e^{rT} = (10 - 0.9925) \times e^{0.03 \times 0.5} = 19.29$(美元)。

(二) 支付确定红利率的资产

支付确定红利率资产的远期价格定价公式为(连续复利)

$$F_0 = S_0 e^{(r-q)T}$$

其中: q 为合约期间的平均红利率。为得到上述价格公式,我们考虑以下两个策略。

策略 A:0 时刻买入 1 单位以 F_0 为远期价格的远期合约,并同时购买 $F_0 e^{-rT}$ 的无风险资产。此策略需投入的成本为 $F_0 e^{-rT}$。

策略 B:0 时刻买入 e^{-qT} 单位的价格为 S_0 的资产。此策略需投入的成本为 $S_0 e^{-qT}$。

这两种策略在远期合约到期时的现金流相同:对于策略 A,在到期时刻无风险资产价值为 F_0,远期合约的价值为 $S_T - F_0$,因此总和为 S_T;对于策略 B,在到期时刻标的资产价值为 $S_T e^{-qT} \times e^{qT} = S_T$。所以,我们可以得到 $S_0 e^{-qT} = F_0 e^{-rT}$,从而 $F_0 = S_0 e^{(r-q)T}$。

举例 某股票今天的价格为 10.00 美元,并且预期 6 个月后派发红利,红利率为 1%(年),无风险利率为 3%。那么,6 个月后到期的该股票远期合约的价格是多少? 也即 $S_0 = 10, r = 0.03, T = 0.5$。那么, $F_0 = S_0 e^{(r-q)T} = 10 \times e^{(0.03 - 0.01) \times 0.5} = 10.10$(美元)。

三、股票指数期货的定价

股票价格指数是运用统计学中的指数方法编制而成的,反映股市中总体股票价格或某类股票价格变动和走势情况的一种相对指标。通常在股票指数的计算中,都会选择某一基准日的平均价格作为基准,再将以后各个时期的平均价格与基准日的平均价格进行比较,得出各期的比价后再转换为百分值或千分值,以此作为股票指数的值。例如,S&P 500 指数以 1941—1943 年为基期,基价为这三年的均价,基期指数设定为 10,它包含了在美国上市的 500 家大公司的股票,代表了美国大公司股票价值的变化。

在实践中,上市公司经常会有增资、拆股和派息等行为,使股票价格产生除权、除息效应,失去连续性,不能进行直接的比较,因此在计算股指时也要考虑到这些因素的变化,及时对指数进行校正,以免股票指数失真。但值得注意的是,通常情况下股票指数不会因上市公司派发现金红利而调整。换句话说,大多数指数在计算其百分比变化时,不考虑股票组合收到的任何现金红利。

股票指数期货(stock index futures),简称股指期货,是指由交易双方签订的,约定在将来某一特定时间和地点交收"一定点数的股票价格指数"的标准化期货合约,亦即是以股票价格指数(投资组合)为交易标的物的一种期货合约。股指期货合约代表的是虚拟的股票资产,而非某种有形或具体的股票。因此,合约到期时,交易双方只要交付或收取根据结算价与开仓时股指差价所折成的一定金额的货币即可,即采用现金结算的方式,而无须也无法进行实物交割。

1982年2月,堪萨斯谷物交易所推出了第一份股指期货合约——堪萨斯价值线股指期货(KANSAS City Value Line Index Futures)合约。1982年4月和5月,芝加哥商业交易所和纽约期货交易所分别推出了 S&P 500 股指期货合约和纽约证券交易所综合指数(The New York Stock Exchange Composite)期货合约。1986年5月,香港期货交易所推出了"恒生指数"(Hang Seng Index)期货交易。

股指期货被设计成合约价格等于指数期货价格乘以规定数量的货币——一个指数点的价值。例如,S&P 500 指数期货合约的一个指数点为 250 美元。2002年7月31日,9月份 S&P 500 指数期货的收盘价为 905.50 点,因此,一份 S&P 500 指数期货合约的价值等于 $905.50 \times 250 = 226\ 375$(美元)。指数期货的面值等于股票指数乘以一个指数点的价值。例如,2002年7月31日,S&P 500 指数的收盘价为 911.62 点,因此,一份 S&P 500 指数期货合约的面值等于 $911.62 \times 250 = 227\ 905$(美元)。

假设市场无摩擦、无套利机会,并且股票不分红,那么股指期货的价格应该等于 $F_0 = S_0 e^{rT}$。在实际市场中,股票分红现象非常普遍。我们上面提到过,股票指数通常不因派息而调整。不同的股票分红的时间与数量都存在差异,这使得指数期货的价格与股票指数之间的关系变得复杂。为将问题简化,根据合理的近似,可以认为红利是连续支付,用 q 表示指数红利的连续复合收益率,应用支付确定红利率标的资产期货的定价公式,则股指期货价格 $F_0 = S_0 e^{(r-q)T}$。

举例 考虑一个 S&P 500 指数的 6 个月期货合约。假设成分股票的平均红利率为 4%(年),当前指数为 900,无风险利率为 6%。此时, $S_0 = 900, r = 0.06, T = 0.5, q = 0.04$,则期货价格为: $F_0 = 900 e^{(0.06-0.04) \times 0.5} = 909.05$(美元)。

四、外汇期货的定价

外汇远期指交易双方约定在未来某一特定日期,双方按照合约签订时约定的汇率和金额,以一种货币交换对方另一种货币的合同。外汇期货则是标准化的外汇远期合约。

假设 S_0 代表以美元表示的一单位外汇的即期价格, F_0 代表外汇远期的远期价格。外汇持有人能够获得货币发行国的无风险利率收益, r 为美元的无风险利率, r_f 为外汇的无风险利率,连续计算复利。

考虑以下两个投资策略。

策略 A：一个外汇远期多头加上 $F_0 e^{-rT}$ 金额的现金；

策略 B：$e^{-r_f T}$ 金额的外汇。

两个策略在时刻 T 都将等于 1 单位的外汇，因此在 0 时刻二者也应该相等，有：

$$F_0 = S_0 e^{(r-r_f)T}$$

这就是著名的利率平价关系。事实上，对于外汇远期（期货）的定价，也可以将外汇看成是支付连续红利的资产，那么就可以直接套用支付确定红利率标的资产期货的定价公式。

五、消费型资产为标的期货定价

在上面的章节中，我们介绍了投资型资产为标的的期货合约的定价。本节中我们将详细陈述消费型资产为标的的期货定价问题。在本节的第一部分我们提到，对于消费型资产为标的的期货定价，理论上不能得到准确的期货价格，而只能得到它的上限。

我们假设消费型资产在持有期内须支付储藏成本，设定 U 为持有期内所有储藏成本的现值，我们仍然从套利者的视角出发。当 $F_0 > (S_0 + U)e^{rT}$ 时，套利者将采取如下策略：

（1）以无风险利率借入 $(S_0 + U)$ 的资金，购买 1 单位的消费型资产并且支付储藏成本。

（2）卖空 1 单位的期货合约。

这样，套利者将获得无风险收益 $F_0 - (S_0 + U)e^{rT}$。该套利行为决定了消费型资产期货价格 $F_0 \leq (S_0 + U)e^{rT}$。

当 $F_0 < (S_0 + U)e^{rT}$ 时，由于大部分的商品用于消费，持有者们并不愿意卖出商品而购买期货，因此，此套利行为并不存在。对消费型资产的期货合约来说，并不能得到它的准确定价，只能得到它的上限，即 $F_0 \leq (S_0 + U)e^{rT}$。

第三节 套期保值与套利交易

一、套期保值

远期和期货合约是重要的风险管理工具，交易方可以应用远期和期货合约进行套期保值交易，来对冲未来可能面临的风险。如果公司在将来某一特定时间出售资产，可以通过持有期货合约的空头对冲风险，称为空头套期保值；如果公司在将来某一特定时间购买资产，可以通过持有期货合约的多头对冲风险，称为多头套期保值。例如，在 2013 年年初一家中国公司得知在当年 6 月将支付其美国的供应商 1 000 000 美元。由于 6 个月后支付美元的成本取决于当时的汇率，中国公司面临着外汇风险。该公司可以选择外汇期货的多头策略，即购买 6 月到期的美元期货，锁定 60 天后的美元汇率。

在以上的例子中，套期保值者可以找到以需要对冲风险的资产（美元）为标的的期货合约,并且期货合约的到期日与套期保值的目标日期一致,这样的套期保值称为完美套期保值(perfect hedge)。原因在于,由于需要对冲风险的资产的现货价格一定会与期货价格在到期日相同,因此,在套期保值时刻,就完全确定了未来的交易价格,即百分之百地消除了风险。

在实际的应用中,期货的套期保值可能并不完美,其原因如下:第一,需要对冲风险资产与期货合约的标的资产可能不完全一样;第二,不能确定购买或出售资产的时间;第三,可能要求期货合约在其到期日前平仓。这些问题使套期保值问题的实际操作变得比较复杂。在实践中,我们通常应用一个称为基差风险(basis risk)的概念来刻画套期保值的效果。基差的定义为

基差 = 计划进行套期保值资产的现货价格 − 所使用合约的期货价格

如果要进行套期保值资产与期货合约的标的资产一致,在期货合约到期日基差应等于0;否则,基差可能不为0。如果在套期保值到期时,基差不等于0,那么套期保值者的套期保值效果不确定,可能得以改善或更糟糕。例如,一个多头套期保值,如果基差扩大,则套期保值者的头寸状况会恶化;如果基差缩小,则套期保值者的头寸状况得以改善。影响基差风险的两个关键因素是套期保值所用的期货合约的标的资产和交割月份。通常情况下,应该选择与保值资产价格相关度最高的期货,而交割月份也应接近套期保值到期的月份。

在实施套期保值策略中,确定套头比是套期保值策略的关键。所谓套头比(hedge ratio),指的是持有期货合约的头寸大小与需要保值资产大小之间的比率,即一个单位保值资产需要多少单位的期货资产来对冲风险。在讨论套头比之前,我们现约定一些变量:ΔS 为套期保值期限内,保值资产现货价格 S 的变化;ΔF 为套期保值期限内,期货价格 F 的变化;σ_S 为 ΔS 的标准差;σ_F 为 ΔF 的标准差;ρ 为 ΔS 和 ΔF 之间的相关系数;h 为套头比。

套期保值的目的在于通过持有期货资产使得整体头寸(投资组合)价值变动的不确定性下降。对于空头套期保值,保值者持有保值资产多头和期货空头,那么在套期保值期限内保值者头寸的价值变化为 $\Delta S - h\Delta F$;而对于多头套期保值,保值者持有保值资产空头和期货多头,那么在套期保值期限内保值者头寸的价值变化为 $h\Delta F - \Delta S$。那么,无论对于哪种套期保值,保值头寸价格变化的方差 v 均为

$$v = \sigma_S^2 + h^2\sigma_F^2 - 2h\rho\sigma_S\sigma_F$$

求该方差的最小化,最优化条件为

$$\frac{\partial v}{\partial h} = 2h\sigma_F^2 - 2\rho\sigma_S\sigma_F = 0, \quad \frac{\partial^2 v}{\partial h^2} = 2\sigma_F^2 > 0$$

那么(最优)套头比为 $h = \rho\dfrac{\sigma_S}{\sigma_F}$。

举例 某航空公司6个月后购买200万加仑的航空燃油。在6个月内每加仑航空燃油价格变化的标准差为0.043。该公司计划用燃料油期货合约来套期保值,6个月燃料油期货价格变化的标准差为0.052,6个月航空燃油价格变化与燃料油期货价格变化的相关

系数为 0.8。那么,最优套头比 $h = 0.8 \times \dfrac{0.043}{0.052} = 0.66$。一张燃料油期货合约为 42 000 加仑,公司应购买 $0.66 \times \dfrac{2\,000\,000}{42\,000} \approx 31$ 张合约。

二、套利交易

在本章第二节中,我们用无套利定价的方法为期货定价。我们说如果期货价格违背了理论的定价,那么就会存在套利机会,投资者可以构造套利策略来获利。例如,指数套利是指买进(或者卖出)一揽子股票同时卖出(或者买进)一种股指期货,其目的是利用二者的价格偏差盈利。从理论上来说,在不存在交易成本的情况下,如果 $F_0 > S_0 e^{(r-q)T}$,则可以通过建立股票指数投资组合,同时卖空股指期货来获利;反之,如果 $F_0 < S_0 e^{(r-q)T}$,则可以通过卖空股票指数投资组合,同时买进股指期货来获利。一方面,指数套利是利用股指期货的价格与股票指数的背离;另一方面,在股指期货的价格与股票指数出现背离的时候,指数套利是校正价格偏差、推动二者恢复到均衡状态的重要力量。由于指数套利需要同时交易由大量股票构成的投资组合,常常需要借助计算机程序控制,属于程序化交易。

这种套利交易称为无风险套利,即由于期货价格和现货价格到期必然趋同,套利交易的获利是确定性的。而在实际市场中,所谓的套利交易则不一定是无风险套利,而是一个更广义的概念。实际市场中,套利交易是指利用期货和现货之间或者期货合约之间的价格关系来获利的交易。通常的做法是针对两种或多种有关联的合约,在市场上同时开立正反两方面的头寸,期望在未来产生有利的价差变动时获利了结。套利交易的分析重点在于期货合约相对价格的变化。相对于单方向的买入或卖出,期货套利交易面临的风险小,交易成本低。因为在市场价格的变化下,交易者在一种期货合约交易中的亏损,会被另一种期货合约上的盈利弥补。

从操作方式来看,套利交易可分为期现套利、跨期套利、跨市套利和跨商品套利,等等。期现套利是指在期货和现货市场之间套利。若期货价格偏高,则卖出期货并同时买进现货,等期货到期之日在期货市场交割;而当期货价格偏低时,买入期货,并在期货市场上进行实物交割以获得商品,再将它转到现货市场上卖出获利。上面所提到的指数套利就是期现套利。

对于商品期货市场,期现套利一般由从事现货交易的交易商实施。期现套利涉及期货和现货两个市场,由于可能进行实物交割,因此不但需要占用大量的资金,而且需要有现货渠道来买进或卖出现货,而这样的条件是一般投资者所不具备的。

跨期套利是针对同一期货品种的不同月份的合约建立数量相等、方向相反的交易头寸,并以对冲或交割方式结束交易的一种操作方式;跨市套利是在两个不同期货交易所同时买进和卖出同一期货品种、同一交割月份的合约,以便在未来两合约的价差变动有利时再对冲获利;跨商品套利是在同一交易所利用走势具有较高相关性的商品之间(如替代品之间、原料和下游产品之间)强弱对比关系差异所进行的套利活动。

我们介绍一个跨期套利的例子。当黄金市场趋势向上,且预期交割月份较远的期货合约的价格比近期月份的合约价格更容易上升时,投资者可以在出售近期月份合约的同时买进远期月份合约,到未来价格上升时,再买入近期合约卖出远期合约。在2007年1月,投资者以910美元/盎司的价格出售1份6月到期的期货合约;以913/盎司买入1份12月到期的期货合约。两个月后,6月到期的期货合约的期货价格为912美元,而12月到期的期货合约的期货价格为917美元,正如投资者所料,市场上涨,两个合约价格之间的差额扩大,于是产生200美元[(5－3)×100]的利润,那么投资者可以立即平仓获利。

第四节　中国期货市场

20世纪80年代末,随着我国经济体制的改革,市场机制发挥越来越大的作用,各类商品特别是农产品价格波动增大。1988年3月,在第七届全国人民代表大会上,《政府工作报告》指出:"加快商业体制改革,积极发展各类批发市场,探索期货交易。"从此,我国开始了期货市场的实践。我国期货市场大体经历了初期发展、清理整顿和逐步规范三个阶段。

一、初期发展阶段(1988年至1993年)

1988年5月国务院决定进行期货市场试点,并将小麦、杂粮、生猪、麻作为期货试点品种。1990年10月12日,中国郑州粮食批发市场经国务院批准,以现货为基础,逐步引入期货交易机制,成为我国第一个商品期货市场。1992年10月深圳有色金属期货交易所率先推出特级铝标准合约,正式的期货交易真正开始。之后,各期货交易所陆续成立,开始期货交易。

在期货市场试点初期,交易所数量和交易品种迅猛增加,全国最多的时候出现了50多家交易所,市场交易品种达到30多个,开业的交易所有2 300多个会员,期货经纪公司300多家(包括50多家合资公司)。由于市场监管不力,期货市场中的会员及经纪公司行为很不规范,大户垄断、操纵市场、联手交易等违规行为严重。市场投机性强,严重扭曲了期货价格,不能发挥期货对现货的套期保值和价格发现功能,加大了风险控制的难度,阻碍了期货市场的正常运行。

二、清理整顿阶段(1993年年底至2000年)

为规范期货市场的发展,国务院和监管部门先后在1994年、1998年对期货市场进行了两次清理和整顿。1993年11月4日,国务院下发《关于制止期货市场盲目发展的通知》,开始了第一次清理整顿工作。国家证券监管部门加强了对期货市场的监管力度,保留15家交易所为试点交易所。1994年4月暂停了钢材、煤炭和食糖期货交易;10月,暂停粳米、菜籽油期货交易。由于1995年2月发生国债期货"3·27"风波,同年5月发生国债期货"3·19"风波,当年5月暂停了国债期货交易。

1998年8月1日,国务院下发《关于进一步整顿和规范期货市场的通知》,开始了第二次治理整顿工作。这次整顿只保留了上海、郑州和大连三家期货交易所,期货交易品种压缩为铜、铝、天然橡胶、大豆、小麦、豆粕六个。

1999年5月,国务院通过了《期货交易管理暂行条例》,并于1999年9月1日实行,证监会又组织制定了《期货交易所管理办法》《期货经纪公司管理办法》《期货从业人员资格管理办法》和《期货经纪公司高级管理人员任职资格管理办法》。这套法规对期货市场各主体的权利、义务等都做了明确规定,为规范市场参与者行为和期货市场的监管提供了法律依据。另外,证监会还统一了三个交易所的交易规则,提高了对会员的结算准备金和财务实力的要求,完善了风险控制制度。

三、逐步规范阶段(2000年之后)

2000年之后,经过两年多的整合,期货市场出现较大的恢复性增长(见图13-2),期货市场逐渐走向规范。2004年,《国务院关于资本市场改革开放和稳定发展的若干意见》的发布,为期货市场的规范发展奠定了制度基础。此后,一系列期货市场规范发展的法规制度得以修改完善。2007年4月,国务院修订发布了《期货交易管理条例》,证监会发布实施了八个配套的规章和规范性文件,为强化市场监管和发展金融期货奠定了法规基础。

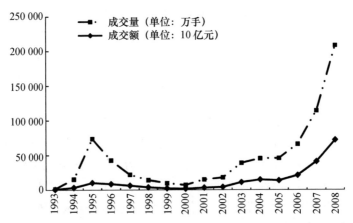

图13-2 1993—2008年中国期货交易市场成交额和成交量统计
资料来源:中国证券监督委员会。

围绕着保护投资者、提高期货公司资产质量和抗风险能力,期货市场建立健全了三项基本制度:第一,2006年建立了期货交易保证金安全存管制度;第二,全面实施了期货公司以净资本为核心的风险监管指标体系,使期货公司的经营规模与其资本实力挂钩;第三,2007年建立了期货投资者保障基金,实施投资者利益补偿机制。

2004年后,我国期货市场成功上市了燃料油、棉花、玉米、白糖、豆油、PTA、锌、菜籽油、塑料、棕榈油10个重要的大宗商品期货交易品种,黄金期货也于2008年1月顺利上市,从而使商品期货交易品种达到 17 个。黄金期货作为我国首个推出的贵金属期货,兼有消费性商品和投资性商品两种属性。至此,我国覆盖农产品、贱金属、贵金属、能源和化工等领域的商品期货品种体系初步形成,除原油外,国际市场主要的商品期货交易品种都在我国上市交易了(见表 13-2)。2006 年 9 月,中国金融期货交易所正式成立,股指期货上市的制度和技术准备工作基本完成。

表 13-2 中国期货交易品种分布情况(2008 年)

交易所名称	期货品种
上海期货交易所	天然橡胶、铜、铝、燃料油、锌、黄金
大连商品交易所	大豆(大豆 1 号、大豆 2 号)、豆粕、豆油、玉米、棕榈油、LLDPE(线型低密度聚乙烯)
郑州商品交易所	小麦(硬麦、强麦)、白糖、棉花、菜籽油、PTA(精对苯二甲酸)

2000 年至今,国内期货交易规模年增长率超过 50%,超过国际市场 20% 的增长率。2008 年期货市场交易量达到 13.64 亿手;交易金额达到 72 万亿元,为历史新高。目前,大连、上海、郑州三家商品期货交易所的交易量在世界的排名均居于前 20 位之内。从成交量上分析,农产品期货占据主导地位,其原因是我国期货市场是从农产品期货起步的,农产品期货品种多,市场有更多的保值需求和投资需求;农产品期货的合约价值一般比较低,容易吸引资金参与。

近年来,国内期货市场运行平稳,没有出现大的风险事件。通过几年的平稳运行,期货市场健全了相关行业的价格形成机制,在反映各种资源的稀缺程度、整合产业资源、理顺产业关系等方面起到了积极作用。宏观经济管理部门开始将大宗商品期货价格作为制定宏观经济政策的重要参考信息。越来越多的行业和企业自觉运用期货市场的价格及信息,安排生产消费,积极利用期货市场规避价格风险,提高了企业经营管理水平和国际竞争能力。部分期货品种参与全球定价的影响力日益增强。例如,国内 80% 的铜行业企业参与了上海期货交易所的铜期货交易,上海铜期货价格已成为国内现货贸易的重要参考,并对伦敦市场形成较大的牵制和制衡。

习 题

一、思考题

1. 相对于远期合约,期货合约在交易制度上有什么不同?
2. 设计一个新的期货合约最重要的是哪几个方面?
3. 消费型资产为标的的期货合约与投资型资产为标的的期货合约,在期货价格的确定上有什么不同?
4. 期货价格是否在理论上等于远期价格?为什么?

二、计算题

1. 设 K 为远期合约的交割价格,S 为远期合约标的资产的现货价格,r 为无风险利率,T 为远期合约的期限,t 为当前时刻($t<T$),证明:远期合约的价值为 $f=S-Ke^{-r(T-t)}$。

2. 买入一份不支付红利的以股票为标的资产的 1 年期远期合约,当前的股价为 30 元,按连续复利计算的无风险利率为 8%。

   a. 初始的远期合约价值和远期价格是多少?

   b. 6 个月后股票价格为 35 元,无风险利率仍然为 8%,这时远期合约价值和远期价格是多少?

3. 连续复利的无风险利率为 7%,股票指数的红利收益率为 3.5%,当前股票指数为 3 200 点,9 个月期的期货价格为多少?

第十四章 期　　权

期权交易最早始于股票期权,已有数十年的历史。而利率期权、外汇期权、股价指数期权等都是在股票期权的基础上,在 20 世纪 80 年代初引入的新的投资工具。股票期权的理论和实践是其他金融期权分析的基础和出发点。因此本章在介绍了期权概论以后,将详细讨论股票期权的特征、投资策略和定价模型,最后简要介绍外汇期权(货币期权)、利率期权、指数期权的特征和投资策略。

第一节　期权概论

一、期权发展的背景

期权交易早已有之。1973 年以前,在美国就存在着场外期权交易。由于这种交易是直接交易,交易费用很高,而且没有相应的期权二级市场,因此期权交易很不活跃。1973 年 4 月 26 日,芝加哥期权交易所(Chicago Board Option Exchange,CBOE)正式挂牌,开始了美国全国性的股票买入期权标准化合约的交易。这一交易一经推出就取得了极大的成功。投资者对期权的兴趣及期权交易量迅速增长,并将原来的股票期权柜台交易淘汰出局。在美国,除了芝加哥期权交易所外,纽约证券交易所、美国证券交易所、费城证券交易所、太平洋证券交易所等也引进了期权交易。此外,欧洲、美洲的一些国家和中国香港地区也有着非常活跃的各类期权交易。期权市场的建立和完善刺激了期权交易的发展,除此之外,70 年代和 80 年代金融市场、商品市场的剧烈波动使得一些投资者纷纷采用期权作为风险管理工具,降低投资组合的风险,而另一些投机者则利用期权作为投机工具,希望通过短线操作赚钱,所有这些因素,都促使期权交易迅速发展。

二、期权的基本概念

(一) 期权的定义

期权分为买入期权和卖出期权。

买入期权(call option)又称敲入期权、看涨期权,它是给予期权的持有者在给定时间,或在此时间之前的任一时刻按规定价格买入一定数量某种资产的权利的一种法律合同。

卖出期权(put option)又称敲出期权、看跌期权,它给予其持有者在给定时间,或在此时间之前的任一时刻按规定价格卖出一定数量某种资产的权利。

(二) 期权的要素

(1) 行权价。期权合同中规定的购入或售出某种资产的价格,称为期权的行权价(exercise prices 或 striking prices)。

(2) 到期日。期权合同规定的期权的最后有效日期称为期权的到期日(maturing dates 或 expiration dates)。

(3) 标的资产。期权合同中规定的双方买入或售出的资产为期权的标的资产(underlying assets)。

(4) 期权费。买卖双方购买或出售期权的价格称为期权费或期权的价格(option premium)。

(三) 欧式期权与美式期权

根据期权对有效期性质规定的不同,期权又可分为欧式期权(European style)、美式期权(American style)等不同类型。欧式期权只有在到期日当天或在到期日以前某一规定的时间可以行权;美式期权从它一开始购买直至到期日以前任何时刻都可以行权。美国的交易所交易的股票期权一般是美式期权。

(四) 期权购买者的权利与出售者的义务

任何一个期权都有购买者(buyer)和出售者(writer 或 seller)。期权的购买者在购买期权时须支付期权费给出售者,以获得买卖某种资产的权利。买入期权的持有者拥有购买标的资产的权利,但他没到期必须购买的义务,而是拥有购买或者不购买的选择权。与此相似,卖出期权的持有者有权出售某种资产,但可以选择不出售。然而,如果期权的购买者行使其权利,期权的出售者必须向买入期权的持有者提供相应的资产,或接受卖出期权持有者手中的资产。总之,期权的购买者在付出期权费后,只有权利而没有义务;期权出售者在收取期权费后,则只有义务而没有权利。

(五) 期权的内在价值

1. 期权的内在价值

根据上面对期权买卖双方的权利与义务的分析,可以对买入期权和卖出期权的内在价值做一些分析。

一个行权价为 K、标的资产的市场价格为 S 的买入期权在到期日的价值 P_c^* 为

$$P_c^* = \begin{cases} S - K, & S > K \\ 0, & S \leq K \end{cases}$$

或

$$P_c^* = \max(0, S - K) \tag{14-1}$$

例如,若某买入期权的行权价为 100 元,到期日标的资产的市场价格为 110 元,则买入期权持有者可执行期权——以 100 元的价格买入标的资产,然后在市场上以 110 元的

价格卖掉,因此获利10元。若标的资产的市场价格为90元,则买入期权的持有者将不执行期权,买入期权的价值为零,但不会出现其价值为负的情况。

同理,行权价为K、标的资产市场价格为S的卖出期权在到期日的价值为

$$P_p^* = \begin{cases} 0, & S \geq K \\ K - S, & S < K \end{cases} = \max(K - S, 0) \tag{14-2}$$

买入期权和卖出期权的上述价值称为期权的内在价值,可用图14-1、图14-2表示。

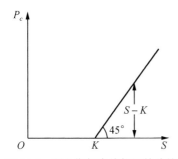

图14-1 买入期权在施权日的价值

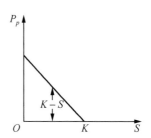

图14-2 卖出期权在施权日的价值

2. 币内期权、币上期权与币外期权

根据期权行权价与标的资产市场价之间的关系,期权可分为币内期权(in-the-money)、币上期权(at-the-money)和币外期权(out-of-the-money)。如果期权的内在价值大于零,为币内期权;期权的内在价值等于零,为币上期权;期权的内在价值小于零,为币外期权。对买入期权来说,如果$S > K$,为币内期权;$S = K$,为币上期权;$S < K$,为币外期权。对于卖出期权来说,如果$S < K$,为币内期权;$S = K$,为币上期权;$S > K$,为币外期权。表14-1对买入期权的类型做了介绍。

表14-1 买入期权的类型

买入期权	行权价(元)	标的股票市价(元)	类型
A	55	60	币内期权
B	60	60	币上期权
C	65	60	币外期权

三、欧式期权平价关系

就欧式期权而言,买入期权、卖出期权和标的资产三者之间存在着一种价格依赖关系,投资者可以凭借其中任意两个构造出另一个金融产品来。这种价格依赖关系被称为欧式期权平价关系(call and put parity)。

令

$$S = \text{股票市价}, \quad P_c = \text{买入期权市价}$$

P_p = 卖出期权市价， K = 行权价

S^* = 行权日股票市价， t = 距到期日的时间

r = 无风险利率

假设标的股票在期权到期之前不分配现金股利。投资者现在以 P_c 价格出售一单位（注意,不是一份期权合约,关于一份期权合约在后面将涉及,这里为了讨论的方便,对问题进行了简化）买入期权,以 P_p 价格购入一单位（同样的到期日,同样的行权价）卖出期权,以 S 价格购入一单位标的股票,以利率 r 借入一笔借期为 t 的现金,金额为 $K(1+r)^{-t}$,以上权利义务在到期日全部结清,不考虑交易成本和税收,投资者的现在和到期日的现金流量如表14-2所示。

表14-2 投资组合的现金流量

现在	行权日	
	$S^* \leq K$	$S^* > K$
出售买入期权：$+P_c$	0	$K - S^*$
购买卖出期权：$-P_p$	$K - S^*$	0
购买股票：$-S$	S^*	S^*
借入资金：$+K(1+r)^{-t}$	$-K$	$-K$
总计	0	0

由表14-2可知,在到期日,不管股价为多少,该投资组合的价值均为0。由于上述投资组合为无风险投资组合,期末价值为0,那么,它的期初价值也必然为0,即

$$P_c - P_p - S + K(1+r)^{-t} = 0 \tag{14-3}$$

将(14-3)式移项得

$$P_c + K(1+r)^{-t} = P_p + S \tag{14-4}$$

这就是期权平价关系（call-put parity）。同样,行权价、同样到期日的买入、卖出期权的价值必须符合(14-4)式,否则,就会出现无风险套利机会,而市场是不会也不应该提供这种机会的。

举例 如果市场出现下列情况,有效期为三个月、行权价为40美元的欧式买入期权价格 P_c 为3美元,同样的欧式卖出期权价格 P_p 为2美元,股票市价为40美元,利率为5%。根据欧式期权平价关系, P_p 应该为

$$P_p = P_c - S + K(1+r)^{-1} = 3 - 40 + 40(1 + 0.05)^{-\frac{1}{4}} = 2.35 > 2$$

所以, P_c 、 P_p 不符合买入卖出期权平价。如果投资者构造下述投资组合：

- 出售一单位买入期权：+3
- 购买一单位卖出期权：-2
- 买入一单位股票：-40
- 按5%借入现金：+39.35

当前现金收入：+0.35

这个投资组合为无风险组合。根据表14-2的分析,我们知道,其期末价值应等于0,即在到期日不管股价如何,投资者都不必付出任何财富。而现在,投资者的现金收入为0.35美元。因此,投资者只要构造这个投资组合,就可马上得到0.35美元的无风险收益。如果投资者将这个投资组合放大许多倍,就可获得很高的无风险收益。市场绝不允许出现这样的无风险套利的机会,所以买入期权、卖出期权的价格必须符合欧式期权平价关系。

如果标的股票在期权到期之前分配现金股利,用 D 表示现金股利的现值,那么,我们可以推广(14-4)式,得到下述类似结果:

$$P_c + K(1+r)^{-t} + D = P_p + S \tag{14-5}$$

第二节　股票期权

一、股票期权合约

规定买卖双方权利义务的是标准化的期权合同,又称期权合约,在市场上买卖的就是这种标准化的合同。

标准化期权合约有标准的标的资产数量、标准的到期日安排和标准的行权价单位。一般股票期权合约规定:一份股票期权合约的标的资产数量为100股股票,即期权的持有者如购买了一份期权合约,则有权以行权价购买或出售该种股票100股。值得指出的是,期权行情表上公布的期权价格均是针对每股股票而言的,由于每份合约的数量是100股股票,所以每份合约的价格是行情表上标明的价格的100倍。

最初,标准化的期权合约规定的到期月份分为三个固定的周期:

- 1月、4月、7月、10月
- 2月、5月、8月、11月
- 3月、6月、9月、12月

如1月份发行的期权,到期月份只能是4月、7月和10月;7月份发行的期权,到期月份只能是10月、次年1月和4月。期权最长的期限为9个月,到期日为到期月份的第三个星期五后的那个星期六(saturday immediately following the third friday of the expiration month)。因此,期权的最后一个交易日就是到期月份的第三个星期五。虽然交易所为每一种股票期权选定了上面三个周期中的一组作为到期月份,但在任何一个营业日,此后到期的期权都可以进行交易。如在9月初,到期月份为9月、10月、11月、12月的期权都可交易。

标准化的期权合约还规定了标准的行权价。根据其标的股票的价格,美国股票期权的行权价一般以2.5美元、5美元或10美元的价位递增递减。例如,以5美元为价差的某种股票的期权,其行权价可分为65美元、70美元、75美元、80美元等几种。期权的行权价由交易所确定。一般地说,每股价格较高的股票,它的期权的行权价位较高;每股价格较低的股票,它的期权的行权价位较低。比如,CBOE规定当标的股票价格为5—25美元时,行权价按每档2.5美元的价值增减;当标的股票价格为25—200美元时,行权价按每档5美元增减;当标的股票价格在200美元以上时,行权价按每档10美元增减。在市场上发行、交易的股票期权,有的行权价高于现行股票市价,有的行权价低于现行股票市价,以满足对股票价格走向持不同预期的投资者的需要。当股票价格上涨或下跌幅度较大时,行权价要反映股价变化,因此就要发行不同行权价的新的期权。

由于行权价、到期日、标的资产数量都已有规定,因而期权买卖双方在市场上争取的只是对自己有利的期权价格。换句话说,标准化期权买卖要谈判的只是期权价格。

二、股票期权行情表

表14-3是1990年6月15日《华尔街日报》期权行情表的一部分,给出的是1990年6月14日Honwell公司股票各种期权的价格。表中第一列为标的股票1990年6月14日在纽约证券交易所的收盘价,其中第一列第一行是标的股票公司的名称缩写。由该表可知,Honwell公司股票1990年6月14日的收盘价为98美元。表中第二列期权的行权价,最低85美元,最高105美元,价位差5美元。第三列至第五列分别是不同行权价下不同到期日的买入期权的期权费。第六至第八列为不同行权价下不同到期日卖出期权的期权费。表中 r 表示当日该种期权无交易,s 表示没有这种期权。

表 14-3 Honwell 公司股票期权行情(1990.6.14)   单位:美元

纽约证券交易所收盘价	行权价	买入期权			卖出期权		
		6月	7月	8月	6月	7月	8月
Honwell	85	$14\frac{3}{8}$	s	r	r	s	3/8
98	90	8	r	r	r	r	r
98	95	$2\frac{7}{8}$	$5\frac{5}{8}$	$7\frac{1}{8}$	r	$1\frac{1}{4}$	r
98	100	1/16	$2\frac{3}{8}$	$4\frac{1}{8}$	$1\frac{3}{4}$	r	4
98	105	r	1	$2\frac{1}{8}$	r	r	r

从表14-3中可以看出,第一,对于给定到期日的买入期权,行权价越低,期权价格越高。例如,到期日为6月的买入期权,行权价为100美元时,期权价格仅为1/16美元,而行权价为85美元时,期权价格为$14\frac{3}{8}$美元。卖出期权则正好相反(这从最后一列中可看出)。第二,给定行权价,到期日越晚,买入期权和卖出期权的价格越高。如行权价为100美元时,6月份到期的买入期权和卖出期权的价格分别为1/16美元和$1\frac{3}{4}$美元,而8月份到期的买入期权和卖出期权的价格分别为$4\frac{1}{8}$美元和4美元。

三、股票期权的交易与清算

(一) 股票期权的交易

股票期权的交易与股票交易相似,都是在交易所大厅内由经纪人进行的。投资者本身不能直接进入交易所大厅,而要委托经纪人代为进行。通常,客户向经纪人发出交易指令,这个指令包括以下内容:

(1) 买或卖;

(2) 合约份数;

(3) 标的股票;

(4) 到期月份;

(5) 行权价;

(6) 限价(也可以不限价);

(7) 期权类型(买入期权还是卖出期权);

(8) 多头还是空头(如果卖出期权的话)。

此外,客户还要告诉经纪人这一指令是要做一笔"开首"(opening)交易还是要做一笔"结清"(closing)交易。所谓"开首",是指交易者通过交易为自己开辟了一个头寸,拥有了某种权利(购进某种期权)或义务(卖出某种期权)。所谓"结清"交易,是指交易者通过交易结清了自己的某一头寸,取消了自己的某种权利或义务。比如,交易者卖出一份买入期权,就是"开首",使自己承担了在对方执行期权时按行权价卖给对方规定数量标的股票的义务。而如果该交易者后来又买入了一份同样的买入期权,就是"结清",因为他按照行权价卖给买入期权的持有者规定数量标的股票的义务已经转移给了另一个人,从而使自己原来承担的义务消失了。下面是一条投资者向自己的经纪人发出的典型交易指令:购进 1 份 百事可乐 1 月 60 买入期权 期权费 $3\frac{1}{4}$

即此人要以 $3\frac{1}{4}$ 美元的价格购进一份 1 月份到期,行权价为 60 美元的百事可乐公司股票的买入期权。

经纪人接受指令后,将寻找合适的交易对象,如果交易成功,则在客户的账户上进行相应的调整。

(二) 期权清算公司

为了保证期权交易的效率和安全,从事期权交易的证券交易所成立期权清算公司(option clearing corporation,OCC),期权清算公司是期权购买者与期权出售者之间的中介机构,其作用是保证期权合约的执行,进行期权交易的清算。

引进期权清算公司后,期权买卖双方的经纪人不再直接进行交易,而是通过清算公司这一中介机构进行。清算公司作为买方,将卖方卖出的期权合同买下,同时又作为卖方,将买方要购买的期权合同卖出,同时对买卖双方承担履约责任。清算公司组织严密,规章完善,有很强的实力和很高的信誉,使合约的履行有充分的保障,从而大大提高了期权交易的安全性。

清算公司除承担履约责任外,还负责办理交易的交割手续,制定标准化的期权合约,以及帮助和安排期权的行权等工作。

由于所有期权交易都要通过期权清算公司进行,因此有资格进行期权交易的经纪人都是清算公司的会员,并且要向清算公司交纳保证金,以保证清算公司的正常运行和期权交易的高效与安全。

当某股票期权的持有者选择执行期权时,期权清算公司将按下述步骤安排卖方履约。首先,公司要检查所有出售了该种期权的投资者的经纪商,随机选择其中的某一经纪商,向它发出期权执行通知单,该经纪商收到通知单后,再从委托其出售了该期权的顾客中随机选择一个或几个,向他们发出期权执行通知单,一旦被选中,该顾客必须进行实际股票交割,而不能通过结清交易(即买入一个相应的期权)来结清他的头寸。因此,出售某种期权合约的一种风险就是在期权有效期内,有可能被随机选中,被迫履行该期权的义务。由于期权被执行的数量一般不超过期权总发行量的5%,因此这种可能性很小。

(三) 保证金

期权出售者要向经纪商交纳一定数量的保证金(margin requirement),这种保证金与股票、债券交易的保证金不同。股票、债券交易的保证金交易又叫信用交易,是指投资者只需向经纪商交纳购买金额的一部分,其余部分可向经纪商借款。交纳部分占全部金额的比率称为保证金比率。期权交易不能采用信用交易方式,期权费在交易中必须交足。期权的保证金是指在期权出售者出售某种期权时,为保证交易的安全性,即保证他有能力履行出售期权产生的义务,要求他在经纪人那里存入一笔现金或其他流动性较强的有价证券(如国库券)作为抵押,这部分现金或有价证券就是期权交易的保证金。其实质是一种履约担保,而不是股票债券交易中的信用交易。保证金比率根据经纪商、标的股票价格、期权价格和期权类型的不同而不同。在投资期内,保证金比率的大小影响投资者财务杠杆作用的程度,并最终影响其投资的收益与风险。

四、股票期权的运用

在这一小节中,我们将讨论期权价值的基本形态和如何在投资活动中进行期权交易的问题。

(一) 购进期权

购进某种期权是一种最简单、最基本的期权投资方式,其中尤以购进买入期权为多。

1. 购进买入期权

购进买入期权在投资活动中有多种用途,其基本用途一是投机获利,二是资产保值。如果投资者对某种股票的前景看好,预期其价格将上涨,可以通过购进买入期权的方式以较小的投资额、有限的预期损失来争取最大的预期利润。

比如,假如某股票的市场价格为38元,行权价为40元,为期6个月的买入期权的价格为4元,购进一份期权合约的成本为400元。如果在期权执行时股票价格低于40元,则该期权一文不值,投资者的最大损失为400元(这里忽略了付给经纪人的佣金及其他交易费用)。如果股票价格大于40元,投资者的损失开始逐步减少,盈亏平衡点为期权的行权价与期权费之和44元。当股票价格高于44元时,投资者开始盈利,从理论上讲,其盈利水平是没有上限的。购进买入期权的盈亏状况如图14-3所示。如果我们将图中期权价格4元换成买入期权价格的一般符号P_c,将行权价40元换成符号K,则图14-3给出的就是买入期权的一般盈亏状况。

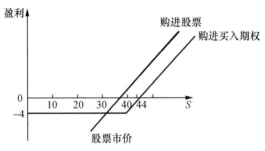

图14-3 购进买入期权的盈亏状况

设标的股票的价格涨至每股48元,投资者执行期权,每股可获利4元,总共获利400元。如果投资者不是购进股票的买入期权,而是直接购进标的股票,则400元只能购进约10.5股股票。每股股票获利10元(48-38),总共获利只有105元,远小于前一种选择。由此可见,购进买入期权有强大的杠杆作用,可以提高投资者的获利能力。但另一方面,如果标的股票的涨幅不大,比如只涨到39元,则买进股票每股仍可获利1元(不考虑交易费用),而购进买入期权却是净亏损。因此,其风险也较大。

购进买入期权的另一个原因是保值,特别是保护股票卖空行为。比如,某投资者预期股票价格将下跌,卖空一部分股票以图盈利,但又怕万一股价上涨较多造成过大的损失,即可购进相应股票的买入期权,如果股价上涨,可以执行买入期权,收进股票以补足卖空的股票。

2. 购进卖出期权

如果投资者预期股价将下跌,可以购进相应股票的卖出期权,当股票价格果然下跌时,便可执行该卖出期权,在市场上以低价买进股票,然后按较高的行权价卖出,赚取价差利润。当然,投资者也可以通过直接卖空该种股票赚取利润,这样,其收益和损失将与股价变化成正比。假设某股票市场价格为38元,行权价为40元,有效期4个月的卖出期权售价为4元。现在这个期权已经具有一定的内在价值,如果股价进一步下跌,其价值将进一步增加。该期权的盈亏平衡点为36元(=40-4)。如果股价低于36元,投资者将有利可图;若股价高于40元,投资者最大损失为400元。购进卖出期权与直接卖空股票的盈亏比较如图14-4所示。同样,如果我们将期权价格用P_p表示,行权价用K表示,则图14-4就是卖出期权的一般盈亏图。

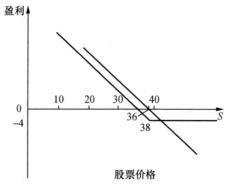

图 14-4 卖出期权的一般盈亏图

购进卖出期权的另一个作用是保值,特别是保护已持有的标的股票的价值。假设某投资者手中的股票由买入时的每股 40 元涨至每股 60 元,且投资者预期股价还将进一步上升,不愿立即抛出。但该投资者又担心万一股价下跌,到手的利润将化为乌有。在这种情况下,投资者可购进一个行权价为 70 元的卖出期权,以少量的期权费支出来保护自己手中股票的价值。

(二) **出售期权**

1. 出售买入期权

如果投资者认为股票价格要下跌,就可以出售买入期权来赚取期权费。若股票的市场价格为 38 元,按 4 元的价格售出一份行权价为 40 元、有效期为 6 个月的买入期权合约,可赚取 400 元的期权费。如果股价不超过 40 元,没有人会执行期权,以每股 40 元的价格从期权出售者手中买入股票,出售者可获 400 元净利。如果股价上升到 44 元,出售者可保本不亏。如果股价超过 44 元,出售者将发生亏损。其总体盈亏情形如图 14-5 所示。

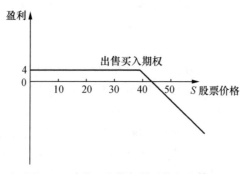

图 14-5 出售买入期权的总体盈亏情况

若买入期权的出售者手中拥有相应的标的股票,该期权出售者售出的买入期权是非暴露的;反之,则为暴露的。

2. 出售卖出期权

与出售买入期权者一样,出售卖出期权的人也是为了赚取期权费。在合约有效期内,卖出期权出售者有义务在对方执行期权时按事先规定的价格买下标的股票。因此,当股票价格下跌时,卖出期权的买入者有可能低价在股市上买入股票,然后执行期权,以高价出售给期权出售者。

根据前面的例子,行权价40元,有效期为4个月的卖出期权的售价为4元,这时,期权出售者的盈亏状况如图14-6所示,其盈亏平衡点为36元。

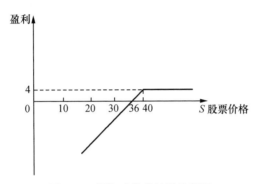

图14-6　期权出售者的盈亏状况

(三) 组合期权策略

上面谈到的是简单地买进或售出某种期权的做法。事实上,通过建立期权与股票、期权与期权的头寸组合,可以得到许多种不同的风险-收益模式,实施不同的投资策略。下面介绍几种常见的组合策略。

1. 利用卖出期权保证盈利或限制损失

买入或已经拥有一只股票的同时买入一个以该股票为标的资产、行权价为K的卖出期权,以保证这一组合的价值不低于K。

比如,设该股票卖出期权的行权价为70元,而市场价格为65元,则该卖出期权的价值为$70-65=5$元,加上股票的价值65元,整个组合的价值为70元。

图14-7给出了单独持有股票和同时持有股票与卖出期权两种策略的盈亏。如果股票价格始终保持$S=S_0$(股票的买入价格),则该项投资的利润为0。当股票价格$S<S_0$时,单独持有股票将发生亏损,其最大亏损额为$-S_0$。而如果同时持有股票和行权价$K=S_0$的卖出期权,则这一组合的价值始终保持为S_0,投资者的损失为$-P_p$(卖出期权的价格)。当$S>S_0$时,单独持有股票即可盈利,而持有股票与卖出期权组合需要先收回购买期权的成本P_p后才开始盈利。不难看出,这种组合可以有效地保护投资者不因股票价格大幅下跌而遭受重大损失。

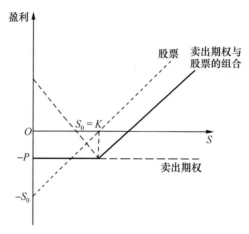

图 14-7 两种策略的盈亏

2. 买入股票同时出售买入期权

这一策略是在买入股票的同时出售一份以该股票为标的资产的买入期权(covered call)。这一策略的收益状况如图 14-8 所示。

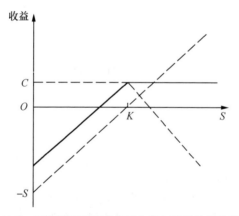

图 14-8 买入股票同时出售买入期权策略的收益状况

采用这一策略的一个可能的原因是：投资者准备按照行权价 K 出售手中的股票。如果在持有股票多头头寸的同时，出售以该股票为标的资产的买入期权，投资者可以得到一笔期权费。当股票价格升至 K 时，股票会随着期权的执行而售出。尽管该策略导致投资者丧失了股票价格进一步上升的利润空间，但投资者得到了期权费作为补偿，并确保股票按照预先设定的价格卖出。

3. 同价对敲

所谓同价对敲(straddle)是指同时购进或出售标的股票、行权价、到期日都完全相同的买入期权和卖出期权。同时购进称为多头同价对敲(long straddle)，同时出售称为空头同价对敲(short straddle)。二者的收益曲线如图 14-9、图 14-10 所示。

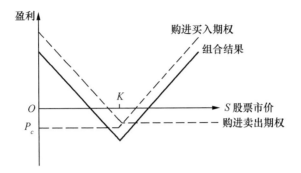

图 14-9 多头同价对敲收益图

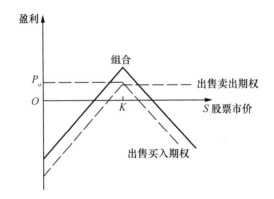

图 14-10 空头同价对敲收益图

从图 14-10 中不难看出,当投资者预期股票价格有较大波动时,采用多头同价对敲可获取利润。当投资者预期股票价格没有较大波动时,采用空头同价对敲可获取利润。同价对敲还可以推而广之,比如,同时购进或卖出两份买入期权和一份卖出期权(strap),同时购进或卖出两份卖出期权和一份买入期权(strip),等等。

4. 异价对敲

异价对敲(spread)是指将具有相同标的股票,但具有不同行权价或不同到期日,或两者都不相同的两个期权组合在一起,一个购进,一个售出。

根据组合中两个期权参数的差异,它们可分为不同的类型。一种是垂直组合,又称价格组合或价格差异对敲(money spread),是指购进的那个期权与售出的那个期权具有相同的到期日、不同的行权价。如 XYZ 公司股票期权,到期日同是 19××年 6 月,买进的是行权价为 60 美元的买入期权,而同时售出的是行权价为 65 美元的买入期权。

另一种是水平组合,又称时间组合或时间差异对敲(time spread),是指购进的那个期权与售出的那个期权有相同的行权价、不同的到期日。如 XYZ 公司股票期权,行权价同为 60 美元,但买进的是到期日为 20××年 1 月的买入期权,售出的是 20××年 6 月的买入期权。如果组合中两个期权的到期日和行权价均不相同,即构成日历垂直组合,或三角异价对敲(diagonal spread)。根据时间与价格的不同配合,可以得到四种不同的三角异价对敲。

除垂直组合(见图14-11)外,其他异价对敲方式都无法用收益变化图来描述。

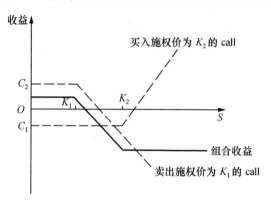

图14-11　价格垂直组合①

第三节　股票期权定价

一、股票期权价值分析

(一)影响期权价值的主要因素

在讨论期权的内在价值时,我们讨论了标的股票价格及行权价对期权价值的影响。事实上,除上述两因素外,期权距到期日的时间长度、标的股票的价格变动范围、期权有效期内市场无风险利率的高低、股票的现金股利等都会对期权价值产生较大的影响,下面分别讨论之。

1. 标的股票价格与行权价的影响

我们知道,买入期权和卖出期权的内在价值分别由(14-1)式和(14-2)式决定。由这两式可知,标的股票的市场价格越高,买入期权的价值越高,卖出期权的价值越低;期权的行权价越高,买入期权的价值越低,卖出期权的价值越高。

2. 标的股票价格变化范围的影响

对股票持有者来说,他们要承受价格上升和下降两方面的影响,价格波动越大,所承受的风险也越大。对期权持有者来说,由于他们在执行期权的问题上只有权利,没有义务,因此,他们在标的股票价格变动时只在情况有利时受益,而不会在情况不利时受损。

---

① 此种形态称为"熊市垂直价差组合"(bearish vertical spread)。

这样,在标的股票价格变动范围增大时,虽然正反两方面的影响都会增大,但由于期权持有者只享受正向影响增大的好处,因此,期权的价值随着标的股票价格变动范围的增大而升高,这种情况可由图14-12来说明。

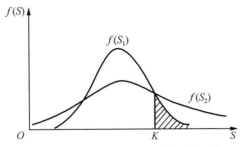

图14-12　标的股票价格变化范围的影响

图14-12中的K为行权价,$f_1(S)$、$f_2(S)$为标的股票市场价格的密度函数,用于描述其变化范围的大小。对买入期权来说,只有当$S>K$时,期权的价值才为正。显然,当标的股票价格的密度函数由$f_1(S)$变为$f_2(S)$时,$S>K$的可能性增大,因此,买入期权的价值增大。对卖出期权也可以做类似的分析。

3. 距到期日时间的影响

就美式期权而言,距离期权到期日的时间越长,期权持有者可以选择的执行时间的区间越大,因而期权的价值越高。

如果标的股票在期权到期之前不分红,那么,距离到期的时间越长,欧式期权的价值越高。但是,如果标的股票在期权到期之前进行现金股利分配,而且期权的执行价格不因此而调整,那么期限短的期权的价值可能高于期限长的期权的价值。

4. 利率的影响

利率对期权价值的影响体现为两个方面:一方面是利率影响标的股票的期望收益率,另一方面是利率影响投资者未来收入的现值。对卖出期权持有者来说,利率越高,他执行期权的可能性越小;而且,即使执行期权,他因此获得的现金流的现值也越小。换言之,利率上升产生的两个方面的影响对卖出期权持有者来说都是不利的,所以,利率越高,卖出期权的价值越小。对买入期权来说,利率的两种影响正好相反。可以证明,利率越高,买入期权的价值越大。

5. 现金股利的影响

股票期权受到股票分割(拆股)和股票股利的保护,即当标的股票的数量因股票分割或发放股票股利而增加时,期权的数量也要做相应的调整,以保护持有者的利益。因此,股票期权的价值不受上两项活动的影响。但股票期权不受现金股利的保护,因此,当标的股票的价格因公司发放现金股利而下降时,买入期权的价值减少,卖出期权的价值增加。

上述种种因素对股票期权价值的影响,可用表14-4总结如下。

表 14-4　有关因素对股票期权价值的影响

因素	欧式期权		美式期权	
	买入期权	卖出期权	买入期权	卖出期权
股票价格 S	↑	↓	↑	↓
行权价 K	↓	↑	↓	↑
时间 t	不确定	不确定	↑	↑
股价变动范围	↑	↑	↑	↑
利率 r	↑	↓	↑	↓
现金股利	↓	↑	↓	↑

(二) 股票期权的价值变动范围

1. 买入期权的价值变动范围

显然,由于美式期权在到期之前均可执行,而欧式期权只能在到期日执行,因此,欧式期权的价值不可能超过美式期权的价值,即

$$P_c \leq P_C, \quad P_p \leq P_P$$

由于买入期权的行权价不能为负,买入期权的上限为标的股票的市价 S_0,即

$$P_c \leq P_C \leq S_0$$

在本书有关期权的讨论中,我们用下标大写字母 C、P 分别表示美式买入期权和美式卖出期权,小写字母 c、p 分别表示欧式买入期权和欧式卖出期权。

假设期权的标的股票在期权到期之前不分红。由于期权赋予持有者的是权利而非义务,因此期权的价值总是非负。结合欧式期权平价关系(14-3)式,我们知道买入期权的下限为

$$P_C \geq P_c \geq \max\{0, S_0 - K(1+r)^{-t}\} \tag{14-6}$$

股票买入期权的价值变动范围如图 14-13 所示。

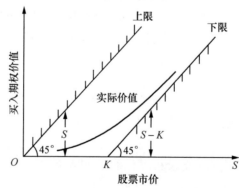

图 14-13　股票买入期权的价值变动范围

由于受时间因素、股价变动范围等的影响,股票买入期权的实际价值介于其上下限之间。

2. 卖出期权的价值变动范围

由于标的资产的价值不能为负,且卖出期权持有权的权利是用标的资产换取行权价,因此卖出期权的价值不可能超过行权价,即

$$P_p \leq P_P \leq K$$

同理,欧式卖出期权的下限为

$$P_p \geq \max\{0, K(1+r)^{-t} - S_0\} \tag{14-7}$$

由于美式卖出期权在到期之前随时可以执行,因此

$$P_P \geq \max\{0, K - S_0\}$$

股票卖出期权的价值变动范围如图 14-14 所示。

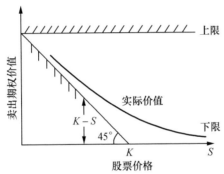

图 14-14 股票卖出期权的价值变动范围

3. 美式期权的价值变动范围

虽然美式期权不存在像欧式期权那样严格的平价关系,但是,如果假设期权到期之前不分配现金股利,那么可以证明下述结果:

$$S - K \leq P_C - P_P \leq S - K(1+r)^{-t} \tag{14-8}$$

上式的证明与(14-4)式的证明类似,参见课后习题。

二、欧式期权定价的二叉树模型[①]

本节与随后两节都是讨论欧式期权,因此如果没有特别声明,期权均指欧式期权。

欧式期权定价公式可以通过无风险套利分析,利用二叉树模型推导得出。

(一) 期权价格的无风险套利分析

设某股票当前的价格 $S = 60$ 美元,下一期价格将变为 66 美元(上升倍数 $u = 1.1$)或 57 美元(下降比例 $d = 0.95$)。若这一阶段的无风险利率 $r_f = 5\%$,那么,一个行权价为 63

[①] Cox, J. C. , S. A. Ross, and M. Rubinstein, "Option Pricing: A Simplified Approach", *Journal of Fiancial Economics* 7, October 1979.

美元的买入期权的价格应是多少呢？

如图 14-15 所示，如果股票价格上升，则下一期买入期权的价值为 $uS - K = 3$ 美元。如果股票价格下降，则下一期买入期权的价值为 0。为了求出买入期权的价格 C，我们可以构造一个无风险投资组合。这一无风险投资组合由一股股票和出售 m 份以该股票为标的的买入期权构成，为了确保这一组合无风险，要求：

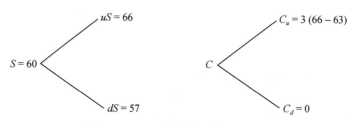

图 14-15　二叉树模型下的股价变化

$$uS - mC_u = dS - mC_d$$

不难解出：

$$m = \frac{uS - dS}{C_u - C_d} = \frac{S(u - d)}{C_u - C_d} \tag{14-9}$$

代入数值：

$$m = \frac{66 - 57}{3 - 0} = 3$$

即这一无风险组合由买入一股股票、出售三个以该股票为标的的买入期权构成。

无风险组合的收益率应该等于无风险利率，因此买入期权当前的价值 C 应该满足

$$(S - mC)(1 + r_f) = uS - mC_u$$

$$C = \frac{S[(1 + r_f) - u] + mC_u}{m(1 + r_f)} \tag{14-10}$$

代入 m 的表达式(14-6)，有

$$C = \frac{1}{(1 + r_f)}\left[C_u\left(\frac{(1 + r_f) - d}{u - d}\right) + C_d\left(\frac{u - (1 + r_f)}{u - d}\right)\right] \tag{14-11}$$

代入数值不难求出：$C = \frac{2}{1.05} = 1.905$，即如果我们按照 1.905 美元的价格出售一份买入期权，就保证了这是一个无风险组合。

（二）期权价格的二叉树模型

在上一小节的分析中，

令 $P = \frac{(1 + r_f) - d}{u - d}$①，有 $1 - P = \frac{u - (1 + r_f)}{u - d}$，(14-11)式可简写为

---

①　这里我们可以把 P 形象地理解为股票价格上升的概率(注意，这并不是真正意义上的上升概率，因为期权价格与股票价格上升或下降的概率无关)。

$$C = \frac{1}{1+r_f}[PC_u + (1-P)C_d] \tag{14-12}$$

考虑两期股价变化模型(见图 14-16):

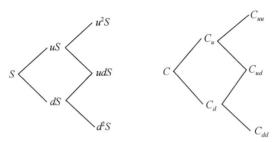

图 14-16 两期股价变化模型

根据一期模型(14-12)式可知

$$C_u = [PC_{uu} + (1-P)C_{ud}]\frac{1}{1+r_f} \tag{14-13a}$$

$$C_d = [PC_{ud} + (1-P)C_{dd}]\frac{1}{1+r_f} \tag{14-13b}$$

将(14-13a)式、(14-13b)式代入(14-12)式,有

$$C = [P^2 C_{uu} + 2P(1-P)C_{ud} + (1-P)^2 C_{dd}]\frac{1}{(1+r_f)^2} \tag{14-14}$$

其中:$C_{uu} = \max[0, u^2 S - K]$,$C_{ud} = \max[0, udS - K]$,$C_{dd} = \max[0, d^2 S - K]$。

由图 14-15 可以看出,股票价格升降变化的多期演化对买入期权价格的影响相当于一个二项式展开(下面会进一步讨论),而二项式展开可用下面的 Pascal 三角形(见图 14-17)描述。

掷硬币次数	Pascal 三角形
$T=0$	1
$T=l$	1 1
$T=2$	1 2 1
$T=3$	1 3 3 1
$T=4$	1 4 6 4 1
币值朝上次数 n	$T, T-1, \cdots, T-1, T$

图 14-17 Pascal 三角形

Pascal 三角形的每一行恰是二项展开的系数,即 $[P+(1-P)]^T$。比如,$T=3$ 时,二项式 $[P+(1-P)]^3$ 的展开式各项系数为 $1,3,3,1$,即 $1 \cdot P^3 + 3P^2(1-P) + 3P(1-P)^2 + 1 \cdot (1-P)^3$。一般地,二项式 $[P+(1-P)]^T$ 展开式第 n 项的系数为:$\binom{T}{n} = \frac{T!}{(T-n)!\ n!}$,第 n 项的完整表达为:$\frac{T!}{n!\ (T-n)!} P^n (1-P)^{T-n}$。

如果把 P 理解为掷硬币时币值朝上的概率,则 $\binom{T}{n}P^n(1-P)^{T-n}$ 为掷 T 次硬币中 n 次币值朝上的概率。

由(14-14)式可知,买入期权价格 C 在股票价格变化两次(两期模型)时由 $[P+(1-p)]^2$ 的展开式各项分别乘以 C_{uu},C_{ud},C_{dd},然后求和得到。依此类推,股票价格变化 T 次(T 期)时买入期权的价格 C 将由 $[P+(1-p)]^T$ 展开式的各项系数分别乘以 $C_{u^T},C_{u^{T-1}d},\cdots,C_{d^T}$,然后求和得到。由于 $C_{u^nd^{T-n}}=\max(0,u^nd^{T-n}S-K)$,有

$$C=\left[\sum_{n=0}^{T}\frac{T!}{(T-n)!n!}P^n(1-P)^{T-n}C_{u^nd^{T-n}}\right]\frac{1}{(1+r_f)^T}$$

$$=\frac{1}{(1+r_f)^T}\left(\sum_{n=0}^{T}\frac{T!}{(T-n)!n!}P^n(1-P)^{T-n}\max(0,u^nd^{T-n}S-K)\right) \quad (14\text{-}15)$$

在(14-15)式中,若 $u^nd^{T-n}S<K$,$\max(0,u^nd^{T-n}S-K)$ 将取 0。所以,扣除所有 $\max(0,u^nd^{T-n}S-K)=0$ 的项,求和将从 $n=a$ 开始(对 $n\geq a$,有 $u^nd^{T-n}S>K$;对 $n<a$,有 $u^nd^{T-n}S\leq K$),所以(14-15)式变为

$$C=\frac{1}{(1+r_f)^T}\left[\sum_{n=0}^{T}\frac{T!}{(T-n)!n!}P^n(1-P)^{T-n}\max(0,u^nd^{T-n}S-K)\right]$$

$$=S\left\{\sum_{n=a}^{T}\frac{T!}{(T-n)!n!}P^n(1-P)^{T-n}\frac{u^nd^{T-n}}{(1+r_f)^T}\right\}-$$

$$\frac{K}{(1+r_f)^T}\left\{\sum_{n=a}^{T}\frac{T!}{(T-n)!n!}P^n(1-P)^{T-n}\right\} \quad (14\text{-}16)$$

令 $P'=\left(\dfrac{u}{1+r_f}\right)P$,则,$1-P'=\left(\dfrac{d}{1+r_f}\right)(1-P)$

有

$$P^nP^{T-n}\frac{u^nd^{T-n}}{(1+r_f)^T}=\left[\frac{u}{1+r_f}P\right]^n\left[\frac{d}{1+r_f}(1-P)\right]^{T-n}=P'^n(1-P')^{T-n} \quad (14\text{-}17)$$

因此,欧式买入期权的价格 C 为

$$C=SB(n\geq a\mid T,P')-K(1+r_f)^{-T}B(n\geq a\mid T,P) \quad (14\text{-}18)$$

其中:$B(n\geq a\mid T,P')=\sum_{n=a}^{T}\dfrac{T!}{(T-n)!n!}P'^n(1-P')^{T-n}$

$$B(n\geq a\mid T,P)=\sum_{n=a}^{T}\frac{T!}{(T-n)!n!}P^n(1-P)^{T-n}$$

$$P=\frac{(1+r_f)-d}{u-d}$$

$$p'=\left(\frac{u}{1+r_f}\right)P$$

$a=$ 大于$[\ln(K/Sd^n)/\ln(u/d)]$ 的最小非负整数,且如果 $a>T$,则 $C=0$。

$T=$ 期权的存续期间,此处为在此期间股票价格变动的总次数。

(三) 二叉树模型的极限形式——Black-Scholes 公式

已知 r_f 为无风险利率,利息每年均匀支付 m 次,每次支付的利率为 r_f/m,那么无风险投资每年的总收益率为

$$\left(1+\frac{r_f}{m}\right)^m \tag{14-19}$$

比如:$m=2$ 时,总收益率为 $\left(1+\frac{r_f}{2}\right)^2$。

将(14-16)式重新写为

$$\left(1+\frac{r_f}{m}\right)^m = \left[\left(1+\frac{r_f}{m}\right)^{\frac{m}{r_f}}\right]^{r_f} = \left(1+\frac{1}{K}\right)^{Kr_f}$$

其中:$K=\dfrac{m}{r_f}$。

当每年的付息次数 m 趋向无穷大时,总收益率为

$$\lim_{m\to\infty}\left(1+\frac{r_f}{m}\right)^m = \lim_{K\to\infty}\left[\left(1+\frac{1}{K}\right)^K\right]^{r_f} = e^{r_f}$$

因此,当在 T 期间内股票价格变化次数趋于无穷大时,无风险投资在 T 期内的总收益率收敛于 e^{r_fT}。此时,r_f 被称为连续复合利率。

另外,Cox、Ross 和 Rubinstein(1979)①证明了,当二叉树模型中的 T(股票价格变化次数)趋于无穷时,有

$$B(n \geq a \mid T, P') \to N(d_1); \quad B(n \geq a \mid T, P) \to N(d_2)$$

这样,在 $n\to\infty$ 时,(14-18)式变为

$$C = SN(d_1) - Ke^{-r_fT}N(d_2) \tag{14-20}$$

这就是著名的 Black-Scholes 公式。关于这一公式中各表达式和符号的定义,将在下一小节讨论。

三、Black-Scholes 公式

上一小节我们指出二叉树模型的极限形式就是 Black-scholes 公式。实际上,这一公式是 Black 和 Scholes 于 1973 年用其他数学分析方法得到的②,用来对无现金股利的股票的欧式买入期权进行定价。Black-Scholes 公式的基础是动态对冲,通过不断调整欧式买入期权和无风险资产的投资比例,我们可以用二者构成的组合复制出标的股票。在这个基础上,他们利用随机积分和偏微分方程等数学工具,推导出了 Black-Scholes 公式③:

---

① Cox, J. C., S. A. Ross, and M. Rubinstein, "Option Pricing: A Simplified Approach", *Journal of Fiancial Economics* 7, October 1979.
② Black-Scholes 公式推导较复杂,在此略去。
③ Black, F. and M. Scholes, "The Pricing of Options and Corporate Liabilities", *Journal of Political Economy* 81, May/June 1973.

$$P_c = SN(d_1) - Ke^{-r_f T}N(d_2) \tag{14-20a}$$

其中:P_c 为买入期权价值,相当于二叉树模型中用的 C;

S 为当前股票市价;

K 为行权价;

T 为距到期日时间长度,以年为单位;

e 为自然对数的底 $e = 2.7183\cdots\cdots$;

r_f 为年无风险利率(连续符合利率)。

$N(\cdot)$标准正态分布的分布函数,即

$$N(d_i) = \frac{1}{\sqrt{2\pi}}\int_{-\infty}^{d_i} e^{-\frac{z^2}{2}} dz, \quad i = 1,2$$

$$d_1 = \frac{\ln(S/K) + (r_f + 0.5\sigma^2)T}{\sigma\sqrt{T}}, \quad d_2 = \frac{\ln(S/K) + (r_f - 0.5\sigma^2)T}{\sigma\sqrt{T}} = d_1 - \sigma\sqrt{T}$$

其中:σ^2 是股票收益的方差,σ 是股票收益的标准差,被称为股票的波动率。

从(14-17)式中可以看出,买入期权价值是下列变量的函数:

- 当前股价;
- 行权价;
- 距到期日时间;
- 无风险收益;
- 股票的波动率。

下面我们举例说明应用 Black-Scholes 公式计算买入期权价格。

已知:股价 $S = 50$ 美元,行权价 $K = 45$,距到期日时间 $T = 3$ 个月 $= 0.25$ 年,无风险年利率 $r_f = 10\%$,$\sigma^2 = 0.16$,$\sigma = 0.4$。

那么:

$$d_1 = \frac{\ln(50/45) + [0.1 + 0.5 \times 0.16] \times 0.25}{0.4 \times \sqrt{0.25}}$$

$$= (0.1054 + 0.045)/0.2 = 0.7520$$

$$d_2 = 0.7520 - 0.4 \times \sqrt{0.25} = 0.5520$$

$$N(d_1) \approx 0.7740(查正态分布表进行插值)$$

$$N(d_2) \approx 0.7095(同上)$$

$$P_c \approx 50 \times 0.7740 - 45e^{-0.1 \times 0.25} + 0.7095 \approx 38.70 - 43.89 \times 0.7095 = 7.56$$

一般说来,期权交易市场上买入期权的理论价格即由 Black-Scholes 公式确定,如果实际期权价格比模型计算出的价值低,说明与理论价格相比,期权的价格被低估,反之亦然。

在 Black-Scholes 公式中,其他变量都比较容易确定,只有股票的波动率的估计存在争议。一般说来,波动率估计采用历史股价的资料,但是,对取多少年的数据来做样本以及样本数据之间的时间间隔的确定,仍然存在广泛争议。

表 14-5 显示了用 Black-Scholes 公式计算的期权价值对于各个变量变动的敏感性。从表中可以看出,股价变动对期权价的影响是至关重要的,但这种影响并非线性的。从表中还可以看出:波动率对期权价格的影响要比无风险收益变化的影响大。

表 14-5 期权价值对关键因素的敏感性 单位:美元

Ⅰ 对股价和行权价的敏感性

$T = 3$ 个月 $= 0.25$ 年 $r_f = 10\%$ $\sigma^2 = 0.16$

不同股价和行权价下的期权价值

股价	行权价			
	35	40	45	50
35	3.18	1.34	0.49	0.12
40	6.74	3.64	1.72	0.73
45	11.14	7.13	4.09	2.12
50	15.94	11.42	7.56	4.55

Ⅱ 对无风险利率和波动率的敏感性

$T = 3$ 个月 $= 0.25$ 年 $P_s = 50$ 美元 $S = 45$ 美元

不同无风险利率和波动率下的期权价值

无风险收益	波动率的平方			
	0.08	0.16	0.24	0.32
0.06	6.38	7.22	7.94	8.57
0.08	6.55	7.37	8.08	8.70
0.10	6.73	7.53	8.22	8.84
0.62	6.90	7.68	8.37	8.98

Black-Scholes 模型中的 $N(d_1)$ 是套期保值率(hedge ratio),即如果要用标的股票和无风险资产构成的投资组合来复制欧式买入期权,所需要的股票的股数。上面的例子中,$N(d_1)$ 是 0.774,即复制 1 份欧式买入期权合约需要 77.4 股标的股票,或者说,1 份欧式买入期权的空头头寸与 77.4 股标的股票构成的组合是(瞬时)无风险资产。实际上,$N(d_1)$ 是股价 1 个单位的变动导致的期权价格变动的数量,或者,是期权价值对标的股票价值的偏导数,即

$$N(d_1) = \frac{\partial P_c}{\partial S} \tag{14-21}$$

如果股价从 50 美元增至 51 美元,那么期权价值将增加 0.774 美元。因为 $N(d_1)$ 受当前股价的影响,所以,如果要保持前述组合总是无风险的,需要不断调整股票头寸的数量。

Black-Seholes 模型存在的另一个问题是未考虑现金股利对期权价值的影响,如果在期权有效期内标的股票派发股息,那么不能直接采用 Black-Seholes 公式计算股票期权的理论价值。现金股利主要通过影响股价来影响期权价值。为了分析支付股息的股票的期权,必须从股价中减去预期未来股息的现值。仍用前面的例子,在没有股息派发的情况下,期权价值是 7.56 美元,预计在三个月内将派发的股息价值为 1 美元,那么应从目前股价 50 美元中减去 0.98 美元,即 $[1/(1+\frac{0.1}{4})]$,重新计算,结果经过股息调整的期权价值为 6.820 美元。

四、卖出期权价格

理论上,可以像推导 Black-Scholes 公式(14-17)一样推导出欧式卖出期权的定价公式,然而我们有更简单的办法。显然,把欧式期权平价关系(14-4)与 Black-Scholes 公式(14-20)结合起来,就立即得到了欧式卖出期权价格的定价公式。欧式期权平价关系反映了买入期权和卖出期权价格的关系:

$$P_c + Ke^{-r_f T} = P_p + S$$

把公式(14-17)代入上式得到下述欧式卖权的定价公式:

$$P_c = Ke^{-r_f T}N(-d_2) - SN(-d_1) \tag{14-22}$$

公式中各参数的含义与公式(14-20a)中各参数的含义相同。

仍然沿用前面的例子,把上例中的数据代入欧式期权平价关系,得到欧式卖出期权的价值为

$$P_p = 45e^{-0.1 \times 0.25} + 7.56 - 50 = 45/1.0253 + 7.56 - 50 = 1.45(美元)$$

第四节 其他期权

一、指数期权

(一) 指数期权的发展

第一份普通股股价指数期权合约于 1983 年 3 月 11 日在芝加哥期权交易所出现。该期权的标的是标准普尔 100 种股票指数(S&P 100)。随后,美国证券交易所和纽约证券交易所迅速引进指数期权的交易。1983 年 4 月,美国证交所引进了一种指数——主要市场指数(Major Markets Index,MMI),这种指数与道琼斯工业股票平均指数类似。1983 年 9 月,纽约证交所开始进行纽约证券交易所综合指数(NYSE Composite Index)期权的交易。在美国以外,伦敦国际金融期货交易所也提供指数期权。以上这些都是"广基"(broad-based)指数期权,后来,有些行业的股价指数,如石油股票指数(Oil Stock Index),也被用作期权的标的资产。

(二) 指数期权的标的和清算

指数期权以普通股股价指数作为标的,其价值取决于作为标的的股价指数的价值及其变化。每种指数代表了股票市场不同组成部分的价值,计算方法也各不相同。比如,S&P 100 指数是按照这 100 种股票每一股票的市场价值在总价值中的权益相加得到的。价值线指数是按照约 1 700 种股票简单平均相加的。与股票期权不一样,指数期权合约不包含一定数量的股票,指数期权合约的额度由乘数(multiplier)决定。指数期权合约的价值是通过期权的报价与乘数相乘后得到的。S&P 100 和 MMI 的乘数都是 100,如果该指数期权报价为 18¼,那么一份指数期权合约的价值就是 1 825 美元。

指数期权的行权程序基本上与股票指数一样。但是,指数期权必须用现金交割方式清算。这是因为指数期权没有可以用来实际交割的标的资产,其标的资产是虚拟的。清算的现金额度是指数现值与行权价之差。比如,一个以 S&P 500 指数为标的的买入期权的行权价为 520 美元,而 S&P 500 指数的价值为 540 美元,则买入期权的持有者将得到 20 美元的现金。

(三) 指数期权投资

指数期权可用来进行投机和套期保值。用指数期权投机和套期保值与股票期权最大的区别在于:指数期权投资没有非系统风险,因为它的标的是代表多种不同股票的组合。

下面举例说明指数期权的保值作用。假设一投资者三个月后可以筹集到 10 000 000 美元资金,用于在美国股票市场进行分散化投资。但是,如果未来三个月股价上涨,这笔潜在投资的成本将随着股价的上涨而上升。为了管理三个月内的股价风险,在芝加哥商品交易所购进适当数量的 S&P 500 指数买入期权来保值。如该投资者购买的三个月期 S&P 500 买入期权行权价为 185 美元,报价为 5.55 美元。购买的合约数量为 108 份,即 10 000 000/(185 × 500),S&P 500 乘数是 500,支付的期权费为 299 700 美元,即 108 × 5.55 × 500,那么投资者的盈亏情况如表 14-6 所示。

表 14-6 指数期权盈利损失 单位:美元

三个月后 S&P 500	175	180	185	190	195	200	205
盈(亏)	-299 700	-299 700	-299 700	-299 700	-240 300	510 300	780 300

即如果股票价格指数上涨,投资者将从指数期权中盈利以抵补所要购买的股票价格上涨可能带来的损失。如果股价指数下跌,则最大损失为购买指数期权的费用 299 700 美元。

二、债券期权

1982 年 11 月,芝加哥期权交易所开始美国政府国库券期权交易,这个期权的行权价高于或低于当时国库券市场价格 2 个基点。随着国库券价格的变化,行权价也做相应变化。长期国库券期权合约规模为 10 万美元,短期为 100 万美元。

1985 年 5 月,费城交易所通过费城贸易局(Philadelphia Board of Trade),开始交易三个月期欧洲美元存款期权,合约规模为 100 万美元。1985 年秋,伦敦国际金融期货交易所也开始了欧洲美元存款期权交易,除此之外,它还提供英镑债券期权交易。

债券买入卖出期权的价格取决于其标的债券价格的波动。当利率上升时,债券价格下降;当利率下降时,债券价格上升。因此,利率下降时,债券买入期权的价格上升,卖出期权的价格下降。正因为如此,这种期权又称为利率期权。当投资者预测利率上升时,将会出售买入期权,购进卖出期权;反之亦然。同样,债券期权可用来进行利率投机和利率保值。

三、货币期权(外汇期权)

第一笔货币期权交易是 1982 年 12 月在费城证券交易所交易的英镑期权。1983 年开始,其他几种主要国际货币如德国马克、瑞士法郎、日元、澳大利亚元、加拿大元的期权合约相继问世。货币期权主要采用美式期权进行交易。

1985 年 6 月伦敦国际金融期货交易所引进了英镑货币期权。1988 年 11 月,阿姆斯特丹的欧洲期权交易所成功地引入了欧洲货币单位(ECIJ)期权合约。

费城的货币期权都是用美元来买卖外汇的期权,行权价和期权标价也用美元表示。如 12 月份加拿大元买入期权行权价为 0.75 美元,表示该期权持有者可以 0.75 美元的价格买进加拿大元。根据买卖外汇币种的不同,期权合约的金额也不一样,一份英镑期权合约的规模是 12 500 英镑。日元期权合约的规模为 625 万日元。各个期权交易所对货币期权合约规模大小的规定不一样,如表 14-7 所示。

表 14-7 部分货币期权合约规模

	费城证券交易所	芝加哥商品交易所	伦敦国际金融期货交易所
瑞士法郎	62 500 美元	125 000 瑞士法郎	
德国马克	62 500 德国马克	125 000 德国马克	500 000 美元
英镑	12 500 英镑	25 000 英镑	25 000 英镑
日元	6 250 000 日元	—	
加拿大元	50 000 加拿大元	—	

四、期货期权

期货期权(future option)的性质与股票期权相类似。二者的差异仅在于股票期权的标的资产是股票,期货期权的标的资产是期货合约。因此,期货期权的行权价就是针对期货合约的价格。但是,期货期权在履约时可以与股票期权有所不同。期权的持有者不一定要得到期货合约,而可以接受行权价与合约价格的价差。比如,某期货合约的价格为 40 元,而买入期权的行权价为 35 元,则买入期权的持有者将得到 5 元的价差收入。

五、奇异期权

由于期权市场取得了极大的成功,因此,各种新型期权形式不断涌现。由于这些新型期权与传统期权存在较大的差异,故被称为"奇异期权"(exotic options)。下面扼要介绍几种奇异期权。

1. 亚洲期权

亚洲期权(asian options)的收益(价值)状况是与期权有效期内一段时间内标的资产的平均价格相联系的期权。比如,一个亚洲买入期权的收益(价值)可能等于最近 3 个月内标的股票的平均价格与行权价之差。当然,如果上述平均价格小于行权价,则该买入期权的收益(价值)为零。这种期权对那些想将公司盈利与一段时间内商品的平均价格挂钩的企业很有吸引力。

2. "障碍"期权

"障碍"期权(barrier options)的价值不但与标的资产在到期日或行权日的价格相关联,而且还受到标的资产的价格是否突破某些临界值的约束。比如,一个 down-and-out 期权,当标的股票价格低于事先确定的价格下限时,将被自动执行且一文不值。与此类似,down-and-in 期权只有在期权有效期内标的资产的价格至少有一次低于事先确定的价格下限时才能得到收益。

3. "回顾"期权

"回顾"期权(lookback options)的收益在一定程度上取决于期权有效期内标的资产的最高价格或最低价格。比如,一个"回顾"买入期权的收益可能是期权有效期内标的股票的最高价格与行权价之差,而不是期权到期时标的股票价格与行权价之差。同时,持有这种期权和标的股票可以使其持有者不致因未来股票价格暴跌时出售标的股票而遭受价差损失。

4. 货币转换期权

货币转换期权(currency-translated options)的标的资产或行权价是以外币标价的。比如,"quanto"期权允许投资者按照事先确定的汇率将外币转换为本币(在美国即为美元)。但是,转换成美元的外币数量取决于国外证券的投资业绩。因此,quanto 期权类似于一个"随机数"期权。

5. 二元期权

二元期权(binary options)将根据标的资产的价格是否满足某些条件而提供固定收益。比如,一个二元买入期权的标的股票如果在期权到期时的价格高于行权价,则期权持有者将得到一笔确定的收入(如 100 美元)。

目前,市场上的奇异期权种类很多,而且新的品种层出不穷,此处不一一介绍。

第五节　中国期权市场

迄今为止,中国尚未建立独立的、交易制度完善的期权市场。但是,近年股票市场上出现了少量股票期权,它们基本上是 2005 年 5 月开始的股权分置改革的产物,属于上市公司的大股东向流通股股东支付的对价的一部分。第一只股票期权是上海宝钢集团于 2005 年 8 月 18 日发行的"宝钢权证"[①],标的股票是宝山钢铁股份有限公司的普通股,属于欧式期权,行权价为 4.5 元,到期日为 2006 年 8 月 30 日。发行后,宝钢权证在上海证券交易所上市交易。宝钢权证上市后,市场上陆续出现了武钢权证、鞍钢权证、万科权证、招行权证,等等。

国内的股票期权绝大多数为欧式期权,采用实物交割。

部分期权允许创设,例如武钢权证。所谓创设,是指其他机构卖空市场上已经在交易的期权。中国监管部门只允许创新类券商创设期权。一只期权是否允许创设,取决于标的股票的发行人及其大股东。买入/卖出期权的创设采用全额股票/现金抵押制度,即创设人在创设买入/卖出期权之前,必须把期权将来行权时需要的全部股票/现金托管给交易所指定的第三方。因此,中国市场期权的创设不是杠杆交易。

由于包括创设制度在内的交易制度不完善等原因,中国市场的期权交易存在较大的投机性。期权价格暴涨暴跌的现象非常普遍,投资者持有期权的平均时间极短(1—2 天),交易异常活跃。2005 年 12 月 6 日,两只武钢权证的成交额达到 64.3 亿元,市场上全部 6 只权证的总成交金额高达 101.8 亿元,远远超过沪深两市 1 300 多只 A 股的总成交金额(85.3 亿元)。

习　题

1. 证明标的股票在期权到期之前分配现金股利情况下的欧式期权平价关系 (14-5)式。

2. 证明美式期权的价值关系(14-8)式。

3. 证明:如果标的股票不分配现金股利,那么美式买入期权在到期之前不应该行权,因而美式买入期权的价值等于欧式买入期权的价值。

4. 2008 年 9 月 19 日,投资者构建了微软的股票期权的组合:买入行权价为 22 美元的买入期权,出售行权价为 28 美元的买入期权,到期日均为 2008 年 11 月 21 日。微软股票当天的收盘价为 25.16 美元。分析该组合的风险-收益特性及其与直接买入微软股票

[①]　宝钢权证与本节介绍的其他权证都是普通期权,而非本书下一章介绍的认股权证,因为它们都不是由标的股票的发行人发行的。需要指出的是,国内业界在用词上没有区分普通权与认股权证,而是统称为"权证"。

的异同。

5. 蝶形组合策略(butterfly spread)是指:买入行权价为 K_1 和 K_3 的买入期权各 1 份,卖出行权价为 K_2 的买入期权 2 份,这些期权具有相同的标的资产和到期日,都是欧式期权。证明构建蝶形组合策略的净成本大于零,并说明该策略也可以采用卖出期权来构建。

6. 结合二叉树模型,分析 $N(d_1)$ 和 $N(d_2)$ 的经济含义。

7. 一种股票欧式买入期权的参数如下:行权价为 22 美元,距离到期的时间为 2 年,无风险利率为 5%(连续复利),标的股票的价格为 18 美元,波动率为 40%。假设标的股票在 2 年内不分配现金股利,该期权价值多少?如果标的股票在 0.5 年后和 1.5 年后都分配 0.9 美元/股的现金股利,该期权的价值为多少?采用 Black-Scholes 公式和二叉树模型(分为 100 步,步长为 0.02 年)分别计算。

8. 在标准的欧式期权定价模型中,当标的股票的波动率趋向 0 时,买入期权的价值的极限是多少?当标的股票的到期时间趋向无穷时,买入期权的价值的极限是多少?

9. 利用期权报价可以估计标的股票的波动率,这样估计的结果称为期权价格的隐含波动率(implied volatility)。一种欧式卖出期权的报价为 10.5 美元,该期权的行权价为 60 美元,到期时间为 1 年,无风险利率(连续复利)为 6%,标的股票的现价为 50 美元,1 年内不会分配现金股利。计算标的股票的隐含波动率。

第十五章　认股权证、优先认股权与可转换债券

第一节　认股权证

一、认股权证的特征

认股权证(warrants)本身不是股票,既不享受股利收益,也没有投票权,只是赋予其持有者在规定的时间内按照特定的价格购买公司发行的股票的权利。因此,它实质上相当于公司发行的一种股票买入期权。认股权证一般是附在公司债券或优先股上与之共同发行的,以增加公司债券或优先股的吸引力,或降低它们的筹资成本(降低利率或股息率)。一般来说,认股权证是可分离的(detachable)——投资者买入附有认股权证的债券或优先股后,可以将认股权证与债券或优先股分开并单独交易。

在历史上,认股权证主要由发展速度较快的成长型小公司发行。发行时,认股权证所规定的行权价(即认股权证规定其持有者购买该公司股票的价格)一般高于当时股票市价的15%—20%。这样,随着公司的发展壮大,股票价格可能超越行权价,此时认股权证持有者既可以行权——用行权价购买该公司股票,也可以将认股权证售出,赚取价差收益。

认股权证分为可赎回与不可赎回两种。对于前者,发行公司可按某一规定价格赎回;对于后者,发行公司则无此权利。公司利用认股权证的可赎回性可迫使权证持有者行权——认购公司股票,从而达到筹措股权资金的目的。例如,美国Genesco公司发行的认股权证到期日为1993年2月15日;行权价为每股8美元,一份认股权证可购一股股票。认股权证规定,假如该公司普通股市价在连续30个营业日中有20个营业日至少为20美元,那么公司将以每份2美元的价格购回,此时,投资者不得不执行认股权证权利,按每股8美元购入股票。

为保护认股权证持有者的利益,认股权证在发行时通常都规定:当股票因除息或拆股导致股价下降时,行权价要相应向下调整。认股权证发行时通常规定到期日,但在有些情况下,认股权证没有到期日,这称为永久性认股权证(perpetual warrants)。

由于认股权证通常是与公司债券或优先股共同发行的,因此,在许多情况下,权证持有者购买股票可以不支付现金,而是返回该公司发行的债券或优先股(以其面值计价)。

在这种情况下,因为债券或优先股的市价在认股权证的有效期内可能发生变化,所以,实际的行权价也发生了变化。

此外,认股权证被用于公司的配股中,这种认股权证被称为优先认股权(stock rights),它是公司增发新股时为保护老股东利益而赋予其的一种特权,即允许老股东按照低于股票市价的既定价格(通常称为配股价)购买一定数量的公司新发行的股票,这种股票发行方式称为配股发行。按照配股发行的条件,老股东可以按照目前持有的公司股票数占公司已发行股票数的比例,按特定价格购入相同比例的新股,以保证其持股比例不变。本质上,优先认股权就是一种认股权证。

本章第二节末尾的案例——联想融资收购 IBM 全球 PC 业务——提供了认股权证的实例。

二、认股权证的价值

认股权证与普通买入期权非常相似,主要差异体现在发行认股权证会产生稀释效应——当认股权证持有人的权利被执行时,公司的股本随之增加。因此,期权定价的诸多方法都可以用来给认股权证定价,而且,影响认股权证价值的因素与影响期权价值的因素相仿。具体来说,认股权证价值的决定因素包括股票现价、行权价、距离到期日的时间、股票的波动率、无风险利率以及稀释效应。除了稀释效应以外,其他因素对认股权证价值的影响与其对期权价值的影响相似。为了阐明稀释效应,下面我们利用 Black-Scholes 公式来定价欧式认股权证。

假设股票市场是有效市场,认股权证对公司的影响全部反映到了股票的市场价格上。公司已发行的股份数量为 n,认股权证的数量为 m,1 份认股权证可以认购 1 股普通股。沿用上一期权定价中采用的符号。公司的总股权价值为 nS_0。认股权证到期时,如果投资者不执行认股权证,那么公司的总股权价值为 nS_t。如果投资者执行认股权证,那么公司的总股权价值变为 $nS_t + mK$,因而每股股票的价值为 $(nS_t + mK)/(n+m)$。所以,认股权证在到期日给持有人带来的总收益为

$$\max\left(\frac{nS_t + mK}{n+m} - K, 0\right) = \frac{n}{n+m}\max(S_t - K, 0) = \frac{1}{1 + m/n}\max(S_t - K, 0) \quad (15\text{-}1)$$

(15-1)式表明,认股权证的价值等于参数相同的买入期权价值的 $n/(n+m)$ 倍,认股权证的稀释效应完全由认股权证的发行数量与公司已发行的股份总量之比决定。

三、有关认股权证市场效率的实证研究

尽管迄今为止,人们尚未建立起一个完整全面的认股权证定价模型,但国外许多学者还是对认股权证的定价问题,特别是其市场的有效性问题进行了大量的实证研究。1975 年,美国的 Leabo 和 Rogalski 以 1967 年 1 月 1 日至 1973 年 3 月 31 日在纽约证券交易所和美国证券交易所上市交易的所有认股权证为样本,对认股权证价格的"随机游走"假

设进行了验证。研究表明：因为受行权价和标的股票价格的限制，认股权证的各期价格之间存在着较强的相关关系，并非随机游走。这一结论表明，某些技术分析和时间序列分析对认股权证投资战略分析是有帮助的。

1980年，美国学者 Moon K. Kim 和 Allan Young 的研究也发现认股权证市场并非有效率市场。他们以1965年1月至1976年12月在NYSE和AMEX交易的18种认股权证为样本，将认股权证和其标的股票通过空头多头构成一个保值资产组合，并将该组合的持有期收益率与S&P 500的同期收益率相比较，由于前者的风险小于后者，在有效率市场上，前者的持有期收益率也应小于后者的持有期收益率，但实证的结果却正好相反。上述实证研究结果表明：认股权证市场不是有效率的市场，因此，进行技术分析甚至运用包括认股权证在内的保值策略，可能会为投资者提供经过风险调整后的超额收益。

第二节 可转换债券

一、可转换债券的概念

可转换证券（convertible securities）是一种能转换成发行公司普通股的固定收益证券，是一种混合证券（hybrid securities）。可转换证券分为两种：可转换债券和可转换优先股。鉴于这两种类型的金融工具本质上非常相似，同时为了叙述的方便，本节介绍可转换债券，但是，几乎所有结论都适用于可转换优先股。可转换债券简称为"可转债"。

可转债的基本特征是投资者可以选择转换成普通股，这是一个内嵌期权，被称为"转股期权"。转股期权是认股权证，标的资产为可转债发行人的股票，投资者行权的代价是放弃债权。决定转股期权价值的核心因素之一是转股比例或转股价格。转股比例和转股价格是等价的。

（一）转股比例

转股比例（conversion ratio）表示在转换中一份可转债能兑换到的普通股的数量，如转股比例为25∶1，即说明每一份可转换的债券或优先股可转换成25股股票。转股比例一般在这种证券发行时就已确定，转换的相对价值不受公司股票拆分的影响。如转股比例定为25∶1，公司发生1∶2拆股，即1股变为2股，那么转股比例变为50∶1。

（二）转股价格

有些可转债发行时不标明转股比例，只标明转股价格（conversion price），转股价格就是事先确定好的普通股股价，在转换时，根据可转债的面值，得出应转换成的股份数。比如，一种可转债的面值为1 000元，转股价格为40元，那么投资者在转换时将能转换成25股普通股，因此，转股价格40元与转股比例为25∶1其实是一致的。

表15-1提供了A股上市公司云天化股份有限公司于2003年发行的一种可转债（云化转债）的主要条款。

表 15-1 云天化股份有限公司 2003 年发行的云化转债主要条款

期限	3 年,2003 年 9 月 10 日至 2006 年 9 月 9 日
面值	100 元人民币
票面利率	第 1 年为 1.6%,第 2 年为 1.9%,第 3 年为 2.2%
转股期	2004 年 3 月 10 日至 2006 年 9 月 9 日
转股价格	每股 9.43 元(云化转债募集说明书发布日 9 月 8 日之前 30 个交易日的收盘价的平均值上浮 0.1%)
转股价格修正	在任意连续 30 个交易日内至少 20 个交易日的股票收盘价格的算术平均值不高于转股价格的 90%,转股价格向下修正:① 如果在不超过转股价格 10%(包括 10%)的幅度内向下修正转股价格,并且降低后的转股价格不低于降低前 30 个交易日公司股票收盘价格的算术平均值和净资产值,则公司股东大会授权董事会实施;② 如果修正幅度超过 10%,则须经股东大会批准
回售	发行人变更募集资金投向,并经股东大会批准;或者,在云化转债到期前 1 年,首次出现在连续 30 个交易日中发行人股票收盘价低于当期转股价格的 80% 的情形。在后一种条件满足时,不实施回售的,不能再行使回售权。回售价格为面值的 105%(含期利息)
担保	中国光大银行授权其昆明分行提供连带责任保证
信用评级	AAA

二、可转债的价值分析

为了简化分析,本节我们忽略可转债违约的可能性。

可转债可以分解为两种简单的金融工具:普通公司债券和认股权证。可转债内嵌的认股权证与一般的认股权证存在一定的差别,主要体现在前者在行权时投资者是用债券交换股票,因而行权价随时间变化;而一般的认股权证的行权价通常是固定不变的。这说明可转债内嵌的认股权证的定价更加困难,我们不能利用上一节给出的认股权证定价公式来定价可转债。尽管如此,把可转债分解为简单金融工具有助于我们的理解。

(一) 转股价值

转股价值(conversion value)即转换时得到的普通股的市场价值,即

$$CV = P_s \times CR \tag{15-2}$$

其中:CV 代表转股价值,P_s 代表普通股市价,CR 代表转股比例。

如前例,转股价格为 40 元,但是该股票市场价格为 50 元,那么其转股价值为

$$50 \times 25 = 1\,250(元)$$

(二) 纯粹价值

纯粹价值(straight value)是可转债失去转换性能后的价值。比如,某种可转债的利息率为8%,期限为20年,市价为1 200元,而与之相同的非转换债券市价仅为900元。因此,该可转债的价值1 200元可分为两部分:一部分是债券特征的价值,即纯粹价值,为900元;一部分是转换期权的价值,为300元。

(三) 底价

可转债的转股价值和纯粹价值两者中较高者为可转债的底价(minimum value):

$$MV = Max(CV, P_b) \tag{15-3}$$

其中:MV 代表底价,CV 代表转股价值,P_b 代表纯粹债券价格。

根据可转债的定义,可转债的价值必然不低于其底价,因此,底价是可转债市场价格的下限。如果转股价格高于股票市价,则该可转债不具有任何可转股价值。例如,若转股价格为40元,而股票市价仅为20元,则这一可转债的底价即为其纯粹价值。如果转股价格低于股票市价,可转债的价格将反映出可转股价值。如转股价格为40美元,股票市价为60美元,这时转股价值即为底价,这种证券称为币内可转债(in-the-money convertibles)。可转债价值、纯粹价值与转股价值之间的关系可如图15-1 所示。

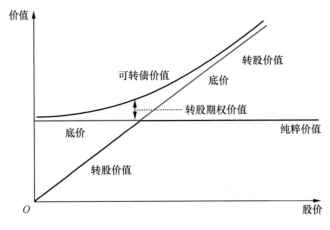

图15-1　可转债价值、纯粹价值与转股价值

(四) 期权定价模型分析

由于可转债内嵌了期权,理论上可以采用期权定价的方法定价可转债。然而,可转债常常内嵌多个期权,而且这些内嵌期权一般都不是简单的欧式期权,因此,定价可转债不得不借助数值方法。尽管如此,期权定价模型提供了一些定性的结论:

(1) 股价越高,可转债的价值较高;

(2) 可转债发行公司的股价波动越大,可转债的价值越高;

(3) 普通股支付现金股息将降低可转债价值,因为它们影响股价和股息收益。

三、可赎回性[①]

几乎所有的可转债发行时都带有赎回条款——规定发行人将来可以按照既定价格赎回证券,因而对投资者来说存在赎回风险(call risk)。一般讲,债券要在发行几年后方可赎回,例如,联想集团因收购 IBM 公司的笔记本电脑业务发行的可转换优先股规定,从发行后的第七年起,联想可以随时赎回可转换优先股。可参见本章末的案例:联想融资收购 IBM 全球 PC 业务。在可转债发行人提出赎回债券之后,投资者有权选择接受赎回还是转股。一般而言,可转债发行人设置赎回条款的真实目的不是要赎回,而是强迫可转债投资者转股。

可转债发行人应该在什么时候发出赎回通知呢?可转债发行之后,发行人选择何时赎回可转债不影响公司的总体价值,只是影响价值在股东与债权人之间的分配。从保护股东利益的角度出发,在可转债价值低于赎回价格时,发行人不应该赎回,因为此时赎回将给予可转债投资者不必要的利润。理论上,当可转债的价值超过其赎回价值时,可转债发行人应该进行赎回。

值得重视的是,可转债赎回通知发出后,通常有 30 天以上的通知时段,投资者在此期间决定是否接受赎回。随着股票市场价格的不断变动,可能出现下述情况:赎回通知发出后,并且在赎回期限结束之前,股票价格下跌到了转股价格之下。如果这样,可转债投资者的理性决策不是转股而是接受赎回,即强制转股失败,这与发行人强制赎回的初衷背道而驰。

在实践中,通常在可转债的转股价值超过赎回价格 20% 以上时,可转债发行人才进行赎回操作。这样一方面可以把强制转股失败的可能性降低到很小的水平,另一方面,降低了可转债投资者继续等待的灵活性,从而在相当程度上保护了股东的利益,参见 Asquith 和 Mullins(1991),以及 Asquith(1995)。

四、可转债的发行动机

在国际上,可转债的发行人通常是高速成长的小公司或者财务与经营状况不佳的大公司。为什么是这些公司倾向于发行可转债?这与可转债的发行动机有关。金融学家对

[①] 本小节及第四小节"可转债的发行动机"参考了以下文献:Asquith, P., "Convertible Debt are not Called Late", *Journal of Finance* 50, 1991; Asquith, P., and D. Mullins, "Convertible Debt: Corporate Call Policy", *Journal of Finance* 46, 1991; Brennan, M. J., Kraus, A., "Efficient Financing under Asymmetric Information", *Journal of Finance* 42, 1987; Brennan, M. J., Schwartz, E. S., "The Case for Convertibles", *Journal of Applied Corporate Finance* 1, 1988; Graham, John R., and Campbell R. Harvey, "The Theory and Practice of Corporate Finance: Evidence from the Field", *Journal of Financial Economics* 60, 2001; Jensen, M. C., Meckling, W., "Theory of the Firm: Managerial Behavior, Agency Costs and Ownership Structure", *Journal of Financial Economics* 3, 1976; Mayers, D., "Why Firms Issue Convertible Bonds: The Matching of Financial and Real Investment Options", *Journal of Financial Economics* 47, 1998; Stein, J. C., Convertible Bonds as Backdoor Equity Financing, *Journal of Financial Economics* 32, 1992.

可转债的发行动机进行了大量探讨。第一,Jensen 和 Meckling(1976)认为,可转债介于股权与债券之间,对公司的风险不太敏感,这有助于缓解股东与债权人之间的代理成本——风险转移或资产替代[①]。遗憾的是,Graham 和 Campbell(2001)的结果表明,美国公司在可转债领域的实践不支持 Jensen 和 Meckling(1976)。

第二,Brennan 和 Kraus(1987)与 Brennan 和 Schwartz(1988)认为,可转债的转股条款会削弱投资者与公司内部人之间关于公司风险的信息不对称,对可转债价值的影响较小。该观点在一定程度上得到了 Graham 和 Campbell(2001)的支持[②],在该文的样本中,超过40%的公司的管理层认为可转债可以吸引那些对发行公司的风险没有把握的投资者。

第三,Stein(1992)提出了后门融资假说(back-door equity),其主要论点是:如果公司认为自己的股票被市场低估,那么公司发行可转债给股东带来的损害小于发行股票,同时发行可转债带来的财务危机成本低于发行普通债务。Graham 和 Campbell(2001)强烈支持后门融资假说,在该文的样本中,58%的公司的管理层认为发行可转债相当于将来发行股票,而且成本较低,超过40%的公司的管理层认为可转债比普通债务便宜。

第四,Mayers(1998)提出了序列融资理论。他认为,公司发行可转债,使得其内嵌的认股权证与公司的增长机会(实物期权)匹配起来,公司可以通过强制可转债转股来为有利可图的项目融资,同时有助于削弱公司的过度投资动机(overinvestment)。Graham 和 Campbell(2001)的证据适度支持序列融资理论。

案例

联想融资收购 IBM 全球 PC 业务

2004 年年底,联想集团与 IBM 签订收购协议,联想以 12.5 亿美元收购 IBM 全球 PC 业务,额外承担 5 亿美元净债务。2005 年 3 月 31 日,为了筹集收购和运营资金,联想集团与三家私人股权投资公司[③]签订投资协议。协议规定,联想集团将向三家公司共发行 2 730 000 股非上市 A 类累积可换股优先股("优先股",每股发行价为 1 000 港元),以及可用作认购 237 417 474 股联想集团股份的非上市认股权证。交易总金额为 3.5 亿美元,联想集团计划将其中 1.5 亿美元用作收购资金,2 亿美元用作日常运营资金。

优先股的股息为每年 4.5%,按季度支付。从交易完成后的第七年起,联想可以随时

[①] Jensen 和 Meckling(1976)提出的风险转移是指公司通过提高资产的风险来提升股东价值,损害债权人的利益。

[②] Graham 和 Campbell(2001)总结了他们于 20 世纪末对美国公司高管所做的问卷调查结果,内容为公司财务,其中包括可转债发行动机等与可转债相关的问题。

[③] 三家私人股权投资公司是得克萨斯太平洋集团(Texas Pacific Group)、通用亚特兰大投资公司(General Atlantic LLC)与新桥投资集团(New bridge Capital LLC)。

赎回,优先股持有人可随时回售。优先股的转股价格与认股权证的行权价格均为每股 2.725 港元,较截至 2005 年 3 月 24 日(包括该日)连续 30 个交易日联想普通股平均收市价 2.335 港元溢价约 16.7%。认股权证有效期为 5 年。

在联想集团完成向 IBM 发行收购相关的 4.5 亿美元股份(发行价为收购交易宣布的前一个交易日 2004 年 12 月 6 日联想集团股票收盘价 2.675 港元/股)之后,如果上述优先股全部转股,那么三家公司在联想的持股比例约为 10.2%;如果所有认股权证全部行权,那么三家公司的持股比例将上升到约 12.4%。

习 题

1. 国际上,可转债的发行动机是什么?哪些类型的公司倾向于发行可转债?为什么?中国市场上哪些类型的公司有资格发行可转债?

2. 可转债的赎回条款为什么又称为强制转换条款?发行人在什么情况下应该执行赎回操作?

3. 云化转债的转股比例是多少?

4. 为什么云化转债合约不包含赎回条款?

5. 转股价格修正条款如何影响云化转债的价值?

6. 分析案例"联想融资收购 IBM 全球 PC 业务",为什么联想集团在向三家私人股权投资公司发行可转换优先股的同时,还向它们发行了相当数量的认股权证?

第十六章 投资基金

第一节 证券投资基金概述

一、证券投资基金的性质与特征

投资基金是指由不确定多数投资者不等额出资汇集成基金（主要是通过向投资者发行股份或受益凭证方式募集），然后交由专业性投资机构管理，投资机构根据与客户商定的最佳投资收益目标和最小风险，把集中的资金再适度并主要投资于各种有价证券和其他金融商品，获得收益后由原投资者按出资比例分享，而投资机构本身则作为资金管理者获得一笔服务费用。本章第一节至第五节中的投资基金主要指的是投资于证券市场的基金，被称为证券投资基金，也简称为投资基金或基金。

各国对证券投资基金的称谓有所不同。美国称为"共同基金"、"互助基金"或"互惠基金"（mutual fund），也称为投资公司（investment company）；英国及中国香港地区则称为"单位信托基金"（unit'trust）；日本和中国台湾地区称为"证券投资信托基金"，等等。虽称谓不同，但内容及操作却有很多共性。

（一）证券投资基金的性质

1. 证券投资基金是一种集合投资制度

证券投资基金是一种积少成多的整体组合投资方式，它从广大的投资者那里聚集巨额资金，组建基金管理公司、投资公司或投资信托投资公司进行专业化管理和经营。在这种制度下，资金的运作受到多重监督。

2. 证券投资基金是一种信托投资方式

它与一般金融信托关系一样，主要有委托人、受托人、受益人三个关系人，其中受托人与委托人之间订有信托契约。但证券基金作为金融信托业务的一种形式，又有自己的特点。如从事有价证券投资的主要当事人中还有一个不可缺少的托管机构，它不能与受托人（基金管理公司）由同一机构担任，而且基金托管人一般是法人；基金管理人并不对每个投资者的资金都分别加以运用，而是将其集合起来，形成一笔巨额资金再加以运作。

3. 证券投资基金是一种金融中介机构

它存在于投资者与投资对象之间，起着把投资者的资金转换成金融资产，通过专门机构在金融市场上再投资,从而使货币资产得到增值的作用。证券投资基金的管理者对投资者所投入的资金负有经营、管理的职责,而且必须按照合同(或契约)的要求确定资金投向,保证投资者的资金安全和收益最大化。

4. 证券投资基金是一种证券投资工具

它发行的凭证即基金券(或受益凭证、基金单位、基金股份)与股票、债券一起构成有价证券的三大品种。投资者通过购买基金券完成投资行为,并凭之分享证券投资基金的投资收益,承担证券投资基金的投资风险。

(二) 证券投资基金的特征

证券投资基金作为一种现代化的投资工具,主要具有以下特征:

1. 集合投资

基金是这样一种投资方式:它将零散的资金巧妙地汇集起来,交给专业机构投资于各种金融工具,以谋取资产的增值。基金对投资的最低限额要求不高,投资者可以根据自己的经济能力决定购买数量,有些基金甚至不限制投资额大小,完全按份额计算收益的分配,因此,基金可以最广泛地吸收社会闲散资金,汇成规模巨大的投资资金。在参与证券投资时,资本越雄厚,优势越明显,而且可能享有大额投资在降低成本上的相对优势,从而获得规模效益的好处。通常,基金管理公司为适应不同阶层个人投资者的需要,设定的认购基金的最低投资额不高,投资者以自己有限的资金购买投资基金的受益凭证,基金管理公司积少成多,汇集成巨大的资金,由基金管理公司经验丰富的投资专家进行运作,获得规模经济效益。

2. 分散风险

以科学的投资组合降低风险、提高收益是基金的另一大特点。在投资活动中,风险和收益总是并存的。但是,要实现投资资产的多样化,需要一定的资金实力,对小额投资者而言,由于资金有限,很难做到这一点,而基金则可以帮助中小投资者解决这个困难。基金可以凭借其雄厚的资金,在法律规定的投资范围内进行科学的组合,分散投资于多种证券,借助于资金庞大和投资者众多的公有制使每个投资者面临的投资风险变小,另一方面又利用不同的投资对象之间的互补性,达到分散投资风险的目的。投资基金管理人通常会根据投资组合的原则,将一定的资金按不同的比例分别投资于不同期限、不同种类、不同行业的证券,实现风险的分散。而中小投资者有限的资金,很难做到像投资基金这样充分分散风险。例如,有的投资基金其投资组合不少于20个品种,从而有效地分散风险,提高了投资的安全性和收益性。

3. 专家理财

基金实行专家管理制度,这些专业管理人员都经过专门训练,具有丰富的证券投资和其他项目投资经验。他们善于利用基金与金融市场的密切联系,运用先进的技术手段分析各种信息资料,能对金融市场上各种品种的价格变动趋势做出比较正确的预测,最大限度地避免投资决策的失误,提高投资成功率。对于那些没有时间,或者对市场不太熟悉,没有能力专门研究投资决策的中小投资者来说,投资于基金,实际上就可以获得专家们在市场信息、投资经验、金融知识和操作技术等方面所拥有的优势,从而尽可能地避免盲目投资带来的失败。投资基金的投资决策都是由受过专业训练、有丰富经验的专家进行的。基金管理公司有发达的通信网络随时掌握各种市场信息,并有专门的调查研究部门进行国内外宏观经济分析,以及对产业、行业、公司经营潜力进行系统的调研和分析。因此,专家理财的回报率通常会高于个人投资者。

4. 基金凭证交投活跃,变现性强

投资基金受益凭证的购买程序方便快捷,特别是现代电子技术和通信网络的发达,使得人们可以在网上查询和完成交易。因此,持有基金凭证,或者可在基金管理公司直接办理交易手续,或者可委托投资顾问代理机构或证券营业机构,随时随地方便地进行交易,从而获得了比持有其他金融资产更高的变现性。

5. 品种繁多,选择性强

当今世界经济一体化,金融国际化,世界上只要有金融投资的地方,就有投资基金存在的可能。国际资本流动和市场一体化,使许多基金都进行跨国投资或离岸投资。任何一种市场看好的行业或产品,都可以通过设立、购买投资基金得到开发和利用。所以,投资基金这一投资工具为投资者提供了非常广阔的选择余地。

6. 基金资产保管与运作安全性高

不论是何种投资基金,均要由独立的基金保管公司保管基金资产,以充分保障投资者的利益,防止基金资产被挪作他用。基金管理人和保管人的这种分权与制衡,通过基金章程或信托契约确立,并受法律保护。在成熟的基金市场上,有一套完整的和完善的监管体制,其内容包括法律监督、主管部门监督、基金行业自律、基金管理人与基金保管人相互监督、投资者监督五个方面,从而确保投资基金的安全性。

二、证券投资基金的种类

根据不同的标准,基金可划分为许多类型,下面介绍一些比较重要的基金类别:

(一) 公司型与契约型投资基金

根据法律基础及组织形态的不同可将投资基金划分为公司型和契约型两类。

公司型基金是指基金本身为一家股份有限公司,该公司发行股份,投资人通过购买公司股份成为该公司股东,凭股份领取股息或红利。该类型共同基金结构同一般的股份公司一样,设有董事会和股东大会,但在业务上又不同于一般的股份公司,集中从事证券投资信托业务。美国的共同基金多属于此类,故也称共同基金为投资公司。

契约型基金是依据一定的信托契约而组织起来的代理投资行为。这种类型的共同基金一般由基金管理公司(委托人)、基金保管机构(受托人)和投资人(受益者)三方当事人订立信托投资契约,委托人通过发行受益凭证募集社会上的闲散资金,并将其进行投资,受托人则负责保管信托财产,以它自身的名义为基金开立户头,但该户头完全独立于受托人自己的账户。契约型基金发展历史最为悠久,英国、日本、新加坡、中国香港和中国台湾等国家和地区大部分的基金即属于此类。中国证券投资基金基本上都是契约型基金。

由上述定义可知,公司型与契约型基金的主要区别在以下几点:

(1) 公司型基金具有法人资格,而契约型基金没有;

(2) 公司型基金的信托财产依据是公司章程,而契约型基金则以信托契约为依据;

(3) 公司型基金既可以发行普通股,又可以发行优先股和公司债,而契约型基金只发行受益凭证;

(4) 公司型基金的投资者是公司的股东,可以作为股东参加股东大会,发表自己的意见,而契约型基金的投资者是契约关系当事人,即受益人,对资金如何运用没有发言权,这一点是公司型与契约型不同的关键点。

(二) 开放型与封闭型投资基金

根据变现方式的不同,投资基金可划分为开放型与封闭型两类。

1. 开放型基金

开放型基金是指基金管理公司在设立基金时,发行的基金单位总份额不固定,基金总额亦不封顶,可视经营策略与实际需要连续发行,故也称为追加型投资基金。投资者可随时购买基金单位,也可随时请求发行机构按目前净资产价值扣除手续费后赎回其持有的股份或受益凭证。为预防投资者中途要求赎回,开放型基金往往从所筹资金中拿一定比例以现金资产形式存放。

对于开放型基金,其总额尽管是变动的,但在初次发行时,基金经理公司亦会设定该基金的发行总额和发行期限。若在规定的发行期限或在已延长了的认购期限内仍无法募集到设定的基金总额,则该基金不能成立,基金管理公司有责任会同基金保管公司将已收的认购款退还给投资者。

一般而言,开放型基金在初次发行结束三个月后,基金经理公司都会自行或委托证券公司开设内部柜台进行基金单位的转让,投资者可以随时申请基金管理公司赎回。基金管理公司一般每天都报出一个买入价和卖出价,并将报价分门别类地刊登在当地的主要财经报刊上。

开放型基金的计价是以单位资产净值为基础的。单位资产净值(net asset value,NAV)是某一时点上某一投资基金每一个单位(每一份额)实际代表的价值估算,是用基金的总资产扣除借款及应付费用后,除以该基金的基金单位数而得出的价值。因为投资基金是分散投资于金融市场上的各种有价证券的,而有价证券的价格时刻在变化,那么应如何计算基金的资产值呢?通行的方法有两种:

(1) 已知价(known price,或称事前价 historic price)计算法。是指基金管理公司根据上一个交易日的证券市场(或交易所)的收市价格计算基金的金融资产总值。而每个基金单位的资产净值则等于金融资产总值加上现金除以已售出的基金单位总数。如果采取已知价交易,投资者当天就可知道基金的买入价或赎回价。

(2) 未知价(unknown price,或称事后价 forward price)计算法。是指基金管理公司根据当天的证券市场上各种金融产品的收市价计算其资产总值,再由这个资产总值计算出每个单位的资产净值。在这种情况下,投资者必须在当天交易结束的第二天才能知道基金单位价格。

基金转让交易的报价以其计价为基础,有两种:一是卖出价(亦称认购价,offer price),二是买入价(亦称赎回价,bid price)。卖出价高于买入价,因为卖出价中包括了经营者的佣金,这种佣金主要是首次购买费和交易费。

(1) 卖出价。计算公式是:卖出价 = 基金单位资产净值 + 首次购买费 + 交易费。不同种类的基金所收取的首次购买费各不相同。投资在本地金融市场上的基金收取的首次购买费比较低。投资在境外金融市场上的基金收取的首次购买费则相对高些。交易费是基金经理在进行金融资产买卖时所支付的费用,买卖基金收取的交易费一般占基金单位资产净值的 0.5%—1%,也有些基金在买卖时不收取交易费。

(2) 买入价。一般有三种计算方法:

第一种方法,基金买入价 = 基金单位资产净值,即基金管理公司用单位资产净值赎回基金单位。

第二种方法,基金买入价 = 基金单位资产净值 - 交易费。

第三种方法,基金买入价 = 基金单位资产净值 - 赎回费。该种计价方式的目的是阻止投资者赎回,或增加其赎回成本,以保持基金资产的稳定。

2. 封闭型基金

封闭型基金是指基金管理公司在设立基金时,限定了基金的发行总额,在发行期满后就封闭起来,不再增加股份,故也称为固定型基金。封闭型基金的流通采取在交易所上市的办法,其价格由市场供求决定,故封闭型基金还可称为公开交易基金。

对于封闭型基金而言,还要规定基金的发行总额和发行期限,只要发行总额一认满,不管是否到期,基金就封闭起来,不再接受认购申请。倘若在规定的发行时间里,发行总额未被认购完毕,基金管理公司则会相对延长发行期限,此后若仍无法完成计划,则该基金不能成立。基金经理人应通知信托人负责将已收的认购款退还给原认购者。

3. 开放型基金与封闭型基金的区别

封闭型基金与开放型基金的主要区别包括:

(1) 封闭型基金的单位数或股份数是固定的,投资者只可在基金发行期间购买,而后不得赎回股份,而开放型基金的单位数或股份数是不固定的,会随投资者的认购和赎回而改变。

(2) 期限不同,开放型基金的投资者由于可以向经理人提出赎回要求,故无设定期限的必要,而封闭型基金的投资者则无此权利,故需设立一个固定期限,通常为 8—15 年。

(3) 封闭型基金的单位或股份在证券交易所上市交易,价格由供求关系决定,而开放型基金的单位或股份在经理人或其代理人的柜台处交易,价格由单位净值决定。

(4) 封闭型基金可以发行优先股、债券或向银行贷款,而开放型基金则不能利用财务杠杆来筹资。

(5) 封闭型基金可以投资于未上市公司的股份,且在法律上对其投资的比例无限制,而开放型基金不能投资于未上市公司的股份或只能投资于一个很小的比例。

(6) 投资方式有所不同。封闭型基金由于不可赎回,可以把基金全部用来投资,并且可以用作长线投资,而开放型基金,由于需要应付投资者随时赎回兑现,经理人必须保留一部分现金,而且投资组合中流动性必须很强,以备大规模赎回之需,这对经理人的要求也更高了。

(三) 公募基金与私募基金

公募基金是指向非特定人发行而投资于证券市场的基金,私募基金是指向特定人募集而投资于证券市场的基金。在国外,私募基金主要指对冲基金,在中国这种私募基金也称为阳光私募基金。长期以来,中国对这类私募基金没有明确的法律规范,2013年实施的《证券投资基金法》(2012修订版),明确了这类私募基金的法律定位。在该法中称这类基金为"非公开募集基金"。

(四) 按投资目标分类

1. 成长型基金

成长型基金是基金中最常见的一种,它追求的是基金资产的长期增值。为了达到这一目标,基金管理人通常将基金资产投资于信誉度较高、有长期成长前景或长期盈余的所谓成长公司的股票。成长型基金又可分为稳健成长型基金和积极成长型基金。

2. 收入型基金

收入型基金主要投资于可带来现金收入的有价证券,以获取当期的最大收入为目的。收入型基金资产成长的潜力较小,损失本金的风险相对也较低,一般可分为固定收入型基金和股票收入型基金。固定收入型基金的主要投资对象是债券和优先股,因而尽管收益率较高,但长期成长的潜力很小,而且当市场利率波动时,基金净值容易受到影响。股票收入型基金的成长潜力比较大,但易受股市波动的影响。

3. 平衡型基金

平衡型基金将资产分别投资于两种不同特性的证券,并在以取得收入为目的的债券及优先股和以资本增值为目的的普通股之间进行平衡。这种基金一般将25%—50%的资产投资于债券及优先股,其余的投资于普通股。平衡型基金的主要目的是从其投资组合的债券中得到适当的利息收益,与此同时又可以获得普通股的升值收益。投资者既可获得当期收入,又可得到资金的长期增值,通常是把资金分散投资于股票和债券。平衡型基金的特点是风险比较低,缺点是成长的潜力不大。

(五) 按投资标的分类

1. 债券基金

债券基金是一种以债券为主要投资对象的证券投资基金。由于债券的年利率固定，因而这类基金的风险较低，适合于稳健型投资者。

通常债券基金收益会受货币市场利率的影响，当市场利率下调时，其收益就会上升；反之，若市场利率上调，则基金收益率下降。除此之外，汇率也会影响基金的收益，管理人在购买非本国货币的债券时，往往还在外汇市场上做套期保值。

2. 股票基金

股票基金是指以股票为主要投资对象的证券投资基金。股票基金的投资目标侧重于追求资本利得和长期资本增值。基金管理人拟定投资组合，将资金投放到一个或几个国家，甚至是全球的股票市场，以达到分散投资、降低风险的目的。

投资者之所以钟爱股票基金，原因在于可以有不同的风险类型可供选择，而且可以克服股票市场普遍存在的区域性投资限制的弱点。此外，股票基金还具有变现性强、流动性强等优点。由于聚集了巨额资金，几乎甚至一只基金就可以引发股市动荡，因此，各国政府对股票基金的监管都十分严格，不同程度地规定了基金购买某一家上市公司的股票总额不得超过基金资产净值的一定比例，防止基金过度投机和操纵股市。

3. 货币市场基金

货币市场基金是以货币市场为投资对象的一种基金，其投资工具期限在一年内，包括银行短期存款、国库券、公司债券、银行承兑票据及商业票据等。通常，货币基金的收益会随着市场利率的下跌而降低，与债券基金正好相反。货币市场基金通常被认为是无风险或低风险的投资。

4. 指数基金

指数基金是 20 世纪 70 年代以来出现的新的基金品种。为了使投资者能获取与市场平均收益相接近的投资回报，产生了一种功能上近似或等于所编制的某种证券市场价格指数的基金。其特点是：它的投资组合等同于市场价格指数的权数比例，收益随着当期的价格指数上下波动。当价格指数上升时，基金收益增加；反之，收益减少。基金因始终保持当期的市场平均收益水平，因而收益不会太高，也不会太低。指数基金的优势是：第一，费用低廉。指数基金的管理费较低，尤其交易费用较低。第二，风险较小。指数基金的投资非常分散，可以完全消除投资组合的非系统风险，而且可以避免由于基金持股集中带来的流动性风险。第三，以机构投资者为主的市场中，指数基金可获得市场平均收益率，可以为股票投资者提供更好的投资回报。第四，指数基金可以作为避险套利的工具。对于投资者尤其是机构投资者来说，指数基金是他们避险套利的重要工具。指数基金由于其收益率的稳定性和投资的分散性，特别适用于社保基金等数额较大、风险承受能力较低的资金投资。

5. 衍生证券基金

衍生证券基金是指以衍生证券为投资对象的证券投资基金，主要包括期货基金、期权基金和认购权证基金。由于衍生证券一般是高风险的投资品种,因此,投资这种基金的风险较大,但预期的收益水平比较高。

(六) 按基金资本来源和运用地域分类

1. 国内基金

国内基金是基金资本来源于国内并投资于国内金融市场的投资基金。一般而言,国内基金在一国基金市场上应占主导地位。

2. 国际基金

国际基金是基金资本来源于国内但投资于境外金融市场的投资基金。由于各国经济和金融市场发展的不平衡性,因而在不同国家会有不同的投资回报,通过国际基金的跨国投资,可以为本国资本带来更多的投资机会以及在更大范围内分散投资风险,但国际基金的投资成本和费用一般也较高。国际基金有国际股票基金、国际债券基金和全球商品基金等种类。

3. 离岸基金

离岸基金是基金资本从国外筹集并投资于国外金融市场的基金。离岸基金的特点是两头在外。离岸基金的资产注册登记不在母国,为了吸引全球投资者的资金,离岸基金一般都在素有"避税天堂"之称的地方注册,如卢森堡、开曼群岛、百慕大等,因为这些国家和地区对个人投资的资本利得、利息和股息收入都不收税。

4. 海外基金

海外基金是基金资本从国外筹集并投资于国内金融市场的基金。利用海外基金通过发行受益凭证,把筹集到的资金交由指定的投资机构集中投资于特定国家的股票和债券,把所得收益作为再投资或作为红利分配给投资者,它所发行的受益凭证则在国际著名的证券市场挂牌上市。海外基金已成为发展中国家利用外资的一种较为理想的形式,一些资本市场没有对外开放或实行严格外汇管制的国家可以利用海外基金。

第二节 投资基金的作用

一、投资基金在全球金融体系中的地位

证券投资基金作为社会化的理财工具,起源于英国的投资信托公司。产业革命极大地推动了英国生产力的发展,国民收入大幅增加,社会财富迅速增长。由于国内资金充裕,那些需要大量产业资本的国家在英国发行各种有价证券。另外,为谋求资本的最大增值,人们希望能够投资海外,却苦于资金量小,缺乏国际投资经验,因此萌发了集合国内投资者的资金,委托专人经营和管理的想法。证券投资基金由此萌芽。1868年,英国成立"海外及殖民地政府信托基金",金融史学家将其视为证券投资基金的雏形。到1890年,运作中的英国投资信托基金超过100家,以公债为主要的投资对象,在类型上主要是封闭式基金。

20世纪以后,世界基金业的发展大舞台转到美国。1924年3月31日,马萨诸塞投资信托基金在美国波士顿成立,成为世界上第一只公司型开放式基金。20世纪40年代以后,众多发达国家的政府认识到证券投资基金的重要性,纷纷通过立法加强监管,完善对投资者的保护措施,为基金业的发展提供了良好的外部环境。美国的投资基金1940年只有68种,投资者只有30万户,资产额4亿美元,到1996年2月底,美国投资基金已达3.01万亿美元,而同期商业银行存款总额为3.02万亿美元,二者相差无几。1996年2月底的投资基金资产总额相当于1995年美国国内生产总值7.4万亿美元的40%,在美国注册的投资基金数目已超过5 000个,比在纽约证券交易所上市的股票还要多,资产已超过储蓄存款机构及美国保险业所管理的金额,投资基金已成为美国第二大金融中介机构,仅次于商业银行。截至2007年年末,美国的共同基金资产规模达到12万亿美元,占所有家庭资产的40%左右。

20世纪80年代以后,证券投资基金在世界范围内得到普及发展,基金业的快速发展成为一种国际性现象。形成了北美基金市场、欧洲基金市场和以亚太地区为核心的新兴金融市场。到20世纪末,全球基金已超过5万亿美元,其中北美市场超过3万亿美元,欧洲基金市场达到1.7万亿美元,其余为新兴基金市场,基金业已经成为与商业银行和保险公司并列的又一重要的金融部门。此阶段是投资基金成熟、繁荣阶段,以投资基金的品种创新、技术创新、管理现代化为主要发展内容。根据美国证券业的统计,截至2008年年末,全球共同基金资产规模达到18.97万亿美元。

投资基金在西方国家得以蓬勃发展,是股份制经济发展到一定规模,资本市场发展到一定规模的结果。其成功的缘由,可以归结为:开放型基金大力发展,增强基金流动性,投资专业化,投资工具全面化,投资货币化,等等。投资基金的发展,对资金在世界范围内流动、金融国际化和世界经济的发展起到了很大的促进作用。

二、我国投资基金的产生与发展

我国证券投资基金业的发展可以分为三个历史阶段:20世纪80年代至1997年11月《证券投资基金管理暂行办法》颁布之前的早期探索阶段,《证券投资基金管理暂行办法》颁布实施以后至2004年6月《证券投资基金法》实施前的试点发展阶段,《证券投资基金法》实施后的快速发展阶段。

(一) 早期发展阶段

始于20世纪70年代末的中国经济体制改革,在推动中国经济快速发展的同时,也引发了社会对资金的巨大需求。在这种背景下,基金作为一种筹资手段开始受到一些中国驻外金融机构的注意。1987年中国银行和中国国际信托投资公司首先设立基金业务,这是我国投资基金业的雏形。1987年中国新科技创业投资公司汇丰集团和渣打银行在香港联合设立了中国置业基金,首期筹资3 900万英镑,直接投资于珠江三角洲为中心的乡镇企业,并随即在香港联交所上市。这标志着中资金融机构开始正式涉足投资基金业务。在境外中国概念基金与中国证券市场初步发展的影响下,中国境内第一家较为规范的投资基金——淄博乡镇企业投资基金于1992年11月经中国人民银行批准正式设立。淄博基金的设立揭开了投资基金在内地发展的序幕。1992年是投资基金设立最多的一年。沈阳推出农信、富民、通发、公众和万利五种受益凭证,并于同年在沈阳证券交易中心挂牌交易,共集资2.2亿元。大连也推出四只基金性质的证券,集资1.6亿元,于同年在证券交易中心展开交易。另外,海南等地也发行了数种基金。在基金发展过程中,国家投资基金法规未出台,而地方性法规先有了,深圳市于1992年6月率先公布了《深圳市投资信托基金管理办法》,使基金的设立、管理、经营有法可依,并于1992年批准成立了我国第一家基金管理公司——深圳投资基金管理公司,并发行了天骥基金3亿元,后又增至5.8亿元,在深圳证交所上市。1993年曾被预测为中国的"基金年",但由于股市不景气,也影响了投资基金的发展。为了禁止投资基金违章集资,配合宏观调控,也为协助国库券的发行,人民银行将投资基金的批准设立权集中于人总行。同年8月,上海证券交易所公布了《基金证券上市试行办法》,对基金上市进行规范。但至1994年年底,基金数量仍有大幅增加,这主要是地方政府、地方证券委越权批准的,还有部分受益债券改造的国债基金试点。1994年后,我国进入经济金融治理整顿阶段,基金发展过程中的不规范问题和累积的其他问题也逐步暴露,多数基金资产经营状况恶化,我国基金业发展因此限于停顿状态。截至1997年年底,基金的数量为75只,规模在58亿元左右。

(二) 规范发展阶段

在对老基金发展过程加以反思之后,经过国务院批准,国务院证券监督管理委员会于1997年11月颁布了《证券投资基金管理暂行办法》。这是我国首次颁布的规范证券投资基金运作的行政法规,为我国基金业的发展奠定了规制基础。由此,我国基金业的发展进入了规范化的试点发展阶段。1998年3月27日,经过中国证监会的批准,南方基金管理公司和国泰基金管理公司分别发起设立了两只规模均为20亿元的封闭式基金——基金开元和基金金泰,由此拉开了我国证券投资基金试点的序幕。封闭式基金试点成功的基础上,2001年9月,我国第一只开放式基金——华安创新基金诞生,使我国基金业发展实现了从封闭式基金到开放式基金的历史性跨越。此后开放式基金组建取代封闭式基金成为中国基金市场的发展方向。

(三) 快速发展阶段

2004年6月1日开始实施的《证券投资基金法》,为我国基金业的发展奠定了重要的法律基础,标志着我国基金业进入了一个新的发展阶段。2004年10月推出第一只上市开放式基金(LOF)——南方积极配置基金,2004年年底推出国内首只交易型开放式指数基金——华夏上证50(EFT)。2006年、2007年、2008年分别推出结构化基金、QDII基金、社会责任基金,层出不穷的基金产品创新极大地推动了我国基金业的发展。2007年我国基金业的资产规模达到前所未有的3.28万亿元,2008年受金融危机的影响,规模下降到了1.94亿元,2009年年末基金资产的规模得到了恢复,达到了2.68万亿元。截至2012年12月31日,全行业已开展业务的72家基金管理公司管理资产规模合计36 142.79亿元,其中:管理的非公开募集资产(社保基金、企业年金和特定客户资产)规模7 481.79亿元,占全行业管理资产规模的20.70%,公募基金(封闭式基金和开放式基金)规模28 661亿元,占全行业管理资产规模的79.30%。公募基金产品1 173只,其中:封闭式基金68只,净值规模1 412.99亿元,占全行业管理资产规模的3.91%;股票型基金534只,净值规模11 475.28亿元,占全行业管理资产规模的31.75%;混合型基金218只,净值规模5 646.17亿元,占全行业管理资产规模的15.62%;债券型基金225只,净值规模3 779.70亿元,占全行业管理资产规模的10.46%;货币市场基金61只,净值规模5 717.28亿元,占全行业管理资产规模的15.82%;QDII基金67只,净值规模629.58亿元,占全行业管理资产规模的1.74%。

2012年,全行业管理资产规模较2011年增长30.23%,其中非公开募集资产规模增长27.39%,公募基金规模增长30.99%。

三、发展投资基金对我国经济的作用

投资基金对我国经济所起的作用主要表现在以下几个方面。

(一) 引导居民由储蓄向证券投资转化

居民的储蓄比重下降使投资基金的比重明显上升。投资基金已经成为银行和金融机构的有力竞争者。总之,投资基金为中小投资者拓宽了投资渠道,为中小投资者提供了较为理想的间接投资工具。因此可以说,基金已进入寻常百姓家,成为大众化的投资工具。

(二) 作为机构投资者的主力军能有效地稳定证券市场

证券市场投资者的成分相当复杂,任何成熟完善的证券市场都有稳定市场的中坚力量,机构投资者是主要的稳定力量,而投资基金是其中的主流。投资基金多以中长期资本的成长为主要的投资目标,能够根据上市公司的经营状况和基本经济因素,通过对各种资料的分析来做出投资决策。投资的行为比较理智和成熟,减少了个人投资者中的盲目跟风,避免少数大户对股市的操纵,控制过分投机行为。投资基金有利于证券市场的稳定与发展。第一,证券市场的稳定与否同市场的投资者结构密切相关。基金的出现和发展,能有效地改善证券市场的投资者结构。基金由专业投资者经营管理,其投资经验比较丰富,收集和分析信息的能力较强,投资行为相对理性,客观上能起到稳定市场的作用。同时,基金一般注重资本的长期增长,多采取长期的投资行为,较少在证券市场上频繁进出,能减少证券市场的波动。第二,基金作为一种主要投资于证券市场的金融工具,其出现和发展增加了证券市场的投资品种,扩大了证券市场的交易规模,起到了丰富和活跃证券市场的作用。随着基金的发展壮大,它已成为推动证券市场发展的重要动力。

(三) 强化了金融证券化趋势

其特点是借款人筹资通过证券市场获得,取代了传统的银行贷款,使得许多以前只能从银行得到贷款的借款人更有可能进入证券市场,为投资者和筹资者提供一个更直接、

更透明、更高效的选择。

（四）促进国际资本的有效渗透

国际资本在金融世界中的地位日益突出，由于世界经济、国际金融环境的急剧变化，国家基金成为国际投资出色、灵活和高效的使者，对促进国际资本的有效渗透起了很大的作用。

第三节　证券投资基金的设立与管理

本节主要介绍我国证券投资基金的设立与管理。

根据1997年出台的《证券投资基金管理暂行办法》和2004年出台的《证券投资基金法》(2012年年底修订,2013年6月1日施行)。我国证券投资基金管理逐步走向规范化和法律化。

一、基金设立的程序

（一）证券投资基金设立的主要步骤

(1) 确定基金性质。按组织形态的不同，基金有公司型和契约型之分；按基金券可否赎回，又可分为开放型和封闭型两种，基金发起人首先应对此进行选择。

(2) 选择共同发起人、基金管理人与托管人，制定各项申报文件。根据有关对基金发起人资格的规定慎重选择共同发起人，签订"合作发起设立证券投资基金协议书"，选择基金保管人，制定各种文件，规定基金管理人、托管人和投资人的责、权、利关系。

(3) 向主管机关提交规定的报批文件。同时，积极进行人员培训工作，为基金成立做好各种准备。

(4) 发布基金招募说明书，发售基金券。一旦招募的资金达到有关法规规定的数额或百分比，基金即告成立；否则，基金发起便告失败。

（二）申请设立基金应提交的文件和内容

基金发起人在申请设立基金时应当向证监会提供的文件有：

(1) 申请报告。主要内容包括：基金名称、拟申请设立基金的必要性和可行性、基金类型、基金规模、存续时间、发行价格、发行对象、基金的交易或申购和赎回安排、拟委托的托管人和管理人以及重要发起人签字、盖章。

(2) 发起人情况。包括发起人的基本情况、法人资格与业务资格证明文件。

(3) 发起人协议。主要内容包括：拟设立基金名称、类型、规模、募集方式和存续时间；基金发起人的权利和义务，并具体说明基金未成立时各发起人的责任、义务；发起人认购基金单位的出资方式、期限以及首次认购和在存续期间持有的基金单位份额；拟聘任的基金托管人和基金管理人；发起人对主要发起人的授权等。

(4) 基金契约与托管协议。

(5) 招募说明书。

(6) 发起人财务报告。包括主要发起人经具有从事证券相关业务资格的会计师事务所及其注册会计师审计的最近三年的财务报表和审计报告,以及其他发起人实收资本的验资证明。

(7) 法律意见书。具有从事证券法律业务资格的律师事务所及其律师对发起人资格、发起人协议、基金契约、托管协议、招募说明书、基金管理公司章程、拟委任的基金托管人和管理人的资格、本次发行的实质条件、发起人的重要财务状况等问题出具法律意见。

(8) 募集方案。包括基金发行基本情况及发行公告。

二、基金的募集、变更与清算

投资者在认购封闭式基金的基金份额时,须开设证券交易账户或基金账户,在指定的发行时间内通过证券交易所的各个交易网点以公布的价格和符合规定的申购数量进行申购。如果有效申购总量超过封闭式基金发行总量,则以抽签配号方式决定投资者实际认购量。改制基金的扩募由原基金持有人按照规定比例和价格在规定时间内配售。投资者投资开放式基金时,应先到基金管理公司或其指定的代销机构开设专用基金账户及相应的资金账户;一名投资者只能在一个销售网点开户,且只能开设一个基金账户;投资由不同基金管理公司管理的不同的开放式基金时,应该到不同的基金管理公司或其代理机构分别办理手续。

我国封闭式基金都是采用自办发行方式通过证券交易所交易系统进行基金券发行的,但开放式基金由于其交易(认购、申购、赎回)是在投资者与基金管理人或其代理人之间进行的,故开放式基金券除了由基金管理人自办发行外,一般还选择一些机构(如银行、证券公司等)代理销售。

(一) 基金的募集

按照规定,证券投资基金的发行只有在符合以下条件时才能成立:

(1) 封闭式基金的募集期限为自该基金批准之日起计算的3个月,只有在募集期限内募集的资金超过该基金批准规模的80%时,该基金方可成立。

(2) 开放式基金的募集期限也是3个月,在募集期限内净销售额超过2亿元时,基金方可成立。如果基金的募集未达到上述要求,基金的发行即告失败,基金发起人应承担募集费用,并将已募集资金加计银行活期存款利息于30日内退还给基金认购人。

(3)《证券投资基金法》(2012年修订版)对非公开募集基金的设立与管理做出了特别规定。非公开募集基金应当向合格投资者募集,合格投资者累计不得超过200人。合格投资者,是指达到规定资产规模或者收入水平,并且具备相应的风险识别能力和风险承担能力,其基金份额认购金额不低于规定限额的单位和个人。除基金合同另有约定外,非公开募集基金应当由基金托管人托管。担任非公开募集基金的基金管理人,应当按照规定向基金行业协会履行登记手续,报送基本情况。

(二) 基金的变更

以下情况属于基金的变更,但事前必须报经主管机关核准:

(1) 改变基金券的认购办法、交易方式及净资产值的计算方法。

(2) 基金扩募或续期。

(3) 更换基金管理人或基金托管人等。

(三) 基金的终止

在下列情况下,经主管机关批准,基金应该终止,结束营业:

(1) 基金封闭期满,未获批准续期的。

(2) 因原基金管理人或原基金托管人退任而无新的基金管理人或基金托管人承接的,或在基金存续期内有超过基金招募说明书规定的连续数量工作日以上,基金持有人数量不足 100 人或基金资产净额低于 5 000 万元的。

(3) 经基金持有人大会表决终止的。

(4) 因重大违法违规行为,被中国证监会责令终止的。

(5) 由于投资方向变更而引起基金合并、撤销的。

(6) 法律法规规定的其他情况。

(四) 基金的清算

基金终止时,必须组成清算小组对基金资产进行清算,清算结果应当报主管部门准许并予以公告。

三、基金交易方式及交易价格

基金交易方式因基金性质的不同而不同。封闭式基金因有封闭期规定,在封闭期内基金规模稳定不变,既不接受投资者的申购也不接受投资者的赎回,因此,为满足投资者的变现需要,封闭式基金成立后通常申请在证券交易所挂牌,交易方式类似股票,即是在投资者之间转手交易。而开放式基金因其规模是"开放"的,在基金存续期内其规模是变动的,除了法规允许自基金成立日始基金成立满 3 个月期间,依基金契约和招募说明书规定,可只接受申购不办理赎回外,其余时间如无特别原因,应在每个交易日接受投资者的申购与赎回。因此,开放式基金的交易方式为场外交易,在投资者与基金管理人或其代理人之间进行交易,投资者可至基金管理公司或其代理机构的营业网点进行基金券的买卖,办理基金单位的随时申购与赎回。

(一) 封闭式基金的交易及交易价格

1. 封闭式基金的上市申请及审批

如前所述,封闭式基金的交易方式为在证券交易所挂牌上市,因此,封闭式基金在募集成立后,应及时向证券交易所申请上市。上市申请及主管机关审批的主要内容包括:基金的管理和投资情况;基金管理人提交的上市可行性报告;信息披露的充分性;内部机制是否健全,能否确保基金章程及信托契约的贯彻实施等。上述材料必须真实可靠,无重大遗漏。

2. 封闭式基金的交易规则

(1) 基金单位的买卖遵循"公开、公平、公正"的"三公"原则和"价格优先、时间优先"的原则。

(2) 以标准手数为单位进行集中无纸化交易,电脑自动撮合,跟踪过户。

(3) 基金单位的价格以基金单位资产净值为基础,受市场供求关系的影响而波动,行情即时揭示。

(4) 基金单位的交易成本相对低廉。

3. 影响封闭式基金价格变动的因素

基金单位净资产和市场供求关系是影响封闭式基金市场价格的主要因素,但其他因素也会导致其价格波动。

(1) 基金单位净资产值。基金单位净资产值是指某一时点上某一基金每份基金单位实际代表的价值,是基金单位的内在价值。由于基金单位净资产值直接反映一个基金的经营业绩和相对于其他证券品种的成长性,同时,也由于基金单位净资产值是基金清盘时,投资者实际可得到的价值补偿,因此,基金单位净资产值构成影响封闭式基金市场价格最主要的因素。一般情况下,基金单位的市场价格应围绕基金单位净资产值而上下波动。

(2) 市场供求关系。由于封闭式基金成立后,在存续期内其基金规模是稳定不变的,因此,市场供求状况会对基金交易价格产生重要影响。一般而言,当市场需求增加时,基金单位的交易价格就会上升;反之,就会下跌,从而使基金价格相对其单位净值而言经常出现溢价或折价交易的现象。

(3) 市场预期。市场预期通过影响供求关系而影响基金价格。当投资者预期证券市场行情看涨,或基金利好政策将出台,或基金管理人经营水平提高,或基金市场将"缩容"等时,将增加基金需求从而导致基金价格上涨;反之,将减少基金需求,从而导致基金价格下跌。

(4) 操纵。如同股票市场一样,基金市场也存在着"坐庄"操纵现象。由于封闭式基金的"盘子"是既定的,因此资金实力大户往往通过人为放大交易量或长期单向操作来达到影响市场供求关系及交易价格,从中获利的目的。

(二) 开放式基金的交易及交易价格

1. 开放式基金的认购、申购、赎回

投资者在开放式基金募集期间,基金尚未成立时购买基金单位的过程称为认购。通常认购价为基金单位面值(1元)加上一定的销售费用。基金初次发行时一般会对投资者有费率上的优惠。投资者在认购基金时,应在基金销售点填写认购申请书,交付认购款项,注册登记机构办理有关手续并确认认购。只有当开放式基金宣布成立后,经过规定的日期,基金才能进入日常的申购和赎回。

在基金成立后,投资者通过基金管理公司或其销售代理机构申请购买基金单位的过程称为申购。投资者办理申购时,应填写申购申请书并交付申购款项。申购基金单位的金额是以申购日的基金单位资产净值为基础计算的。

投资者为变现其基金资产,将手持基金单位按一定价格卖给基金管理人,并收回现金的过程称为赎回。赎回金额是以当日的单位基金资产净值为基础计算的。

2. 开放式基金申购、赎回的限制

根据有关法规及基金契约的规定,开放式基金的申购与赎回主要有如下限制:

(1) 基金申购限制。基金在刊登招募说明书等法律文件后,开始向法定的投资者进行招募。依据国内基金管理公司已披露的开放式基金方案,首期募集规模一般都有一个上限。在首次募集期内,若最后一天的认购份额加上在此之前的认购份额超过规定的上限,则投资者只能按比例进行公平分摊,无法足额认购。开放式基金除规定认购价格外,通常还规定了最低认购额。另外,根据有关法律和基金契约的规定,对单一投资者持有基金的总份额还有一定的限制,如不得超过本基金总份额的 10% 等。

(2) 基金赎回限制。开放式基金赎回方面的限制,主要是对巨额赎回的限制。根据《开放式证券投资基金试点办法》的规定,开放式基金单个开放日中,基金净赎回申请超过基金总份额的 10% 时,将被视为巨额赎回。巨额赎回申请发生时,基金管理人在当日接受赎回比例不低于基金总份额 10% 的前提下,可以对其余赎回申请延期办理。也就是说,基金管理人根据情况可以给予赎回,也可以拒绝这部分的赎回,被拒绝赎回的部分可延迟至下一个开放日办理,并以该开放日当日的基金资产净值为依据计算赎回金额。当然,发生巨额赎回并延期支付时,基金管理人应当通过邮寄、传真或者招募说明书规定的其他方式,在招募说明书规定的时间内通知基金投资人,说明有关处理方法,同时在指定媒体及其他相关媒体上公告。通知和公告的时间,最长不得超过 3 个证券交易日。

3. 开放式基金的申购、赎回价格

开放式基金的交易价格即为申购、赎回价格。开放式基金申购和赎回的价格是建立在每份基金净值基础上的,基金净值再加上或减去必要的费用,就构成了开放式基金的申购和赎回价格。

基金的申购价格,是指基金申购申请日当天每份基金单位净资产值再加上一定比例的申购费所形成的价格,它是投资者申购每份基金时所要付出的实际金额。基金的赎回价格,是指基金赎回申请日当天每份基金单位净资产值再减去一定比例的赎回费所形成的价格,它是投资者赎回每份基金时可实际得到的金额。

四、基金收入及利润分配

证券投资基金收入是基金资产在运作过程中所产生的各种收入,主要包括利息收入、投资收益以及其他收入。基金资产估值引起的资产价格变动作为公允价值变动损益计入当期损益。

证券投资基金利润分配是指基金在一定会计期间的经营成果。利润包括收入减去费用后的净额、直接计入当期利润的利得和损失等,也称为基金收益。证券投资基金在获取投资收入和扣除费用后,须将利润分配给受益人。基金利润(收益)分配通常有两种方式:一是分配现金,这是最普遍的分配方式;二是分配基金份额,即将应分配的净利润折为等额的新的基金份额送给受益人。

按照《证券投资基金管理办法》的规定,基金的收益分配每年不得少于一次,基金年度收益分配比例不得低于基金年度已实现收益的90%。基金一般采用现金方式分红。

开放式基金的基金合同应当约定每年基金利润分配的最多次数和基金利润分配的最低比例。开放式基金的分红方式有现金分红和分红再投资转换为基金份额两种。根据规定,基金利润分配应当采用现金方式。开放式基金的基金份额持有人可以事先选择将所获分配的现金利润按照基金合同有关基金份额申购的约定转为基金份额;基金份额持有人事先未做出选择的,基金管理人应当支付现金。

五、证券投资基金的投资风险

证券投资基金存在的风险主要有:

(1) 市场风险。基金主要投资于证券市场,投资者购买基金,相对于购买股票而言,由于能有效地分散投资和利用专家优势,可能对控制风险有利。分散投资虽能在一定程度上消除来自个别公司的非系统性风险,但无法消除市场的系统性风险。因此,证券市场价格因经济因素、政治因素等各种因素的影响而产生波动时,将导致基金收益水平和净值发生变化,从而给基金投资者带来风险。

(2) 管理能力风险。基金管理人作为专业投资机构,虽然比普通投资者在风险管理方面确实有某些优势,如能较好地认识风险的性质、来源和种类,能较准确地度量风险,并通常能够按照自己的投资目标和风险承受能力构造有效的证券组合,在市场变动的情况下,及时地对投资组合进行更新,从而将基金资产风险控制在预定的范围内等,但是,不同的基金管理人的基金投资管理水平、管理手段和管理技术存在差异,从而对基金收益水平产生影响。

(3) 技术风险。当计算机、通信系统、交易网络等技术保障系统或信息网络支持出现异常情况时,可能导致基金日常的申购或赎回无法按正常时限完成、注册登记系统瘫痪、核算系统无法按正常时限显示基金净值、基金的投资交易指令无法即时传输等风险。

(4) 巨额赎回风险。这是开放式基金所特有的风险。若因市场剧烈波动或其他原因而连续出现巨额赎回,并导致基金管理人出现现金支付困难,基金投资者申请巨额赎回基金份额,可能会遇到部分顺延赎回或暂停赎回等风险。

为了加强对基金投资运作的监管,提高基金运作的透明度,保障基金份额持有人的合法权益,基金必须履行严格的信息披露义务。我国《证券投资基金法》规定,基金管理人、基金托管人和其他基金信息披露义务人应当依法披露基金信息,并保证所披露信息的真实性、准确性、完整性和及时性。

六、基金投资组合

我国《证券投资基金法》规定,基金财产应当用于下列投资:第一,上市交易的股票、债券;第二,国务院证券监督管理机构规定的其他证券品种。因此,证券投资基金的投资范围为股票、债券等金融工具。目前我国的基金主要投资于国内依法公开发行上市的股票、非公开发行的股票、国债、企业债券和金融债券、公司债券、货币市场工具、资产支持证券、权证等。

(一) 按现行规定,基金的投资组合应当符合下列规定

(1) 1 只基金投资于股票、债券的比例,不得低于该基金资产总值的 80%。

(2) 1 只基金持有 1 家上市公司的股票,不得超过该基金资产净值的 10%。

(3) 同一基金管理人管理的全部基金持有 1 家公司发行的证券,不得超过该证券的 10%。

(4) 1 只基金投资于国家债券的比例,不得低于该基金资产净值的 20%。

(二) 按现行规定,基金管理公司不得从事下列行为:

(1) 基金之间相互投资。

(2) 基金托管人从事基金投资(基金托管人所属公司如果设立基金管理公司,应与所托管的基金分开)。

(3) 基金管理人以基金的名义使用不属于基金名下的资金买卖证券。

(4) 基金管理人从事任何形式的证券承销或者从事除国家债券以外的其他证券自营业务。国家另有规定的除外。

(5) 基金管理人从事资金拆借业务。

(6) 动用银行信贷资金从事基金投资。

(7) 国有企业违反国家有关规定炒作基金。

(8) 将基金资产用于抵押、担保、资金拆借或者贷款。

(9) 从事证券信用交易。

(10) 以基金资产进行房地产投资。

(11) 从事可能使基金资产承担无限责任的投资。

(12) 将基金资产投资于与基金托管人或者基金管理人有利害关系的公司发行的证券。

以上规定主要是为了防止基金投资风险,会根据基金的发展和市场变化而改变。

开放式基金必须保持足够的现金或者国家债券,以备支付赎金。基金托管人的托管费、基金管理人的报酬以及可以在基金资产中扣除的其他费用,应当按照国家有关规定执行并在基金契约和托管协议中订明。

基金托管人、基金管理人应当执行国家财务会计制度,依法纳税。

第四节 投资基金的专家化管理

一、投资基金专家化管理的内涵

基金管理公司的专家化管理,是指投资基金管理机制是一种全面的、系统的、科学的、艺术的、充满哲理的投资管理理念和投资管理运作体系。

专家化管理的内涵包括以下几个方面:

(1) 基金管理公司专家化管理的全面性。体现在其设立的合法性上,它必须是经过中国证监会审查批准的,具备中国证监会所要求的各项条件,能够依法承担各项基金管理人职责,能够以"诚实信用、勤勉尽责"的原则管理和运用基金资产。

(2) 基金管理公司专家化管理的系统性。体现在其具备完善的法律法规保障,各方当事人之间,遵从《基金契约》,按照《基金章程》及《基金托管协议》等相关法律法规,享有权利,承担义务,尽职尽责,相互监督,互相制约,从而达到保护投资者合法权利,使基金资产保值增值的目的。

(3) 基金管理公司专家化管理的科学性。体现在专家们经过认真调查研究,运用现代资产组合理论,通过计算机模型测试和交易决策支持系统,进行科学合理的投资管理。

(4) 基金管理公司专家化管理的艺术性。体现在,专家的个人智慧、才能的充分发挥,以及与投资决策委员会集体智慧的结合,加上各项制度的保障,使得投资管理适应市场变化,也使得投资决策不仅有科学性和制度保障,同时还具有灵活多变的艺术性。

(5) 投资基金管理公司专家化管理的哲理性。体现在其投资理念上,因而表现在其投资风格特色上,也是各个基金管理公司创造出不同的基金管理业绩的来源之一。

二、投资基金专家化管理的决策程序

(一) 投资目标

投资基金管理最重要的目标是为投资者降低和分散投资风险,确保基金资产的安全并谋求基金长期稳定的投资收益。基金管理公司进行投资的具体目标要依所管理的投资基金的性质和类型而定,即要符合《证券投资基金管理暂行办法》及实施细则的规定。

(二) 投资决策程序

1. 决策依据

(1) 根据宏观经济环境及其对证券市场的影响制定投资策略。

(2) 根据货币政策的变化、利率的走势决定各国债品种占投资组合的比重。

(3) 根据对行业及上市公司的调查研究确定具体的股票投资组合。

2. 决策方式

(1) 决策机构。投资决策委员会是基金管理公司的议事机构,由董事长、总经理、基金管理部经理及相关人员组成,定期召开会议,在紧急情况下可召开临时会议。主要工作是负责制订基金投资的投资计划、投资策略和投资目标,确定基金资产的分散程度和各项投资的比重。在风险控制委员会的监督下,采取防范和控制风险的措施,保障基金资产安全。风险控制委员会是管理公司的另一个议事机构,由副总经理、监察稽核部经理及其他相关人员组成,负责对基金投资业务的风险监控。

(2) 决策程序。研究发展部根据投资决策委员会及基金管理部的研究需求开展工作。通过对宏观经济政策、行业及上市公司的综合研究分析,为投资决策委员会提供研究报告。投资决策委员会对研究报告进行评估分析,作为制订投资计划、投资策略和投资目标的依据。

(3) 决策实施。基金管理部负责执行投资决策委员会制订的投资计划并将执行计划情况及时反馈给投资决策委员会,以备投资计划的进一步完善。

(4) 执行监督。风险控制委员会根据市场变化对投资计划的执行情况提出风险防范措施。投资计划执行完毕,基金管理部负责向投资决策委员会提交总结报告,经签署后存档备案。

(三) 投资基金管理公司须遵从的原则

投资基金的投资应符合以下原则:

(1) 分散风险、获取稳定收益原则。综合不同投资品种、不同行业和企业及不同投资期限等因素,确定投资组合,达到分散和降低投资风险,确保基金资产安全,谋求基金长期稳定收益的目的。

(2) 稳健性和投资目标性原则。制定切实可行的投资目标。在运作过程中,以中长期投资为主,选择具有良好业绩、经营稳健、高成长、朝阳产业的上市公司进行长期投资,实现基金资产的长期增值。

(3) 灵活性原则。关注市场的变化以及投资组合绩效的实现情况,通过对政策、经济周期、产业前景和企业经营状况的敏感度分析,建立动态的投资组合并随时进行调整,以保证投资目标的实现。

三、投资基金专家化管理的运行理念

基金管理公司的运行理念包括管理理念和交易理念两部分。

(一) 关于基金管理公司的管理理念

1. 基金管理公司在公众中的信誉与社会形象

投资者在选择投资基金管理公司时,都很注意其背景和声誉。信誉卓著的基金管理公司所管理基金的业绩回报出众,投资者才会信赖该基金管理公司的管理能力,对该基金管理公司所管理的基金有投资兴趣,才会将资金投向该基金公司。所以,著名基金管理公司在管理中很注重自身的信誉与社会形象。

以巴菲特为例,他所管理的柏克夏·哈斯维是美国著名的基金公司之一,在巴菲特的管理理念中,股东都是公司经营的参与者,公司的每一项决策都是从股东的利益出发,并征得主要投资者的同意;从不向股东隐瞒公司经营中存在的弱点以及他本人在投资中的失误。所以广大股东信任他,也愿意与公司荣辱与共,共担风险损失,从而有利于公司的稳定发展。

2. 重视培养公司员工的敬业精神

投资基金管理作为一种高风险的行业,任何工作失误都有可能导致不可挽回的损失,一些著名的投资基金管理公司特别强调对公司员工敬业精神的培养,以保证不发生无谓的损失。他们在提高员工敬业精神方面有一套自己独特而有效的机制。

以当前国际著名的基金经理索罗斯为例,他所管理的量子基金从事的都是风险很大的金融投资与投机,索罗斯和公司的管理层人员都自愿将个人的投资收益加入到基金中,与基金和广大股东共命运,公司的每一个员工都以高度的责任感投入到工作中去。正因为如此,量子基金创立以来才会有平均每年35%的增长率。

3. 建立符合自己投资风格的基金管理机制

一般来说,基金管理公司投资策略的制定取决于基金经理的投资风格,而既定投资策略的成功很大程度上依赖于有效的基金管理机制。成功的基金经理懂得根据自己的投资风格,建立一套合适的管理机制,使自己在执行投资策略时得心应手,而不是盲目效仿某一固定的模式。

巴菲特的投资组合管理,并不像一般的基金管理那样分散化投资,他的投资组合所选择的证券都是利用其投资理念精心挑选组合而成,数目最多也不过十种左右。事实证明,他的投资组合的风险并不比分散化投资组合的风险高,而收益却远远高于后者。

4. 投资风格的持续性

投资风格是一家基金管理公司的标志。投资者往往根据自己的投资偏好,去选择风格不同的基金管理公司。因此,许多基金经理在基金管理中,特别注重公司投资风格的持续性,以避免由于投资风格的变动而失去投资者的信任和支持。他们在选择助手和继承者时,都要求他们符合已有的投资风格,并经常向员工灌输自己的投资理念,以保证公司的投资风格得以贯彻和延续。

(二) 关于交易理念

1. 注重交易时机把握的准确性

投资基金的操作往往需要很高的技巧,这就要求基金管理人在操作时对入市时机和卖出时机能够较准确地把握,尤其在从事风险较大的投资时,一笔交易的时机把握不好,会使本来盈利的交易变为被迫斩仓。成功的基金经理往往都有多年的实战经验和深厚的投资功底,能够较准确地把握交易时机。

2. 交易手法的灵活性

随着国际金融市场的进一步发展,可供选择的投资工具日渐丰富。一个有经验的基金管理人,往往擅长灵活地运用各种投资工具达到其投资目的。索罗斯在从事金融投机时,其操作手法灵活多样,既有买空,也有卖空;既有现货,也有期货,其资金往往同时分布于货币、股票、利率等多个市场,实现了充分分散投资,以降低投资风险,取得高额回报。

3. 高度的自律

许多著名的基金经理经过多年的市场磨炼,大都形成了自己独特的投资原则。他们在交易时,能够严格地按照自己的投资原则进行交易。而不像一般投资者那样随波逐流,人云亦云。如美国著名基金经理欧内尔,他的风险控制原则是只要买入的证券损失达到7%就坚决斩仓。通过对这一原则的严格执行,他多次免于灭顶之灾,其管理的基金年均增长率达到30%。

4. 强烈的自信

成功的基金经理们有一个共同特征,就是在交易时对自己的投资理念充满信心,只要分析表明自己所做出的投资选择是正确的,他们就坚持自己的理念,有时甚至不惜承担巨大风险。

5. 专家化人才队伍的形成

投资基金管理是一个专业性很强的工作。基金管理能否成功,能否实现基金投资目标,基金管理公司能否取得良好的收益和社会效益,均取决于基金管理人的才能和素质,而且由其所管理的基金的市场价格体现出来。基金管理人的业绩通常成为投资人选择基金时的重要参考。因此,作为基金管理公司的人才资源——投资基金管理专家是十分重要的。基金管理公司的人才主要有:管理人才、专门人才、调研分析人才、投资决策人才。境外有的基金管理公司中调研分析人才可占到总人数的20%—30%。

6. 良好的投资管理服务

投资者投资于基金,享受的是基金管理公司提供的专家化管理服务,基金管理人的行为应以基金章程、基金信托契约为目标和约束,根据市场状况设计和调整投资组合。投资基金运作得好坏,直接关系到基金管理公司的生存与收益。因为基金管理公司收取的管理费、基金投资专家的业绩奖励均与基金资产的增值挂钩,也关系到基金管理公司的业务发展,基金管理运作得越好,委托基金管理公司管理的基金数量就越多,基金管理公司的经营规模就越大,管理费用成本就越低,基金管理公司的收益也就越好,同时,对投资人的收费可以降得越低,基金管理公司的社会形象就会越好,业务发展就越有优势。

第五节 投资基金的业绩衡量

对投资基金的业绩衡量,可以从基金对其投资组合的管理水平和盈利能力两方面进行。

一、投资组合的管理水平

我国基金管理公司的投资组合,首先,应当符合《证券投资基金管理暂行办法》的有关规定;其次,基金管理公司进行投资组合管理时,应紧紧把握住所管理基金的投资组合原则,例如,稳健性原则、投资目标原则、灵活性原则;再次,投资组合的构成要合理;最后,基金管理公司的基金经理们,要能够根据市场状况,在保持总体投资原则的前提下,适时进行投资组合调整。

基金管理公司投资组合的管理质量可以从以下具体指标中得到反映。

(一) 基金资产投资组合的流动性

从基金管理的安全性和流动性角度看,适度保持基金资产的流动性,比如现金占流动性总资产的比例,无论对于基金回避不良市况,防止或降低系统性风险,还是从长期投资的角度,适时选择时机进行投资,都具有重要意义。

(二) 基金资产投资组合的资产纯度

基金管理的目标,是降低风险,提高投资回报,最终使得基金资产保值增值。而基金管理中,应收款占基金资产的比例,就反映了资产纯度的高低,即应收款占基金资产的比例越低,则基金资产的纯度越高。而资产纯度高低即反映了基金管理公司资产管理的投资方向选择和投资组合管理的能力、盈利实现的能力。也就是说,同样高的投资回报率水平上,资产管理质量高低不同。

二、投资组合的盈利水平

由于投资组合是一种风险投资,因此,其盈利水平的衡量必须与其所承担的风险相联系,同时,反映基金管理者对投资组合盈利的管理能力,主要有两个方面:一是管理人员对投资对象的选择能力,即管理人员通过选择正确的投资对象而取得较好的投资收益;二是管理人员对投资时机的选择,即通过选择正确的投资时机而取得较好的投资收益。

(一) 投资组合业绩评价指标

对投资组合的业绩评价,除组合资产净值的增加、年度收益率等常规数量指标外,根据资产组合理论与资本资产定价理论,人们还提出了 Sharpe 比率、Treynor 比率、Jensen 指标和评估比率(appraisal ratio)等业绩衡量指标。

1. Sharpe 比率

Sharpe 比率的定义为

$$\text{Sharpe 比率} = (\bar{R}_p - \bar{R}_f)/\sigma_p \qquad (16-1)$$

其中:$\bar{R}_p$ 为衡量期内投资组合的平均收益率,$\bar{R}_f$ 为衡量期内无风险资产的平均收益率,σ_p 为衡量期内投资组合的标准差。

Sharpe 比率给出的是在一段时期内投资组合的平均风险报酬与其风险程度之比,它所衡量的是投资组合单位风险的报酬。

2. Treynor 比率

Treynor 比率的定义为

$$\text{Treynor 比率} = (\bar{R}_p - \bar{R}_f)/\beta_p \tag{16-2}$$

其中：β_p 为投资组合的 β 系数。

Treynor 比率给出的是在一段时间内投资组合的平均风险报酬与其系统风险之比，它所衡量的是投资组合单位系统风险的报酬。

3. Jensen 指标

Jensen 指标的定义为

$$\alpha_p = \bar{R}_p - [\bar{R}_f + \beta_p(\bar{R}_M - \bar{R}_f)] \tag{16-3}$$

Jensen 指标衡量的是"特征线"的 α 值，是利用 CAPM 模型衡量投资组合在系统风险报酬之外得到的额外风险报酬的大小。

4. 评估比率

评估比率为

$$\text{评估比率} = \alpha_p/\sigma(e_p) \tag{16-4}$$

评估比率给出的是投资组合的 α_p 与个别风险 $\sigma(e_p)$ 之比，它所衡量的是投资组合承担单位个别风险所得到的额外报酬。

上述四个指标对风险和收益的衡量不同，因此，它们虽各有其合理性，但却不能对同一组合业绩给出一致的评价，如表 16-1 给出的例子。[①]

表 16-1　投资组合 P 和市场组合 M 的基本信息

	投资组合 P	市场组合 M
$\bar{R}$	35%	28%
β	1.20	1.00
σ	42%	30%
$\sigma(e)$	18%	0

若 $\bar{R}_f = 6\%$，可分别计算出上述四个指标。

Sharpe 比率：

$$S_p = (35\% - 6\%)/42\% = 0.69$$
$$S_M = (28\% - 6\%)/30\% = 0.73$$

Treynor 比率：

$$T_p = (35\% - 6\%)/1.20 = 0.24$$
$$T_M = (28\% - 6\%)/1.00 = 0.22$$

---

① 此例转引自 Zvi Bodie, Alex Kane and Alan J. Marcus, *Investment*, 3rd ed., 1996, Irwin。

Jensen 指标：
$$\alpha_p = 35\% - [6\% + 1.2(28\% - 6\%)] = 2.6\%$$
$$\alpha_M = 0$$

评估比率：
$$AR_p = \alpha_p/\sigma(e_p) = 2.6\%/18\% = 0.14$$

由以上计算不难看出：根据 Sharpe 比率，市场组合 M 优于投资组合 P；根据 Treynor 比率，市场组合 M 劣于投资组合 P；根据 Jensen 指标，我们可以认为投资组合 P 是不错的。

(二) 业绩衡量指标的运用

如前所述，上述四个指标所衡量的收益和风险彼此间有所不同。事实上，它们在使用上也各有特点，运用于不同的情况和投资目的。

如果投资者将其全部风险投资均投入某一投资组合，则 Sharpe 比率是投资者衡量投资组合管理人员业绩的最佳指标。因为这时投资者关心的是该投资组合每承担一单位风险（指总风险）所得到的风险报酬。而这时最恰当的比较标准，就是市场组合。

如果这一投资组合是投资者所选取的一个进取型投资组合，投资者还要将这一投资组合与市场组合进行新的组合（即投资者的全部风险投资由这一进取型投资组合与市场组合共同构成），则评估比率是投资者衡量投资组合管理人员业绩的最佳指标。

我们知道，Sharpe 比率 $S_p = (\bar{R}_p - \bar{R}_f)/\sigma_p$，而 Sharpe 比率的平方可写为①

$$S_p^2 = S_M^2 + [\alpha_p/\sigma(e_p)]^2 \tag{16-5}$$

其中：S_M 为市场组合的 Sharpe 比率，$\alpha_p/\sigma(e_p)$ 为评估比率。由于投资组合 P 还要与市场组合相组合，因此，投资者最关心的是该组合因承担市场组合之外的个别风险获得多少额外风险报酬，而评估比率反映的正是这一点。

由单指数模型或特征线方程可知：
$$R_p - R_f = \alpha_p + \beta_p(R_M - R_f) + e_p$$

如果组合 P 定价合理，遵从 CAPM，则 $\alpha_p = 0$，而 e_p 是可被分散掉的风险。如果组合 P 定价偏离 CAPM，$\alpha_p \neq 0$，有额外收益发生。这时，该投资组合 P 由于主动承担一些非系统风险 $\sigma(e_p)$ 而得到 α_p 的风险报酬。因此，评估比率 $AR_p = \alpha_p/\sigma(e_p)$ 正好反映的是这一种风险收益关系，它反映了投资组合管理者选择投资对象的能力。

如果这一投资组合是一个大型投资基金众多投资组合中的一个，则 Treynor 比率是一个合适的业绩评价指标。

当管理一个由众多子投资组合构成的一个大的投资组合（基金）时，如果每一个子投资组合之外的其他投资组合作为一个整体相当于市场组合，则我们仍然可以以评估比率

---

① 关于此式的证明可参阅 Zvi Bodie, Alex Kane and Alan J. Marcus, *Investment*, 3rd ed., Chapter 23, 1996, Irwin。

作为每一子投资组合管理者的业绩衡量指标。但是,这样一来,整个基金将成为一个市场组合,就失去了其特色。如果整个组合不是一个市场组合,同时由于整个组合中的资产数量足够多,每一个别投资的个别风险对组合风险的影响可以忽略不计,这时就要求每一个子投资组合在承担一单位系统风险的情况下得到尽可能高的风险报酬,从而使整个组合的效率达到最高。由于Treynor比率所衡量的就是承担单位系统风险所得到的风险报酬,因此它是一个恰当的业绩衡量指标。

下面,我们用一个假想的例子来说明上述指标的计算与评价。[①] 表16-2给出了投资组合P、Q和市场组合M 12个月内的风险收益$(R_i - R_f)$,表16-3给出了各种评价指标的计算值。

表16-2 投资组合收益状况　　　　　　　　　　　　　单位:%

月份	组合 P	组合 Q	市场组合 M
1	3.58	2.81	2.20
2	−4.91	−1.15	−8.41
3	6.51	2.53	3.27
4	11.13	37.09	14.41
5	8.78	12.88	7.71
6	9.38	39.08	14.36
7	−3.66	−8.84	−6.15
8	5.56	0.83	2.74
9	−7.72	0.85	−15.27
10	7.76	12.09	6.49
11	−4.01	−5.68	−3.13
12	0.78	−1.77	1.41
年平均	2.76	7.56	1.63
标准差	6.17	14.89	8.48

表16-3 业绩指标

	组合 P	组合 Q	市场组合 M
Sharpe比率回归结果	0.45	0.51	0.19
α	1.63	5.28	0.00
β	0.69	1.40	1.00
Treynor比率	4.00	3.77	1.63
$\sigma(e)$	1.95	8.98	0.00
评估比率	0.84	0.59	0.00
R-SQR	0.91	0.64	1.00

---

① 转引自Zvi Bodie, Alex Kane and Alan J. Marcus, *Investment*, 3rd ed., 1996, Irwin。

由表 16-4 的业绩指标可以看出,组合 Q 与组合 P 相比,更具有进取性。其 β 值为 1.40,远高于组合 P 的 β 值(0.69),但是,组合 P 所承担的个别风险(剩余风险)仅为 1.95,远小于组合 Q 的 8.98。同时,组合 P 与组合 Q 的 Sharpe 比率和 α 值均优于市场组合 M。

根据前面的分析,如果组合 P 与组合 Q 分别代表投资者的全部风险投资,则组合 Q 的表现优于组合 P,因为其 Sharpe 比率较高(0.51 > 0.45)。如果组合 P 与组合 Q 均为将和市场组合构成一更大的风险投资组合的一部分,则组合 P 优于组合 Q,因为其评估指较高(0.84 > 0.59)。而如果组合 P 与组合 Q 为一个由众多投资组合构成的风险投资组合中的两个子投资组合,则组合 P 优于组合 Q。因为尽管组合 Q 的 α 值大于组合 P(5.28 > 1.63),但组合 P 的 β 值远小于组合 Q(0.69 < 1.40),因此,组合 P 的 Treynor 比率优于组合 Q(4.00 > 3.77),所以组合 P 优于组合 Q。

上述指标分析的观察期只有 12 个月,由于时间区间太短,我们还不能据此得出具有统计意义的结论,但这个例子告诉了我们如何去衡量投资组合的业绩。

(三) 不同衡量指标间的关系

上述四个业绩衡量指标之间存在着一定的关联关系。

Treynor 比率 $T_p = (\bar{R}_p - \bar{R}_f)/\beta_p$,由于市场组合的 $\beta_M = 1$,因此

$$T_M = \bar{R}_M - \bar{R}_f \tag{16-6}$$

而

$$\bar{R}_p - \bar{R}_f = \alpha_p + \beta_p(\bar{R}_M - \bar{R}_f) \tag{16-7}$$

因此

$$T_p = [\alpha_p + \beta_p(\bar{R}_M - \bar{R}_f)]/\beta_p$$

$$= \frac{\alpha_p}{\beta_p} + (\bar{R}_M - \bar{R}_f) = \frac{\alpha_p}{\beta_p} + T_M \tag{16-8}$$

因此,Treynor 比率实际上是在比较不同组合的 α_p/β_p。

类似地,市场组合的 Sharpe 比率为

$$S_M = (\bar{R}_M - \bar{R}_f)/\sigma_M \tag{16-9}$$

一般组合的 Sharpe 比率为

$$S_p = (\bar{R}_p - \bar{R}_f)/\sigma_p = \frac{\alpha_p + \beta_p(\bar{R}_M - \bar{R}_f)}{\sigma_p}$$

由于投资组合 P 与市场组合 M 的相关系数为[①]

$$\rho = \frac{\beta_p \sigma_M}{\sigma_p}$$

[①] 由 β 系数的定义:

$$\beta_p = \frac{\text{COV}(R_p \cdot R_M)}{\sigma_M^2} = \frac{\rho_{pM} \sigma_p \sigma_M}{\sigma_M^2} = \rho_{pM} \frac{\sigma_p}{\sigma_M}$$

可推出: $\rho_{pM} = \rho = \frac{\beta_p \sigma_M}{\sigma_p}$

$$S_p = \frac{\alpha_p}{\sigma_p} + \frac{\beta_p(\bar{R}_M - \bar{R}_f)}{\sigma_p}$$

$$= \frac{\alpha_p}{\sigma_p} + \frac{\beta_p \sigma_M}{\sigma_p} \cdot \frac{\bar{R}_M - \bar{R}_f}{\sigma_M}$$

$$= \frac{\alpha_p}{\sigma_p} + \rho \frac{\bar{R}_M - \bar{R}_f}{\sigma_M}$$

$$= \frac{\alpha_p}{\sigma_p} + \rho S_M \tag{16-10}$$

(16-10)式表明,通过 Sharpe 比率衡量投资组合的业绩,实际上是在考察投资组合管理人员选择投资对象的能力。较高的 Sharpe 比率需要通过选择具有较高 α_p/σ_p 的投资组合而得到。

(四) 投资时机的选取

投资时机的选取是指投资组合管理人员根据市场情况的变化及时调整投资组合中无风险资产与市场组合之间的比例。如果投资组合的管理人员能够在市场组合表现较好(收益较高)时较多地投资于市场组合,则说明这些管理人员具有较强的选择投资时机的能力。下面我们介绍一种衡量投资组合管理者选择投资时机能力的评价方法。

如果投资者始终在市场组合与无风险资产之间保持一个确定的比率,则整个投资组合的 β 值也将始终为一个常数。如我们设这一常数为 0.6,则 $R_p - R_f$ 与 $R_M - R_f$ 之间的关系如图 16-1 所示。

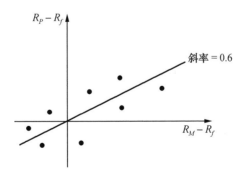

图 16-1 $R_p - R_f$ 与 $R_M - R_f$ 的关系图 I

但是,如果投资者具有较强的选择投资时机的能力,在市场组合表现较好时在市场组合中投入较多的资金,反之,则在市场组合中投入较少的资金,则 $R_p - R_f$ 与 $R_M - R_f$ 间的关系将如图 16-2 所示,即随着 $(R_M - R_f)$ 的增加,投资组合的 β 值也增大。

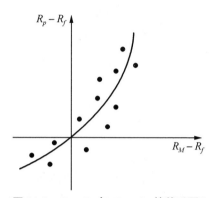

图 16-2 $R_p - R_f$ 与 $R_M - R_f$ 的关系图Ⅱ

Treynor 和 Mazuy[①] 首先发现了这一问题,并提出在简单的线性指数模型的基础上添加一平方项来进行检验。

$$R_p - R_f = a + b(R_M - R_f) + c(R_M - R_f)^2 + e_p \qquad (16-11)$$

不难看出,如果(16-11)式中的回归系数 c 显著大于零,则我们可以认为投资组合管理人员具有一定的投资时机选择能力。

Henriksson 和 Merton[②] 提出了一个思路与 Treynor 和 Mazuy 相似,但更为简单的衡量方法。他们认为投资组合的 β 不是连续变化的,而是有两个不同值:β_1 和 β_2。当市场组合收益率较高时,投资组合有较大的 β 值(β_2),当市场组合收益率较低时,投资组合有较小的 β 值(β_1),状况如图 16-3 所示。

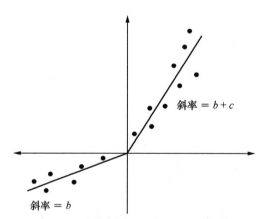

图 16-3 Henriksson 和 Merton 的检验思路示意

---

① Jack L. Treynor and Koy Mazuy,"Can Matual Funds Outguess the Market",*Harvard Business Review* 43,July-August 1966.

② Roy D. Henriksson and R. C. Merton,"On Market Timingand Investment Performance.Ⅱ:Statistical Procedures for Evaluating Forecasting Skills",*Journal of Business* 54,October 1981.

图 16-3 所示的曲线方程为

$$R_p - R_f = a + b(R_M - R_f) + c(R_M - R_f)D + e_p \tag{16-12}$$

其中:D 为变量,当 $R_M > R_f$ 时,$D = 1$;当 $R_M \leq R_f$ 时,$D = 0$。同样,当 $c > 0$ 时表明投资组合管理者具有选择投资时机的能力。

Henriksson[①] 对 1968—1980 年间 116 家投资基金做了评估,他发现这些基金的 c 值平均值为 -0.07,但未达到 5% 的显著水平。在这 116 家基金中,有 11 家的 c 值显著大于零,有 8 家的 c 值明显小于零。总体来看,62% 的基金的投资时机选择能力(c 值)为负数。Henriksson 的研究结果是:没有迹象表明投资基金(作为一个整体)具有投资时机选择能力。

三、业绩衡量中的问题

在衡量投资组合,特别是投资基金的业绩时,存在着两个问题。第一,衡量业绩需要大量的观测数据。比如,如果能够知道投资基金每天的资产构成,我们就可以根据当日各资产的交易数据测知该基金当日的投资收益,也可以准确了解该基金的风险状况,从而得到当日该基金的风险调整后的收益数据。通过长期的日数据的积累,就可以较可靠地在统计上评价基金的业绩。但是,目前基金要经过很长的时间间隔才公布一次其资产构成。如在美国,基金通常被要求一个季度公布一次资产构成。我国的证券基金目前每月公布一次其投资组合构成。显然,由于公布间隔期太长,分析人员难以得到足够多的观测数据对基金的业绩做出有效的评估。另外,基金在公布资产组合日前改变其投资组合,也会造成公布数据与基金实际持有资产状况间的失真。比如,投资基金在一个季度内的绝大部分时间都未持有收益率较高的某只股票,只是在公布日前不久才将其买入,就会给市场以假象。

基金业绩评估面临的第二个问题是当基金进行积极管理,不断调整其投资组合时,会造成投资组合的相关参数(β 值,σ_p,σ_e,等等)的变化,而这种参数的变化使得分析人员难以较准确地衡量基金的业绩。

第六节 私募股权基金

一、私募股权基金的概念与分类

(一) 私募股权基金的概念

私募股权基金(private equity fund,PE)是指私下募集大规模资金,用来直接投资于公司以获利。私募股权基金主要投资于未上市的新兴企业,帮助企业发展壮大以能上市,然后通过二级市场退出,对于不能上市的公司也可通过转让股权或资产重组等方式退出。

[①] Roy D. Henriksson,"Market Timing and Matual Fund Performance:An Empirical Investigation",*Journal of Business* 57,Janaury 1984.

另外,它也会投资于获利高的工程项目、上市公司的定向增发以及那些陷入经营困境的上市公司(取得这类上市公司的控股权,然后将之私有化,通过一系列的重组改造后再重新上市而获利①)。

私募股权基金的概念最早起源于美国,指专门的基金管理机构通过非公开募集方式向机构投资者或个人募集资金,向具有高增长潜力的未上市企业进行股权投资,乃至参与到被投资企业的经营管理活动中,最终以上市、并购、管理层收购等股权转让方式实现资本增值。

私募股权基金与私募证券投资基金有所不同,私募证券投资基金是指通过私募方式募集,投资于证券市场的基金,而投资于非上市公司股权的才能叫作私募股权投资基金。

(二) 私募股权基金分类

早期私募股权基金主要以中小企业的创业和扩张融资为主,又被称为"创业投资"或"风险投资"。按照不同的标准,私募股权基金有不同的划分方式。

按照投资阶段划分,可以将公司首次公开发行(initial public offering, IPO)上市前各阶段的权益投资,即处于种子期、初创期、发展期、成熟期和Pre-IPO各个时期企业所进行的投资,划分为天使投资、创业投资、发展资本、并购基金、Pre-IPO等。

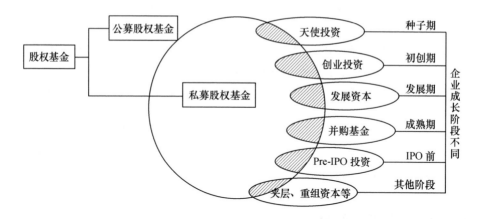

图16-4 私募股权基金投资阶段与企业成长阶段的关系

资料来源:转引自郝艳芬,《中国私募股权基金监管和立法研究》,北京大学EMBA毕业专题报告,2013年。

二、私募股权基金的功能

1. 提供融资需求

私募股权市场为创业企业、成长性公司、陷入财务困境的公司以及寻求收购的公司

---

① 以上定义引自《路透金融词典》,http://glossary.reuters.com.cn/wiki/index.php/Private_Equity_Fund。

等各种类型的融资市场主体提供融资需求。私募股权资金通过风险投资、创业投资的形式推动创业企业的成长,达到促进生产力快速发展的目的;同时,私募股权融资为成长性公司的扩张带来了所需要的资金,为陷入财务困境的公司提供中长期所需要的运营资金,并通过开展收购业务,达到掌控目标企业控制权的目的,并参加管理层收购(MBO)实现资源的优化配置,从而有利于那些真正有市场潜力的企业实现其经营目标。

2. 转移和分散风险

私募股权市场的投资者通过专业的中介机构,即私募股权基金,对所投资的项目进行分析、筛选、调查评估,以及应用多种金融创新工具(如优先股、可转换优先股、可转换债券和期权等)和设计复杂的融资契约条款以降低风险,并通过"基金的基金"、投资组合等现代风险管理的工具和理论进行风险管理,从而更好地降低风险,保证整个私募股权金融系统的稳定,较好地实现了私募股权市场内部风险转移和分散的目的。

3. 价格发现

私募股权市场通过私募股权基金的投资运作,实现了对那些流动性极差的非上市公司的债权、股权等经营控制权进行定价的可能性,使得企业的产权定价可以在更大的范围内实现。

4. 价值增值

从引入私募股权投资基金的企业角度看,私募股权融资不仅有投资期长、补充资本金等好处,还可能给企业带来管理、技术、市场和其他企业所急需的专业技能和经验。如果投资者是大型知名企业或著名金融机构,其名望和资源在企业未来上市时还有利于提高上市的股价,改善二级市场的表现。

5. 增强流动性,降低交易成本

通过私募股权基金进行募资、投资和撤资等一系列运作流程,不仅可以实现投资者(主要包括养老基金、捐赠基金、基金会等各种机构投资者,银行控股公司、保险公司和投资银行等金融机构,以及富裕家族、个人和其他非金融企业等)的资金流动,为其提供投资的渠道,而且也为融资方的产权提供了流动性。融资企业通过私募股权融资,转让部分或者全部控制权,实现了资产从创业者或企业的手中流入到私募股权基金旗下,进而增强了经济资源的流动性,促进了经济的高效率。同时,私募股权市场中中介组织-私募股权基金的作用,使得市场中供需双方可以更好地实现自己的交易愿望,从而降低了金融交易的成本。

三、私募股权基金的组织形式

目前,私募股权基金主要存在以下三种组织形式。

(一) 公司型私募股权基金

公司型私募股权基金是指由投资者出资组成具有独立主体资格的私募股权基金公司,以公司名义对外投资、承担风险和责任。投资者认购一定的基金份额后即成为公司股东,以其基金份额为限承担责任,有权通过出席股东大会和选举董事等方式参与公司重大决策。基金管理人作为公司经营者以公司名义管理和运用基金财产。

(二) 契约型私募股权基金

契约型私募股权基金通过合同明确委托人(投资者)、受托人(基金管理人)和受益人三者的权利义务关系。投资者通过认购基金份额将资金交付于基金管理人,基金管理人以自身名义对基金的资金进行经营管理,投资者作为受益人分享利益,不参与基金的具体运作。

(三) 有限合伙型私募股权基金

有限合伙型私募股权基金中一般合伙人是基金管理人,一般认购较小比例的基金份额(主要是智力投入),其享有对基金财产的经营管理权,对基金债务承担无限责任。有限合伙人是投资者,是主要出资人,以其认购的基金份额为限对基金债务承担责任。

有限合伙型私募基金的主要优势:

(1) 避免双重征税。合伙企业不需缴纳企业所得税,当私募股权投资基金投资盈利并分配投资收益时,每个投资者只需按分配到的份额承担相应的所得税纳税义务。并且,合伙企业享有的这种不需要缴纳企业所得税的待遇是不需备案和申请的。

(2) 资金可以分次募集,灵活方便,避免了资金闲置。在私募基金中,还经常用到 call capital 机制。该机制相当于基金在决定投资企业后,给投资人一个拨付资金的时限,在此时限内,投资者向基金拨付资金,再由基金向企业投资。

(3) 有限合伙是人力与资本的完美结合,充分体现了专业的人做专业的事。

(4) 有限合伙制的激励机制比较完善。通常,有限合伙人虽然投入 90%—99% 的资金,但只能分得 80% 左右的利润,基金管理人作为普通合伙人虽然只投入 1%—10% 的资金,但能分到 20% 左右的利润。而且,合伙协议通常规定普通合伙人作为基金管理人对合伙债务承担无限责任,这有利于增强基金管理人的责任心。

四、私募股权基金在我国的发展

(一) 我国发展私募股权基金的重要性

我国的私募股权基金主要投向非上市企业、公司,对我国企业尤其是中小企业的发展,对产业结构调整会起到积极作用。

(1) 企业股权被少数具有丰富投资经验和较强监督能力的机构投资者持有,而不是分散到众多中小投资者手中。通过股票市场融资会造成企业股权分散、所有者对经营者约束弱化,并由此形成内部人控制,私募股权融资可以帮助中小民营企业避免这一问题的发生。私募股权投资者可通过中断追加投资或者股权调整减少对企业的投资,使企业感受到来自投资者的压力,实现对企业的外部控制作用。

(2) 私募股权基金投资于企业股权,可以成为企业大股东,在企业董事会中占有席位,如果企业的董事会由私募股权投资者选派的董事会成员所掌控,有利于规范企业内部治理,推动企业健康发展。与一般股权投资者不同,私募股权投资者虽然是外部董事或非执行董事,但在企业经营管理中相当活跃、主动,并形成一种积极的内部投资者模式。私募股权投资者在企业中有重大经济利益,企业盈亏将直接关系到私募股权投资者的投资回报,这使得私募股权投资者有充分的压力与动机去了解企业的真实经营状况和财务状况,为企业提供经营、融资、人事等方面的咨询与支持。

(3) 私募股权投资者注重与企业建立长期合作关系,对企业的发展过程有充分的了解。私募股权投资者掌握有内部信息,能为保护自身投资权益而对企业经营管理活动进行干预和监控,可以有效消除所有者与经营者之间的信息不对称,有利于防范道德风险与逆向选择。私募股权投资者代表出资方长期持有企业股权,不可能将其股权随时套现。企业一旦出现问题,私募股权投资者只能是尽最大努力帮助企业解决问题。①

(4) 私募股权融资能为中小企业提供资金外的支持。私募股权融资以有限合伙制的基金形式运作,基金的管理者作为普通合伙人,投资方作为有限合伙人,二者共同构成整体上的投资人。由于私募股权基金具有在多个行业和领域的丰富投资经验,拥有成熟的管理团队和控制特定市场的能力,因此能为企业提供前瞻性的战略性指导,能利用自身的声誉和资源为企业推荐合适的管理人才,能协助企业进入新的市场和寻找新的战略伙伴。这些支持对于中小企业的发展都是至关重要的。

(二) 私募股权基金在我国的发展历程

可大致划分为四个阶段,各阶段划分及重大事件如表16-4所示。

第一阶段,20世纪80年代至2001年,该阶段为萌芽孕育期。部分外资私募基金开始进入我国,政府也开始对私募股权基金有一定的意识,并出台相应政策。创业板未按期推出及世界科技股泡沫破灭后二级市场的不景气,导致不少创投公司倒闭。

第二阶段,2002年至2006年,该阶段为初步发展期。政府出台更多鼓励政策,新桥资本、华平资本、凯雷资本等外资私募股权基金分别收购深发展、哈药集团、太平人寿及部分国有商业银行股权,对我国内资私募股权基金的发展有一定的引导和借鉴作用。

第三阶段,2007年至2011年,该阶段为快速发展阶段。《公司法》《证券法》《合伙企业法》修订后的实施,鼓励投资者意思自治及放松政策限制,中小企业板和创业板高市盈率的发行及证监会对IPO上市政策的放松,快进快出高回报倍数退出造成的"财富效应",使得整个行业募集资金及项目投资达到了巅峰阶段,百亿元的私募基金管理公司不断涌现,中国进入"全民PE"时代,各种背景的私募基金管理公司鱼龙混杂,竞争趋于疯狂。

第四阶段,2012年后,该阶段为规范发展期。证券市场的大幅下挫,导致二级市场估值重心不断下移,国民经济增速下滑及世界经济不景气,使得中国私募股权基金普遍面临"融资难""投资难"等困境,行业整合和洗牌不可避免,私募股权基金的投资行为也逐渐趋于理性,中国私募股权基金逐渐进入规范发展期。

---

① 徐宪平:《中国资本市场中的风险投资》,中国金融出版社2002年版。

表 16-4 我国私募股权基金的发展阶段、相关政策及重大事件

阶段	政府出台的相关政策	重大事件
萌芽孕育期（2001年前）	1985年，《关于科学技术体制改革的决定》； 1998年，民建《关于尽快发展我国风险投资事业提案》； 1999年，《关于建立风险投资机制的若干意见》； 2000年，创业板9项规则、《外商境内投资暂行规定》等。	1986年，中国新技术创业投资公司成立； 1992年，国际数据公司（IDG）等外资机构进入中国； 1999年，深圳市创新科技投资公司成立； 2000年，科技股泡沫破灭后进入低潮。
初步发展期（2002—2006年）	2003年，《外商投资创业投资企业管理规定》开始了真正意义上的私募股权投资； 2005年，《创业投资企业管理暂行办法》推出实行； 2006年新修订的《中华人民共和国公司法》开始实施； 2006年，《外国投资者并购境内企业暂行规定》正式施行。	2004年，新桥资本收购深发展，国际私募股权基金在中国首起收购案例； 2004年，美国华平投资等机构收购哈药集团55%的股权； 2005年，凯雷投资对太平洋人寿投资4亿美元； 2005年，中、工、建、交等银行引入高盛、淡马锡等战略投资人； 2006年12月，天津渤海产业投资基金成立。
快速发展期（2007—2011年）	2007年，《关于促进创业投资企业发展有关税收的通知》，新修订的《中华人民共和国合伙企业法》正式施行； 2008年，创投引导基金办法等； 2009年，创业板开板、券商直投门槛下调、国税总局"87号文"； 2010年，《鼓励和引导民间投资健康发展若干意见》、股权投资基金税收政策、外商投资合伙企业登记管理规定； 2011年，《规范股权投资企业备案管理工作的通知》《实施外国投资者并购境内企业安全审查制度的规定》。	2007年，深圳市南海成长创业投资有限合伙企业为国内首个采取有限合伙制运作的私募基金； 2007年，证监会同意券商开展直接投资业务； 2008—2011年，达晨创投、深创投、九鼎、中科招商等私募股权基金获得快速发展，高回报所显现的"财富效应"也导致私募投资行业火爆，一二级市场价差催生私募股权投资的"制度寻租"引发诸多批评。
规范发展期（2012年开始）	2012年，《深化新股发行体制改革》《完善上市公司退市方案》《强制分红制度》《温州市金融综合改革试验区》等法规出台； 2012年，证券市场大幅下挫，一二级市场的价格差迅速缩小。	二级市场不景气，预期回报率降低，私募股权基金开始面临"融资难"的困境； 国民经济增速下滑，世界经济不景气，企业业绩难以快速增长，私募股权基金面临"投资难"，预期回报率降低； 私募股权基金出售项目乃至清盘现象开始出现，行业将面临洗牌。

五、私募股权基金的运作程序

以有限合伙型私募股权基金为例。

(一) 设立

有限合伙型私募股权基金的设立是通过基金经理和投资者签订合伙协议实现的。协议约定的主要内容有：一般合伙人责任、基金的投资范围、单笔投资的规模限制和特殊行业及地区的投资限制；基金存续期限以及基金投资清算的最终日期。如果一般合伙人违反承诺并经一定比例的有限合伙人同意，有限合伙人有权更换一般合伙人或停止基金的投资活动。

有限合伙型私募股权基金的设立程序简单。《合伙企业法》第三章是关于有限合伙的特殊规定，其中第六十条规定："有限合伙企业及其合伙人适用本章规定；本章未做规定的，适用本法第二章第一节至第五节关于普通合伙企业及其合伙人的规定。"而关于有限合伙设立的程序问题，该章并无特殊规定，则应参考有关普通合伙企业的相关规定。《合伙企业法》第九条规定："申请设立合伙企业，应当向企业登记机关提交登记申请书、合伙协议书、合伙人身份证明等文件。"第十条规定："申请人提交的登记申请材料齐全、符合法定形式，企业登记机关能够当场登记的，应予当场登记，发给营业执照。除前款规定情形外，企业登记机关应当自受理申请之日起二十日内，做出是否登记的决定。予以登记的发给营业执照；不予登记的，应当给予书面答复，并说明理由。"从以上规定可以看出，有限合伙企业的设立和解散程序比较简单，不必像公司那样必须经过一系列烦琐的法定程序。这种聚散灵活的组织形式，决定了有限合伙企业在激烈的市场竞争中具有适应性强、灵活多变的能力。

(二) 出资

合伙协议签订后，投资者向基金注资，基金成立，投资者由此成为该基金的有限合伙人。有限合伙协议通常规定一般合伙人的出资比例为1%以上，但不超过10%，有限合伙人出资比例为90%—99%，不少于90%。各合伙人缴付首期出资及缴付全部认缴出资额余额比例、时间的约定是比较灵活的，缴付首期出资期限、比例一般由合伙协议约定，而后续认缴资金、缴付数额、时限的决定权通常在一般合伙人手中，这也是与一般合伙人执行合伙企业事务的权利分不开的。在此过程中体现更多的是契约精神。

(三) 运营

基金成立后，一般合伙人寻找他们确信能够通过资本投资和增值服务实现成长并获利的公司，与该公司所有者就投资事宜谈判，进而对其进行股权投资。一般合伙人通过提供企业发展策略和管理团队来改善目标公司的经营业绩。

根据相关规定，有限合伙人一般不能参与私募股权基金的投资决策。除了审查、评估与一般合伙人之间潜在的利益冲突或其他特别职责外，有限合伙人通常不能干预基金的运作过程,一般合伙人对所有投资项目全权负责。

(四) 清盘

一个私募股权基金运作期满,将进入回收投资和清盘阶段。投资收回原始资本的8%—9%(合同约定的最低收益率)的收益之后,一般合伙人才能参与剩余收益的分配。通常情况下,一般合伙人可以得到剩余净收益的20%,其余80%分给投资者(20/80的分配比例只是惯例,有限合伙人和一般合伙人可在合约中约定不同分配方案)。基金的存在时间并不是法律规定的固定时间,一般合伙人之间的关系不会因为清盘而断开。

六、私募股权基金投资应注意的问题

(一) 项目选择和可行性核查

由于私募股权投资期限长、流动性低,投资者为了控制风险通常对投资对象提出以下要求:

(1) 优质的管理,对不参与企业管理的金融投资者来说尤其重要。

(2) 至少有2—3年的经营记录,有巨大的潜在市场和潜在的成长性,并有令人信服的发展战略计划。投资者关心盈利的"增长"。高增长才有高回报,因此对企业的发展计划特别关心。

(3) 行业和企业规模(如销售额)的要求。投资者对行业和规模的侧重各有不同,金融投资者会从投资组合分散风险的角度来考察一项投资对其投资组合的意义。

(4) 估值和预期投资回报的要求。由于不像在公开市场那么容易退出,私募股权投资者对预期投资回报的要求比较高,至少高于投资于其同行业上市公司的回报率。

(5) 3—7年后上市的可能性,这是主要的退出机制。

(6) 投资者还要进行法律方面的调查,了解企业是否涉及纠纷或诉讼、土地和房产的产权是否完整、商标专利权的期限等问题。很多引资企业是新兴企业,经常存在一些法律问题,双方在项目考察过程中会逐步清理并解决这些问题。

(7) 投资方案设计和法律文件。投资方案设计包括估值定价、董事会席位、否决权和其他公司治理问题、退出策略、确定合同条款清单并提交投资委员会审批等步骤。由于投资方和引资方的出发点及利益不同、税收考虑不同,双方经常在估值和合同条款清单的谈判中产生分歧,解决这些分歧的技术要求高,因此不仅需要谈判技巧,还需要中介的协助。

(8) 退出策略。这是投资者在开始筛选企业时就十分注意的因素,包括上市、出让、股票回购、卖出期权等方式,其中上市是投资回报最高的退出方式,上市的收益来源是企业的盈利和资本利得。

(二) 私募股权基金投资需要掌握被投资企业的基本情况

股权融资的投资方基本上是以参股或控股的形式进入,因此,股权融资是一个系统

工程,投资方还需要进行一系列的调研与咨询:

1. 企业基本状况的调研

对企业的历史沿革、股权结构状况、组织结构状况、财务、技术、产品、市场、经营规模、生产、采购及供应、主要管理人员与技术人员、产业政策以及管制政策、企业或有负债和或有诉讼事项、环境、行业状况等基本状况进行调研。

2. 股东利益导向调研

对企业的股东征询利益指向进行深入细致的沟通,包括股东是否改变股权结构、放弃持股、放弃控股、降低资产评估值、无形资产的比例调整、债转股或债务豁免、债务结构调整、股权或资产变更各项事宜、捐赠资产和受捐资产、股权托管、信托资产托管、高管期权。

3. 方案设计

包括经营规模、财务规划、股权结构、股权定价、期权结构、期权定价、组织结构、产品结构等设计。

4. 资源优化管理

对企业的市场、客户、管理工具、人力资源、生产资源、供应资源、财务资源、政策资源的优化管理。

5. 法律文件编制

在独立财务顾问、法律顾问的指导下,对企业的证照文件、产权确认、保密协议、相关委托书、融资计划书(商业计划书)、资产评估(含企业价值评估)、股东会议决议、并购合同、董事会会议文件、法律文书进行确认、登记。

习 题

1. 证券投资基金有哪些特点?
2. 某人持有一只开放式基金10 000份额。持有期已满一年,其中已经获得5%的分红(现金分红方式持有)。他想赎回全部份额。已知该基金在赎回前一日的净值是1.32元,赎回费率为1.8%,则他可以拿回多少现金?
3. 私募股权基金投资应当注意哪些问题?

后 记

本书自1995年第一版、2000年第二版出版以来,深受广大读者的好评,曾经多次加印。由于近些年来,中国证券市场有了很大的发展和变化,需要补充一些新的理论与实际内容。基于这一考虑,我们完成了本书第三版的写作。

第三版在保留前两版部分内容的同时,对许多章节进行了改写,增加了大量新的内容,使证券投资学的内容更加充实。

第三版由曹凤岐、刘力、姚长辉等人共同编写和修改,其中曹凤岐完成了绪论、第一章、第二章、第十二章、第十六章,姚长辉完成了第三章、第四章、第七章、第八章,杨云红完成了第五章、第六章,刘力完成了第九章至第十一章,张峥完成了第十三章,唐国正完成了第十四章、第十五章。曹凤岐对书稿进行了总纂和编排。

本书得以成功修订,是集体力量的产物,在这里对参与本书修订的杨云红、张峥和唐国正老师表示诚挚的谢意。

随着改革开放的进一步深化和中国证券市场的不断完善,投资学领域中的理论与实践问题会不断出现,这会使得本书不可避免地存在某些不足甚至错误之处,希望广大读者提出宝贵意见和建议。

编 者

2013年5月

教辅申请说明

　　北京大学出版社本着"教材优先、学术为本"的出版宗旨，竭诚为广大高等院校师生服务。为更有针对性地提供服务，请您按照以下步骤通过**微信**提交教辅申请，我们会在 1~2 个工作日内将配套教辅资料发送到您的邮箱。

◎扫描下方二维码，或直接微信搜索公众号"北京大学经管书苑"，进行关注；

◎点击菜单栏"在线申请"—"教辅申请"，出现如右下界面：

◎将表格上的信息填写准确、完整后，点击提交；

◎信息核对无误后，教辅资源会及时发送给您；如果填写有问题，工作人员会同您联系。

温馨提示：如果您不使用微信，则可以通过以下联系方式（任选其一），将您的姓名、院校、邮箱及教材使用信息反馈给我们，工作人员会同您进一步联系。

联系方式：

北京大学出版社经济与管理图书事业部

通信地址：北京市海淀区成府路 205 号，100871

电子邮箱：em@pup.cn

电　　话：010-62767312 /62757146

微　　信：北京大学经管书苑（pupembook）

网　　址：www.pup.cn